Western Thought of Teacher Education

梦山书系

西方教师教育思想
——从苏格拉底到杜威

谢延龙 著

海峡出版发行集团 | 福建教育出版社

图书在版编目（CIP）数据

西方教师教育思想：从苏格拉底到杜威/谢延龙著.
—福州：福建教育出版社，2015.12（2017.7重印）
ISBN 978-7-5334-7029-6

Ⅰ.①西…　Ⅱ.①谢…　Ⅲ.①教师思想－思想史－研究－西方国家　Ⅳ.①G40-091

中国版本图书馆 CIP 数据核字（2015）第 264493 号

Xifang Jiaoshi Jiaoyu Sixiang
西方教师教育思想
——从苏格拉底到杜威
谢延龙　著

出版发行	海峡出版发行集团
	福建教育出版社
	（福州市梦山路 27 号　邮编：350025　网址：www.fep.com.cn）
	编辑部电话：0591—83726908
	发行部电话：0591—83721876　87115073　010—62027445
出 版 人	江金辉
印　　刷	福州万紫千红印刷有限公司
	（福州北环东路 15 号红星工业区 12 栋　邮编：350013）
开　　本	720 毫米×1000 毫米　1/16
印　　张	22.5
字　　数	333 千字
插　　页	2
版　　次	2015 年 12 月第 1 版　2017 年 7 月第 2 次印刷
书　　号	ISBN 978-7-5334-7029-6
定　　价	49.00 元

如发现本书印装质量问题，请向本社出版科（电话：0591—83726019）调换。

目 录

前言 ……………………………………………………………… 1

第一章　苏格拉底：作为无知者的教师 ……………………… 1
　　一、苏格拉底生平 ……………………………………………… 1
　　二、教师是善于省思者 ………………………………………… 8
　　三、教师：无知的智慧 ………………………………………… 11
　　四、苏格拉底法：教师最有效的教育方法 …………………… 16

第二章　柏拉图：教师就是解放心灵 ………………………… 24
　　一、柏拉图生平 ………………………………………………… 24
　　二、洞穴比喻：教师是解放者和启蒙者 ……………………… 34
　　三、教师要关注学生的"心灵转向" …………………………… 36
　　四、教师教学是帮助学生"回忆知识" ………………………… 38

第三章　亚里士多德：成为知性的教师 ……………………… 41
　　一、亚里士多德生平 …………………………………………… 41
　　二、求知是教师的本性 ………………………………………… 46

三、教师的天职：培养具有超越精神的学生 ………… 49
四、教师是学生潜能变成现实的桥梁 ………………… 51
五、说服是教师的重要素养 …………………………… 55

第四章 昆体良：善良是教师的第一要素 ……………… 68
一、昆体良生平 ………………………………………… 68
二、昆体良的教师德才论 ……………………………… 74
三、昆体良的师生关系论 ……………………………… 78
四、昆体良的教师教学论 ……………………………… 80

第五章 培根：善于剔除假象的教师 …………………… 86
一、培根生平 …………………………………………… 86
二、假象论与教师 ……………………………………… 92
三、教师的类型：蚂蚁、蜘蛛和蜜蜂 ………………… 98
四、教师：知识就是力量 ……………………………… 100

第六章 夸美纽斯：教师要有不断学习的精神 ………… 105
一、夸美纽斯生平 ……………………………………… 105
二、夸美纽斯的教师素质观 …………………………… 109
三、夸美纽斯的教师培养观 …………………………… 112
四、夸美纽斯的教师教学观 …………………………… 115

第七章 洛克：教师是学生精神成长的决定者 ………… 121
一、洛克生平 …………………………………………… 121
二、洛克的教师作用观 ………………………………… 127
三、洛克的教师奖惩观 ………………………………… 130
四、洛克的教师学生观 ………………………………… 135

五、洛克的教师专业观 ……………………………………… 141

第八章　卢梭：教师是使人成为一个人 ……………………… 146
　　一、卢梭生平 …………………………………………………… 146
　　二、教师绝不是可以出卖的人 ………………………………… 153
　　三、导师而不是教师 …………………………………………… 155
　　四、教师要放任无为 …………………………………………… 156
　　五、教师必须先受教育 ………………………………………… 159

第九章　康德：做一个理性的教师 ……………………………… 162
　　一、康德生平 …………………………………………………… 162
　　二、教师要有崇高的教育理念 ………………………………… 168
　　三、教师的规训和教导 ………………………………………… 170
　　四、教师是塑造自由行动者的人 ……………………………… 173

第十章　裴斯泰洛齐：教师是爱的化身 ………………………… 178
　　一、裴斯泰洛齐生平 …………………………………………… 178
　　二、裴斯泰洛齐的师爱论 ……………………………………… 186
　　三、裴斯泰洛齐的好教师论 …………………………………… 189
　　四、裴斯泰洛齐的教师教育原则论 …………………………… 193

第十一章　赫尔巴特：教师是关注学生未来的人 …………… 202
　　一、赫尔巴特生平 ……………………………………………… 202
　　二、赫尔巴特的教师责任观 …………………………………… 207
　　三、赫尔巴特的教师素质观 …………………………………… 212
　　四、赫尔巴特的教师儿童管理观 ……………………………… 216

第十二章 第斯多惠：善于进行自我教育的教师 …………… 222
    一、第斯多惠生平 …………………………………… 222
    二、第斯多惠的尊师观 ……………………………… 225
    三、第斯多惠的教师自我教育观 …………………… 228
    四、第斯多惠的教师素质观 ………………………… 232
    五、第斯多惠的教师学习观 ………………………… 238
    六、第斯多惠的教师教学观 ………………………… 242

第十三章 斯宾塞：让教育成为快乐的教师 ………………… 248
    一、斯宾塞生平 ……………………………………… 248
    二、斯宾塞的教师快乐教育观 ……………………… 253
    三、斯宾塞的教师自然惩罚观 ……………………… 259
    四、斯宾塞的教师教学观 …………………………… 264

第十四章 杜威：教师是把儿童当太阳的人 ………………… 270
    一、杜威生平 ………………………………………… 270
    二、杜威的教师角色观 ……………………………… 279
    三、杜威的教师儿童观 ……………………………… 298
    四、杜威的教师教学观 ……………………………… 305
    五、杜威的教师教育观 ……………………………… 319

参考文献 …………………………………………………… 327
后记 ………………………………………………………… 345

前　言

> "教师是过去和未来之间的活的环节，是克服人类无知和恶习的重要的社会成员，是过去历史上所有崇高而伟大的历史人物跟新一代之间的中介人。"
>
> ——加里宁

什么是好教师？如何才能成为好教师？这一直是我思考并困扰我的问题。事实上，这两问关乎到的是，教师存在的价值和意义。古罗马的奥古斯丁曾说："教师是一个好人，不是坏人；坏人绝不可以成为教师"，确如此言，因为教师这一称谓本身，就意味着能冠以此种称谓的人，必须是优异者。毕竟，从事教育，平庸就是误人子弟。由此，作为教师，平庸就意味着教育的失败，这要求教师必须优异，这也正是教师之为教师存在的根本价值和意义。

好教师的本质是历史性的，不同时代对好教师有不同的认识。历史性决定了，好教师的本质不是不变的，它是一个过程，是一种可能性。正因为好教师本质的可能性，所以它就有无限的可能，具有无限性。历史上每一位伟大教育家关于好教师的思想，不过是这种无限性的一个驿站。

然而，正如康德在1789年所作的预言一般："历史中的这样一个现象永远不会被人遗忘，因为它揭示了在人性中有更美好的事物的萌芽，以及达到这种事物的能力"，西方历史上伟大的教师教育思想，都揭示了作为教师的人性中，最美好事物的萌芽，并能传递给教师达成这美好的能力。这些伟大的教师教育思想是人类教育智慧的瑰宝，它为教师成为好教师，提供了源源不竭的力量，必将永远不会被后人遗忘。

西方教师教育思想，给教师提供了一个意义世界的栖所，让教师拥有一个精神家园，使教师摆脱意义世界疏离带来的不安和焦灼，让教师获取灵魂得以栖息之地。

古希腊神话中有位西西弗斯，他是科林斯的建立者和国王。西西弗斯因偷听众神关于人生意义的讨论而被惩罚：他必须将一块巨石推上山顶，可到达山顶后，巨石又会滚下山脚，西西弗斯又必须重新将石头推上山。就这样，西西弗斯要不断地、永无止境地重复着这件毫无意义的事情。西西弗斯的生命，就在这无效又无望的劳作中，慢慢消耗殆尽。

我们的许多教师，又何尝不是如周而复始劳作的西西弗斯般，进行着自己的教育教学生活呢。教育教学工作在这些教师眼里，就如那西西弗斯的大石，他们费心劳力，今天把大石推到山顶，明天大石又滚落下来，然后再重复同样的动作。就这样，这些教师数十年如一日，在重复的劳作中，使自我限于日常的琐碎，失去了自我。

对教师而言，教育教学工作这块西西弗斯大石，是其无法摆脱的宿命。难道教师只能面对大石，进行无聊的生命消耗，而天天叹息不止，劳累不断，无所适从吗？

突然有一天，由于某种契机，西西弗斯发生了改变，他看到了他推动巨石的美丽，感到了巨石在他推动下，展现出一种妙不可言的动感，发现了他推动巨石的动作，犹如舞蹈一样优雅美丽。一种从没有过的幸福感，充溢了西西弗斯的内心，他感到自己生命的意义获得了绽放。

易卜生说："你的最大责任就是把你这块材料铸造成器"，心灵的救赎从心灵开始，对于如西西弗斯般重复劳作的教师而言，阅读伟大心灵关于教师的思考，就是实现自我改变并把自己铸造成器的契机。阅读西方教师教育思想，实现教师与伟大心灵的直接对话，正是教师自我心灵的救赎之路，也是教师如西西弗斯般发生改变的开始，教师教育思想存在的价值和意义正在于此。

西方教师教育思想，给教师提供了一个认识自我灵魂的镜子，使教师的心灵发生顿悟，进而摆脱蒙昧、懵懂之境地，让教师的心灵获得解放，进入一个新的境界。

认识你自己！这是铭刻在希腊圣城德尔斐神殿上的著名箴言。法国思想家蒙田亦说："世界上最重要的事情就是认识自我。"对教师而言，认识自己亦是自我成长的座右铭。

任何一个教师，在教育中倘若连自我都没有真正的认识，那么，无论他在教育上取得了多么耀眼的所谓成就，也无论他在学校中取得了多么显赫的所谓地位，更无论他在教育中显得多么安逸、"幸福"，他依然是一个极其可悲而可怜的人。因为这样的教师，事实上只不过是一只没有"头"的苍蝇，或是一个被"无明"牵引的行尸走肉而已。

教师认识自我，就是觉悟自我教育生命之根，就是对教育教学之本的认知和把握，就是悟教育之道。教师认识自我，就是理解和认识教育中那个最内在的自我，就是那个使你之所以成为真正教师的核心和根源。

一个教师生命中最大的幸运，莫过于在他的教育生涯中，尽早地发现了自己的教育使命。教师只有认识了这个自我，才会对教育教学心中有数，方能知道怎样的教育生活才是合乎自我本性的。认识你自己，就是要求教师要认识附着在教师胚胎上的教育的灵魂，一旦认识了自己，你就彻底明白了，你究竟应该要什么和可以要什么了，你的过去才可以解释，你的未来才会有方向。

现实中，一方面，许多教师被日常的外在忙碌所役使，他们每天像个陀螺，转个不停，除了忙忙碌碌还是忙忙碌碌，却无暇自顾，自我被日常所消解，陷于自我消失的境地；另一方面，许多教师随人流地按照众多他人的方式，从事教育教学生活，使自己消解在"他人的"存在方式中，正如存在主义大师克尔凯郭尔所言：人们遵从某种普遍的要求，每一个人的个性被压抑，出现了被常人牵着走的"欺骗王国"。这种追随常人教育生活的教师，只是一种非我式的存在，走向的是一条自我异化的困途。

教师生而为教育，却无所不在自我的枷锁之中。教师必须走出认识自我的困境，才能实现自我之价值，成为优异的教师。然而，教师认识自我却并非易事。有人问泰勒斯，什么是最困难之事，回答是：认识你自己。对教师而言，教育中的自我，是最内在、最隐蔽的，当然也是最难认识的。那么，教师该如何走出自我认识的困境呢？

禅宗里有这么一个故事：有位禅师，当被问及佛教中"道"如何理解时，他一句话也不说，只是竖起大拇指，让人看他的大拇指。在他身旁服侍的小和尚，亦学会了这样做。一次，禅师见小和尚又如此做，便拿刀迅速砍掉了小和尚的拇指。小和尚痛苦地跑开去，此时，禅师喊了他，小和尚一回头，看见禅师朝自己竖起了大拇指。据说，小和尚由此突然"顿悟"。

教师认识自我，就如这小和尚顿悟的过程一般。小和尚只有经历断指之痛的复杂深刻，才能走向真正竖拇指的简单所包含的丰富本真。任何教师要实现自我认识，必先使自己的头脑穿过深刻复杂的思维丛林，才能走向认识自我的"顿悟"。

西方教师教育思想，就是使教师头脑进入深刻复杂的路径。进而，阅读西方教师教育思想，能促使教师检视自我、理解自我，并进一步将这些能量，转化为追求更强壮生命意义的动力。与西方教师教育思想进行交往，能有助于教师心灵发生顿悟，进而认识教育生活中真正的自我。最终，凭着这种纯粹的自我设定，教师才能获得属于自我的教育存在方式。

西方教师教育思想，能给物欲横流时代的教师提供灵魂安宁的栖居之地，使教师摆脱价值的虚无感和破灭感，回归教师本应具有的精神之自由与丰盈。即是说，教师的心灵因为有教师教育思想的回响，而变得干净、纯洁、美好，充满了浪漫和梦想。

在金钱和物欲占满人们灵魂空间的时代，拜金主义侵蚀着教师们的精神世界，使教师们陷入价值观失落的困境。一方面，物欲成为很多教师人生价值的支配因素，造成这些教师灵与肉，理性与感性，精神与物质的分离和对抗。教师们普遍内心浮躁、行为失范、信仰危机，理想失落，丧失教育生活的意义感和目的感，教师们感到自己似乎被抛到一个陌生而茫然无措的世界。

另一方面，教师职业仅成为为生存或为达到某种功利目的的一种营生，这无形中贬低了教师的价值。教师，这个极富诗意的绽放人性光辉的职业，完全沦为养家糊口的符号，成为了在书本和学生之间讨生计的工具。教师的内心快乐和幸福感泯灭，教师对教育意义的追寻丧失，教师无法从职业中体验到自我。

教师价值偏失是迷宫，西方教师教育思想是通道。西方教师教育思想能使教师真正领略到教师的本有价值，有助于教师走出价值观沦落的困境。西方教师教育思想能使教师真正体悟到：教师之为教师的崇高感、使命感和幸福感；教师是点化和润泽生命，是生命影响生命，灵魂影响灵魂的职业，生命会因为教师而灿烂，教师亦会因为生命而辉煌；教师的灵魂永远属于教育，做教师要做有品位的教师，做教师要做一个善于思考的智者。

西方教师教育思想并非是一堆死知识，它最不希望教师们只是机械地对知识进行掌握，因为正如亚里士多德所说："甚至醉汉也可以吟咏恩培多克勒的诗句。一个初学者可以把各种名言收集起来，却一点也不懂"。西方教师教育思想期待的是：触动教师的每一根教育神经，与教师发生心灵碰撞，给教师带来灵魂深处的启迪和变动。

本书在写作上，除了将十四位教育家的主要教师教育思想尽力呈现外，更加重视人物的生平故事和引用。

对于人物生平故事的重视，是因为在我看来，任何一个伟大的人物，都绝非是冰冷客观的年代数字排列所能描述其一生的，生命是鲜活的，非逻辑的，充满意义和价值的，生命本身的丰富或经验就是一种教育，不可以简而化之。人不是数字式的年限记录，人更不是年代数字组成的，时间表达数字，对人而言，时间就是意义和价值，这意义和价值是通过典型故事来展现的。即是说，能体现人生命智慧的，恰恰是一个个鲜活的典型故事，而不是年代数字的机械前后更替。这使得本书在介绍教育家的生平时，更加重视典型故事式的展现。

　　对于引用，本书在呈现这些教育家教师教育思想时，不怕引用过多，而是尽可能以引用原文的方式呈现。而对于过多引用，存在着一种担心，即引用多了自己就可能消失在引用中。其实，这种担心完全没有必要，而且是一种误解，我们看到很多教育思想史的书，没有几个引用，但写的却是作者的原话，倘以这种方式去除引用，必然是愚蠢的。在我看来，引用就是一种加工和创新，更是一种负责的精神。引用的过程就是理解、阐释和创造的过程，引用不是简单的照抄，不是肤浅地照着别人说，而是深刻地让别人照着自己说，是用自己的逻辑重新理解他人的逻辑，这也是本书引用所遵循的重要原则。

　　黑格尔在《逻辑学》第二版序言中曾说过："在提到柏拉图的著述时，任何在近代从事重新建立一座独立的哲学大厦的人，都可以回忆一下柏拉图七次修改他关于国家的著作的故事。假如回忆本身好像就包含着比较，那么这一比较就只会更加激起这样的愿望，即：一本属于现代世界的著作，所要研究的是更深的原理、更难的对象和范围更广的材料，就应该让作者有自由的闲暇作七十七遍修改才好。"

　　黑格尔的话使我内心充满了愧疚与不安，虽然我也曾对书稿进行了若干遍的润色修改，但终因过于匆忙和急迫，还远未达到黑格尔所要求的七十七遍修改。又者，西方教师教育思想涉及众多教育家的教育经典原著，其蕴含的教师教育思想之深刻，远非我的努力所能完全触及。而且，自己生性愚笨，学识能力又极其有限。因此，本书难免有许多不足、疏漏和错误之处，恳请广大读者批评指正。

谢延龙

2015 年 8 月 12 日

第一章　苏格拉底：作为无知者的教师

> 假如世界上存在一位教育圣徒，哪怕他是一个世俗之人，也非苏格拉底莫属。这是因为苏格拉底身上闪耀着作为教师的美德。[①]
>
> ——弗拉纳根

一、苏格拉底生平

苏格拉底的生平，既是一个传说，又是一个神话。

约公元前469年，苏格拉底出生在雅典城，在年近70岁之时，被法庭判处死刑，罪名是"蛊惑青年"和"不信仰雅典城的神灵"。

苏格拉底因教育而受审判，因好为人师而获罪至死，这一事件，从古至今，逐渐成为一种传奇，人们亦由最初的惊异不解，转为最终的倾心神往。教育成就了苏格拉底，教育使苏格拉底具有了理想的智慧人格，并成为人们顶礼膜拜的教育圣徒。教育也毁灭了苏格拉底，正是教育使苏格拉底树敌于城邦，而最终走向了死亡。成就了精神，毁灭了肉体，以肉体毁灭的代价，捍卫教育的尊严和理想，苏格拉底应是第一人，这是苏格拉底肉身的悲剧，却是苏格拉底精神追求的荣耀。

[①] ［爱尔兰］弗拉纳根. 最伟大的教育家：从苏格拉底到杜威［M］. 卢立涛，安传达译. 上海：华东师范大学出版社，2009：1.

苏格拉底的父母所从事的工作，都有着深刻的教育意蕴，这也许是冥冥之中注定苏格拉底必然成为教师的宿命。苏格拉底的父亲是位雕刻匠，这是一种与教师有着某种内在联系的职业。著名教育家苏霍姆林斯基就曾将教师比作雕塑家，是创造未来人的特殊雕塑家。苏格拉底年轻时跟随父亲学雕刻，想必苏格拉底在将璞石精雕细琢成美玉的过程中，逐渐对"琢璞成玉"有了深刻的理解。苏格拉底的母亲是位助产婆，这种职业直接催生了著名的苏格拉底法，用苏格拉底的话说：我的母亲是个助产婆，我要追随她的脚步，我是个精神上的助产士，帮助别人产生他们自己的思想。

苏格拉底的相貌与他无与伦比的智慧同样有名。据威尔杜兰（W. Duran）在其著作《哲学故事》(*The Story of Philosophy*)中所说，苏格拉底有光秃的头，大大的圆脸，深陷的眼眶，宽阔而朝天的鼻子，活像一个挑夫。古希腊喜剧作家阿里斯托芬则是这样描述苏格拉底的外貌特征：他走路的样子就像一只蹒跚而行的鸭子，而且他还非常频繁地转动眼珠。

对于智慧者来说，自己古怪的相貌非但不是一种负担，反而成为一种充满魅力高深智慧的象征，这种象征来源于苏格拉底对自己相貌充满哲理的解说。

一种解说指出，当有人问苏格拉底，你长得如此古怪，难道就没丝毫羞耻感吗？苏格拉底回答说，人的容貌都是天生的，丑或美都不必自卑或炫耀，美丽的面孔终会衰老，只有让心灵美化，以智慧和自信塑造在他人心中的形象，才真正具有永恒的魅力。

另一种说法认为，苏格拉底对自己古怪的相貌解释到，实用方为最美，一般人鼻孔朝下，只能闻到自下而上的气味，我却可以闻到整个空气中的美味；一般人的眼睛只能往前看，我却可以侧目斜视，至于大嘴巴、厚嘴唇，可以使我的吻，比常人更加有力，接触面更大。

苏格拉底的悍妻之所以成为不得不说的话题，并不是因为她的泼辣与美丽，而是因为与苏格拉底的智慧息息相关。一则常为人所乐道的故事是：一次，苏格拉底正和学生们讨论学术问题，他的妻子气冲冲跑进来，大骂了苏格拉底一顿，又提来一桶水，猛地泼到苏格拉底身上。在场的学生们都大吃一惊，个个目瞪口呆，以为苏格拉底会怒斥妻子，哪知苏格拉底摸了摸浑身湿透的衣服，风趣地说：我知道，打雷以后，必定会下大雨的。

另一则故事是，有人问苏格拉底，为何要娶如此之悍妇。苏格拉底说，擅长马术者，必挑烈马骑，骑惯了烈马，再驾驭其他的马，就易如反掌。这样的女人，我苏格拉底都能忍受，恐怕天下也就没有什么人不能相处了。

由此，我们不得不相信，泼妇式的妻子可以催生哲学家的深邃。虽然如此，在苏格拉底生命的最后时刻，他妻子却高喊，他是我的！而且以苏格拉底喜欢的体面方式，出现在苏格拉底面前，动情地说，过了不多久我就会找你的，并神圣地面对太阳说，我的丈夫是一个伟大而智慧的人。可见，苏格拉底的妻子在内心中是深爱着自己丈夫的。

奇异的生活方式是伟大思想家的重要特质，苏格拉底与奇异的生活方式已融为一体，并成为一种美谈。苏格拉底总是天不亮就起床，吃了口浸酒的面包，穿上长袍，披着粗布斗篷，混迹于街市、寺庙、商店、公共浴室等地，与人辩论。苏格拉底习惯赤脚走路，即使寒冬亦如此，他总穿同一服装，不管冬夏，而且还一贯节制饮食。苏格拉底常在沉思中出神或入定，他酒量奇大，却不酗酒。

思想和情感的与众不同，决定了智慧者苏格拉底行为的古怪。可以说，离开了奇异的生活方式，苏格拉底仿佛也就不是真正意义上的苏格拉底了。苏格拉底的生活方式，被伟大的存在主义哲学创始人，丹麦哲学家克尔凯郭尔奉为人生之楷模，他刻意仿效苏格拉底，在广场上和大街上与普通人进行哲学讨论。而且克尔凯郭尔每天都要在哥本哈根城中漫步，并因此成为了家喻户晓的"怪人"——该词曾被克尔凯郭尔用来描绘苏格拉底。

苏格拉底的生活过得极其清贫，物质财富对他毫无吸引力，只有精神家园的完满才是他唯一的追求，这也是真正智慧者的人生追求。面对苏格拉底的贫困，安提丰当面讥笑道："你所过的生活是一种使得奴隶都不会继续和他的主人过下去的生活；你所着的衣服不仅是褴褛不堪，而且没冬没夏都是一

3

样；你一直是既无鞋袜又无长衫；金钱这种东西，当人们在接受它的时候就会感高兴，有了它的时候就会生活得舒畅而愉快，你却分文不取。"① 对此，苏格拉底回答道："能够一无所求才是像神仙一样，所需求的愈少就会愈接近于神仙；神性就是完善，愈接近于神性也就是愈接近于完善。"② 一个追求精神完善的人，怎么能被一个只以外在"阿堵物"为唯一追求的世俗之人所能理解呢？

苏格拉底蔑视物质，并不是得不到物质的酸葡萄心理作怪，事实上，他能够获得物质的机会很多，不过都被他拒绝了。据第欧根尼·拉尔修记载："卡尔米德曾送给他一些奴隶，以使他可以依靠他们获得一些收入，他谢绝了。"③ "阿尔基比亚德曾送给了一大块地给他建房子；但他回答说，'假定我需要鞋子，而你送给我一整张兽皮，以用它制作一双鞋，那么让我去接受它，这难道不可笑吗？'当他看见很多待售的货物时，他总是会这样对自己说，'我不需要的东西有这么多呀！'"④

苏格拉底就是这样一个以朴素生活而自豪者，这与当今那些口口声声追求精神家园，却实实在在捞取物质利益的所谓学者相比，真可谓是天壤之别，亦让我们明白了什么是真学者的追求，什么是假道学的理想。难怪阿里斯托芬在喜剧《云》中对苏格拉底进行了如此评价："你是一个思想家，能够因为你的品格忍受劳苦；你从不疲倦，无论站立还是行走；你从不为寒冷而麻木，从不对早餐如饥似渴；你戒除了酒和肥食，以及其他所有无聊举动。"⑤ 其实，真正高洁的知识人都不会欲望物质，任何对物质有所欲求的知识人，都无法

---

① ［古希腊］色诺芬. 回忆苏格拉底［M］. 吴永泉译. 北京：商务印书馆，1984：35.
② ［古希腊］色诺芬. 回忆苏格拉底［M］. 吴永泉译. 北京：商务印书馆，1984：36.
③ Diogenes Laertius. *Lives of Eminent Philosophers I* ［M］. translated by Hicks. R. D., Harvard University Press，1995：161.
④ Diogenes Laertius. *Lives of Eminent Philosophers I* ［M］. translated by Hicks. R. D., Harvard University Press，1995：155.
⑤ Aristophanes. *Aristophanes II* ［M］. Harvard University Press，1998：69.

真正高洁起来，苏格拉底为我们树立起了一位高洁知识人的伟大形象。

死，每一个人都不可避免，但一个人的死，能够成为一种思想史上时常讨论的智慧，成为一种人类精神世界的拯救事件，这在整个人类历史上，都极其罕见。只是，苏格拉底之死，是真正属于这一类极罕见的事。确实，死，对于苏格拉底而言，有着非同寻常的意义。死亡是苏格拉底之为苏格拉底的荣光，"死就变成他最大的光荣"。① 死亡成为苏格拉底哲学最伟大的践行，践行了柏拉图所谓的，真正的追求哲学，无非是学习死，"苏格拉底之死是他的事业的最伟大的凯歌，是他一生无上的成功，是哲学和这位哲学家的礼赞"。②

生死存亡是一个形而上的关于人生终极意义的问题，对于苏格拉底之死，雅斯贝尔斯指出，苏格拉底之于死亡的抉择，使其荒谬的一生，具有了崇高的意义，树立了真正"生存"的权威榜样。尼采（F. W. Nietzsche）说：苏格拉底在我们看来是第一个不仅知道生，而且知道依照哪种知识的本能去死的人。苏格拉底是知道人会死、能死、赴死的典范。罗素（B. Russell）则一方面认为，柏拉图所描写的面临死亡的苏格拉底，无论在古代的还是在近代的伦理上都是重要的。③ 另一方面则对苏格拉底之死略带不恭地指出："如果临死时他不曾相信他是要与众神在一起享受永恒的福祉，那么他的勇敢就会更加是了不起的了。"④

我国学者叶秀山先生评论道：苏格拉底之死，的确是一个悲剧，它体现了雅典的悲剧，也体现了整个希腊的悲剧，但不仅是哲学的悲剧、思想的悲剧，而首先是社会的、政治的悲剧。⑤ 田海平先生更是认为，"苏格拉底之死，

---

① [德] 文德尔班. 哲学史教程 [M]. 罗达人译. 北京：商务印书馆，1996：101.
② [德] 策勒尔. 古希腊哲学史纲 [M]. 翁绍军译. 济南：山东人民出版社，1998：113.
③ [英] 罗素. 西方哲学史（上）[M]. 何兆武，李约瑟译. 北京：商务印书馆，1986：176.
④ [英] 罗素. 西方哲学史（上）[M]. 何兆武，李约瑟译. 北京：商务印书馆，1986：188.
⑤ 叶秀山. 苏格拉底及其哲学思想 [M]. 北京：人民出版社，1986：44.

祭起了理智主义的哲学大旗。他的死亡本身就是一次思想的盛典，一次意味无穷的哲学事件"。[①] 无论如何，苏格拉底之死，使人类背上了沉重的问号，究竟是肉体的死亡是为了永恒的精神，还是精神的死亡换取肉体的片刻存在。这始终是一个看似简单，真正践行却困难重重之事。

苏格拉底之死，之所以引起人们持续而热烈的讨论，一是因其死因，二是因其选择赴死之因。

苏格拉底被判死刑，被指控有两大罪名，即亵渎神灵和败坏青年。败坏青年的指控，正如苏格拉底所说，自己就像是神派来的一只牛虻，到处叮人，唤醒和劝导城邦中的青年人。亵渎神灵的指控，是指苏格拉底不信城邦认可的诸神，采取不信神或只相信自己发明的神。本来，这两项罪名，罪不至死。但苏格拉底在法庭上，采取了不利于自己的辩护方式，他慷慨陈词，毅然决然地反驳了对自己的所有指控。因此，陪审团认为苏格拉底顽固不化，藐视法庭。结果，雅典法庭以281票对220票，判处苏格拉底死刑。

被判处死刑的苏格拉底，得到了朋友和门徒们的全力营救，他的学生克里托为他提供了逃跑的机会，但遭到了苏格拉底的严词拒绝。据说，苏格拉底对营救他逃跑的人说，你们是否知道有什么死亡不会降临的地方？一个崇拜者回答说，看到你被这样不公正地处死，我太受不了。苏格拉底反问到，怎么，难道你希望看到我被公正地处死吗？最后，苏格拉底做出了饮鸩而死的选择。

由此，苏格拉底的死，与其说是法庭判处的，不如说是他自己主动的选择。苏格拉底本可以为减轻惩罚，作有利于自己的辩护，但他却采取了截然相反的策略。对此，苏格拉底解释说："我宁可去死也不愿用别的方法来换得活命。在法庭上，就像在战场上一样，我和其他任何人都不应当把他的智慧

---

① 田海平. 事件背后的哲学话语——论苏格拉底之死 [J]. 开放时代，2000 (11)：36.

用在设法逃避死亡上"。① 宁愿死于不利于己的辩护方式，也不愿采取违心的辩护方式保命，对苏格拉底来说，真正困难的不是逃避死亡，而是避免做不义之事；不义之事比死亡更难逃避。② 除非是正义的，否则苏格拉底绝不会去做，正如他自己所言："你的生命或其他俗务，只要考虑一件事，那就是什么是正义。"③ 所以，当逃跑的机会成为可能之时，苏格拉底采取了坚决予以拒绝的态度，尽管克里托试图以指责苏格拉底抛弃三个儿子为由，竭力劝说苏格拉底逃跑。

在苏格拉底看来，虽然自己被判死刑是不正义的，但判处死刑的过程是符合法律的，在程序上是正义的。这是一种形式的正义，但形式的正义也是正义，必须遵守以维护这正义，正如苏格拉底自己所说："如果我们（指法律）想要处死你，并坚信这样做是公正的，难道你以为你有特权反对你的国家和法律吗？你以为你可以尽力摧毁你的国家及其法律来作为报复吗？"④

在死亡面前，人与动物的最大不同在于，人可以主动选择死亡，并通过死亡的选择，使个体的生命超越死亡，从而获取新的生命意义。费尔巴哈曾经在比较动物之死与人之死时，触及到此一层意义："正是因为人预见和预知他自己的死，所以，虽然他也像动物一样地死去，但他与动物不同，甚至能够把死提升为他意志的一个对象。我必然要死；但是，我不仅必然要死，而且，我也愿意死。"⑤ 在走向死亡中获取生命的意义，是人之为人的最大尊贵，

---

① ［古希腊］柏拉图. 柏拉图全集（第一卷）[M]. 王晓朝译. 北京：人民出版社，2002：28.
② ［古希腊］柏拉图. 苏格拉底最后的日子——柏拉图对话集 [M]. 余灵灵译. 上海：三联书店，1988：76.
③ ［古希腊］柏拉图. 苏格拉底最后的日子——柏拉图对话集 [M]. 余灵灵译. 上海：三联书店，1988：106.
④ ［古希腊］柏拉图. 苏格拉底最后的日子——柏拉图对话集 [M]. 余灵灵译. 上海：三联书店，1988：11.
⑤ ［德］费尔巴哈. 费尔巴哈哲学著作选集（上卷）[M]. 荣震华，李金山译. 北京：商务印书馆，1984：416.

肉体的毁灭，获得的是精神的重生。苏格拉底主动赴死，敲响了人类个体试图超越有限生命，而达致永恒精神世界的钟声。

死既毁灭了苏格拉底，又成全了苏格拉底；即使苏格拉底的人生终结，又使苏格拉底的人生灿烂；既剥夺了苏格拉底的生命，又赋予了苏格拉底生命的意义。苏格拉底的临终遗言：克里托，我还欠阿斯克勒庇俄斯一只公鸡，千万别忘了替我偿还这笔债务。阿斯克勒庇俄斯是拯救人类的神灵，赠送公鸡是因为人类得到了有效的拯救，对苏格拉底来说，死亡就是对他生命的拯救。

因为苏格拉底选择的是一种"向死而生"的生命存在方式，对苏格拉底来说，他不是正在进入死亡，而是正在进入生命，一种更加丰富的生命，正如《申辩篇》中，苏格拉底最后所说的话："分手的时候到了，我去死，你们去活，谁的去路好，唯有神知道"，① 这似乎正隐喻着一个伟大哲人的人生命运。

柯拉柯夫斯基说："有这样一个人，所有欧洲哲学家都拿他来证明自己，即使是这些哲学家肢解了他所有的思想。这就是苏格拉底，而一个不能将自己与这一典范人物相认同的哲学家，就不属于这一文明。"② 苏格拉底为后世所有真正追求智慧的人，树立了一个个体生命如何不休的标杆。

二、教师是善于省思者

自省和沉思为苏格拉底所主张和力行，对教师而言，就是要善于成为自省者和沉思者。

自省在苏格拉底那里，是知识来源的根本途径。苏格拉底认为，知识并

---

① [古希腊]柏拉图. 游叙弗伦 苏格拉底的申辩 克力同[M]. 严群译. 北京：商务印书馆，2005：80.
② [英]柯拉柯夫斯基. 形而上学的恐怖[M]. 唐少杰等译. 北京：生活·读书·新知三联书店，1999：1.

非产生于人自身之外，而来自于人内心，通过内心的自我反省，就能够形成知识。"苏格拉底坚信，只要人们能够时时倾听发自心灵深处的'内在声音'（inner voice），把握住稍纵即逝的'灵感'，通过层层思考步骤，自可形成一套稳固的观念体系"。[1]"省"反映的是内在的认知和思考，"自省"就是自我内在的审视、思考和总结。

对于教师，自省能够形成一种独特的、属于自我的教育认知。教师的这种自我教育认知来自于我的内心，迸发于我的心灵深处，是属于教师自我的教育知识。

自省要求教师具有对教育教学生活保持较强的敏感性品质，对自我教育行为具有敏感性，对周遭教育事件具有敏锐性，自省成为教师成长过程的一面镜子，自省之，方能知得失。因此，自省就成为教师认识自我的起点，并成为教师实现自我的方式。教师之为教师，关键在于每一个教师对自我的界定，通过自省，能够使教师真正明了其存在的价值与意义，能够为教师自我安身立命确立坚实的根基。只有通过自省，教师个体才可能真正演绎出教师这一职业的生命特征。教师经常保持自省，就能够不断规范个人行为，深刻理解周遭的教育世界，并通过教师这一职业，最大可能地实现教师自我。

沉思是苏格拉底的生活方式。柏拉图在《会饮篇》中曾记载：一天大清早，太阳还没升起，苏格拉底遇到一个问题，就在一个地点，站着不动，沉思默想，想不出答案来，就不肯罢休。他就这样一直站着，直至傍晚。这时，有几个伊奥尼亚人吃过晚饭，把他们的铺席搬了出来，睡在露天里，他们想看看苏格拉底是否站着过夜，当然，那时候是夏天，睡在外面要凉快些。出乎他们意料的是，苏格拉底在那里竟然一直站到天亮，直到太阳升起，他向太阳做了祷告，然后才走开。苏格拉底的沉思令世人称奇，这种沉思是一种达到忘我境界的思考。

作为一种深度的思考，沉思是与自我心灵长时间的对话。作为教师，虽

---

[1] 林玉体. 西方教育思想史 [M]. 北京：九州出版社，2006：20.

不一定达到苏格拉底般入定式的沉思,但却需要沉思,需要对自我心灵进行洗礼。苏格拉底说,未经思考的生活是不值得过的。对教师而言,未经思考的教育生活是没有价值的,自然也是不值得过的。教育需要思考,教师需要思考,需要不间断地对教育教学进行深入的思考。

沉思有助于教师超越教育生活的世俗性,使教育生活获得品质和境界。教育生活离不开世俗的点点滴滴努力和作为,但教育生活绝不能仅局限于世俗的层面。在根本上,教育具有超脱性和神圣性,这决定了教育生活最有价值的是对高贵的追求,教育就必须与即时的琐碎日常事务保持一定距离。作为教师,真正能够理解教育的高贵和超越,就需具备沉思教育的品质。

沉思是一种获得教育智慧的快乐。拥有教育智慧是快乐的,对与教育终生相伴的教师而言,更是如此。与其他任何现实的教育活动相比,"沉思"能使教师获得智慧,因而也能够使教师获得更为持久和惊人的快乐,"对智慧的追求因其纯洁和持久性而具有惊人的快乐。我们有理由认为对智慧的享有会拥有更大的快乐,而且持续时间最长。沉思无疑就是如此"。[①] 沉思使教师所获得的是深度的快乐,而不是肤浅的感官愉悦式的暂时快感,是真正以智慧理解教育而产生的快乐。

沉思才能真正使教师体验到教育幸福。教育是让人迈向幸福的活动,教育本身也必然是幸福的。"积极心理学"之父马丁·塞利格曼(Martin Seligman)把"幸福"划分为三个维度:快乐、投入、意义。快乐自不必说,沉思使教师在快乐基础上,会更加投入到教育中,并在投入过程中领悟和体验教育的意义。可以说,沉思是教师打开教育幸福之门的钥匙。正是在此意

[①] Aristotle, Translated by D. P. Chase, *The Nico-machean Ethics of Aristotle*, Reprinted from the English Edition By E. P. Dutton&Co. 1934, China Social Sciences Publishing House, ChengCheng Books LTD, 1999:250.

义上，亚里士多德才会感慨，"幸福和沉思相伴而行，沉思有多大，幸福就有多大"。① 让沉思和教师相伴，让教师沉思起来，那教育的幸福就会与教师如影随形。

三、教师：无知的智慧

"自知无知"对苏格拉底而言，"并不是枝节的、偶然的点缀，而是渗透在苏格拉底的所有思考之中，构成了他使命般的虔诚投入、并最后为此而被处死的事业"。② "自知无知"成为苏格拉底哲学的重要命题，也是苏格拉底智慧的高度体现，它对教师如何成为教师具有重要的启示意义。

苏格拉底的"自知无知"，出自于柏拉图的《苏格拉底的申辩》。据《苏格拉底的申辩》中记载，苏格拉底27岁时，德尔斐神庙的祭祀说，没有人比苏格拉底更有智慧。苏格拉底十分困惑，神为何说我是最智慧的人呢？于是，自认为自己没有智慧的苏格拉底，为了弄清楚神谕的真意，开始遍访各个行业中自认为极有智慧的人，"在这以后，我拜访了一个又一个人，痛苦而恐惧地看到，我被人们忌恨，然而在我看来，完成神给的任务一定先于所有别的事——为了考察他说的神谕，就要去找所有好像有知识的人"。③ 在和政治家、诗人与工匠交谈之后，苏格拉底发现，这些所谓的智慧者，并不具备真正的智慧，"智慧声誉最高的人几乎完全无知。智慧声誉低于他们的人却颇有些知识"。④ 政治家自以为是，总自认为自己知道自己所不知道的事，实际上却恰恰最愚蠢，对此一无所知。诗人凭借灵感写诗，并不依凭智慧，要命的是，诗人却凭借诗歌上的天赋，便想当然地认为，自己对其他任何领域也无所不

---

① Aristotle, Translated by D. P. Chase, *The Nico-machean Ethics of Aristotle*, Reprinted from the English Edition By E. P. Dutton&Co. 1934, China Social Sciences Publishing House, ChengCheng Books LTD, 1999：254.
② 包利民，李春树. 苏格拉底"自知无知"的哲学意义 [J]. 浙江学刊，2005 (5)：23.
③ [古希腊] 柏拉图. 苏格拉底的申辩 [M]. 吴飞译. 北京：华夏出版社，2007：81.
④ [古希腊] 柏拉图. 苏格拉底最后的日子——柏拉图对话集 [M]. 余灵灵译. 上海：三联书店，1988：45.

知,"作诗不是靠智慧作的,而是靠某种自然,被灵感激发,就像先知和灵媒一样……他们因为诗歌,就认为自己在别的事情上也是最智慧的人,虽然其实不是"。① 而且,与其他人相比,诗人并不能更好地解释自己的作品。工匠们则犯了和诗人同样的错误,"这些能工巧匠们和诗人们有一样的毛病——因为能漂亮地完成自己的技艺,他们一个个就自以为在别的事情上,哪怕天下大事上,也是最智慧的——他们的这种自以为是遮蔽了那智慧",② 工匠们自以为有一技之长,就想当然认为自己在一切领域都精通,这同样是自认为自己无所不知。

最后,苏格拉底得出结论,那些自以为很有知的人,以真不知为知,其实都很无知,即"这些聪明人却是处于对自己的无知一无所知的境地",③ 但他们却都浑然不知自己的无知。唯有苏格拉底承认自己的无知,以不知为不知,正是这一点上,才成就了苏格拉底高于他人的智慧。这也正是神谕的真正含义:人类当中最有智慧的人,就是像苏格拉底那样,能够真正认识到自己无知的人。

苏格拉底并非无知,相反的是,他擅长学习,有着渊博的知识。那么如何认识苏格拉底的自知无知呢?丹麦哲学家克尔凯郭尔(S. A. Kierkegaard)认为,苏格拉底的无知绝不是一种经验性的无知,恰恰相反,他实际上知识广博,既读过诗人又读过哲学家的书,精通世事,所以在经验的意义上绝不是无知的。可是就哲学而言,他却是无知的。他对万物的根基,对永恒的、神圣的东西一无所知,这也就是说,他知道这个东西存在,但不知道它究竟是什么,它在他的意识中,但它又不在他的意识中,因为他就此能够作出的

---

① [古希腊] 柏拉图. 苏格拉底的申辩 [M]. 吴飞译. 北京:华夏出版社,2007:82.
② [古希腊] 柏拉图. 苏格拉底的申辩 [M]. 吴飞译. 北京:华夏出版社,2007:83.
③ [美] 格罗斯. 苏格拉底之道 [M]. 徐弢,李思凡译. 北京:北京大学出版社,2005:12.

惟一的判断是他对此一无所知。① 这是重在指出苏氏的无知是真无知，是对基本哲学问题的无知。

罗伯特·诺齐克认为，苏格拉底的自知无知，是苏氏真的知道自己对一些问题不知道："在不同的问题上，苏格拉底比同时代的其他雅典人更深刻、更敏锐"，但"他不知道什么是虔诚，什么是勇敢，什么是正义。对于任何问题，他缺乏一个完全充分的真信念。对于任何观念，他缺乏一个正确的充要条件。对于这些概念之间的联系，他更缺乏一个完全正确的理解。因此，当苏格拉底说他不知道答案时，他并不是反讽。他不知。他自知不知"。②

吴飞先生将自知无知看作是认识的最高境界，他指出，人的认知过程从低到高分为三个阶段，即无知——自知无知——无知之知。并解释道："'无知'的人俯拾即是，算不上什么可贵；自知无知的人也不少，但知道自己无知，是一种自知之明，虽然难能可贵，却也只是明智罢了，还算不上真正的智慧；而真正的智慧，是不仅无知，不仅知道自己无知，而且主动将'无知之知'作为一种智慧来追求。③

包利民先生认为，自知无知确实是对许多问题没有解决的办法："'自知无知'并非简单的'假谦虚'，而是明白真的有许多问题并没有解决，并不是那么容易解决。"④

刘铁芳先生则指出："这里区分两种智慧，一种是人的智慧，也就是苏格拉底自称拥有的智慧；一种是超人的智慧，在苏格拉底看来，这种智慧只有神才配拥有。而苏格拉底所谓人间智慧恰恰乃是一种知道自己无知的智慧。显然，苏格拉底意欲唤起的知乃是一种无知之知。而这种无知之知，意味着

---

① ［丹麦］克尔凯郭尔. 论反讽概念——以苏格拉底为主线 ［M］. 汤晨溪译. 北京：中国社会科学出版社，2008：142.
② ［美］罗伯特·诺齐克. 苏格拉底的困惑 ［M］. 郭建玲，程郁华译. 北京：新星出版社，2006：168.
③ ［古希腊］柏拉图. 苏格拉底的申辩 ［M］. 吴飞译. 北京：华夏出版社，2007：157.
④ 包利民. 古典政治哲学史论 ［M］. 北京：人民出版社，2010：107.

对人们惯常视为自己所拥有的知识的否定。"①

虽然人们对苏格拉底的"自知无知"有着这样或那样的看法，但无论如何，苏氏的"自知无知"，是有着深刻内涵的哲学命题，对教师有着巨大的启示。

作为教师，只有不断求知，才能认识到自己的无知，自知无知是教师探求新知的起点，也是教师追求新知的力量源泉。无知是求知的本源性需要和动力，教师能否意识到自己的无知，是迈向求知的起点。诺贝尔经济奖获得者、奥地利著名学者哈耶克（Hayek）曾对知与无知，有过非常清晰的说明，他指出，人们常常为自身知识的增长感到骄傲，但实际上，伴随着知识增长的是，人们无知领域的不断扩大。人们知识在增长，与此同时，人们的无知范围也在不断地扩大，尽管多数人都认为，人类的无知范围在逐步缩小，但在实际上，科学的每一个进步总是不断地在我们面前展现出一个更加陌生、更加无知的领域。而在此之前，我们并不知道自己在某一领域的无知，甚至不知道还会有这个领域的存在，如量子力学，生物基因工程等。当人们不知道自己无知时，总是倾向于断定自己有知。② 作为教师，当自以为自己很有知时，恰恰正是最无知的表现。因为知的增长意味着，无知的领域在扩大，譬如，知是一个圆，圆外是无知，则知越多，圆就越大，圆的周长也就越大，这样，圆与圆外的无知领域接触就越多，也就越显得无知。对此，波普尔（Karl Popper）在《论知识和无知的来源》一文中曾有过明确论述，"我们学到的关于这世界的知识越多，我们的学识越深刻，我们对我们所不知道的东西的认识以及对我们的无知的认识就将越是自觉、具体，越有发言权……事

---

① 刘铁芳. 为哲学教育而辩——《苏格拉底的申辩》释义［J］. 北京大学教育评论，2011：161.

② 转引自［美］霍伊. 自由主义政治哲学［M］. 刘锋译. 北京：生活·读书·新知三联书店，1992：5－6.

实上我们的知识只能是有限的，而我们的无知必定是无限的"。[①] 教师何时真正成为自知无知的人，才真正在求知的过程中。教师也只有认识到自己在教育教学中知识的匮乏，才会不断地学习求知，无知是教师不断进步的力量泉源。

苏格拉底的自知无知，内含着自知之明的重要性。教师需要有自知之明，对自己要能够进行正确评价，尤其是对教育教学方面。教师有了自知，出现了教育教学问题，就不会抱怨外在的客观条件，而是会自觉立足于自我进行反省内查。倘若教师对自我无知，则教育问题出现时，就会盲目地进行外在于我的归因。进而教师则只会停留在对外部原因进行抱怨，或责怪他人，其结果只能陷入困窘而无法摆脱，更遑论立志进取。色诺芬在《回忆苏格拉底》一文中指出："对于没有自知之明而对自己的能力有错误认识的人，他们对别人和对别的人的事业也是一样的，他们既不了解自己所要求的东西，也不了解自己所做着的事情，也不了解自己所交结的那些人的性格，而由于在所有这些事项上出差错，他们不但不能获得好的东西，反而要陷入灾祸之中。"[②] 教师缺乏自知的力量，就会对自己的所作所为不知所以，也就很难去了解所从事的教育教学，更难去理解所面对的教育对象学生，其结果必然是误人子弟不浅。《老子》云："知人者智也，自知者明也"，说的就是同样的道理。

教师要做到自知无知，意味着教师要能够看清自己的局限，并自愿主动接受和更新新的知识观念。每一个教师作为个体，其精力、经历和知识都是有限的，他对自己所从事的教育必然囿于个人的狭视，教师必须能够认识到自己的这种有限性和局限，方能主动去追求和更新知识。而教师对教育理解的厚度与深度，取决于他是否能有开放的思维，是否能够不断接受新的知识和观念，并将新的内容吸收转化能够为己所用。作为教师，正因为有自知，

---

① ［英］卡尔·波普尔. 猜想与反驳——科学知识的增长［M］. 傅季重，纪树立等译. 上海：上海译文出版社，2005：41.

② 周辅成. 西方伦理学名著选辑（上卷）［M］. 北京：商务印书馆，1987：61.

方能更好地认清自己的局限和不足，也才能真正发自内心地去学习他者，虚怀若谷，努力扩张自己的知识。正如英国著名哲学家罗素（Bertrand Russell）在《怎样避免愚昧观念》一文中所说，要听得不同的意见，甚至要主动地去听取不同的意见，要扩大视野，减少偏见，要防止因维护个人的自尊而固执己见。

做到自知无知，对教师而言，意味着教师要有一种强烈的主观自我反思精神。自知无知是一种巨大的自我反思勇气和自我否定的精神力量，是苏格拉底"一个未经省察的生活是不值得人过的生活"[①]思想的集中体现。教师只有把自己置于不断反思的求知过程，省察的生活才会成为可能，"德尔斐神谕的意义，并不在于可以让人不必思考和研究。恰恰相反，神谕会促使人进入更深的思考"[②]。任何一个教师，敢于否定自己内心所坚持多年的权威教育信条，敢于摒弃一直认为无误的教育的指示，敢于对自我过去始终保持高度的警觉，并适时进行坚决否定，而发生心灵的转向，没有自知无知的力量和勇气，是无法完成的。

一般而言，教师总是出于个人威信、面子、地位或利益的考虑，常常不敢也不愿承认自己的无知，更不愿去否定自我，反思自我，而是自我掩饰，掩饰自我的空虚和谬误。自知无知所要实现的，就是教师自我心灵的去蔽，进而实现根本的转向。转向，就是教师对过去自我的否定，但转向不仅是否定性的，它更体现了教师自我意识的破坏性和建设性，彰显的是教师意识的自主力量。自知无知要求教师要有一种强烈的主观自我反思精神，不怕在反思中否定自己。没有自我反思的否定，教师的心灵就只能停留在原初的状态，而不可能实现自我的更新和发展。

四、苏格拉底法：教师最有效的教育方法

苏格拉底法其实就是对话法，又称问答法，即强调通过对话或问答，揭

---

① ［古希腊］柏拉图. 苏格拉底的申辩［M］. 吴飞译. 北京：华夏出版社，2007：131.
② ［古希腊］柏拉图. 苏格拉底的申辩［M］. 吴飞译. 北京：华夏出版社，2007：79.

露、克服矛盾，最终获得知识的方法。黑格尔认为，苏格拉底法"根据它的性质，就应当是辩证的方法"。① 在古希腊，辩证法可"理解为进行哲学对话和辩论的艺术，以便通过对立意见的冲突来揭示真理，一句话，把它理解为揭示和证明真理的艺术"。② 作为对话与辩论艺术的辩证法，主要是指一种讨论的谈话方法。

一般而言，苏格拉底法可分为反讽、助产术、归纳和下定义。"反讽"就是在谈话中让对方谈出自己对某一问题的看法，然后揭露出对方谈话中的自相矛盾，使对方承认自己对这一问题实际上一无所知。"助产术"就是用谈话法帮助对方把蕴藏于自己意识中的知识回忆起来，就像助产婆帮助产妇产出婴儿一样。"归纳"是通过问答使对方的认识能逐步排除事物的个别的特殊的东西，揭示出事物本质的普遍的东西。"下定义"则是对"善"等的共同性质作出的概括性说明。雅斯贝尔斯在《什么是教育》一书中认为，苏格拉底法应包括"反讽（刺激学生感到离真理甚远）、催产术（通过问答逐渐使真理明显），以及探索发掘真理，而非传递真理"。③ 这里，雅氏将苏格拉底法归纳为三个阶段，即反讽、助产术和探索。

反讽是苏格拉底法的第一阶段。反讽与苏格拉底密不可分，在西方哲学史上苏格拉底可谓是最早引入反讽概念的人。马克思评论苏格拉底的反讽为"一种辩证法圈套，通过这个圈套，普通常识应该摆脱任何僵化，但不是要弄到自命不凡以为无所不知的地步，而是要达到他本身所包含的内在真理——这种'反讽'不是别的，正是哲学在其对普通意识的主观关系方面所固有的

---

① ［德］黑格尔. 哲学史讲演录（第二卷）［M］. 贺麟，王太庆译. 北京：商务印书馆，1997：52.
② ［前苏联］米亚敦尼克. 古代辩证法史［M］. 齐云山等译. 北京：人民出版社，1986：24.
③ ［德］雅斯贝尔斯. 什么是教育［M］. 邹进译. 北京：生活·读书·新知三联书店，1991：9.

形式。他在苏格拉底身上以一反讽的人、哲人的形式表现出来"。① 对于苏格拉底反讽的解读，一般理解为装样子，装作不懂，无知，以诱使对方在对话中得出结论，如《古希腊语汉语词典》中所提供的解释：（1）在辩论中，为了使对方陷入所设的圈套，自行达到一定的结论而使用的假装糊涂的激将法，这是苏格拉底与人讨论问题时惯用的办法，有时候他假装无知，尽量激对方多说，自己少说，以达到由对方来说出自己结论的目的（一句话，就是装样子）。（2）口是心非。②

克尔凯郭尔对苏格拉底的反讽进行过系统研究，在他最早的作品《论反讽的概念》中，克尔凯郭尔对苏格拉底的反讽概念及主要特征进行了详细剖析。克尔凯郭尔从否定性上理解苏格拉底的反讽概念，认为反讽本质上是"无限的、绝对的否定性"，它"只破不立"③，"说它是否定性是因为它只否定；说它无限是因为它并不只是否定这一或那一现象；而说它绝对则是由于它否定是由于一个更高的否定"。④ 没有否定，就没有探索，从这个意义上说，否定是进行探求的起点。万事开头难，作为探求的起点，优质的否定，决定着探求结果的优质。故而，苏格拉底反讽的否定，在否定中蕴含极为积极的态度和追求。

苏格拉底法还可以理解成一个过程，这是一个从无到无的过程，是一个充满着不断否定、谈话和问答的过程，"苏格拉底的反讽，始于无（知），终于无（知），可以说是一个从无到无的过程。他的反讽就是谈话，一问一答，不断否定，以揭露矛盾，穷根究底，探本索源"。⑤ 虽然这个过程的起点和终

---

① [德] 马克思. 马克思恩格斯全集：第40卷 [M]. 北京：人民出版社，1972：139.
② 罗念生，水建馥. 古希腊语汉语词典 [Z]. 北京：商务印书馆，2004.
③ S. Kierkegaard, *Soren Kierkegaard's Journals and Papers*, volume II, Indian University Press, 1967：265.
④ 王齐. 走向绝望的深渊——克尔凯廓尔的美学生活境界 [M]. 北京：中国社会科学出版社，2000：110.
⑤ 梁卫霞. 反讽与生存——简析克尔凯郭尔对苏格拉底的诠释 [J]. 天津社会科学，2004（5）：38.

点都是"无",但终点的"无"和起点的"无"大不一样,终点的"无"是起点的"无"的升华和超越,实现升华和超越的正是充满了否定、谈话和问答的过程,是过程决定了结果的不同。

苏格拉底"反讽"的结果,是为了消弭人们心头的成见,"'反讽'的结果则是'解蔽——解除蒙蔽人们心灵的成见',也就是说它通过'反讽'来解除蒙蔽人的本真存在的一切成见和曲见"。[1] 解除成见,方能提出新见,反讽的目的就是为了解蔽,引导人们抛弃原有的成见,返归"无弊"的本真状态。

总之,否定是苏格拉底"反讽"的根本精神,反讽就是不断否定,"作为否定性创造的反讽——就像吹肥皂泡",[2] 通过不断否定,以清除人们头脑中已有的混乱、模糊和空洞的偏见污染,使"通常被认定的、以固定的、在意识中直接接受了的观念或思想的规定瓦解",[3] 使人们得以抛弃自以为是的观点和原则,为进行更深入的探索打下基础。但反讽只追求无穷无尽的辩驳与追问,具有清思的作用,将无法达致某种目的和结果。于是,助产术就弥补了反讽的不足,产婆助产的结果是新婴儿的诞生,对话助产的结果就是某种新思想的出现。

助产术就是在反讽对已有观念充分否定之后,主动引导人们进行思考,得出新的见解和观点,"即帮助已经包藏于每一个人的意识中的思想出世"。[4] 也就是通过助产,使人们发现新问题,得出新结论。苏格拉底的助产术是帮助人产生知识的手段,苏格拉底这样描述其助产术:"我的助产术与她们的助产术大致相似。不同的是,我的实施对象是男人而不是女人;我照料他们分

---

[1] 刘万伦,郭兴举. 苏格拉底法及其对教师教育的哲学意义 [J]. 课程·教材·教法,2005(8):95.

[2] S. Kierkegaard, *Soren Kierkegaard's Journals and Papers*, volume II, Indian University Press, 1967:265.

[3] [德]黑格尔. 哲学史讲演录(第二卷)[M]. 贺麟,王太庆译北京:商务印书馆,1997:54.

[4] [德]黑格尔. 哲学史讲演录(第二卷)[M]. 贺麟,王太庆译北京:商务印书馆,1997:53.

娩的是灵魂，而不是他们的身体。我这种艺术最伟大的地方在于它能够以各种方式考察年轻人的心灵所产生的幻想错觉还是真知灼见。在下面这一点上我跟产婆相似：她们不生子，我缺少智慧。因此我常常遇到谴责，说我只会问别人。而自己却因没有智慧从不回答任何问题。……所以我自己并不聪明，没有什么发明，即产生于我自己的灵魂的果实。但是，这些跟我交往的人，尽管有一些确实显得十分无知，可一旦我们交往相久，所有这些荷蒙神佑的人就都取得了令人吃惊的进步。"① 苏格拉底的助产术就像产婆给孕妇助产一样，两者极为相像，"苏格拉底在对话时并不宣布问题的正确答案，正如助产士的任务是帮助产妇生育，她自己并不生育；对话者对自己既有成见的否定好比是临产前的阵痛，这是每一个获得真理的人必经的途径；对话的结果是对话者在自己内心中发现真理，正如产妇从自己体内产生新的生命"。② 苏格拉底的助产术，并不产生新的观念，它只不过是帮助人们把已有的观念产生出来。苏格拉底的反讽在清除了人们观念中的谬误和偏见之后，人们心灵中本已蕴含的观念便会显现出来，助产术就是把这种观念催生出来，而不是越俎代庖地制造出一个什么新观念。

经过了反讽和助产术之后，作为结果的苏格拉底法的真谛也就显现出来，即苏格拉底法是通过对话来探索真理，而非进行真理传授。对此，雅斯贝尔斯指出："苏格拉底从不给学生现成的答案，而让学生自己通过探索去做结论。他让那些自以为是的人意识到自己的无知，并让他发现真知，因此人们从内心深处得到那些自以为还不知道，实际上都早已具有的知识。因此可以说：知识必须自我认识，自我认识只能被唤醒，而不像转让货物。一个人一旦有了自我认识，就会重新记忆起仿佛很久以前曾经知道的东西。"③ 雅氏点

---

① 苗力田. 古希腊哲学 [M]. 北京：中国人民大学出版社, 1989：213.
② 赵敦华. 西方哲学简史 [M]. 北京：北京大学出版社，2001：41—42.
③ [德] 雅斯贝尔斯. 什么是教育 [M]. 邹进译. 北京：生活·读书·新知三联书店，1991：10.

出了苏格拉底法的最终结果：唤醒自我认识！知识既然早已存在于人们的心灵中，那么探求知识就只能是自己的事，只有通过自我，才能获得知识。因此，自我的唤醒，通过对话使对话者能够认识自我，促使对话者自我意识的觉醒，就成为苏格拉底法的精髓。苏格拉底法的结果不是对真理的宣布，对话的结果也不是权威的结论，而是对自我认识的唤醒，是在唤醒自我认识的过程中，实现对真理的探讨，最终走向自我对真理的探寻之路。从这个意义上讲，苏格拉底法就是把人们内心的求知欲激发出来的工具和方法。

苏格拉底法对教师而言，意味着教师要去权威，倡师生平等。苏格拉底法的对话，于对话双方而言，既不是知与不知的关系，也不是教育者和被教育者的关系，更不是支配与被支配的关系，绝不是一方对另一方的征服，而是一种平等的人与人的关系。这意味着，教师并非是知识的拥有者和传授者，教师亦不是知识的权威，教师只是一个引导者，一个对话者。对此，萨尔福就曾指出，苏格拉底一贯否认自己是教师："苏格拉底一贯否认他是一位有特殊道德洞见的教师，原因不正在于，他真正地尊重追随他的学习者们的思索和研究能力吗？"[1] 正是因为相信学生的思索能力，并把教师看作是导引学生提升思索能力的人，而不是学生外在的权威者，苏格拉底才从不以教师自居。

其实，苏格拉底本人也从不认为自己是老师，"我从来没有做过任何人的老师，但若有人愿意来听我谈话，按我的吩咐去做，无论是青年还是老人，我也从来没有吝惜给他们机会：他们与我谈话，我不收费，也不拒绝与没有钱的人谈话"。[2] 苏格拉底的对话，其结果不取决于教育者的意图，对话的过程是打破对话者心灵的隔阂，摧毁束缚对话者心灵枷锁的过程。这是一种对话者互相坦率、真诚的表露过程，对话的双方都可以是"教育者"，也都可以是"受教育者"。教师权威不在，师生在对话式的教与学过程中处于平等的地

---

[1] 娄林. 基尔克果的苏格拉底 [M]. 北京：华夏出版社，2012：18.
[2] ［古希腊］柏拉图. 柏拉图全集（第一卷）[M]. 王晓朝译. 北京：人民出版社，2003：22.

位，教亦学，学亦教，教学相长，在共同的探索中进行思考，体验思维的乐趣，教与学的界限被彻底打破，真正实现教与学的统一。

苏格拉底法要求教师只能是启发者，而绝不能是灌输者。苏格拉底法要求师生平等，并不意味着教师毫无作用，恰恰相反，在整个对话过程中，教师承担了更加重要的作用。苏格拉底说，教育不是灌输，而是点燃火焰。靠什么点燃火焰，靠对话，靠发问，通过问题来点燃，问题意识是点燃火焰的开始，对话是以问题开始，问题贯穿于对话始终。通过问题，点燃对话者兴趣的火焰、思考的火焰、求知的火焰和智慧的火焰。

在对话中，教师不是对学生进行知识灌输，让学生死记硬背，而是引导性和启发性地点燃学生们学习的欲望和热情。在教育对话中，作为对话发动者的教师，要善于发问，使问题明确，有的放矢，紧紧围绕谈论的话题进行。教师还要善于把握对话的进程，使对话能够按照逻辑层层递进展开。教师在对话中要为学生的积极思索创造条件，让学生在自由的氛围中讨论话题，在不断地交流中培养学生思想的敏感度和深刻度。

苏格拉底法提示我们，教师的主要任务不是传授知识，而是引领学生享受知识获得的过程。苏格拉底法是在对话过程中实现教育教学，就这对话而言，强调的是整个对话的过程，而不是对话结束时的具体结论。也就是说苏格拉底法不是把知识直接讲授给受教者，而是强调知识导出的对话过程。通过双方的问答，在对话这个过程中自然得出知识，知识只是对话过程自然而然的产物，"苏格拉底从来没有以智者身份告诉人家一个真理，他总是以探索者的身份去发问，在期待他人的回答中，进一步澄清问题。这种教育方式不是给人知识，而是让对话者经受这一过程。这一过程既是智慧和无知在对话中得到展现的过程，同时也是智慧产生共鸣并得到接受的过程"。[①] 对教师而言，把作为结果的知识传授给受教育者并不重要，重要的是知识获得的对话过程。

在这里，作为对话结果的知识，是为对话过程服务的，而不是相反。对

---

① 夏宏. 苏格拉底哲学教育观的启示 [J]. 现代大学教育，2009 (3)：66.

话过程所获得的，不仅是作为结果的知识，更重要的是在过程中获得的智慧，英国教育学家怀特海（A. N. Whitehead）曾言："你不掌握某些知识就不可能聪明；但你可以很容易地获得知识却仍然没有智慧。"① 只有在对话过程中，才能获得知识的体验、感悟知识获得的方法、获得知识的价值和意义，进而形成智慧，而这也是苏格拉底法对教师的重要启示。

苏格拉底法要求教师更加关注学习，并把学习看作是一个相互合作的对话过程。苏格拉底法要求教师要更加重视学生的学，而不是教师的教，他的整个对话过程，实际上就是一个学习的过程，学习在教学中居于首位。海德格尔曾回应过苏格拉底对话所反映的教育教学意趣："真正的老师让人学习的东西只是学习。所以，这种老师往往给人造成这样一种印象，学生在他那里什么也没有学到，因为人们把获取知识才看作是学习。"② 对教师而言，不是在教知识，而是在教学习，教知识的最终目的是为了教学习，这也就是我们常说的"教是为了不教"。

在对话中，学习是一个师生双方互相合作的过程，"苏格拉底认为学习是一个相互合作的对话过程，这是苏格拉底方法中值得肯定的另一个要素"。③ 这种师生合作的学习方式，不同于学生之间的合作学习，师生之间的合作学习，教师在合作中的地位和作用，主要是能否最大限度地帮助学生体验学习和学会学习。这对教师就意味着，教师要教学习，教师本人就必须首先是一个学习者，这样才懂得学习，才能对如何学习有亲身的体验，也才能在与学生合作学习过程中，真正把握和掌控整个学习的过程。

---

① ［英］怀特海. 教育的目的［M］. 徐汝舟译. 北京：生活·读书·新知三联书店，2002：54.
② ［德］海德格尔. 什么召唤思？［A］. 海德格尔选集（下卷）［M］. 孙周兴译. 上海：三联书店，1996：217.
③ ［爱尔兰］弗拉纳根. 最伟大的教育家：从苏格拉底到杜威［M］. 卢立涛，安传达译. 上海：华东师范大学出版社，2009：8.

第二章　柏拉图：教师就是解放心灵

> 阅读柏拉图给予我无穷的欣慰，我对此感激万分。[1]
>
> ——克尔凯郭尔

一、柏拉图生平

柏拉图于公元前 427 年生于雅典附近的埃伊纳岛（Aegina），卒于公元前 347 年，活了 80 岁，据说，这是古代用来描述一个品德高尚者的标准寿命。柏拉图是古希腊著名哲学家，也是苏格拉底的学生和亚里士多德的老师，此三人并称为古希腊三大哲学家。

就全部西方哲学乃至整个西方文化而言，柏拉图也是最伟大的哲学家和思想家之一，历来受到后世哲人的高度评誉。古罗马的著名教育家、哲学家西塞罗（M. T. Cicero）曾坚定地指出："宁可跟随柏拉图犯错，也不与那伙人一起正确。"[2] 德国著名古典哲学家黑格尔（F. Hegel）指出："柏拉图是具有世界历史意义的人物之一，他的哲学是具有世界历史地位的创作之一。它

---

[1]　［丹麦］克尔凯郭尔. 论反讽概念：以苏格拉底为主线［M］. 汤晨溪译. 北京：社会科学出版社，2005：19.

[2]　刘小枫，陈少明. 康德与启蒙［M］. 北京：华夏出版社，2004：扉页.

从产生起直到以后各个年代，对于文化和精神的发展，曾有过极其重要的影响。"① 英国哲学家怀特海（A. N. Whitehead）发自内心地对柏拉图给予了高度的评价："欧洲哲学传统最可信赖的一般特征在于，它是由对柏拉图的一系列注脚构成的。"② 著名哲学家波普尔（K. Popper）以批评柏拉图著称，但他也诚恳地指出："柏拉图著作的影响，不论是好是坏，总是无法估计的。人们可以说西方的思想或者是柏拉图的，或者是反柏拉图的，可是在任何时候都不是非柏拉图的。"③ 英国学者泰勒（A. E. Taylor）等人更是高度赞扬了柏拉图："苏格拉底赢得哲学的殉道者的不朽的声誉，不是由于在感情用事的民主派方面的大众情感的任何惊人的爆发，而是由于天意，它给了他一位历史上的人物，一位年轻的朋友和追随者，他结合了作为一位哲学思想家的至高无上的伟大和作为一位语言大师的同等伟大，因此直接或间接地成了从他自己的时代以来所有思维着的人们的导师。"④ 在这里，"哲学思想家"、"语言大师"和"人们的导师"都是指柏拉图，对柏拉图的赞誉之情可见一斑。我国研究古希腊文化的学者范明生对柏拉图盛赞道："可以毫不夸张地说，离开了对柏拉图的全面理解，既不能正确地理解古希腊文化，也不能正确理解中世纪的基督教教会和神学，同样也不能正确地理解从文艺复兴到当代的资产阶级文化；不能正确地理解两千多年来的自然科学的发展。"⑤ 对柏拉图的这些评价，都毫不吝啬赞美之词，虽有夸张之嫌，却也生动地道出了柏拉图在知识界心目中的崇高地位。

柏拉图原名阿里斯托勒斯（Aristocles），对于柏拉图名字的由来，一种说法是，柏拉图自幼身体强壮，胸宽肩阔，体育老师因此就替他取了"柏拉

---

① ［德］黑格尔. 哲学史讲演录（第二卷）［M］. 贺麟，王太庆译. 北京：商务印书馆，1960：152.
② ［英］怀特海. 过程与实在［M］. 杨富斌译. 北京：中国城市出版社，2003：70.
③ 汪子嵩等. 希腊哲学史（第一卷）［M］. 北京：人民出版社，1993：596.
④ ［英］泰勒.［奥］龚珀茨. 苏格拉底传［M］. 赵继铨，李真译. 北京：商务印书馆，2004：81.
⑤ 范明生. 柏拉图哲学述评［M］. 上海：上海人民出版社，1984：8.

图"一名,"柏拉图"希腊语意为"平坦"、"宽阔"。另一种说法是,柏拉图这个名字可能是来自他流畅宽广的口才,并认为柏拉图在婴儿时,曾有蜜蜂停留在他嘴唇上,由是才使他口才如此甜蜜流畅。后来,柏拉图的名字被延用下来,流行至今。

柏拉图出生于富裕的雅典贵族之家,父母皆出自名门之后。柏拉图的父亲阿里斯通(Ariston)的世系,可推到雅典历史上最后一个君主科德罗王,并可最终追溯至海神波塞冬。柏拉图的母亲佩丽克蒂奥妮(Perictione)的谱系,可上溯至德罗皮得一世(公元前644年雅典执政官),以及梭伦的兄弟德罗皮得二世(公元前593年雅典执政官)。

柏拉图幼年丧父,受生父影响甚微,母亲改嫁给她的叔父皮里兰佩(Pyrilampes),皮里兰佩则与伯里克利(Pericles)是挚友。需要注意的是,柏拉图的母亲嫁给其叔父,这种在现在看来匪夷所思的事,在古希腊不仅不为怪,反而受法律保护,原因是古希腊人为了不让财产落到别的家族,常常在家族内通婚。柏拉图从小在继父家度过,受到良好的教育,"这种优越的教育除增长了他对政治和社会问题的兴趣外,还使他的心灵对他所经历的整个时代的理智生活景观开放"。[①] 柏拉图本人十分赞佩继父,在《卡尔米德篇》中,柏拉图以颂扬的口吻提到过这位继父。

柏拉图身材魁梧,体格健壮,青年时期热衷于各项体育运动,曾两次在古希腊奥林匹克运动会上摘取奖牌。此外,青年时期的柏拉图还热衷于文艺创作,并表现出很高的文学天赋。直至遇到苏格拉底,才彻底改变了柏拉图的人生轨迹。

人生有很多相遇,但有的相遇能让你成为真正的智慧者,并因此而伟大,柏拉图和苏格拉底的相遇就是如此。柏拉图在20岁时,幸运地遇到了决定其生命轨迹的好老师苏格拉底。对于苏格拉底和柏拉图的相遇,"后来狄奥根尼(即第欧根尼)有传言说,苏格拉底前一天晚上曾做了一个梦,梦见一只白色

---

① [英]戴维·梅林. 理解柏拉图[M]. 喻阳译. 沈阳:辽宁教育出版社,2000:1.

的天鹅飞来停在他的膝上,转瞬间,天鹅的羽翼丰满,翅膀长大了,接着就飞向天空,唱出嘹亮的歌曲"，①自然,苏格拉底后来愉快地收下了他"梦中的小天鹅"。②德国哲学家策勒尔（E. Zeller）指出,在柏拉图的一生中,具有决定意义的事件就是他20岁时结识了苏格拉底。③自然,以全部身心投入智慧追求的柏拉图,陷入了对苏格拉底五体投地的佩服与崇拜。一方面,柏拉图把苏格拉底看作是最智慧、最优秀的老师,他十分肯定地指出：我可以公正地说,在我们这个时代,他是我所认识的人中最勇敢,也是最有智慧和最正直的人。另一方面,柏拉图又无比庆幸自己有苏格拉底这样的老师,他满怀深情地写道：我感谢神明,使我托生为希腊人,而不是野蛮人;自由人而不是奴隶;男人而不是女人。不过最主要的还是,我出生在苏格拉底时代。

智者的相遇,总伴随着一系列美妙而富有哲理的传奇故事,这种传奇故事的不断承继,是一种彰显优秀师生关系的重要维度。从某种意义上甚至可以说,一个没有故事的师生关系,必然不是什么好的师生关系。柏拉图和苏格拉底的师生关系,是能够涌现出众多传奇故事的师生关系,自然,他们的师生关系也就成为后世师生关系的典范。

有一天,一个学生在课堂上问苏格拉底,怎样才能成为像苏格拉底那样学识渊博的学者。苏格拉底没有直接作答,只是说：今天我们只做一件最简单也是最容易的事,每个人把胳膊尽量往前甩,然后再尽量往后甩。苏格拉底示范了一遍,说：从今天开始,大家每天做三百下,能做到吗?学生们都笑了：这么简单的事,有什么做不到的?过了一个月,苏格拉底问学生：哪些同学坚持了?教室里有百分之九十的学生举起了手。一年过后,苏格拉底

---

① [美]保罗·埃尔默·摩尔. 柏拉图十讲[M]. 苏隆译. 北京：中国言实出版社，2003：19.

② [古希腊]第欧根尼·拉尔修. 名哲言行录[M]. 徐开来，溥林译. 桂林：广西师范大学出版社，2010：275.

③ [德]爱德华·策勒尔. 古希腊哲学史纲要[M]. 翁绍军译. 上海：上海人民出版社，2007：124.

再次问学生：请告诉我，最简单的甩手动作，有哪几位同学坚持做到了今天？这时整个教室里只有一个学生举起了手，这个学生就是柏拉图。看来，成为知识渊博者，并没有什么诀窍和捷径，只有坚持从一件件小事做起，日积月累，付出艰苦的努力，才会终有所成。

柏拉图要拜苏格拉底为师，苏格拉底并不言语，只是带着柏拉图一起走向海中。等海水没及肩膀时，苏格拉底突然按住柏拉图的肩膀，将他的头浸入海水中。柏拉图不知何意，只好强忍着，直至感到窒息的一刻，才猛然伸出头，大口地呼吸。柏拉图甚是不解，问苏格拉底原因，苏格拉底说：年轻人，如果你渴求知识的欲望，和刚才呼吸空气的欲望一样强烈，将来一定能成为大智者。据说，这是苏格拉底给柏拉图上的第一课。人生中，求学的第一课很重要，第一课的意义就在于让你明白，你该朝什么方向努力。苏格拉底的第一课让我们明白了，求知需要欲望，恰如本能的欲望，像求生一样的本能去求知，视知识如生命，视求知如呼吸，使求知成为维持生命需要必不可少的元素。

把一些可疑的师生关系逸闻，加在柏拉图这样伟大而杰出人物身上，也反映了苏格拉底和柏拉图这对伟大师生的广博智慧。

柏拉图问老师苏格拉底，什么是爱情。苏格拉底叫他到麦田走一次，不能回头，在途中摘一颗最好的麦穗，只能摘一次。柏拉图充满信心地去了。最后，他垂头丧气地出现在老师跟前，诉说空手而回的原因：看见一棵看似不错的，却不知是不是最好，因为只可以摘一次，只好放弃，再看看有没有更好的，走到尽头时，才发觉手上一棵麦穗也没有。这时，苏格拉底对柏拉图说：这就是爱情！爱情就是不断地寻找、追随和欣赏美好的东西，而不在于其结果如何，发现美好的东西并爱之，才是最重要的。

柏拉图又问老师苏格拉底，什么是婚姻。苏格拉底叫他到麦田再走一次，不能回头，要取一棵最好的麦穗，只可取一次。半天之后，柏拉图拿着一棵看起来还不错，但有点瑕疵的麦穗。苏格拉底问：这就是最好的麦穗吗？柏拉图回答：好不容易看见一棵看似不错的，发现时间体力快不够用了，也不管是不是最好的，就拿了回来。这时，苏格拉底告诉他：这就是婚姻！婚姻需要的是理智，要进行综合的分析判断和综合平衡，总体上差不多就行。

柏拉图问老师苏格拉底，什么是外遇。苏格拉底叫他到树林走一次，可以来回走，在途中要取一枝最好看的花。两个小时之后，柏拉图精神抖擞地带回了一枝艳丽但枯萎的花，苏格拉底问他：这就是最好的花吗？柏拉图回答老师：我找了两个小时，这是盛开最美丽的花，但我采下带回来的路上，它就逐渐枯萎下来。这时，苏格拉底告诉他：这就是外遇。外遇是诱惑，但却极其的短暂，如雨后彩虹，虽美妙无比，但如白驹过隙，瞬间消逝。

柏拉图问老师苏格拉底，什么是生活。苏格拉底还是叫他到树林走一次，可以来回走，在途中取一枝最好看的花。过了三天三夜，柏拉图也没回来。苏格拉底走进树林，却发现柏拉图在树林里安营扎寨。苏格拉底问：你找到最好看的花了么？柏拉图指着边上的一朵花说：这就是最好看的花。苏格拉底问：为什么不把它带出去呢？柏拉图说：我如果把它摘下来，它马上就枯萎。即使我不摘它，它也迟早会枯萎。所以我就在它还盛开的时候，住在它边上。等它凋谢的时候，再找下一朵。这已经是我找着的第二朵最好看的花。这时，苏格拉底告诉他：你已经懂得生活的真谛了。生活就是珍惜与享受当下的幸福，就是追随与欣赏生活中的每一次美丽。

柏拉图问老师苏格拉底，什么是哲学。苏格拉底还是叫他到树林走一次，这次没提任何要求，只说让他到树林中随便走走。到晚上柏拉图满脸喜悦地回来了。苏格拉底问柏拉图有什么收获，柏拉图高兴地说，这次没有负担，心情非常放松，心灵也非常宁静，这时到树林中一走，湛蓝天空，流水潺潺，这才发现每一朵花都那么美丽，每一棵树都那么让人喜爱，完全被美妙的大自然所陶醉了，不知不觉一天已过去。苏格拉底非常高兴地说：太好了，你已经知道什么是哲学了。哲学不是僵死的教条，不是晦涩难懂的体系，更不是枯燥的灌输。真正的哲学就是一种自由心境下，灵魂和心灵自由的释放，享受哲学，自由体验哲学，才会真正觉得哲学之美。

苏格拉底和柏拉图的爱情、婚姻、外遇和哲学，从教育的眼光来看，蕴含着深刻的教育意蕴。教育需要恋爱般地去追随并欣赏学生的每一点精彩和每一滴美丽，而不为什么结果，仅仅为这美丽本身，教育更需要去不断地发现学生的美丽，并爱之。教育需要婚姻般地运用理智的头脑，来对待学生的每一个缺点，来综合判断每一个学生的方方面面，倘真如此，则必然会有所收获，其结果也必然是美好的。教育需要哲学般地渡过，享受教育，感悟教育，使身处教育中的每一个人，都能够实现心灵和灵魂的自由绽放，真正释放教育最本真的美。

天下没有不散的宴席，在追随老师求学近八年之后，柏拉图和苏格拉底的师生关系也走到了尽头。不幸的是，这种师生关系，是以老师遭受不正义的审判，最终饮鸩而亡的方式结束的，这极大地震动了柏拉图，并彻底改变了柏拉图的人生轨迹。在思想上，柏拉图对雅典的民主制彻底失望，并致力于寻找一种最完满的国家制度，即理想国。在行动上，柏拉图离开雅典，远走他乡，开始了长达12年的游历生活。

在外出游历的12年中，柏拉图所到之处有麦加拉、埃及、居勒尼、南意大利和西西里等地，详细考察了不同地域的不同制度，结识了不同学派的著名代表人，研究了这些学派的观点和理论，掌握了数学、天文学、力学、音乐等理论，对其学术的发展与心灵的启发带来丰富的收获，逐渐形成了柏拉图自己的哲学体系。

三次远赴西西里岛的叙拉古，对柏拉图影响巨大。公元前387年，柏拉图首次前往叙拉古，但却与叙拉古统治者狄奥尼修斯（Dionysius）一世话不投机，柏拉图谈论唯心论哲学，统治者则信奉军事实力。并且，柏拉图当面指出，狄奥尼修斯一世是个暴君，傲慢的统治者被彻底激怒，打算处死柏拉图，被劝阻后，下令将柏拉图当作奴隶出卖，幸亏朋友出资相助，柏拉图才平安返回雅典。[1]

---

[1] ［古希腊］第欧根尼·拉尔修著. 名哲言行录［M］. 徐开来等译. 桂林：广西师范大学出版社，2010：285—287.

公元前367年，狄奥尼修斯二世继位，柏拉图被告知，新君乐于接受哲学，柏拉图决定前去叙拉古，"当柏拉图在公元前368年左右扬帆前往叙拉古之际，据他自己讲，他百感交集"。① 但结果并不像柏拉图所想象的那样，"小戴奥尼素（即狄奥尼修斯二世）是期望在学识上镀镀金，但他缺少辩驳论说及使自己的生活契合其结论所需要的训练和努力（柏拉图把他比作一个想生活在阳光下，但只是晒了晒太阳的人），正如医生不能违背病人的意愿进行治疗一样，事实证明，将晒了晒太阳的小戴奥尼素带到哲学和正义的领地也是不可能的"，② 结果柏拉图二次叙拉古之行，以失败而告终。

公元前361年，在被告知狄奥尼修斯二世重又对哲学产生了兴趣，柏拉图忍受不住诱惑，最后一次前往叙拉古。但事情比前两次好不到哪里，"柏拉图下午伊始，就发现这个君上变得越发傲慢了，他现在认为自己已经是个哲学家，据说在写一本书，这种东西是柏拉图这样的辨证论者绝不会写的。这个事业失败了"。③ 从此，柏拉图彻底对政治失望，开始了潜心讲学和著书的生活。

柏拉图的三次叙拉古之行，演绎出了著名的"叙拉古诱惑"。而"所谓叙拉古的诱惑，就是指政治对哲人的诱惑。而政治之所以能够诱惑哲人，当然是因为哲人对政治的兴趣，一个对政治没有任何兴趣的人，再'诱人'的政治也无法诱惑他。因此，叙拉古的诱惑所要表达的其实是哲人对政治的向往和浓厚兴趣，这种兴趣并不因屡受挫折而减弱"。④ 知识与政治，分属不同的运行逻辑，知识分子一厢情愿的理想，碰到政治的现实时，只能是以悲惨的

---

① ［美］马克·里拉. 当知识分子遇到政治［M］. 邓晓苦，王笑红译. 北京：新星出版社，2010：142.
② ［美］马克·里拉. 当知识分子遇到政治［M］. 邓晓苦，王笑红译. 北京：新星出版社，2010：143.
③ ［美］马克·里拉. 当知识分子遇到政治［M］. 邓晓苦，王笑红译. 北京：新星出版社，2010：144.
④ 李文阁. 叙拉古的诱惑——在哲学与政治之间［J］. 哲学动态，2008（10）：20.

失败而告终，这也是"叙拉古诱惑"的必然结局。

公元前387年，柏拉图在雅典城外西北角创立了学园阿加德米（Academy），专心从事教学和著书立说。柏拉图的学园在欧洲历史上，既是第一所综合性传授知识和进行学术研究的机构，也是一所提供政治咨询和培养政治人才的机构，更"是一个学者、教师和学生在一起开拓事业的学会团体，致力于哲学和科学研究。柏拉图余下的生活，除了他短暂和无益地卷入叙拉古的政治外，都花到了学园中的研究和教学上，花到了创作我们现在拥有的主要的发表著作上"。[①] 柏拉图的学园存在时间长达916年，直到公元529年，学园被罗马帝国皇帝查士丁尼大帝关闭为止。柏拉图的学园是欧洲历史上最早的大学之一，后世大学的"学院"就来源于Academy一词。

学园的创立，将大批有才华的青年吸引到这里，进行学术研究和探讨。学园开创了西方学术自由的传统，老师与学生、大学者和无名后辈、相识的与不相识的都可以一起公开辩论，自由思考和发表见解。学园不仅提供哲学、政治、伦理、法律等方面的教育，更是对数学极为重视，据说在学园的门口，立着一块石牌，上面写着"不懂几何学者勿入此门"。因此，凡进入学园的学生，都具有一定的数学基础。之所以重视数学，柏拉图认为，数学是形而上学研究的前提，因为只有学习数学，才能迫使灵魂就抽象的数进行推理，进而达到力求看到那些只有用心灵之才能看到的实在，这种"实在"就是柏拉图所强调的"理念"。

在柏拉图的学园里，产生过许多著名的数学家，欧多克索是数学天文学的奠基人，泰阿泰德是立体几何的创始人，美涅克漠是圆锥曲线的发现者。甚至被称作"几何之父"的欧几里得，也曾在学园学习过数学，其名著《几何原本》中的众多思想，都源于柏拉图学园中数学家的成果。以至于美国数学史家波耶（Boyer）评论说："虽然柏拉图本人在数学研究方面没有特别杰出的学术成果，然而，他却是那个时代的数学活动的核心……他对数学的满

[①] ［英］戴维·梅林. 理解柏拉图[M]. 喻阳译. 沈阳：辽宁教育出版社，2000：11.

腔热忱没有使他成为数学家，但却赢得了'数学家的造就者'（the maker of mathematicians）的美誉。"①

公元前347年，柏拉图结束了他辉煌的生命旅程。对于柏拉图的死，有两种说法：一说是他死的时候，正在写作，古罗马政治家西塞罗（M. T. Cicero）相信这种说法，他在《论老年》一文中提到："到了老年也是庄严宁静的，——例如我们知道的柏拉图八十一岁死的时候手里还执着笔。"（《西塞罗文录》）②；另一说认为，柏拉图在参加一个弟子的婚礼中，小睡一憩竟长眠而未起，"柏拉图在参加一次婚礼宴会时无疾而终，享年80岁，葬于他耗费了半生才华的学园"。③ 第一种说法，强调柏拉图在工作中去世，把柏拉图描绘成一个十足的"工作狂"，尽管这种对写作的执着精神，令人叹服，但却冰冷的让人无法靠近。第二种说法，置柏拉图于安详、平和的生活中离开这个世界，更具有人情味，更接地气，也更像是一个伟大哲人离开世界的结局。

柏拉图的一生是崇高而伟大的一生，他的杰出弟子亚里士多德曾满怀深情地在一首悼念诗歌中写道：

> 他来到凯克洛匹亚（雅典地区的古称）神圣的土地，
> 怀着一颗虔敬的心筑起庄严的祭坛，
> 献给一个纯洁无瑕的人，
> 献给他那崇高的友谊。
> 在众人之中他是惟一的也是最初，
> 在自己的生活中，

---

① 魏良亚. 数学教育的先驱——柏拉图 [J]. 数学通报，1999（9）：46.
② 许铮. 不服老的柏拉图 [J]. 社会科学战线，1979（3）：90.
③ [古希腊] 柏拉图. 柏拉图全集（第1卷）[M]. 王晓朝译. 北京：人民出版社，2002：20.

在自己的作品里，
清楚而又明显地指出：
惟有善良才是幸福。
这样的人啊，
如今已寻觅无处！①

二、 洞穴比喻： 教师是解放者和启蒙者

洞穴比喻是柏拉图提出的一个重要命题。柏拉图在《理想国》卷七的开篇，讲述了一个著名的洞穴比喻：

有一部分人，从小就居住在一个地洞里，他们从出生起，就被全身捆绑固定在洞穴内，连脖子也被捆绑着，无法动弹，不能扭头，眼睛只能向前，看着洞穴的后壁。在他们的背后，有火光，在火光与他们之间有一道矮墙。在矮墙后面，另有一些人举着各种石制、木制的人、兽玩偶，沿矮墙穿行。火光将这些玩偶投影在囚徒们所看到的墙壁上，形成各种影像。囚徒们每天看着眼前洞壁上变换着的各种影像，他们把这些影像看作是真实的物体。他们天生如此生活，并没有感觉到悲哀，也没有挣脱捆绑绳索的欲望。

直到有一天，其中一个囚徒，由于某种原因，挣脱了绳索。他生平第一次扭转头，看到那些石制、木制的玩偶，也看到了火堆。刺眼的火光让他很痛苦，但经过一段时间的适应，他终于能够分清影像和真实的玩偶，明白玩偶才是真实的，影像是火光形成的投影。

接着，他走向洞口，刺眼的阳光，让他十分痛苦，经过长时间适应之后，他第一次看到了阳光下真实的事物。之后，他仰望天空，"直接观看太阳本身，看见他的真相了"。② 此时，他真正明白了先前洞穴生活的悲哀，并"庆

---

① 王树人，余丽嫦，侯鸿勋. 西方著名哲学家传略 [M]. 济南：山东人民出版社，1987：141－142.

② [古希腊] 柏拉图. 理想国 [M]. 郭斌和，张竹明译. 北京：商务印书馆，1996：274.

幸自己的这一变迁，而替伙伴们遗憾"。①

此时，这个从洞穴里走出来的囚徒，并没有独自离开洞穴，追求个人的幸福。而是义无反顾地返回洞穴，试图启蒙和解救那些陷于假象包围的同胞。但适应了影像的同胞们却并不领情，"没人相信他在外面看到的东西，他不得不在法庭和其他场合与他们争论幻觉和真理、偶像和原型的区分，因此激起众怒，恨不得把他处死"。② 从洞穴里走出的囚徒，没能使洞穴中其他囚徒改变命运，他失败了。

柏拉图的洞穴比喻蕴含着极为丰富的哲学内涵，后世学者对其进行了各种解读，也给我们进行教师的思考提供了有益的启示。

作为教师，首先要进行自我启蒙，这是教师之为教师的基本素养。对启蒙有两种理解，一种将启蒙理解为人要摆脱自己加之于自己的不成熟状态，正如康德在《什么是启蒙运动》一文中第一句话所言：启蒙运动就是人类脱离自己所加之于自己的不成熟状态。这里，"自己所加之于自己"，就是人自己施加给自身的，而非外在施加给自己的。因此，人之需要自我启蒙，是因为人常常会被自己加之于自己的枷锁所蒙蔽。教师亦如此，要实现自我启蒙，教师首要的是要摆脱自己加之于自己的蒙蔽状态。这需要教师具备相当的勇气，正如洞穴中的囚徒，若想被拯救，就必须先有勇气摆脱内在的心魔，方有可能被拯救者带出影像的束缚。

康德指出：要有勇气运用你自己的理智。一个没有勇气运用自己理智的教师，必然安于现状，习惯于在外在权威安排下，过着循规蹈矩的教育生活，这就是一种受蒙蔽的状态，如那些习惯于墙壁影像的囚徒一般。所以教师必须进行自我启蒙，"启蒙不仅仅是学问和知识问题，更是勇气与精神问题，启蒙是一种精神解放自身的过程，是思想解放自身的历程"。③ 教师要有勇气驾

---

① ［古希腊］柏拉图. 理想国［M］. 郭斌和，张竹明译. 北京：商务印书馆，1996：275.
② 赵敦华. 西方哲学简史［M］. 北京：北京大学出版社，2001：52.
③ 叶秀山. 启蒙重点更应放在"勇气"上［N］. 社会科学报，2012. 11. 1. 第005版：2.

驭自己，进行自我的思想解放和精神解放，摆脱这种自己加之于自己的蒙昧状态。

另一种将启蒙理解为摆脱外在力量施加给人的蒙蔽，主要是指外在知识。外在于人的知识在不断进步和发展，教师如果不自觉地随着知识的发展变化而进步，就随时可能陷入无知的蒙昧状态。教师面对的是正在成长中的学生，他要向学生进行"传道、授业、解惑"。倘若教师自己都对知识的更新麻木不仁，势必使自己处于蒙昧状态，就只能误人子弟。因此，教师需要不断努力挣脱"影像"的束缚，成为迈向知识世界的觉醒的人，不断地学习，走出蒙昧的捆绑。

教师自我启蒙，从根本的意义上讲，就是要对学生进行启蒙和解放。教师通过自我启蒙，解除了自我之弊和外在之弊，这只算是完成了启蒙的一半。对教师而言，更重要的是，要像洞穴中那位挣脱了绳索，摆脱了影像之弊的囚徒一样，要勇敢地返回洞穴，对他人进行解蔽。也就是说，教师要成为转化型知识分子，在进行了自我转化之后，不能独善其身，而应走回洞穴，对还处在蒙昧状态的学生进行启蒙和解放。

作为教师启蒙对象的学生，正如那在洞穴中被束缚和捆绑的囚徒，他们囿于那反射在洞壁上的影子。因此，教师对学生进行启蒙，就是要用一种外在的力量，将学生从黑暗的洞穴，拉向洞外的光明世界。当然，启蒙和解放学生是要付出巨大的艰苦努力，正如回到洞穴中的囚徒，要面临众囚徒的嘲笑与误解。在很多时候，教师将不得不面临这样的状况，但教师的使命就是要解除学生身上的桎梏，将学生带出洞穴，走向光明。故，无论有怎样的困难，教师必须有勇气承担自己的责任。

三、教师要关注学生的"心灵转向"

柏拉图认为，"教育非它，乃是心灵转向"，"真正的教育"、"好的教育"

只是"促使灵魂的转向"。① 关切人的心灵或灵魂,是柏拉图给教育划定的对象。这一划定,既定性了教育的崇高,又带来了教育的复杂。世界上没有比人的心灵更宝贵的东西,这意味教育的崇高;世界上也没有比人的心灵更复杂的东西,这意味着教育的复杂。面对如此崇高而复杂的对象,教师就肩负着无与伦比的责任和使命,正是在这个意义上,才说教师是太阳底下最光辉的职业。

作为教师,其根本使命就是引导学生实现心灵转向。心灵是人最宝贵的东西,是人之为人的根本。然而"心灵的优点似乎确实有比较神圣的性质,是一种永远不会丧失能力的东西;因所取的方向不同,它可以变得有用而有益也可以变得无用而有害"。② 正是因为心灵的可变性,才给教师提供了努力的可能,也为教师存在的价值作了最根本的辩护,教师的根本使命就是让学生的心灵避免变得有害,而转向有益。然而,"关乎心灵的教育注重精神的成长","追求学生思想的解放、精神的独立以及理性的批判","为学生指引美好的人生,帮助学生形塑高贵的精神"。③ 这意味着心灵转向要使学生的思想和精神发生彻底的改变,并非是易如反掌之事,"这看来不像游戏中翻贝壳那样容易,这是心灵从朦胧的黎明转到真正的大白天"。④ 因此,实现学生心灵转向的过程,是一个相当艰苦的过程,教师需要有付出长期努力的耐心和责任心。

在柏拉图看来,心灵要转的方向是可知的世界。柏拉图用"线喻"将世界分为两部分,即可知的世界和可见的世界。柏拉图指出:"那么请你画一条线来表示它们,把这条线分成不等的两部分,然后把它们按照同样的比例再分别分成两部分。假定原来的两个部分中的一个部分相当于可见世界,另一

---

① [古希腊]柏拉图. 柏拉图论教育[M]. 北京:人民教育出版社,1958:49.
② [古希腊]柏拉图. 理想国[M]. 郭斌和,张竹明译. 北京:商务印书馆,1986:278.
③ 姜勇. 论关乎心灵的教育[J]. 教育理论与实践,2013(16):3.
④ [古希腊]柏拉图. 理想国[M]. 郭斌和,张竹明译. 北京:商务印书馆,1996:282.

部分相当于可知世界，然后我们再根据其清晰程度来比较第二次分成的部分"。①柏拉图进一步指出，可见世界是人的感官所把握的世界，包括影像和实物，可知世界用理性的思辨所把握的世界，包括数和理念。可见世界是变动不居的，是意见的世界，可知世界是永恒不变的，是知识的世界。可见世界是可知世界的摹本，可知世界则是可见世界的来源。

与世界的划分相对应，灵魂或心灵也有四种状态，"最高一部分是理性，第二部分是理智，第三部分是信念，最后一部分是借助图形来思考或猜测"。②柏拉图认为，人的灵魂和心灵必须进行转向，由可见的世界转向可知的世界，"作为整体的灵魂必须转离变化世界，直至它的'眼睛'得以正面观看实在，观看所有实在中最明亮者，即我们所说的善者"，③这个善者也就是可知的世界。这样，灵魂或心灵需要逐渐从最后一部分上升到最高部分，这就是一个灵魂或心灵发生转向的过程。

作为教师，其职责就是使学生的灵魂或心灵实现转向，也就是说要实现从可见的世界向可知的世界转向，这种转向其实就是让学生从感官把握世界，到通过理性思考去把握世界的过程。从这里可以看出，柏拉图给教师提出了一个艰巨的任务，即教师要教给学生的，不是知识，也不是现象，而是如何从现象迈向知识的方法。

四、教师教学是帮助学生"回忆知识"

柏拉图认为，学习就是回忆，知识的获得就是灵魂的回忆。这个观点出自《美诺篇》，柏拉图借苏格拉底之口说道：

"既然灵魂是不朽的，重生过多少次，已经在这里和世界各地见过所有事

---

① ［古希腊］柏拉图. 柏拉图全集（第2卷）[M]. 王晓朝译. 北京：人民出版社，2003：507.

② ［古希腊］柏拉图. 柏拉图全集（第2卷）[M]. 王晓朝译. 北京：人民出版社，2003：510.

③ ［古希腊］柏拉图. 理想国 [M]. 郭斌和，张竹明译. 北京：商务印书馆，1995：277.

物，那么它已经学会了这些事物。如果灵魂能把关于美德的知识，以及其他曾经拥有过的知识回忆起来，那么我们没有必要对此感到惊讶。一切自然物都是同类的，灵魂已经学会一切事物，所以当人回忆起某种知识的时候，用日常语言说，他学了一种知识的时候，那么没有理由说他不能发现其他所有知识，只要他持之以恒地探索，从不懈怠，因为探索和学习实际上不是别的，而只不过是回忆罢了。"①

既然学习就是回忆，那么对教师而言，就要相信学生的能力，相信学生的灵魂本身就具知识的能力。"知识是一种灵魂本己的东西，它不是异己的、从外部进入或加入心灵的东西，知识只能从人的心灵自身发展起来"，"知识也因此不是从外部灌输到灵魂的理性中的，它是源自于心灵自身的，它不是从'学习'中得来，而只是对于已经存在于心灵内的东西的回忆，获知就是回忆"。② 当知识成为学生灵魂已有东西的时候，就意味着教师对学生知识的影响微乎其微。

教师不能指望把外在于人的心灵的知识，通过灌输传递给学生，"教育实际上并不像某些人在他们的职业中所宣称的那样，他们宣称他们能把灵魂里原来没有的知识灌输到灵魂里去，就好像他们能把视力放进瞎子的眼睛里去似的"。③ 在柏拉图看来，知识根本就不用教，学生学习知识，只需要从自己灵魂中回忆就可以。对此，黑格尔曾评论指出，在柏拉图那里，心灵是自为的，即心灵是以自身为对象，心灵发展的本质是自身本质的实现，心灵所收获的不是外在的东西，而是自身。这就要求教师要相信学生心灵的能力，尊重学生在学习中的主动性和创造性，让学习真正成为学生的学习，教师要善于成为学生学习的"多余者"。

---

① ［古希腊］柏拉图. 柏拉图全集（第 1 卷）［M］. 王晓朝译. 北京：人民出版社，2003：507.

② 金生鈜. 德性教化乃心灵转向：解读柏拉图的德性教化理念［J］. 湖南师范大学教育科学学报，2002（2）：19.

③ 张法琨. 古希腊教育论著选［M］. 北京：人民教育出版社，1994：110.

那么，教师在教学中的作用是什么呢？教师就是要帮助学生从心灵中回忆那早已存在的知识。

心灵中虽然早已存在知识，但心灵并不能靠自己的能力就把知识全部回忆出来，心灵需要外在力量的帮助和引导，去回忆知识。对学生学习而言，教师就是这个帮助者和引导者，"按照柏拉图的观点，真正的教育意味着唤醒沉睡在心灵（灵魂）中的能力，它能启动各个我们用以学习和理解事务的器官，使之运转"。[1] 心灵的唤醒正是教师所要做的，教师的作用就是让学生的心灵觉醒起来，使学生的心灵保持积极的运作态势。

于是，教知识就不是教师的主要职责，这正如当前一句流行语所说：一流教师教信念，二流教师教思维，三流教师教技能，四流教师教知识。好的教师不是教知识，只教知识的教师绝对成不了好教师。好教师教的是信念和思维，有了信念和思维，就能够真正唤醒学生的心灵，而这个被教师唤醒了的心灵，就能够真正地爱知识，就能够自己主动地去追求知识。由此，教师之所以是教师，就在于他不是在传授已有的东西，而是要把学生心灵本身已有的力量诱导出来。

---

[1] ［美］伊丽莎白·劳伦斯. 现代教育的起源和发展［M］. 纪晓林译. 北京：北京语言学院出版社，1992：11—12.

第三章　亚里士多德：成为知性的教师

> 如果真有所谓人类导师的话，就应该认为亚里士多德是这样一个人。①
>
> ——黑格尔

一、亚里士多德生平

亚里士多德于公元前 384 年，出生于爱琴海北部卡尔西乃西半岛东岸的斯塔吉拉城（Stagira）。亚里士多德的父亲尼各马科，是马其顿国王亚历山大的祖父阿明塔斯的御医，母亲菲斯蒂斯是优卑亚岛人。父母早亡，幼年的亚里士多德由姐姐和姐夫抚养。

由于时代过于久远，对于亚里士多德的性格和人品，已不可能知之甚细，但亦可从后人的不同描述中，窥见不同的亚里士多德形象。英国学者乔纳斯·伯纳斯在《亚里士多德》一书中，这样描述到："关于亚里士多德的个性和人格，我们所知甚少。他出生富门，手上戴着戒指，留着时髦的短发，多少有点花花公子的味道。他消化不良，据说是个瘦高个。他长于口才，讲课时条理清晰，谈话时富于说服力，机智锋利、妙趣横生。为数不少的故对者把他看作狂妄自负、桀骜不驯之徒。他那留存至今的遗嘱充分体现了慷慨大

---

① ［德］黑格尔.哲学史讲演录第 2 卷［M］.贺麟等译.北京：商务印书馆，1960：380.

方、体贴他人的品质。"① 梯利在《西方哲学史》一书中描述到:"他极爱真理,判断精确、不偏不倚而且尖锐。他精通论辩学,探究入微,博览群书,观察缜密,是一个专家。"② 这里,亚里士多德应是一个热爱真理、博学广闻、举止优雅、思维敏捷、口才极佳、机智风趣、慷慨体贴的思想者形象。

当然,对亚里士多德也有另一种描述:"第欧根尼·拉尔修在他的《明哲言行录》(Lives and Opinions of Eminent Philosophers)中,为我们展现了一个更加实际的亚里士多德。他写道,亚里士多德有着含糊不清的声音,腿很瘦,眼睛也很小,时常穿着花哨的衣服,戴着许多戒指,精心打理自己的头发。第欧根尼提醒我们,莱孔(Lycon)曾透露说这位哲学家常常用热橄榄油来洗澡,并且更糟的是,他随后将这些油再卖给别人。实际上,在亚里士多德一生以及他去世后的很长一段时期里,他的名声远不及柏拉图。著名的'怀疑论者'兼作家泰门(Timon)在看到武俄克里托斯(Theocritus)所写的讽刺亚里士多德的短诗时,嘲笑他是'可怜的喋喋不休却又一无所知的亚里士多德'。"③ 这里,亚里士多德又成了无知、愚蠢、丑陋的人,甚至有些卑鄙和无耻。

饱受争议本就是伟人的一部分,颇受争议的亚里士多德形象本身,就说明了亚里士多德的伟大。当然,争议亦说明了亚里士多德的平凡,因为每一个平凡的人都是集优缺点于一身的人。

结缘老师柏拉图,打开了亚里士多德通往伟大思想家之门的道路。公元前366年,17岁的亚里士多德被送到柏拉图的学园,开始了长达20年的求学时期,这时的柏拉图已60岁。据说,亚里士多德刚到学园时,恰逢柏拉图出远门,待柏拉图返回,见到这位英俊文雅、风度翩翩的青年才俊时,喜爱万

---

① [英]乔纳斯·伯纳斯. 亚里士多德[M]. 余继元译. 北京:中国社会科学出版社,1992:1—2.
② [美]梯利. 西方哲学史[M]. 葛力译. 北京:商务印书馆,2005:79.
③ [英]马丁·科恩. 哲学野史:30位思想大师的趣闻和传说[M]. 邱炳译. 北京:新华出版社,2010:16—17.

分。亚里士多德也不负柏拉图的厚望,在学园里学习非常勤奋。据说,当柏拉图在学园里大声诵读自己的对话时,心烦的听众都一个接着一个,蹑着脚尖溜走了。最后,只剩下亚里士多德还留在那里,认真听记,直到对话结尾。亚里士多德的才学和勤奋,深深打动了柏拉图,以至于柏拉图由衷地称赞亚里士多德为"学园之灵",并在亚里士多德的住处写上"读书人之屋",还略带戏谑地说,亚里士多德是个书呆子。并且,柏拉图曾幽默地谈及学园的学生,说:学园由两部分组成,一部分是其他学生的身体,一部分是亚里士多德的头脑。

公元前347年,80岁高龄的柏拉图与世长辞,亚里士多德也随即离开了学园和雅典。对于亚里士多德选择离开雅典的原因,有两种主要的说法:一是认为政治因素是促使亚里士多德离开的主因。对此,乔纳逊·伯内斯指出:"公元前347年,他突然离开了该城。关于他离去的原因没有可靠的报道。但是,希腊北方重镇奥林索斯于公元前348年落入马其顿军队之手。德摩斯梯尼及其反马其顿派在一片反马其顿的怒潮声中执掌了雅典的政权。很可能是政治上的问题使亚里士多德在公元前347年离境而去,正如他们在公元前323年使他再次离去一样。"①

二是认为学园内部因素是亚里士多德离开的主因。亚里士多德和学园的继任者、柏拉图的侄子斯彪西波(Speusippus)不和,促使他离开了学园,德国著名哲学史家E·策勒尔(E Zeller)在《古希腊哲学史纲》一书中指出:"柏拉图死后,亚里士多德离开了雅典,这无疑是因为他太独立不羁,而不愿服从斯彪西波,后者的理论与他自己的理论根本不同。"②

离开学园,亚里士多德受密细亚的统治者赫米阿斯(Hermias)的邀请,

---

① [英]乔纳斯·伯纳斯. 亚里士多德[M]. 余继元译. 北京:中国社会科学出版社,1992:16—17.
② [德]E·策勒尔. 古希腊哲学史纲[M]. 翁绍军译. 济南:山东人民出版社,1996:167.

来到了小亚细亚。在这里，亚里士多德娶了赫米阿斯的侄女比娣娅，并生了一个女儿。然而不久，赫米阿斯在一次暴动中被杀，亚里士多德不得不离开小亚细亚。不久，亚里士多德收到了马其顿国王菲利普二世（Philip Ⅱ）的来信，信中说："我有一个儿子，但我感谢神灵赐我此子，还不若我感谢他们让他生于你的时代。我希望你的关怀和智慧将使他配得上我，并无负于他未来的王国"。① 于是，亚里士多德成为了一个伟大王子亚历山大（Alexandros）的老师，这一年，亚历山大13岁。

关于亚里士多德对亚历山大的影响，有两种截然相反的观点，一种观点认为，亚里士多德对亚历山大产生了重大影响，黑格尔持此观点："亚历山大的教养，有力地驳斥了关于思辨哲学对于实践无用的那种流行说法。对于亚历山大，亚里士多德不采用近代一般的浅薄的教育王子的方法来教育他，关于这一点，只要看看亚里士多德的诚恳认真，就可以很自然地意识到：亚里士多德是知道什么是真理，什么是真的文化教养的。"②

另一种观点则认为，亚里士多德对亚历山大基本没有产生任何影响，罗素在《西方哲学史》中就持此观点："至于亚里士多德对他的影响，则我们尽可以任意地猜想成我们觉得是最合情合理的东西。至于我，则我愿意想象它等于零"，"而且在亚历山大的身上，我也看不出有任何别的东西可能来源于亚里士多德的影响"。③

公元前335年，菲利普二世去世。在亚历山大继位一年后，亚里士多德离开马其顿，回到雅典，在城东北郊建立了吕克昂（Lukeio）学园。对于吕克昂学园的性质和教学情况，乔纳斯·伯纳斯是这样描述的："但实际上吕克

---

① ［德］黑格尔. 哲学史讲演录第2卷［M］. 贺麟，王太庆译. 北京：商务印书馆，1960：272—273.

② ［德］黑格尔. 哲学史讲演录第2卷［M］. 贺麟，王太庆译. 北京：商务印书馆，1960：273.

③ ［英］罗素. 西方哲学史（上卷）［M］. 何兆武，李约瑟译. 北京：商务印书馆，2005：210.

昂并不是一所私立学校，它是一所殿堂和一座体育馆——公众消遣娱乐的场所"，"亚里士多德早晨向他所挑选出来的学生授课，晚上则向一般民众演讲"，"没有考试、不授学位，不制定教学大纲；可能没有正式的注册，而且不收学费"。① 当然，亚里士多德有其独特的教学方法，即漫步在林荫路上、走廊或花园，边走边授课，在漫步中讨论问题。因此，亚里士多德吕克昂的学园人员被称为漫步学派或逍遥学派。

公元前323年，亚历山大大帝在远征印度途中猝死，随即在雅典兴起了反马其顿的起义，"作为马其顿人、亚历山大大帝的老师、马其顿政府亲信的亚里士多德当然不会被起义者轻易放过"。② 于是，深感受到严重威胁的亚里士多德逃离雅典，到优卑亚岛（Euboea）避难。第二年，亚里士多德就撒手人寰，终年63岁。对于亚里士多德的死，有两种说法，一是死于胃病，"因为据传他睡觉时经常把一个灌满热油的皮口袋放在腹部"；③ 二是死于自杀，"拉尔修的记述中还说他服毒自杀。现在还有他的遗嘱传世，学者们认为是真的"。④

亚里士多德的一生，是对人类思想的发展，具有决定意义的一生。马克思称他为"古代最伟大的思想家"。⑤ 恩格斯说他是古希腊"最博学的人"，具有"百科全书式的科学兴趣"。⑥ 黑格尔说："假使一个人真想从事哲学工作，那就没有什么比讲述亚里士多德这件事更值得去做了。"⑦ 佛罗斯特说："在西方历史中，再没有人比亚里士多德给后世在思想界影响更深远了。就是有人

---

① ［英］乔纳斯·伯纳斯. 亚里士多德［M］. 余继元译. 北京：中国社会科学出版社，1992：10.
② 靳希平. 亚里士多德传［M］. 石家庄：河北人民出版社，1997：15.
③ 靳希平. 亚里士多德传［M］. 石家庄：河北人民出版社，1997：15.
④ 靳希平. 亚里士多德传［M］. 石家庄：河北人民出版社，1997：15.
⑤ ［德］马克思. 资本论（第一卷）［M］. 北京：人民出版社，1972：436.
⑥ ［德］恩格斯. 马克思恩格斯全集（第三卷）［M］. 北京：人民出版社，1972：59.
⑦ ［德］黑格尔. 哲学史讲演录（第2卷）［M］. 贺麟，王太庆译. 北京：商务印书馆，1960：284.

想忽视他或谴责他，但他们发现亚里士多德的思想塑造了他们。"[1]

当有人问亚里士多德：你和平庸的人有什么不同？亚里士多德回答说：他们活着是为了吃饭，而我吃饭是为了活着。人是为了生存而活着，还是让生命更有意义地活着，这是个问题，亚里士多德用自己的活着回答了这个问题。据说，海德格尔在讲授亚里士多德哲学时，对亚里士多德的生平进行了概括：亚里士多德出生，思考，而后死去。对于亚里士多德来说，他的思考就是他的一生，这对于一个一生致力于求知思考者来说，不啻为最高的赞誉。

二、求知是教师的本性

求知在亚里士多德看来，是属于人之为人的本性之一，这也是其《形而上学》一书中，第一句话所表达的思想："求知是所有人的本性。对感觉的喜爱就是证明。人们甚至离开实用而喜爱感觉本身，喜爱视觉尤胜于其他。不仅是在实际活动中，就在并不打算做什么的时候，正如人们所说，和其他相比，我们也更愿意观看。这是由于，它最能使我们识别事物，并揭示各种各样的区别。"[2]

求知是人的本性，自然也是教师这种人的本性。

从某种意义上说，求知更应是教师的本性，这由教师是知识分子的身份所决定。教师是与知识打交道的人，是知识的使用者、传播者和创造者，这决定了教师天然地具有知识分子的属性，教师的知识分子属性是教师之为教师的基本属性，也是教师进行知识活动的底线属性。教师知识分子的属性并不意味着教师就本然地是知识分子，教师要实现自我的知识身份属性，就需要不断地追求知识。也就是说，教师成为知识分子是一个自为的过程，是在不断地对知识的获得和学习过程中实现的。而且，知识分子不求知，对知识

---

[1] [美] S. E. 佛罗斯特. 西方教育的历史和哲学基础 [M]. 吴元训等译. 北京：华夏出版社，1987：73.

[2] [古希腊] 亚里士多德. 亚里士多德全集（第 7 卷）[M]. 苗力田主编，北京：中国人民大学出版社，1997：27.

丧失了兴趣，是难以想象和难以让人接受的，故教师身为知识分子，追求知识就更应成为其本性，进而，成为教师本性中之本质属性。

当求知成为教师的本性，就意味着，求知成为教师的一种生活方式，而不仅仅是工作方式。教师是一种职业身份称呼，职业身份对教师提出了职业的要求，求知是这种职业身份的需要，正所谓"教给学生一杯水，教师要有一桶水"。为了完成教育工作的基本需求，教师就需要不断地求知，使自己的"水桶"经常是满的，这是求知成为教师本性的第一层要求。

以此为基础，求知成为教师本性还有更高一层的要求，即求知是教师的一种生活方式。对此，德国著名学者卡西尔（Ernst Cassirer）在其名著《人论》一书中指出，从"求知是人的本性"这一命题出发，"亚里士多德宣称，一切人类知识都来源于人类本性的一种基本倾向——这种倾向在人的各种最基本的行为和反应中都表现出来。感性生活的全部内容是被这种倾向所决定并且充分体现着这种倾向的"，[①] 即是说，教师的"感性生活"正是被求知所决定，并充分体现着求知。之所以如此，就在于知识在亚里士多德那里，有着特殊的理解，"亚里士多德试图从生命这一方面来解释理念的世界，解释知识的世界"，[②] 从生命来理解知识，知识是生命的本性，自然也就是生活的本性和追求。

当求知成为教师的生活方式时，求知就成为以追求知识为目的，而不是以外在的任何需要为目的，求知不是手段，求知本身就是目的，正如亚里士多德所指出："我们不为任何其他利益而找寻智慧；只因人本自由，为自己的生存而生存，不为别人的生存而生存。"[③] 这是一种非功利化的求知，是教师作为人的自由的需要，是一种生存的需要，从事知识活动就成为教师生活的基本内容。

---

① [德] 恩斯特·卡西尔. 人论 [M]. 甘阳译. 上海：上海译文出版社，1994：81.
② [德] 恩斯特·卡西尔. 人论 [M]. 甘阳译. 上海：上海译文出版社，1994：4.
③ [古希腊] 亚里士多德. 形而上学 [M]. 吴寿彭译. 北京：商务印书馆，1996：5.

教师的求知生活方式是一种理性的生活。以求知为基础，亚里士多德认为，理性是人的根本属性，人是理性的动物。对此，亚里士多德明确指出："人的功能，决不仅是生命。因为植物也有生命。我们所求解的，乃是人特有的功能。因此，生长养育的生命，不能算作人的特殊功能。其次，有所谓感觉生命，也不能算作人的特殊功能，因为甚至马、牛、及一切动物也都具有。余下，即人的行为根据理性原理而具有的理性生活。"[①]"而我们必须指出的是：我们注意的是那种具有主动意义的生活。因为惟有这种意义的生活，才与理性生活一名辞的意义相符。"[②] 求知作为教师的生活方式，是一种理性的生活方式，这种理性的生活对教师而言，就是具有主动意义的生活，是自己迈向自己、自己决定自己、自己思考自己、自己承担自己的生活。

理性的生活在求知中实现，这对教师而言，才算是一种真正幸福的生活，"对每一事物是本己的东西，自然就是最强大、最使其快乐的东西。对人来说这就是合于理智的生命。如若人以理智为主宰，那么，理智的生命就是最高的幸福"。[③] 求知是教师本己的属性，这决定了理性的生活方式是教师的最高幸福。由此，过一种不断求知的理性生活，就成为教师人生的至高目的，正是这种至高目的决定了教师的人生价值。事实上，正是通过求知而过一种理性的生活，使知识的追求和理智的活动，深深植根于教师的内心，内化为教师的自觉意志，并最终成就教师的幸福。从这个意义上来讲，教师谋求幸福，追求生命的价值，不在它途，而在于遵循理性的生活。

---

① ［古希腊］亚里士多德. 尼各马可伦理学［A］. 周辅成. 西方伦理学名著选辑［M］. 北京：商务印书馆，1964：298.
② ［古希腊］亚里士多德. 尼各马可伦理学［A］. 周辅成. 西方伦理学名著选辑［M］. 北京：商务印书馆，1964：299.
③ ［古希腊］亚里士多德. 亚里士多德全集（第8卷）［M］. 苗力田主编. 北京：中国人民大学出版社，1997：228.

三、 教师的天职： 培养具有超越精神的学生

在教师与学生的关系上，亚里士多德提出了"吾爱吾师，但吾更爱真理"这一对后世具有巨大启发意义的著名思想。

亚里士多德深深地爱着自己的老师柏拉图，但"当他发现自己的观点与柏拉图不同，并坚信老师的观点不正确时，他毅然不为贤者讳，不为师长讳，毫不客气地批评了柏拉图"。① 其实，亚里士多德的"更爱真理"之"更"字，体现的是对老师的不盲从，以及学生对老师的超越和创新追求。

另一方面，当亚里士多德说出"更爱真理"时，恰恰反映了柏拉图的伟大和成功，能够培养出具有超越精神的学生，无疑是对柏拉图这位老师的最大褒奖。事实上，培养具有超越精神的学生，正是教师的天职。当老师培养的学生永远不如自己，那才是教师的最大失败。

而且，亚里士多德的"更爱真理"亦是爱师的一种体现，甚或是爱师的最大呈现，更是教师对所教学生所期望得到的最大成果。当学生真正从教师之教中获得了超越教师的能力时，最满意的应是教师本人，因为教在本质上就是为了实现超越。从这个意义上讲，爱师与爱真理本就是一回事，爱真理更是爱师的一种体现，是从属于爱师的，爱师与爱真理并不矛盾。

然而，老师要培养出更爱真理的、具有超越精神的学生，却并非易事。

教师首先要破除与学生间的不平等意识和观念。这意味着，教师与学生之间，不再是一方向另一方进行"传、授、解"的主体与客体关系，更不是一种支配与服从，控制与被控制，塑造与被塑造，教与接收的权威与服从关系。如此，教师就需要破除在学生面前"师道尊严"的强者意识、高位状态和权威面目。这样，才能使学生摆脱依附意识、低位状态和弱者面孔，才能彻底打掉教师对学生的规训、束缚、限制和压制。因为，当"教师权威具有强制性、不可违抗性等特征，教师行使这种权威就不可避免地会造成学生消

---

① 易杰雄. 世界十大思想家 [M]. 合肥：安徽人民出版社，1990：137.

极、被动地服从"。① 而一旦学生必须服从和遵从权威，师生关系就必然是一种不平等的关系，于是"学生思维活力却遭到抑制，其批判意识、创新意识和创造能力遭到了扼杀、尘封。最终，这种外在教师权威的滥用使学生渐渐丧失'人之为人'的根本——主体意识"。② 一个丧失了主体意识的学生，是根本无法形成创新精神和独立人格，更遑论对自己老师的超越了。

如果说，教师与学生之间的平等关系是，使学生可能超越老师的前提，那么更具实质意义的是，教师还要善于培养和保护学生的创新精神。自主创新是学生天生的品性和能力，"自主创新，便是一种天赋人性。也就是说，我们每一个人都是天生地喜欢自主，希望自主；天生地喜欢创新，希望创新。既然是天生，也就意味着人从孩提时起在骨子里就是自主的、创新的"。③ 对于学生的这种天生的创新性，教师要做的，其首要者，就是善于保护学生的这种创新天性，正如美国的教育哲学家谢弗勒（Schemer）所指出："如果孩子们的好奇心没有得到唤醒，而是受到严重压抑的话，就会逐渐丧失掉。如果孩子们天生的问题意识没有得到保护，而是不断受到阻碍的话，最终也将失去。"④ 学生的创新天性并非是一种无限的、可以浪费的资源，而是需要保护的，保护是第一位的。

保护学生的创新天性意味着，教师不能给学生制定过多的标准，不能给学生过多的规矩和限制，更不能去压抑、贬损、摧残和剥夺学生的创新力。因此，教师必须尊重学生的自主创新的天能，欣赏学生自主创新的本性，保护学生自主创新的需要。不过，学生虽然天然地具有创新的天性，但这并不意味着这创新天性能够自发生成，而是需要教师进行培养。这意味着教师要想方设法使学生摆脱顺从、保守和因循，并想方设法去激发学生的想象力和

---

① 张良才，李润洲. 论教师权威的现代转型[J]. 教育研究，2003（11）：69.
② 张良才，李润洲. 论教师权威的现代转型[J]. 教育研究，2003（11）：70.
③ 吴康宁. 自主创新：幼儿的天性、天能与天权[J]. 学前教育研究，2002（4）：19.
④ [美]谢弗勒. 人类的潜能——一项教育哲学的研究[M]. 石中英等译. 上海：华东师范大学出版社，2006：12.

思维力,去引导学生的批判意欲和创构激情。

四、 教师是学生潜能变成现实的桥梁

潜能与实现是构成亚里士多德哲学体系的一对重要范畴。在《形而上学》一书中,亚里士多德在讨论存在问题时,提出了"潜能"与"实现"这对范畴。

"潜能"一词,在亚里士多德那里有多种解释,总其要者,有三种最主要的理解:1. 动变之能,是指事物产生变化的本原、根源和动力,"潜能,〈潜在〉的命意是(一)动变之源";[①] 2. 可能或可能性,是指事物运动变化的可能或可能性,"只是偶然发生的,可有可没有,可遇可不遇的某种'能',即事物具有的可能性";[②] 3. 能力,这指的是一种潜在的能力,"就是指一个事物还没有展开、还没有实现的现实,比如一块未雕刻成像的大理石,一颗种子,一个小孩等等"。[③] 由此,亚里士多德的潜能是指"动变之源"、"可能"和"能力"。

"实现"相当于现代的"现实"一词,对于"实现"的理解,亚里士多德指出:"'实现'所指明一事物的存在,其存在方式与前所说的潜在不同。"[④] 对此,亚里士多德举例指出:"能建筑的与正在建筑的,睡着的与醒着的,有眼能看而闭着眼睛的与睁开了眼正在瞧着的……这些配对中,一项可释为潜能,另一项可释为实现"。[⑤] 可以看出,实现就是由潜能而来的现实。

亚里士多德又用质料和形式来说明潜能与实现。质料是事物由之构成的

---

① [古希腊]亚里士多德. 形而上学[M]. 吴寿彭译. 北京:商务印书馆,1959:100.
② [古希腊]亚里士多德. 形而上学[M]. 吴寿彭译. 北京:商务印书馆,2012:114.
③ 金建伟. 论亚里士多德"潜能"的最严格意义[J]. 北京科技大学学报(社会科学版),2006:159.
④ [古希腊]亚里士多德. 形而上学[M]. 吴寿彭译. 北京:商务印书馆,1959:177.
⑤ [古希腊]亚里士多德. 形而上学[M]. 吴寿彭译. 北京:商务印书馆,1983:177-178.

东西,即构成事物的基本材料,形式是事物的本质。质料相对应的是潜能,形式相对应的是实现。潜能是未实现的形式,实现是潜能现实化了的形式。只有形式才能使质料成为现实的存在,而质料的形式化过程,就是潜能走向实现的过程。

亚里士多德从潜能作用的结果入手,将潜能分为理性潜能和无理性潜能,"潜能显然有些是无理性的,有些是有理性的"。[①] 理性潜能对应的是有灵魂的生物,为人类所特有;无理性潜能对应的是无灵魂的生物。两种潜能作用的结果是明显不同的,"那些有理性的潜能,每一种都具有相反的结果,而无理性的潜能每种只有一种结果。例如热的结果是热,而医术既可造成疾病,也可造成健康"。[②] 也就是说,作为人所有的理性潜能,包含着两相矛盾的实现,"人能做好事,也同样能做坏事,每一潜能就包涵着这两端"。[③]

人生而具有人的潜能,人的潜能走向实现的过程,就是人实现自我本质的过程。教育的对象是人,人在教育中求学的过程,就是人潜能实现的过程,而在教育中,人潜能的实现,教师起着至关重要的作用。

教师的重要任务是帮助学生认识和发展潜能。潜能对学生而言是一种天生存在,人之初,便具有潜能的种子,潜能之于人是与生俱来的,学生的本性之中先天地具有潜能的胚胎,"人性中有许多胚胎,我们现在要做的是让自然禀赋均衡地发展起来,让人性从胚胎状态展开,使人达到其本质规定"。[④] 但学生这天生存在的潜能胚胎,并非能自发地实现,而是需要一定的内外部条件,"可能性和现实的联系,要以有无一定的条件为转移,具备了一定的条件的可能性,就和现实发展的必然性发生联系,随着条件的增加和充实,就

---

① [古希腊] 亚里士多德. 形而上学 [M]. 苗力田译. 北京:中国人民大学出版社,2003:176.

② [古希腊] 亚里士多德. 形而上学 [M]. 苗力田译. 北京:中国人民大学出版社,2003:176.

③ [古希腊] 亚里士多德. 形而上学 [M]. 吴寿彭译. 北京:商务印书馆,1959:185.

④ [德] 康德. 论教育学 [M]. 赵鹏,何兆武等译. 上海:上海人民出版社,2005:3.

会相应地增加和充实"。① 也就是说，学生虽然具有潜能，但学生的潜能只是一种存在的可能，这潜能作为可能走向实现的程度，并非学生个体所能决定，而是有条件的。

对于学生而言，教育就是帮助其潜能实现的条件，"没有一个人能认识到自己天分中沉湎的可能性，因此需要教育来唤醒人所未能意识到的一切"，②"教育包括培养和发展一个人全部潜能的教养过程"。③ 学生作为自己潜能的拥有者，并非具有认识和发展自己潜能的能力，学生潜能的发展需要外在力量的引导和激发。教育对学生潜能的唤醒需要教师来完成，教师在学生的学习过程中，是一种核心的存在力量。学生潜能的发展，离不开教师的作用，"人只有通过人，通过同样是受过教育的人，才能被教育"，④ 正是教师这受过教育的人的力量，才是使学生潜能走向现实的决定性力量。

教师之所以能够决定性地对学生潜能起作用，就在于和学生相比，教师是先知先觉者，拥有较为全面的知识，受过专门系统的训练。这就需要教师运用一定的方式方法，对学生进行潜能认知和发展的启蒙，帮助学生形成潜能实现的能力。需要指出的是，潜能是学生天生所拥有，并有走向实现的需要，但学生的潜能在实现过程中，具有通过"意愿"进行选择的能力，意愿就成为决定因素而选取适合于受作用的对象与适合其潜能的方式"。⑤ 这就意味着，教师要采取适合学生潜能的方式，符合学生潜能"愿望"的方式，才能真正促进潜能的发展。因此，教师的帮助作用就意味着是一种引导和激励，就意味着是一种关怀、启迪和期待，而不能是灌输和填鸭，正如古希腊学者

---

① 黄顺基，刘炯忠. 论辩证思维的形成和它的范畴体系——亚里士多德《形而上学》一书初探 [M]. 北京：中国社会科学出版社，1983：158.

② [德] 卡尔·雅斯贝尔斯. 什么是教育 [M]. 邹进译. 北京：生活·读书·新知三联书店，1999：65.

③ 联合国教科文组织国际教育发展委员会编著. 学会生存——教育世界的今天和明天 [M]. 北京：教育科学出版社 1996：151.

④ [德] 康德. 论教育学 [M]. 赵鹏，何兆武等译. 上海：上海人民出版社，2005：3.

⑤ [古希腊] 亚里士多德. 形而上学 [M]. 吴寿彭译. 北京：商务印书馆，2012：198.

普罗塔戈所认为：头脑不是一个要被填满的容器，而是一把需要被点燃的火把。

教师要善于帮助学生发挥理性潜能中朝向好的方面发展，抑制或阻止理性潜能中朝向坏的方向发展。人的理性潜能有好的发展可能与坏的发展可能两种发展可能，在教育中，就要求教师时刻保持警惕，避免学生潜能向不良的可能方向发展。教育异化作为当代教育的严重病症，不可避免地影响到学生潜能的良好实现，主要体现在两方面，即忽视个体潜能和忽视个体全面潜能。

对于教师而言，一方面教师要有意识地关注学生个体潜能的实现。异化的教育关注的是群体意义上的潜能，强调的是学生潜能发展的统一性和划一性，属于每一个学生特有的个体潜能被忽视。忽视学生个体潜能的教育，是排斥了学生个性和创造力发展的教育，是一种"消磨个性，灭掉性灵"（毛泽东语）的教育，教育成了学生个性的屠宰场。教师的任务就是要抑制教育异化对学生个体潜能的漠视，自觉地把目光聚焦于每一个学生潜能的发展上，使学生成为每一个属于自己潜能所要求成为的人。教师关注每一个学生的潜能，意味着要让每一个学生成为一个主体性的人，

另一方面教师要更加关注学生个体全面潜能的发展。异化的教育更多地关注学生智能潜能的发展，成为一种促使学生单向度的潜能发展的教育。教育对智能单向度潜能的强调，是通过单纯知识的学习来实现的，知识成为学生潜能发展的惟一维度，"知识被看成是人的惟一规定性和人之本质。学生是用知识一片一片搭建起来的，充塞于学生心灵的惟一就是知识"。[①] 而且，知识在考试指挥棒的指引下，进而演变成应付考试的概念性的死知识点。

于是，知识以智能潜能发展的名义，遮蔽了其他潜能的发展。德国哲学家雅斯贝尔斯（K. T. Jaspers）指出："教育是人的灵魂的教育，而非理智知

[①] 鲁洁. 一个值得反思的教育信条：塑造知识人 [J]. 教育研究，2004（6）：3.

识和认识的堆集。"① 英国教育哲学家约翰·怀特（J. White）亦指出："受过教育的人应该通晓所有的知识，区别在于，对他来说，知识是美德的必要前提，而知识本身不是目的。"② 这样，就要求教师从变异的知识考试主义中，恢复真正的知识传授，使学生从知识的学习中获得智慧和德性，避免让学生成为"背着很多书本的驴子"。同时，教师在学生潜能的实现上，要避免出现理智潜能的自负，走向学生的全面发展，不仅是理智潜能，而是应当还包括生理潜能、道德潜能、情感潜能和审美潜能等在内的所有潜能的全面发展。

五、说服是教师的重要素养

教师一旦打算透过沟通交流来影响学生，引导学生思想、激发学生情感、指引学生行动，改变学生人生，即进入说服王国。教育过程是一种说服过程，教学就是在进行说服，说服不仅是一种教育的方法和技巧，亦是一种教育的原理和原则，更是一种教师必备的素养。

（一）说服：教师的必备素养。

在西方，最早把说服看作是一种职业技艺始于智者。由于智者收费收徒的"职业教师"身份，故更确切地说，说服就是教师这种职业的技艺。在智者那里，修辞术是研究如何说服的理论，"说服成为一种可研究、可学习的方法或技巧，是从智者把修辞术作为一门课程开始的"。③ 不过，作为教师的职业技艺，智者仅把说服看成是一种重技巧、方法的"雕虫小技"。苏格拉底与智者一样，把论述说服的修辞学看作是非理性的论辩技巧。柏拉图则从心底里看不起修辞学，认为修辞学本质上就是欺骗性的诡辩，不但与真理无关，还蒙蔽人的心智，使人丧失对真理的兴趣。亚里士多德《修辞学》一书的出现，使说服学说达到了一个新高度，"学者们公认的西方第一部说服学经典著

---

① [德] 雅斯贝尔斯. 什么是教育 [M]. 邹进译. 上海：三联书店，1991：4.
② [英] 约翰·怀特. 再论教育目的 [M]. 李永宏等译. 北京：教育科学出版社，1992：139.
③ 江峰. 论教育中的说服原理 [J]. 北京大学教育评论，2007（2）：46.

作就是公元前四世纪亚里士多德写作的《修辞学》。[①] 在《修辞学》一书中，亚里士多德对说服进行了系统论述，将说服系统化为一种理论，彻底扭转了人们对说服的根本看法。亚里士多德把修辞学理解为"说服的艺术"，"修辞术定义为在每一事例上发现可行的说服方式的能力"，[②] "在每一事例上"表明，修辞术研究的是普遍的规律，是一种理论而非单纯的技巧，"发现可行的说服方式的能力"表明，修辞术要形成的是一种素养，让人具备与说服相关的素养，或者就是具备说服的素养。

那么，何谓说服？说服必须有要说服的对象，说服就是让说服对象发生自觉的改变，而不是强制的改变。由此，说服对象的状态必须是自由的，而不受任何控制。而且，说服对象要发生的改变是全方位的，包括认知、观念、态度和行为等。如此才使"说"达到"服"的程度，即心服，正合了《辞海》对说服的界定："用充分的理由开导对方，使之心服"。[③] 说服离不开说服者，对说服者而言，目的是第一位的，说服从根本上说就是为了达到说服者所希望的目的。为此，说服者要通过一定技巧的、符合道德规范的沟通交流，使被说服者理解和接受其观点。由此，说服可理解为，一个人为了实现其目的，通过一定技巧的、符合道德规范的沟通交流，使处于自由状态的他人，理解和接受其观点，而在认知、观念、态度和行为等方面发生全面而自觉的改变。可以说，说服本质上是一个思想互动过程，通过说服者与被说服者思想的互动，一方理解、接受另一方的观点，而发生改变。

教师的说服素养是指教师为实现教育目的，通过思想和心灵沟通改变学生态度和行为的素质和涵养。说服是教师天然的素质和涵养，是任何教师所必须具备和拥有的素养。教育是一项关乎灵魂培育的活动，说服是思想和灵

[①] 龚文库. 说服学的源起和发展趋向 [J]. 北京大学学报（哲学社会科学版），1994 (3)：24.

[②] ［古希腊］亚里士多德. 亚里士多德全集（第9卷）[M]. 苗力田主编. 北京：中国人民大学出版社，1994：338.

[③] 辞海 [Z]. 上海：上海辞书出版社，1999：1977.

魂沟通的过程，教育和说服由于灵魂而内在地联系起来，教师对学生的说服过程就是一种灵魂的培育过程。雅斯贝尔斯说过，教育的本质意味着：一棵树摇动另一棵树，一朵云推动另一朵云，一个灵魂唤醒另一个灵魂。教育在本质上是说服性的，绝不是强迫性的，这"摇动"、"推动"和"唤醒"其实就是说服，即心灵的引领而非强制灌输，教师只有具备了说服素养，才能进行有效说服，进而唤醒另一个灵魂。说服是为了影响和改变他人的认知、情感、态度、价值观和行为，这正是教师通过教育教学履行其职责，希望在学生身上发生的改变。但这还不够，学生的认知、情感、态度、价值观和行为的改变，不能通过反教育的方式实现。与此契合，说服本质上就具有重要的教育意义，说服是在自由而非强迫状态下发生的，一种说服对象自觉自愿接受的改变，是符合道德要求的。由此，说服的教育性为教师形成影响和改变学生的说服素养提供了保证。说服素养对教师教育实践具有重要意义。教师的教育实践活动是非常复杂的，尤其是在与学生的教育教学交往中，有大量充满了情境性、自由性和不确定性的事件，教师具备了说服素养，就能从容不迫地应对教育实践中的各种事件，对学生进行说服，使其信服而心服，从而有效化解教育实践中的矛盾和问题。

教师如何形成说服素养？亚里士多德在《修辞术》一书中，指出了形成说服素养要具备的三个最基本最核心要素，即品格、情感和理性。这为教师说服素养的形成指明了路径，理性、情感和品格成就了教师的说服素养，三者合力服务于教师教育教学目标的实现：以品格吸引人，以情感打动人，以理性说服人。

（二）品格：教师说服素养之基

品格是教师说服素养的基石。对教师来说，品格若失，一切皆失。教师的品格是学生信服教师的最基本出发点，学生相信或信任教师，首先要考虑的就是教师的品格是否值得相信。正如亚里士多德所言："演说者的品格具有最重要的说服力量"，"因为在所有事情上我们都更多和更愿意信赖好人，在那些不精确和有疑义的地方也毫无保留地相信"。① 教师的品格越好，学生就会越觉得可靠，而越容易对教师产生信任。也就是说，品格作为一种说服力量，它能使学生从教师的品格相信教师说话的真实性，教师若丧失了值得学生信任的品格，那其言说也就不可能有任何说服力。

教师说服素养所要求的具体品格有三种，即明智、德性与善意，亚里士多德指出："演说者使人信服要依靠三种素质，这三种素质无需证明就能使我们信服。它们是明智、德性与善意。"② 明智是对教师判断智慧的要求，教师要具有对言说内容清晰睿智的判断力，缺乏明智，教师就会产生错误的见解和意见，就可能对学生产生误导。德性是对教师道德品性的要求，教师德性是教师自身具有的一种教育品格，是教师具有的值得称赞的品质。教师德性的内容是指教师所具有的正直、公正、责任和关怀之心，也是教师的至诚、高尚、自爱和仁慈之性。德性欠缺的教师，其灵魂是苍白的，充斥着无力量感，将不可能对学生的需要做出恰当的回应。善意是教师与学生相处关系的要求，是教师对学生充满的尊重、理解、挚爱、友善和宽容，教师缺乏善意，师生关系就难免沦为一种简单的工作关系，机械、沉闷、冷漠、公式化而缺乏感情，教师就难以赢得学生的信服。明智、德性与善意作为教师说服素养所需要的品格，三者相互联系，互为条件，缺一不可。"任何演说者若被认为具备了所有这三个条件，就一定能取得听众的信任"，③ 教师只有同时具备这三种素养，才可能向学生展现出良好的品格，也才能真正得到学生的信服。

作为说服素养的教师品格，内在的、隐性的存在于教师身上，它不能自发地发生作用，需要学生自觉认可，才能产生说服效果。教师要以适当的方

---

① 亚里士多德. 亚里士多德全集（第9卷）[M]. 苗力田主编. 北京：中国人民大学出版社，1994：338—339.
② 亚里士多德. 亚里士多德全集（第9卷）[M]. 苗力田主编. 北京：中国人民大学出版社，1994：409.
③ 龚文庠. 说服学的源起和发展趋向 [J]. 北京大学学报（哲学社会科学版），1994（3）：25.

式向学生展现自己的品格，才能获得学生真正的信服。亚里士多德指出："但是这种相信应当由演说本身引起，而不能依靠听众对演说者的品性的预先风闻"。[①] 教师"预先风闻"的品格只是基础，基础并不等于实效，教师要在教育教学过程中，充分展示其所具有的明智、德性与善意，激活自己的品格素养，才能使素养成为强大的说服力量，取得说服的实效。

教师要激活自我的品格要素，路径有二，一是从自我出发，即展示自我的品格，二是从学生出发，适应和满足学生的角色期待。一方面教师要善于在教育教学过程中展示自我的品格，对自我形象进行塑造，进行印象管理。教师印象管理是教师"在以教育教学为核心的学校生活中，通过自我形象的塑造向学生投射某些信息，希望在学生心目中形成符合自己期望的某种印象"。[②] 教师要适时向学生投射知识、情感、态度和身体等外在的信息，以获得学生对自我品格的认同和信服。教师首先要做到"思维在场"，将自己的知识素养和思维品质展现给学生，使学生能够深切地感受到教师的知识渊博、思维敏捷、逻辑严谨和观念先进，进而认同教师在知识和理智判断上的修为和睿智。其次，教师要做到"情感在场"，将自己的情感真实、真诚地投入到和学生的交流交往中去，以赤诚之心对待学生，让学生看到教师情感自然流露出的真诚，使学生能够切实感受到教师对自己坦率、诚恳和善意的情感投入，从而产生对教师的好感与信赖。第三，教师要做到"态度在场"，对学生要充满尊重关爱、耐心克制和公平公正的态度，避免产生急躁、忽视、轻视和偏爱的态度，使每一个学生在失望之时看到希望，在悲痛之际感到幸福，在成功之刻充满信心，才能让学生"内隐"地敬佩教师，从内心认可教师。最后，教师要做到"身体在场"，在与学生的交往中要使自己的行为、举止和姿态，能够展现出良好的个性特质和角色气质，时刻注意自己的声音、表情、

[①] 亚里士多德. 亚里士多德全集（第9卷）[M]. 苗力田主编. 北京：中国人民大学出版社，1994：339.

[②] 冉玉霞. 教师印象管理：内涵、结构与策略 [J]. 教育科学，2009（1）：62.

动作、妆饰和服饰等形象整饰，使自己的每一行为和形象都体现出教育性，才能赢得学生的信任和尊重，提高自己在学生心目中的位置。

另一方面，教师品格展示要满足学生的角色期望。主要包括两方面，一是作为教师这种职业所应具有的一般品格的展示，要满足学生对教师品格的角色期望。"教师角色期望是指人们对以教师为业的群体或个体所应具有或表现的行为特征的一种设想或预期"，① 教师品格是人们对教师角色期望的重要组成部分。人们总会设想或预期教师这种职业所应具有的品格，学生也会按照人们对教师所应具有的一般品格，产生对教师品格的角色期望。教师只有向学生展示出人们所希望的教师应具有的品格，才能满足学生心目中的角色期望，并得到学生的赞赏。二是教师品格展示要满足具体教育情境下学生对教师品格的角色期望。教育实践是复杂的，教师品格展示要为学生所接受，就需要教师善于在教育实践中特定场合或具体教育情境下，凸现当时学生对教师品格的期望。也就是说，教师要适时展示出与学生相适应的品格，让学生能够在任何一个"当下"，都能体会到自己所期望的教师品格，学生就会对教师更加认可。需要指出的是，教师品格展示的角色期望要与教师的角色真实相一致，不能出于蓄意的表演与欺骗，而呈现出学生所需要的角色期望，因为伪装一旦败露只会适得其反。

（三）情感：教师说服素养之资。

情感是指学生情感，教师面对的是有着充沛情感的学生，学生个体的情感唤起，能够影响其态度并最终导致所期望的行为，故可说学生情感是形成教师说服素养的资凭。亚里士多德认为，说服者要具备激发被说服者情感的素养，"使听者处于某种心境"，② "因为我们在忧愁或愉快、友爱和憎恨的情

---

① 刘要悟，朱丹. 教育相关群体的教师角色期望之社会调适和教师自我调适［J］. 教师教育研究，2010（3）：35.
② 亚里士多德. 亚里士多德全集（第9卷）［M］. 苗力田主编. 北京：中国人民大学出版社，1994：338.

况下做出的判断是不相同的"。① 学生情感状况如何，教师能否在说服过程中让学生产生情动，是教师能否说服学生的关键。教师若能打动学生的情感，学生就能自己说服自己，"凡说之难，在知所说之心，可以吾说当之"（韩非《说难》），教师只有准确理解和把握学生的"心"，即学生的情感和心理，并在说服中充分激发学生的情感，才能真正实现打动其心，学生才能自觉接受教师的说服。

基于学生情感的教师说服素养意味着，教师要形成或具备辨识、理解和唤起学生情感的素养。教师需通晓要说服学生的情感，"即善于辨识各种感情，描述它们的特征，懂得各种感情的起因和唤起这些感情的方法"。② 事实上教师要具备把控学生情感的说服素养，需要从两个层面努力，一是要具有分析情感的知识素养，二是要具有能够识别和激发学生情感的具体能力素养。

教师首先要具备分析学生情感的知识素养。要正确分析学生的情感，教师必须明白如何分析情感，正如亚里士多德所指出："明白每一种激情是什么，有什么性质，产生于什么和产生的方式是什么"。③ 即是说教师要对分析学生情感的知识进行掌握，对此亚里士多德对人的情感作了系统研究，提出了分析人的情感的基本理路，即任何人的每种情感都可以从以下三方面入手进行分析：一是具有某种情感的人，处于怎样的心理状态，即这种情感的定义；二是对什么人具有或表现出这种情感，针对何人；三是产生这种情感的条件是什么，即对何事产生情感。作为教师，就要从这三方面出发，真正掌握关于情感的知识，才可能唤起学生的情感。教师只有形成了关于情感的知识素养，才能对所面临的每个学生的情感进行具体透彻的分析，真正明晰学

---

① 亚里士多德. 亚里士多德全集（第9卷）[M]. 苗力田主编. 北京：中国人民大学出版社，1994：339.

② 龚文庠. 说服学的源起和发展趋向[J]. 北京大学学报（哲学社会科学版），1994（3）：26.

③ 亚里士多德. 亚里士多德全集（第9卷）[M]. 苗力田主编. 北京：中国人民大学出版社，1994：339.

生的真情感，进而确定如何适应和唤起学生的情感，并游刃有余地对学生的具体情感状况，进行有的放矢的说服，最终才能使学生朝向教师所期望说服的方向发展。

教师要具有识别学生情感的素养，一方面，要对学生情感进行研究。亚里士多德就曾对说服中涉及说服对象的各种情感，如喜爱、善意、恐惧、嫉妒、愤怒、怜悯等进行研究，教师也要像亚里士多德那样，对学生的各种喜怒哀乐情感进行研究。通过研究教师能够深入理解学生的各种情感，清楚学生情感的发展规律，有利于教师识别学生在不同情境下各种情感的基本状况。另一方面，学生情感要通过言语、举止和表情等外显出来，故识别学生情感，教师还需形成观察、倾听学生的能力素养。观察学生就是教师通过对学生外显特征的观看和考察，以把握其内心世界的过程，观察不仅是教师的一种教育技能，更是一种能力素养。教师要观察学生的各类肢体行为、言语行为、眼神与面部表情和精神状态等，通过观察搜集反映学生情感的有意义的信息，辨识学生的情感状况，进行有效说服。教师倾听对识别学生情感至关重要，因为倾听"具有亲近性、参与性和交流性，我们总是受感染于我们所倾听到的"。[①] 倾听可以让学生自由敞亮地言说，进而激活学生的情感经验，教师要倾心倾听，尽其所能地去感受和发现学生投射和隐藏的情感，为说服学生提供帮助。

教师要具有激发学生情感能力的素养，一是要求教师善于把握学生的性情。性情是学生的个性特征，具有不同性情的学生具有明显不同的情感倾向。学生性情具有内隐性特征，如何把握学生的性情，亚里士多德认为，应从影响人性情的外在条件出发来把握性情，他本人就从机运、权力、财富、年龄等方面对人的性情进行了研究。教师也要从影响学生性情的外部可见条件，如从学生的生活、学习、交往、表达等方面，探测学生的性情，进而分析其情感状况。

---

① David Michael Levin. *The Listening Self* [M]. Routledge, 1989: 32.

二是要求教师强化说服策略的修炼。激情是教师首先要诉诸的说服策略,斯蒂芬·利顿指出:"诉诸激情达到说服听众的目的在古代雅典是常见的策略",[①] 亚里士多德认为:"各种激情是能够促使人们改变其判断的那些情感"。[②] 激情是改变人判断的情感,对教师而言,激情是一种能引起学生情感共鸣并产生行为改变的巨大力量。教师要适时向学生展现出激情,以自己的激情感染学生,引起学生的情感共鸣,进而触动和激发学生的情感。说服与学生类型及言说内容相适应,是教师要掌握的重要说服策略。亚里士多德指出,受过教育的人和乡下人,都有与之相适宜的说服方式。对教师而言就意味着,要针对不同类型的学生,采用不同的说服策略;亚里士多德还指出,言说要与题材相适应,如赞美的题材要用喜悦的措辞,可怜的事物要用感伤的言辞。对教师而言就意味着,对学生的说服用语要与言说的具体内容相适应。

(四)理性:教师说服素养之实。

理性是指理性推理,亚里士多德认为,理性推理是说服的心脏和灵魂。理性推理与逻辑关系密切,故亚里士多德称其为说服的逻辑手段。理性作为教师的说服素养是指,教师所要养成的理性推理论证或逻辑论证素质。亚里士多德将理性论证称为"借助论证本身说服他人","是指通过关于每一个事例的说服论证来证明真理或表面的真理"。[③] 这是一种用事实和逻辑进行"证明",靠论证本身产生说服力所进行的说服,亚里士多德指出:"说服论证是一种证明,因为我们认定事物得到了证明之时,就是我们达到最大限度的信

[①] 陈四海,郝如意. 亚里士多德修辞学中的雄辩与事实[J]. 中国石油大学学报(社会科学版),2012(6):287.

[②] 亚里士多德. 亚里士多德全集(第9卷)[M]. 苗力田主编. 北京:中国人民大学出版社,1994:409.

[③] 亚里士多德. 亚里士多德全集(第9卷)[M]. 苗力田主编. 北京:中国人民大学出版社,1994:339.

服之时，修辞的证明就是推理论证，它在单纯的意义上可以说是最有效力的说服论证。"① 可见，论证性的理性推理方式更能体现说服的本质。与品格和情感的非理性"务虚"素养相比，教师说服的理性素养重视的是事实和逻辑推理的证明，是一种更加客观、实在的"务实"素养。教师具备理性的说服素养，需要从说服主题、说服论证和说服表达三方面进行修炼。

深刻把握说服主题是形成教师理性说服素养的基础。说服主题也就是说服要面对的命题或题材，说服论证和要进行说服的主题密切相关。亚里士多德指出："演说者必须掌握有关方面的命题"，②进行理性推理说服的首要条件就是掌握要说服的主题，教师每次说服都可能要面临不同的说服命题或题材，这要求教师必须具备能够迅速把握要说服的主题的素养。亚里士多德进一步指出："我们也应区分各种推理论证的属类和它们所根据的主题。所谓属类，我指的是有关个别的种的特殊命题，主题则是一切命题共同关涉的东西"，③作为教师，要对学生进行效果良好的说服，就需要首先进行自我说服，对所要说服的题材和内容，进行深入详细的分析和理解，明确其"属类"和"所根据的主题"。

为此，教师需要从"看懂、理解、思考"三方面提升把握说服主题的能力素养。首先，教师要能够真正"看懂"所要进行说服的教育教学材料和内容，能够对材料和内容的主要观点和基本逻辑有准确的把握，能够对教育教学题材各部分之间的关联融会贯通，这是教师理性推理说服素养最基本的方面。其次，教师要对进行说服的教育教学题材"理解"，能够超越题材的表面而深入到本质，用自己的理解把教育教学内容深入浅出地用概括性的语言表

---

① 亚里士多德. 亚里士多德全集（第9卷）[M]. 苗力田主编. 北京：中国人民大学出版社，1994：336.
② 亚里士多德. 亚里士多德全集（第9卷）[M]. 苗力田主编. 北京：中国人民大学出版社，1994：348.
③ 亚里士多德. 亚里士多德全集（第9卷）[M]. 苗力田主编. 北京：中国人民大学出版社，1994：346.

达出来，使教育教学题材内化为教师自己的东西。最后，教师能够"思考"要进行说服的教育教学主题，能够在教育教学主题与现实进行联系的基础上，对主题有自己创新性的解读和思考，提出自己的见解和观点。

熟练掌握说服论证方式是形成教师理性说服素养的核心。亚里士多德指出："所有的演说者都通过使用例证或推理论证得到证明来进行说服论证，此外不用别的方法"。① "例证或推理论证"就是所谓的"讲事实、摆道理"。教师要具备"例证或推理论证"的论证素养就意味着，教师要善于"讲事实"，即通过向学生举出例子来摆明事实进行说服；教师要善于"摆道理"，即通过向学生分析事实内在的逻辑道理并进行推理而说服。对于推理论证，亚里士多德指出："推理论证是一种三段论，正如每一种辩证法，或者是全部或者是一部分，就在于认识三段论推理，显然一个非常精通三段论的构成及构成方式的人将会是推理论证方面的行家里手，假如他进而知道推理论证有什么样的性质以及它与逻辑三段论有哪些区别的话"。② 只有掌握了三段论推理才能成为推理论证的行家里手，但是这三段论推理又不是逻辑三段论。亚里士多德把逻辑三段论推理称为证明式推理，这是一种以前提为真而结论为真的必然性推理。与此不同，进行理性说服的推理是修辞推理，这是一种结论类似真实和可能真实的或然性推理。亚里士多德认为，修辞推理才是说服论证的主体。对于修辞推理，亚里士多德指出，它的"结论不应从很远的地方推出来，也不应遍列全部的推理步骤，因为那样就或者会由于论证的冗长使得含义模糊不清，或者会由于大讲一些明显的道理显得是在多费口舌"，③ 修辞推理所依据的是大多数人可接受的或然性的经验和常识。对教师而言，理性说

---

① 亚里士多德. 亚里士多德全集（第9卷）[M]. 苗力田主编. 北京：中国人民大学出版社，1994：340.
② 亚里士多德. 亚里士多德全集（第9卷）[M]. 苗力田主编. 北京：中国人民大学出版社，1994：336.
③ 亚里士多德. 亚里士多德全集（第9卷）[M]. 苗力田主编. 北京：中国人民大学出版社，1994：466.

服素养的形成要求教师熟练掌握修辞推理，这要求教师在对学生进行说服过程中，要按照修辞逻辑的论证进行。即是说，教师要从自己知道的、切身的体会展开推论，并且这些推论的观点都是经常发生的，对大多数学生都是明白易懂的，用亚里士多德的话说就是"不能只依据必然的事情来推论，而应依据经常发生的事情"，① 这样才对学生具有说服力。亚里士多德认为，在推理论证缺乏的情况下，可以使用例证进行说服，这也是教师理性说服素养的重要组成部分。

精通说服的表达风格是形成教师理性说服素养的关键。表达风格是关于教师如何表达的素养，亚里士多德指出："仅仅掌握了应当讲些什么是不够的，还必须懂得应当如何把它们说出来"。② 教师形成理性说服素养，有"成竹在胸"的内容和推理论证还不够，还要有"以言动人"的表达风格，把内容和推理论证更好地表述出来。亚里士多德指出，说服的表达风格和诗的风格不同，不应当有诗意，应符合确切、明晰和适宜三项要求，这也为教师表达风格的养成指明了路径。首先，教师要形成"确切"表达的说服素养，"要用恰当贴切的名称来阐述你说的那些事情，以免意义暧昧不清"，③ 因为只有"我们的表述毫无疏漏、精确细致，他们就会对我们所描述的一切事情笃信不疑"。④ 其次，教师要形成"明晰"表达的说服素养，教师说服表达的用语要清楚明白，切忌含糊、粗俗和过于高雅，"如果一篇演说含混不清，就达不到

---

① 亚里士多德. 亚里士多德全集（第9卷）[M]. 苗力田主编. 北京：中国人民大学出版社，1994：466—467.
② 亚里士多德. 亚里士多德全集（第9卷）[M]. 苗力田主编. 北京：中国人民大学出版社，1994：493.
③ 亚里士多德. 亚里士多德全集（第9卷）[M]. 苗力田主编. 北京：中国人民大学出版社，1994：600.
④ 亚里士多德. 亚里士多德全集（第9卷）[M]. 苗力田主编. 北京：中国人民大学出版社，1994：609—610.

应有的效果。用语不能流于粗俗，但也不能过于高雅，而应恰到好处"。[①] 明晰还要求教师要合理组织用语，"应当考虑如何组织词语，不可杂乱无章，因为如果词语杂乱无章，其意义就难以辨识"。[②] 但明晰绝非枯燥和冷漠，而是充满情感的表达。最后，教师要形成"适宜"表达的说服素养，"用语若是能表达情感和性情，并且与事实载体或题材相比之下显得协调，就称得上得当"。[③] 这要求教师的表达既能展现自己的情感和性格，又与主题相适应，以恰当的言说方式表现要说服的内容，并与听众的特点和喜好相契合。此外，教师还要形成"朗诵"的表达素养。这意味着教师要形成对声音恰当运用的能力，"朗诵在于声音，即如何利用声音来表达每一种情感或激情"。[④] 亚里士多德论述了说服过程中声音的音量、调式与节奏的重要性，并认为说服中不能有格律，"因为有了格律就会造成没有说服力（因为那会被认为是做作的结果），同时它还分散了听众的注意，因为听众会期待同样的格律在某一时候复现"。[⑤] 作为教师只有形成对声音细节掌控的素养，才能增强对学生的说服效果。

[①] 亚里士多德. 亚里士多德全集（第9卷）[M]. 苗力田主编. 北京：中国人民大学出版社，1994：496.
[②] 亚里士多德. 亚里士多德全集（第9卷）[M]. 苗力田主编. 北京：中国人民大学出版社，1994：600.
[③] 亚里士多德. 亚里士多德全集（第9卷）[M]. 苗力田主编. 北京：中国人民大学出版社，1994：508.
[④] 亚里士多德. 亚里士多德全集（第9卷）[M]. 苗力田主编. 北京：中国人民大学出版社，1994：494.
[⑤] 亚里士多德. 亚里士多德全集（第9卷）[M]. 苗力田主编. 北京：中国人民大学出版社，1994：510.

第四章　昆体良：善良是教师的第一要素

"我喜爱昆体良更甚于几乎所有其他教育权威，因为他既是教师，也是模范的雄辩家，即是说，他是以理论和实践的最巧妙的结合进行教育的。"①

——马丁·路德

一、昆体良生平

昆体良（Quintilianus）是古罗马时期的著名雄辩家和律师，也是古罗马最有成就的教育家，更是在世界教育史上享有盛名的伟大教育家。昆体良是西方第一位真正的教学法专家和教育理论家，他的呕心力作《雄辩术原理》，是第一部对教学理论进行综合系统阐述的著作，教学论正是在昆体良的努力下，才开始成为一个相对独立的研究领域。

大约在公元35年，昆体良降生在罗马帝国西班牙行省埃布罗河上游卡拉古里斯（Calagurris）的一个小镇上。昆体良出身于书香门第，他的祖父是修辞学家，他的父亲也是个经验丰富、颇有声名的雄辩术教师，这使昆体良从幼年时就能够受到良好的家庭环境熏陶。

---

① ［古罗马］昆体良. 昆体良教育论著选［M］. 任钟印选译. 北京：人民教育出版社，1989：前言.

昆体良的第一位老师是他的父亲,"这源自共和国的古代传统:父亲是第一个影响儿子的人,应当引导他走向社会所渴望的方向"。① 昆体良大约 12 岁时,跟随父亲离开西班牙到罗马求学。最初,昆体良就读于当时非常著名的文法教师里谬斯·帕利门(Remius Palaemon)所开设的文法学校,学习文学、拉丁文法和作文等课程。帕利门出生奴隶,但自学成才,通过教育的努力摆脱了奴隶身份限制,成为自由人。帕利门在当时编著了标准的拉丁语教科书,昆体良在帕利门的悉心指导下,受益匪浅,为昆体良的拉丁语文法奠定了坚实的基础。

此后,昆体良又进入修辞学校,就学于当时著名的雄辩术教师多米提乌斯·阿福尔(Domitius Afer),学习律法和修辞学。昆体良认为,当时最杰出的演说家是阿福尔和朱利叶斯·阿福坎努斯(Julius Africanus),而他更喜欢阿福尔。公元 58 年阿福尔去世,昆体良又回到了西班牙,讲授雄辩术,并从事律师工作。正是在罗马求学的经历,奠定了他一生教育活动的基础。

回到西班牙后,昆体良所在的 Tarraconensis 省总督伽尔巴(Galba)对昆体良的才华大为赞赏。公元 68 年,伽尔巴去罗马当皇帝时,昆体良也追随而至,重又回到了罗马。这时,罗马发生了一系列争夺皇位的政变,最终维斯帕西安(Vespasianus)登上了罗马皇帝的宝座,这对于昆体良的教育活动意义重大。

约公元 70 年前后,维斯帕西安开办了两所雄辩术学校,一所拉丁语学校,一所希腊语学校,都由国库支付薪金,这是罗马历史上首次开办国立的雄辩术学校。昆体良受命主持拉丁语雄辩术学校,并由此成为"罗马第一所国家资助学校的校长",② 同时他又是罗马教育史上第一位公职教师。在之后

---

① [美]吉拉尔德·古特克. 教育学的历史与哲学基础——传记式介绍[M]. 缪莹译. 长沙:湖南教育出版社,2008:88.
② [英]约翰·埃德温·桑兹. 西方古典学术史(第一卷,上册)[M]. 张治译. 上海:上海人民出版社,2010:214.

的 20 多年里，昆体良一直在雄辩术学校教书，同时兼职律师，直到公元 90 年退休。

昆体良一生桃李满天下，为罗马培养了一大批杰出人才，深深地影响了罗马人的生活品质，"甚至改变了下一代的修辞感觉和文学口味"。[①] 在昆体良的杰出学生中，有作为诗人和作家闻名于世的小普林尼（Pliny the Younger），著名史学家塔西佗（Tacitus）和诗人尤维纳尔（Juvenal）也是他的学生。昆体良甚至还成为多米提安（Domitian）皇帝两个侄外孙的家庭教师，并由此而获封为"执政官"的荣誉称号。当然，"执政官"的称号只是一种地位、特权和荣誉的象征，是没有实权的虚衔，但在罗马这个重等级的社会里，这是一种重要的身份。

公元 90 年，昆体良退休后，停止了教学工作，主要从事著述。昆体良结婚很晚，并有了两个孩子，但他的妻子和孩子却都早于他离世，这使昆体良的晚年显得寂寞凄凉。昆体良曾经写过一篇《罗马演讲术衰微的原因》的论文，但已经失传。昆体良最重要的著作也是惟一流传后世的著作《雄辩术原理》，是他花费两年时光铸就而成，全书系统总结了昆体良一生在修辞学和教育教学中的经验和学识。

需要指出的是，昆体良的《雄辩术原理》出版，诠释了一个道理：一个伟大作品的诞生，志同道合的朋友扮演着决定性的角色。昆体良本没有写《雄辩术原理》的计划，是他的朋友马斯路斯等人，向他提出写作关于雄辩术的书的要求。昆体良却并没有答应，他给出了一个似乎很有说服力的理由：在他之前，希腊和罗马已有很多伟大的思想家，对这方面进行过精深研究，并留下大量充满智慧的精辟论述，自己根本不够资格去写这样的书。

但恰恰是昆体良这个不写的借口，成为了他写作的契机。他的朋友以此籍口为理由进行了反驳，以前的雄辩术作品虽很伟大，但却存在着论述意见不一，甚至是相互矛盾的状况，致使人们难以做出抉择。因此，昆体良先生

[①] ［英］芬利. 希腊的遗产 [M]. 张强等译. 上海：上海人民出版社，2004：211.

就有必要写一部新的雄辩术著作，虽然不一定会有创新，但只要对上述问题有个恰当的判断，也就是很有意义的事情。昆体良被说服了，答应了写作的要求，于是就有了《雄辩术原理》的出现。

不仅在书的写作上，而且在书的出版上，朋友也成为重要的决定性力量。当《雄辩术原理》成书时，昆体良并不想马上出版，因为治学严谨，对自己文字认真负责的他，觉得书稿还有很多不成熟的地方，需要不断进行修改，但是在朋友的不断催促下，昆体良才决定在公元96年出版。昆体良在给其朋友兼出版商推芬（Trypho）的致歉信中，淋漓尽致地表明了自己勉为其难出版著作的内在心情：[①]

> "你天天催促我，要求我将奉献给马斯路斯的书《雄辩术原理》拿去出版。我的意见是，该书还没有成熟到可以拿去出版的水平。你知道，为了写这本书，我花了两年多时间。在这两年时间中，我还要为其他事务分心。这两年时间，真正用于写作的并不多，更多的时间是用于这一实际上漫无边际的任务所要求的研究工作上，以及用于阅读数不胜数的作者的著作上了。此外，我遵循着荷拉斯的名言，他在《诗学》中不赞成匆匆忙忙地出版，并要求未来的作家：
>
> 　　　　压下自己的作品暂不出版，
> 　　　　直到漫长的岁月流逝九年。
>
> 　　我打算再等些时候，以便让创作的激情冷静下来，按照一个不带偏见的读者的意见加以修改。但是，既然你是如此迫切地要求出版，那就让我们把那些字斟句酌付诸东风，并恳切地祈求上苍保佑我们免遭身败名裂。不过，请记住，我相信你会谨慎从事，让本书以尽可能正确的面貌与公众见面。"

[①] ［古罗马］昆体良. 昆体良教育论著选［M］. 任钟印选译. 北京：人民教育出版社，1989：4.

《雄辩术原理》共十二卷，全书约合中文六十五万字，这是西方第一本系统的教学法论著。对于《雄辩术原理》的意义，英国著名教育学者博伊德和埃德蒙·金在其合著的《西方教育史》一书中，这样评价到："这书的真正意义，不在于它所提供的资料（尽管很有价值），而在于这一时代最成功的教师，从罗马内部对罗马教育实践所作的描述和讨论。"①

　　伟大的著作之所以伟大，除了内容的伟大之外，命运多舛的经历也是必不可少的因素，《雄辩术原理》这部著作极具传奇色彩的经历，似乎证明了它作为伟大作品的名副其实性。

　　《雄辩术原理》所经历的传奇经历是这样的：《雄辩术原理》出版后，由于种种原因，在西罗马帝国灭亡后，竟然失传了。后来在意大利古籍收藏家波齐奥·布拉秋利尼（Poggio Bracciolin）的神奇发现过程中才又重见天日。

　　那是1418年在瑞士康斯坦斯召开了一次重要的宗教会议，作为教廷秘书官的古籍收藏家波齐奥·布拉秋利尼参加了此次会议。在会议闲暇之余，波齐奥出于对古籍收藏的痴迷，总是打听并亲自去一些据说藏有古籍的地方碰碰运气。

　　一次，当他听说在距离会议所在地20英里处，有一个叫做圣·高卢的女修道院里，有大量古籍藏书的时候，便毫不犹豫地来到了这个地方。让波齐奥感到震惊的是，修道院里藏书楼的藏书，远远超出了他的想象，里面的书堆积如山，以至于用当时的图书目录都难以包罗无遗。

　　波齐奥喜出望外，像是走在沙漠里极度饥渴的人发现了水源一般，带着本能的激动和欣喜扑上了每一本书。波齐奥深知，往往被人忽略的地方，却潜藏着惊异的发现。他不放过任何一本书的书名，尤其是被积尘封盖的地方，他更是投入了极大的精力。

---

①　[英] 威廉·博伊德，埃德蒙·金. 西方教育史 [M]. 任宝祥，吴元训译. 北京：人民教育出版社，1986：72.

终于，在最底层一个极为污秽如地牢般的房间里，波齐奥发现了被厚厚尘土覆盖的一整套昆体良的《雄辩术原理》，他在给朋友的信中详细记述了发现时的情境：①

"我确信不疑，如果不是我的抢救，他（指昆体良的著作）一定很快就消失了。因为，一位高贵的、光彩照人的、优异的、文雅的、睿智的人物，如果还能继续忍受我找到他的那间牢房的肮脏，还能继续忍受他的狱卒的粗暴和那个地方可悲的污秽，这是不可想象的。看上去他的样子的确十分凄惨，像一个鬓发蓬乱、披头散发的囚犯，以他的仪容和装束在抗议对他不公正地裁决。他似乎在张开双臂，向罗马人发出呼唤，要求把他从如此不幸的命运中解救出来。一个曾以自己的雄辩才能和援救保存了众多生命的人，现在竟然找不到一个人为他所遭的冤屈昭雪，竟然找不到一个人把他从等待着他的不公正的惩罚中解救出来，这对于他来说，的确是难以忍受的"。

"我们发现了昆体良（的著作），虽然被积尘所盖，并由于无人过问和年代久远而污秽了，但仍旧完整无损，你应当知道，这些书籍都不是按照他们的价值放在应该放置的地方，而是躺在楼房最底层的一间最污秽的阴暗的地牢里，一个连判了刑的罪犯也难以塞进去的地方。我坚信，任何人只要察访一下囚禁此类罪犯的那些野蛮人的监牢，我们就会发现，他们比那些很久以前曾宣读其悼词的人来说，还要幸运些"。

就这样，《雄辩术原理》得以重见天日。有着秀丽笔法的波齐奥，用了整整三十二天时间，才把昆体良的作品重新抄写下来。后经人文主义教育思想先驱弗吉流斯（Petrus Paulus vergerius）对《雄辩术原理》作注释，才真正使得这部著作成为教育家们普遍阅读的书籍。文艺复兴时期，昆体良在《雄辩术原理》中所提出的教育思想，对当时人文主义教育思想产生了巨大而深刻的影响。

---

① ［古罗马］昆体良. 昆体良教育论著选［M］. 任钟印选译. 北京：人民教育出版社，1989：185—186.

作为伟大的教育家,昆体良的贡献赢得了后人们毫不吝啬的赞美之词。意大利文艺复兴时期著名诗人彼特拉克(Francesco Petrarch)称赞道:你(昆体良)所完成的不是一把刀子的职责,而是一块磨刀石的职责,你在培养雄辩家方面所取得的成功,较之培养他在法庭上取胜更加伟大。我承认,你是一位伟大的人物,但你的最伟大的卓越之处是你给伟大人物以基础训练和塑造伟大人物的能力。英国著名思想家弥尔(J. S. Mill)十分钦佩地指出:"他(昆体良)的著作是整个文化教育领域中古代思想的百科全书。我终身服膺的许多有价值的见解都可以溯源于少年时代阅读昆体良的著作。"① 我国教育学者也对昆体良赞誉有加:"在古罗马教育史上,昆体良是最负盛名,影响最大的教育理论家和教育实践家",②"昆体良是西方世界第一个专门论述教育问题的思想家。"③ 这些赞誉绝不是过度吹捧的虚誉之词,而是昆体良及其天才创见的真实价值体现。

二、昆体良的教师德才论

昆体良认为,教师应具有德才兼备的素养,"教师应当是德才兼备的人,他应该像荷马史诗中费尼斯(Phoenis)一样,既教学生怎样演讲,又教学生怎样做人"。④ 虽然昆体良认为,教师的德与才密不可分,但在德行与才能之间,昆体良认为教师的德行更为重要,"在我看来,有德行的生活较之最出色的雄辩才能也要重要得多",⑤ 即是说师德在昆体良心目中是第一位的。

师德是昆体良最为重视的教师素养。昆体良曾多次强调德行对教师的重

---

① [古罗马]昆体良. 昆体良教育论著选[M]. 任钟印选译. 北京:人民教育出版社,1989:前言.
② 张斌贤,褚宏启. 西方教育思想史[M]. 成都:四川教育出版社,1994:136.
③ 王天一等. 外国教育史(上)[M] 北京:北京师范大学出版社,1997:73.
④ [古罗马]昆体良. 昆体良教育论著选[M]. 任钟印选译. 北京:人民教育出版社,1989:72.
⑤ [古罗马]昆体良. 昆体良教育论著选[M]. 任钟印选译. 北京:人民教育出版社,1989:19.

要性，善良对教师来说永远是第一位的，"这样一种雄辩家的首要因素是他应当是一个善良的人"，① "一个雄辩家必须是善良的，这一点很重要，因为如果以雄辩的才能去支持罪恶，那么无论从私人的还是从公众的角度看，没有什么东西比雄辩术更有害的了，而我自己竭尽全力帮助培养雄辩才能，就应当受到世人的谴责。因为我不是给战士提供武器，而是给强盗提供武器"。② 教师失去善良，就可能成为教唆人犯罪的帮凶，就可能成为邪恶的源泉。因此，在选择教师的时候，就需要特别慎重，德行就成为首要的必须考量的素质，对此昆体良的态度是极其明确的："对于雄辩术教师，我们首要的任务是要弄清他是否具有良好的德行。"③ 教师只有在德行上是毫无瑕疵和无可指责的，才能最大程度上影响、促使孩子形成纯洁高尚的品质。

品德邪恶的人绝不可为师，即使他很有能力，教师与邪恶品性水火不容、势不两立，"一个恶人，不论它是如何勤奋，有能力，他是不可能成为一个完美的雄辩家的，'同一个人绝不可能既是个坏人，又是个完美的雄辩家'。既然是恶人，他就失去了作为一个雄辩家的起码条件"。④ 可以说，真正的教师就是真理和正义的化身，教师的主要任务是宣扬正义和德行，指导人们趋善避恶。也正是在这个意义上，昆体良才明确指出："我认为，一个没有良好德行的人就不可能是一个真正的雄辩家。"⑤

昆体良认为，教师为了培养自己的德行，就需要选择高尚的箴言，遵循通向美德之路，致力于最崇高最高尚的学习。德行不是教师所天生具有，教

---

① ［古罗马］昆体良. 昆体良教育论著选［M］. 任钟印选译. 北京：人民教育出版社，1989：7.
② ［古罗马］昆体良. 昆体良教育论著选［M］. 任钟印选译. 北京：人民教育出版社，1989：155.
③ ［古罗马］昆体良. 昆体良教育论著选［M］. 任钟印选译. 北京：人民教育出版社，1989：67.
④ 滕大春. 外国教育通史（第一卷）［M］. 济南：山东教育出版社，1989：357.
⑤ ［古罗马］昆体良. 昆体良教育论著选［M］. 任钟印选译. 北京：人民教育出版社，1989：19-20.

师必须不断学习和了解德行，否则就不可能成为真正意义上的善良之人。

昆体良指出并论述了教师应学习自制、正义、诚信、忠诚、勇气、荣誉、俭朴、蔑视痛苦与死亡等美德。对于这些美德的学习，昆体良提出了明确的要求："了解这些美德的善良的人，如果不是空叫空喊，徒有其名，如果不是仅仅用耳朵听、用嘴巴说的人，而是入乎耳、著乎心，思想与美德一致的人，他就不难正确地对待它们，做到表里如一。"[1] 教师对德行的学习，不能表里不一、口是心非，而要从灵魂深处，真正接受和认可这些美德，并善于将这些美德，转化为自己的行为。

昆体良作为罗马历史上第一位职业教师，他不仅是师德第一的主张者，更是良好师德的践行者，昆体良自己就是一个德行高尚、值得尊敬、在道德上无可指责的人。昆体良一生潜心于教育事业，认为教师必须是值得学习的道德榜样，教师只有自己具有高尚的品质，才能有效地培养学生的高尚品质。

昆体良就是一个在学生面前以身作则、为人师表，以实际行动为学生树立品德的典范。作为教师，昆体良养成了宽厚豁达、严于律己、作风正派、谨言慎行的优秀品质，在罗马教育界赢得了广泛的声誉，以至于伦敦大学拉丁语教授巴特勒（H. E. Butler）心中充满钦慕地指出，昆体良是位理想的教师，他仁慈、和善、感情深沉、通情达理。在做事上，昆体良反对奢侈放纵，崇尚简约朴素，反对故弄玄虚，主张谦虚谨慎，反对装腔作势，主张求实为真。总之，昆体良无论是为师还是为人，都可堪称道德的楷模，为后人树立了以道德品质为师的真正典范。

德行是教师的第一要求并不意味着教师可以没有学问，"他应当在德行上是无可指责的，仅仅这一点还不够，他还必须精通科学和雄辩的艺术"。[2] 可

---

[1] ［古罗马］昆体良. 昆体良教育论著选［M］. 任钟印选译. 北京：人民教育出版社，1989：168.

[2] ［古罗马］昆体良. 昆体良教育论著选［M］. 任钟印选译. 北京：人民教育出版社，1989：8.

以看出，学问和知识也是教师必不可少的。

其实，昆体良在强调德行的同时，也一直强调学问对教师的重要性，教师也必须是有学问的人，即"公认的有学问的人"，作为一个教师决不能"以本身的愚蠢去教人"。① 愚蠢的人是不能教人的，正如无德的人不能教人一样。对此昆体良明确指出，"凡是需要想象力和旁征博引的地方，雄辩家起着特别重要的作用，对这一点还能有任何怀疑吗？"② 博学者才可为师，这一点是毋庸置疑的。

昆体良指出，只有有学问的人，才能更加明白易懂地进行教学，"最有学问的人的教学往往比别人的教学更加易懂，更加明白"。③ 无能的人是不配教师这个神圣称号的，因为他们只能以自我吹嘘的病态浮肿和虚张声势来糊弄人，"愈是无能的人愈是自我吹嘘，抬高自己，就像矮子踮起脚跟充长子，弱者虚张声势充强者"，"他们的毛病不在于强而有力，而在于虚弱，如同身体不是因为健康而发胖，而是病态的浮肿"。④ 这些没有学问的人作教师，就是在误人子弟，因此应将那些麻木不仁、无知充有知的人剔除出教师队伍，把学生交付给最有学问的教师。

昆体良本人对有学问并孜孜以学的教师一直钦佩不已，并以之为学习的榜样和楷模，他曾对古希腊著名师者伊索克拉底（Isocrates）终身从事学习研究的"学而不厌"精神非常感佩，他借用亚里士多德在讲学中引用费洛克提迪（Philoctedes）的著名诗句来表达自己的这种心情：⑤

---

① 王天一等. 外国教育史（上）[M]. 北京：北京师范大学出版社，1984：72.
② [古罗马]昆体良. 昆体良教育论著选[M]. 任钟印选译. 北京：人民教育出版社，1989：7.
③ [古罗马]昆体良. 昆体良教育论著选[M]. 任钟印选译. 北京：人民教育出版社，1989：71.
④ [古罗马]昆体良. 昆体良教育论著选[M]. 任钟印选译. 北京：人民教育出版社，1989：71.
⑤ [古罗马]昆体良. 昆体良教育论著选[M]. 任钟印选译. 北京：人民教育出版社，1989：140.

>"伊翁年事已高，
>尚且舌耕不已。
>我若默然闲坐，
>焉能不感羞愧。"

三、昆体良的师生关系论

在师生关系上，昆体良认为老师和学生之间是一种充满互爱的亲密友谊关系。

教师首先要像慈父一样对学生充满了爱。昆体良指出，"最要紧的是，教师要以慈父的态度对待学生，他应当想到，父亲把孩子托付给他，他就是处于代行父亲职责的地位"，[①] 爱是教育的灵魂，是教育的起点，是教育的生命所在。教师只有对学生满怀父亲般深沉的挚爱，才会产生教好学生的动力，学生们也才会从内心尊敬和热爱教师，也才会理解教师所付出的一切辛苦和劳作。

同时，昆体良认为，学生亦需要像父亲一样爱戴老师，"尊师不亚于重道，要视教师为慈父；这不是指身体，而是指精神"。[②] 学生只有在精神上以慈父般的感情去敬师爱师，才会愿意接受教师所讲的话，主动听取教师的意见和指导，努力回报教师的付出，"学生不仅能愉快地听讲，而且愿意仿效教师。上学时，他们会愉快地、欢欣地前往，他们的错误被纠正时不会生气，他们受到称赞时会感到鼓舞；他们会以专心学习尽力争取教师的珍爱"。[③] 爱

---

① [古罗马] 昆体良. 昆体良教育论著选 [M]. 任钟印选译. 北京：人民教育出版社，1989：67.

② [古罗马] 昆体良. 昆体良教育论著选 [M]. 任钟印选译. 北京：人民教育出版社，1989：67.

③ [古罗马] 昆体良. 昆体良教育论著选 [M]. 任钟印选译. 北京：人民教育出版社，1989：100.

其师，才能信其道，尊其言，学其行，报其恩。可以说，学生对教师的爱，是教育中具有决定意义的因素，倘若学生对教师失去了爱和尊重，那么，这种师生关系也就名存实亡了。

教师爱学生并不意味着不对学生提出要求。昆体良认为，向学生提出要求是教师不可推卸的责任，"他应当严峻而不冷酷，和蔼而不纵容，否则，冷酷会引起厌恶，纵容会招致轻视。经常讲解什么是荣誉与善良，因为愈是经常告诫，就愈少需用惩罚。他应当控制情绪，不乱发脾气，但又不应当对应该纠正的错误视而不见。他的教学应当简明扼要，他应忍苦耐苦，对学生的要求不可松懈，但又不要过分苛求"。① 教师只有爱与威并重，关心与要求互补，温和与威仪同存，安详与严肃共生，才能既保护好学生，又不至于使学生失去管教而流于放荡。

对于学生出现的错误，昆体良要求教师要善于进行纠正。昆体良认为，采用温和的方式进行纠错，是教师的最佳选择，即使是采取严格方法进行纠错，"教师要尽量和蔼，不论对错误的纠正多么严格，也要以温和的方式进行"。② 除了温和，教师在纠正学生错误的时候，还要做到适当地宽容，不可过分苛刻，"有必要提醒教师注意，在纠正学生的错误时，如果过于吹毛求疵，学生就会丧失努力的信心，意志消沉。最后会憎恶他的功课，耽心动辄出错，什么功课也不想做"。③ 过分地寻找学生的差错，或对学生的缺点过于挑剔，损害的是学生的意志和信心，将对学生的发展十分不利。

昆体良坚决反对以体罚的方式，要求学生改正错误或从事某种行为，他明确提出："至于说到对学生的体罚，虽然这是公认的习惯而克里希普也并不

---

① ［古罗马］昆体良. 昆体良教育论著选［M］. 任钟印选译. 北京：人民教育出版社，1989：68.
② ［古罗马］昆体良. 昆体良教育论著选［M］. 任钟印选译. 北京：人民教育出版社，1989：74—75.
③ ［古罗马］昆体良. 昆体良教育论著选［M］. 任钟印选译. 北京：人民教育出版社，1989：74.

反对这点，但我是无论如何不赞成的。"① 为了更深入地表明自己反对体罚的观点，昆体良提出几点反对的理由：

"首先因为这是一种不光彩的惩罚，它只适用于对奴隶的惩罚，事实上它无疑是一种凌辱；其次，如果孩子的倾向卑劣到不能以申斥矫正，他就如同最坏的奴隶，对鞭笞习以为常；最后，如果有人经常跟在他身边监督他勤奋学习，这样的惩罚就完全没有必要。"

"此外，当你用鞭笞强迫儿童以后，待他到了青年时期，这种恐吓手段已不能再用，而他又有更困难的功课要学习的时候，你又如何对付他呢？"

"更有进者，当孩子受到鞭笞的时候，由于痛楚和恐惧，他禁不住要发出以后会令其感到羞耻的不体面的哭叫，这种羞耻心使他心情沮丧、压抑，使他不敢见人，经常感到抑郁。"②

在昆体良看来，对学生进行体罚，不但伤害学生的身体，更重要的是对学生人格和心灵造成的巨大伤害。因此，昆体良义愤填膺地提出了对滥用体罚的警告："对于如此纤弱、如此无力抗拒虐待的幼年，任何人都不允许滥用权威"。③ 在体罚盛行并成为习惯的时代，敢于直面体罚对学生的戕害，充分体现了昆体良作为一个关心儿童、爱护儿童的真正教育家的本色。

四、昆体良的教师教学论

在昆体良看来，教学是教师和学生之间的一种协调活动，要求教师和学生之间互相配合共同完成。昆体良指出："教师的职责是教，学生的职责是证明他们是可教的；否则，这种职责如果缺少一个方面，另一方面就是无用的。

---

① ［古罗马］昆体良. 昆体良教育论著选［M］. 任钟印选译. 北京：人民教育出版社，1989：27.

② ［古罗马］昆体良. 昆体良教育论著选［M］. 任钟印选译. 北京：人民教育出版社，1989：28.

③ ［古罗马］昆体良. 昆体良教育论著选［M］. 任钟印选译. 北京：人民教育出版社，1989：28.

犹之乎生儿育女是父母双方的事，又如同播种，如果没有先已耕松了的熟土的培育，就会徒劳无益。"① 既然教学是师生双方的事，对教师而言，就需要充分考虑学生在教学中地位和状况，否则教学就难以成功。从这个意义上说，教学对教师而言，除了要在教上做充分的准备外，还要有关于学生的充分准备。

昆体良非常重视学生在教学中的主体性，甚至可以说，学生主体性的养成，才是教学的根本归宿。对此，昆体良明确指出，要"引导班上的学生自己发现问题，运用他们的智力，而这正是这种教学方法的最终目的。因为，除了使我们的学生不需要总有人教，我们的教学还能有什么别的目的呢?"② 昆体良把"不需要总有人教"作为教学的最终目的，可见，昆体良已经对"教是为了不教"有了相当深刻的认识。

教是为了实现学生的自主，断绝学生对教师及外在的依赖，这样才能使学生的创造性得到充分的体现，"要完全让他们自己想办法，否则他们就会养成事事依赖别人的坏习惯。这样他们就不能学会自己努力表现出创造性"。③ 为了更加清楚地说明学生在教学中要充分发挥其主体性，昆体良用小鸟学习飞翔的比喻进行了说明："我们可以向空中的飞鸟学习。它们衔来食物，分给幼弱而羽毛未干的小雏。但是，当小雏长大以后，父母就在它们面前飞翔，教给它们走出鸟巢，在附近学飞。然后，当它们证明力量已经足够的时候，就让它们自由地飞向天空"，④ 教师的任务就是要激发学生学习的主动性和兴趣，并适时引导学生用自己的力量去发现问题，用自己的智力去解决问题。

---

① [古罗马]昆体良. 昆体良教育论著选[M]. 任钟印选译. 北京：人民教育出版社，1989：92.

② [古罗马]昆体良. 昆体良教育论著选[M]. 任钟印选译. 北京：人民教育出版社，1989：84.

③ [古罗马]昆体良. 昆体良教育论著选[M]. 任钟印选译. 北京：人民教育出版社，1989：87.

④ [古罗马]昆体良. 昆体良教育论著选[M]. 任钟印选译. 北京：人民教育出版社，1989：84.

"昆体良是教学中的量力性原则的最早倡导者"，① 昆体良强调，教师教学要遵循学生本有的能力，在学生接受能力的基础上进行教育，"教师本身要小心谨慎，如果他希望自己的学生成为有用的人而不是华而不实的人，他在教育头脑尚未成熟的学生时，不要使他负担过重，要节制自己的力量，俯就学生的能力"。② 这要求教师要懂得俯就学生的能力，教学要与学生的接受能力相适应，尽量避免教学任务超出学生的能力之外，"对他们的教育应仅仅限于天性对他们的要求，因为他们只有做力所能及的事才能取得更好效果"。③ 对此，昆体良进一步指出：教师就"如同一个走路很快的人，如果他恰好和一个小孩走在一起，他就会用手牵着小孩，放慢自己的步伐，不能走得太快，免得他的小同伴跟不上"。④ 要让学生能够跟上教师的步伐，不是让学生加快步伐，而是要求教师放慢步伐，即是说，要使教师的教育适合学生的能力，而不是妄图使学生的能力去适合教师的教学。

　　为了进一步说明教师俯就学生能力的重要性，昆体良用一个形象的比喻进行了说明："正如紧口瓶子不能容受一下子大量流进的液体，却能为慢慢地甚至一滴一滴地灌进的液体所填满，所以我们也必须仔细考查学生的接受能力。他们远远不能理解的东西是不能进入他们的头脑的，因为头脑还没有成熟到容受他们。"⑤ 这意味着在教学中，解决了谁适应谁的问题，是取得良好教学效果的前提。在昆体良看来，教师的教育教学要与学生的发展水平相适应，才是决定教学效果的关键。也就是说，当学生不能理解教师所教的内容

---

① 单中惠，杨汉麟. 西方教育学名著提要 [M]. 南昌：江西人民出版社，2000：36.
② [古罗马] 昆体良. 昆体良教育论著选 [M]. 任钟印选译. 北京：人民教育出版社，1989：24.
③ [古罗马] 昆体良. 昆体良教育论著选 [M]. 任钟印选译. 北京：人民教育出版社，1989：91.
④ [古罗马] 昆体良. 昆体良教育论著选 [M]. 任钟印选译. 北京：人民教育出版社，1989：71.
⑤ [古罗马] 昆体良. 昆体良教育论著选 [M]. 任钟印选译. 北京：人民教育出版社，1989：24.

的时候，教师就要适时调整教育内容，与学生的接受能力相符合，而不是让学生放弃能胜任的事，去做所不能胜任的事。

昆体良非常强调儿童的天性在教学中的重要作用。昆体谅认为，对教师而言，弄清楚儿童的天赋能力和素质是进行教学的基础，"一个高明的教师，当他接受托付给他的儿童时，首先要弄清楚他的能力和天赋素质"。[①]

教师之所以要先清楚学生的天赋素质，是因为每个人的天赋素质各有不同，存在着巨大差异。昆体良指出，"善于精细地观察学生能力的差异，弄清每个学生的天性的特殊倾向，人们通常认为这是优秀教师的标志之一。这是有道理的，因为各个人的才能的确有着不可思议的差别，人心之不同，各如其面"。[②] 既然不存在天赋素质完全一样的学生，那么教师的教学就不能完全一样，就必须根据学生天赋倾向的差异进行教学，"教学要能培植各人的天赋特长，要沿着学生的自然倾向最有效地发展他的能力。如同一个体操教师，当他走进挤满了少年的体育馆时，用各种方法对他们的身体和精神状态进行测验，然后才决定每个人接受哪一类竞赛的训练"。[③]

教师要进行差异教学的最终目的，就是通过这种适合每个学生不同禀赋的教学，使学生的长处得到最大程度的发展，"在教学中适合各人的特殊情况和需要，使每个学生能发挥各自的长处"，[④] "某一个学生更适合学习历史，另一个学生具有诗的天才，另一个学生更宜于学习法律，有些人也许只宜于送

[①] [古罗马]昆体良. 昆体良教育论著选[M]. 任钟印选译. 北京：人民教育出版社，1989：25.

[②] [古罗马]昆体良. 昆体良教育论著选[M]. 任钟印选译. 北京：人民教育出版社，1989：89.

[③] [古罗马]昆体良. 昆体良教育论著选[M]. 任钟印选译. 北京：人民教育出版社，1989：89.

[④] [古罗马]昆体良. 昆体良教育论著选[M]. 任钟印选译. 北京：人民教育出版社，1989：90.

去干庄稼活。雄辩术教师要区别这些才能"。① 教育教学要帮助学生选择最适合他们天分的方面发展,使每个学生的天赋、才能和倾向,都在最大可能的方面得到发挥,这正是教育教学对人而言最本体的功能和作用。

相反,"如果引导一个人与自己的自然倾向背道而驰,他就不可能在与他的天性不适合的学业中取得成就,他的似乎与生俱来的才能由于受到忽视就会被削弱下去",② 当教师的教学偏离了学生天性,学生的才能不但很难得到发挥与增强,而且还会受到抑制和削弱。

总之,昆体良所强调的教师教学要以学生的自然能力、禀赋为依据,实际上就是一个如何对学生进行因材施教的问题。"昆体良所理解的因材施教包括两个方面,一是用不同的方法教育个性不同的学生,二是发现、发展各个人的特长",③ 昆体良要求教师独具慧眼,善于发现和识别学生的能力和个性,并以不同的教育教学方法为基础,对学生进行因材施教。

昆体良主张教师要重视学生的休息,不能让学生长时间过于疲劳,"对于一切儿童都应当允许他们有些休息,这不仅仅是因为没有什么东西能经受持久的劳累,(即使是那些没有感觉没有生命的东西也以轮换的休息而有松弛的时候,以便保持活力),而是因为专心致志的学习有赖于学生的意愿,而意愿是不能通过强制得到的"。④ 让学生学习处于疲劳状态是一种强制性教育行为,更是一种违背学生意愿的教育行为,这根本无法让学生保持良好的学习状态。"因此,如果学生的精力和精神因休息而得到恢复,他就能以更旺盛的力量和

---

① [古罗马]昆体良. 昆体良教育论著选[M]. 任钟印选译. 北京:人民教育出版社,1989:90.

② [古罗马]昆体良. 昆体良教育论著选[M]. 任钟印选译. 北京:人民教育出版社,1989:90.

③ 单中惠,杨汉麟. 西方教育学名著提要[M]. 南昌:江西人民出版社,2000:35.

④ [古罗马]昆体良. 昆体良教育论著选[M]. 任钟印选译. 北京:人民教育出版社,1989:26—27.

更清晰的头脑进行学习,而这种力量通常是不能用强迫得到的",[1] 磨刀不误砍柴工,休息对学生而言,不但不耽误学生的学习,反而能让学生更加精力旺盛地投入到学习中去,从而获得更好的学习效果。

当然,昆体良也提出了教师给学生休息的警告,即休息应当有度,"但是,应当给休息规定一个限度,否则,你不让他休息时,就使他产生对学习的厌恶,而过度放纵的休息则容易养成懒惰的习惯",[2] 超过了一定限度的休息,就是过量的休息,对学生就是有害而无益的了。

对于消除学生疲劳的方法,昆体良指出:"我们为什么不能把一天的时间加以划分以用于各种不同功课的学习呢?更何况,变换课业本身就能恢复和重振精神",[3] "不管我们已经做完了多少事,对于即将开始做的新事在一定意义上都是新鲜的。与此相反,如果一个人整天只听某一学科的一个教师讲课,不论这是什么学科,不会被弄得头昏脑涨?如果变换课业,精力就可以得到恢复。正如食物一样,食物多种多样,食欲就旺盛,吃起来也较之单吃一种食物更为惬意"。[4] 昆体良把变换课业作为消除学生疲劳,促使学生精神恢复的办法,既避免了违背学生意愿的强制,又确实能够在一定程度上缓解学生的学习疲劳,有一定的科学道理。

---

[1] [古罗马]昆体良. 昆体良教育论著选[M]. 任钟印选译. 北京:人民教育出版社,1989:27.

[2] [古罗马]昆体良. 昆体良教育论著选[M]. 任钟印选译. 北京:人民教育出版社,1989:27.

[3] [古罗马]昆体良. 昆体良教育论著选[M]. 任钟印选译. 北京:人民教育出版社,1989:59.

[4] [古罗马]昆体良. 昆体良教育论著选[M]. 任钟印选译. 北京:人民教育出版社,1989:59-60.

第五章　培根：善于剔除假象的教师

我们流浪的先行者走过的

那些漫长的错误的道路，

像古希伯来人那样，

小小的沙漠里多年迷途，

培根，有如摩西，终于把我们领出。

他所越过的那荒漠的旷野，

正在上帝应许的幸福土地的边沿，

从他的智慧的高峰，

他自己看到了这块乐土，而且还把它告诉我们。[①]

——阿布拉罕·考莱

一、培根生平

弗朗西斯·培根（F. Bacon）是英国著名教育家、哲学家和政治家。

培根的研究和贡献十分广泛，涉及众多领域，在每一个领域都表现出天才的智慧。对此，斯为顿（Oliphant Sweaton）在《培根论说文集》一书的绪

---

① ［英］班加明·法灵顿. 培根传［M］. 梁春生译. 北京：中共中央党校出版社，2000：282.

论中，曾不无钦佩地指出了这一点："就智力方面说，培根是伟大的；就道德方面说，他是很弱的。他的人格是多方面的，他的天才不限于一隅。他是法学家、政客、科学家、哲学家、历史学家、又是散文作家。……简单说，培根是个拿整个的学术为他的领域的。"① 作为实验科学的伟大首倡者，培根为实验科学的发展做出了里程碑式的贡献，马克思在《神圣家族》中曾明确指出："英国唯物主义和整个现代实验科学的真正始祖是培根。"② 黑格尔也对培根在经验主义思潮中的贡献不吝赞美之词："培根被认为经验哲学的首领；在这个意义上，他是万古留名的"，③ "我们需要用一个名字、一个人物作为首领、权威和鼻祖，来称呼一种作风，所以我们就用培根的名字来代表那种实验的哲学思考。"④

1561 年，弗朗西斯·培根出生于英国伦敦河滨大道约克府的一个官宦家庭。培根的父亲尼古拉·培根（N. Bacon）是位足智干练、受人尊重的政治家，官至伊丽莎白女王的掌玺大臣。培根的父亲笃信教育的力量，这体现在一幅挂在其饭厅里画上的题词上，即"教育造成进步"。培根的母亲安妮·培根（A. Cooke）出身名门，是位学识渊博的才女，有着良好的教养和学识气质，精通希腊文和拉丁文。良好的家庭教育使培根小小年纪就表现出出众的才智。

英国女王伊丽莎白很喜欢和培根谈话，经常出一些题目考他，培根都能以超乎其年龄的成熟进行回答，因此，小培根也被女王戏谑地称为"小掌玺大臣"。尤其是女王伊丽莎白在问培根的年龄时，培根很聪明地答道，我比女

---

① ［英］弗·培根. 培根论说文集［M］. 水同天译. 北京：商务印书馆出版，1983：20.
② ［德］马克思. 马克思恩格斯全集（第二卷）［M］. 北京：人民出版社，1957：163.
③ ［德］黑格尔. 哲学史讲演录（第 4 卷）［M］. 贺麟，王太庆译. 北京：商务印书馆，1983：20.
④ ［德］黑格尔. 哲学史讲演录（第 4 卷）［M］. 贺麟，王太庆译. 北京：商务印书馆，1983：31.

王幸福的朝代小两岁,女王对培根表现出的机智十分惊讶和欣赏。

1573 年,12 岁的培根进入剑桥大学三一学院,开始了长达三年的大学生活。不过,培根并不满意在剑桥大学的学习,据说他是带着这样的心情离开了剑桥:"对剑桥的学科深为轻蔑;对英国的学校教育制度坚决地认为根本有害;对亚里士多德派的学者虚耗精力于其上的'学问'有一种应有的藐视;对亚里士多德本人也没有多大的尊敬"。[①] 1576 年,培根作为英国驻法大使的随员,对法国进行了为期两年半的考察。培根几乎走遍了整个法国,接触到不少新事物,汲取了许多对其日后产生巨大影响的新思想。

1579 年,培根父亲的突然去世,这不但结束了培根在法国的生活,而且也使培根的生活发生了转折,经济上陷入了困顿。培根不得不为自己的生计谋划,他首先到当首相的姨父比莱格勋爵那去碰运气,结果傲慢势利的勋爵大人无情地拒绝了他。培根只好自己努力谋取一份能谋生的职业,一切还算顺利,他获得了律师资格,同法律打起了交道。据说有一次一名惯匪请求培根救他一命,理由很可笑:我叫 Hog(猪),你叫 Bacon(熏肉),我们是亲戚。培根机智地回答:朋友,如果你不被绞死,我们就不是亲戚,因为猪要死了之后才能变成熏肉。

之后很长一段时间,培根的主要精力在于如何为谋取高位而不懈奋斗,这是一个艰难而曲折的道路。培根对自己一心想谋高位的理由进行了说明:"由于我的出身和教育,使我适于为国家服务","又由于我希望如果我在政府中能够升到尊贵的地位时,我就会有一个较大的权力,能以动员更多的劳力和才智来帮助我的工作;因为这些缘故,我就一方面努力学习政府工作,一方面又在廉耻和诚实所许可的范围之内,尽量自荐于那些在政治上有力量的朋友们。我这样做还有另一个动机:因为我感觉到我所谈过的那些事情,大的也好,小的也罢,都不会超越这凡间的一生的性质和教养的程度的;因此

---

① 侯书雄. 伟人百传(第十三卷)[M]. 呼和浩特:远方出版社,2002:115.

我就抱着一种希望，如果我能在政府中担任职务，我也能为人们的灵魂做一些好事"。① 为了实现自己的目的而谋求高位，培根可谓是费尽了心机，向一切能够请托的人请托，但却没有产生实质性的效果。

直到1602年，伊丽莎白女王去世，詹姆士一世继承英国王位，培根的仕途才有了重大转机。在詹姆士登位仅四个月，培根就受封为爵士。此后培根的为官之路可谓顺风顺水，1604年被任命为詹姆士的顾问，1607年被任命为副检察长，1613年被委任为首席检察官，1616年被任命为枢密院顾问，1617年提升为掌玺大臣，1618年晋升为英格兰大法官，封维鲁兰男爵，1621年又封为奥尔本斯子爵。

在培根成为英国最高司法长官大法官后，他为后人所津津乐道的，不在于他如何在大法官位置上恪尽职守，作出什么惊天动地的公正的司法审判，而是他如何的利用职权进行贪污。

身为大法官的培根，在贪污上竟达到了肆无忌惮的程度，诸如奥贝里控告威廉·布鲁克爵士曾以100英镑进行打点，爱德华·埃格顿控告兄长，送上400英镑，培根都心安理得地一一笑纳。培根甚至在诉讼人沃顿夫人送给他一个装着100英镑的钱包时，竟然大言不惭地说："一个法官怎么能拒绝一个如此漂亮的夫人亲手做的钱包呢？"②

最后，国会指控裁决培根有罪，他面对的28件物证中，有价值800英镑的饰盒，有价值500英镑的钻石耳环，还有价值50英镑的几个金扣子等。培根认罪了，被罚了4000英镑，送伦敦塔监禁。后来由于国王的关照，培根很快获释出狱，免予起诉，但他已不可能回到从前了，只能以隐居和研究度过余生。

培根的贪污之所以让人唏嘘不已，是因为他典型的言行不一和明知故犯。

---

① ［英］班加明·法灵顿. 培根传［M］. 梁春生译. 北京：中共中央党校出版社，2000：310—311.

② ［英］丹宁. 法律的界碑［M］. 刘庸安，张弘译. 北京：群众出版社，1992：38.

一方面他的职位非常特殊，身为英国大法官和最高的执法者，培根竟然明知贪污犯法，却乐此不疲。另一方面，作为贪官的培根，竟然提出了许多为后人所称道、所不断提及的深刻的反贪见解："一次不公的判断比多次不平的举动为祸尤烈。因为这些不平的举动不过弄脏了水流，而不公的判断则把水源败坏了。所以所罗门说，'义人在恶人面前败诉好像趟浑之泉，弄浊之井'"，[①] "为法官者应当注意，毋使本意在乎警戒的法律变为虐民之具"，[②] "律法所在之处乃是一种神圣的地方；因此不但是法官底坐席，就连那立足的台，听证的围栏都应当全无丑事贪污底嫌疑才好……从那些贪馋的吏役底荆棘丛中公道也是不能结出美果来的"，[③] "不要追求炫耀的财富，仅寻求你可以用正当手段得来，庄重地使用、愉快地施与、安然地遗留的那种财富。"[④] 你很难想象这是出自一个视贪污如常事的国家大法官嘴里说出的话。但事实就是如此，人所认识到的，并不意味着一定能做到，时代和环境对人的影响，可能会超出人的认识。培根的"坏"可能并不比他那个时代更"坏"，在一个视贪污为惯习的时代，培根的错误或许正如伏尔泰在评价莎士比亚时所说的那样：他的天才是属于他的，他的错处是属于他的时代的。

培根是个有争议的人物，这争议来自于他既是个才智过人的智者，又是个收受贿赂的贪者。作为智者的培根我们并不奇怪，其横溢的才华让我们眩晕，作为贪官的培根让我们难以接受，却又百思不得其解。

事实上，智者并不意味着就是完美无缺的人，或许瑕疵对智者而言更是一种完美。对于培根的智与贪，个人的才华与品格，英国诗人亚历山大·波

---

① [英] 弗·培根. 培根论说文集 [M]. 水同天译. 北京：商务印书馆出版，1983：193.

② [英] 弗·培根. 培根论说文集 [M]. 水同天译. 北京：商务印书馆出版，1983：194.

③ [英] 弗·培根. 培根论说文集 [M]. 水同天译. 北京：商务印书馆出版，1983：196.

④ [英] 弗·培根. 培根论说文集 [M]. 水同天译. 北京：商务印书馆出版，1983：127.

普（A. Pope）曾这样评价道："如果你迷恋才华，想想培根是多么卓越，他是人类中最聪明、最智慧却又最卑鄙的一个。"[①] 二战后英国最著名的法官和享有世界声誉的法学家丹宁（Denning）勋爵，在《法律的界碑》一书中，也曾对培根有过十分精当的评述："他有第一流的才智。他精于语言。他规定了极有价值的道德原则。但可悲的是他自己没有遵守这些原则。他的脑袋是金的，但他的脚却是泥的。"[②] 我们不能苛求任何一个人成为才智和道德具备的完人，培根也是这样一个人，只要他对人类的益处，超过个人品德带来的污点，就足够了。

培根结婚很晚，1606 年，培根娶了伦敦市参议员的女儿阿丽丝·巴南为妻，这年培根 45 岁。对于培根的婚姻，《大不列颠百科全书》中是这样记载的："这次婚姻……虽然没有孩子，但是颇为幸福"。[③] 婚姻的最高境界就是幸福，能够以"颇为幸福"成就一段婚姻，已是一个幸福的人，从这个意义上讲，培根应是一个幸福的人。

人总是要死的，在生命走向最后一刻的培根，其行为是令人感动的。1626 年的一天，培根同御医威瑟伯尼乘马车郊游，铺满大地的皑皑白雪让培根兴致大增，突然一个奇怪的念头在培根的大脑中冒出，肉类能否在雪中像在盐中那样得到保存呢？为了验证自己的想法，培根立即到一位农妇的家中，买了一只鸡，去除内脏，把雪填到鸡肚子里。然而，培根这位六十多岁的老人，在填雪的操作中，与冰冷刺骨的雪接触时间过长，不幸受了凉，病倒了。由于离家太远，他只好到阿伦德尔伯爵家暂住，谁知培根睡的房间已经一年多未用，又潮又冷，这加重了他的病情，以至于最后竟然夺去了他的生命。据说，培根临死前还在不停地念叨：我的冻鸡呢？我的冻鸡怎么样啦？死于

---

① ［英］安东尼·昆顿. 培根［M］. 徐忠实，刘青译. 北京：中国社会科学出版社，1992：13.
② ［英］丹宁. 法律的界碑［M］. 刘庸安，张弘译. 北京：群众出版社，1992：25.
③ ［英］安东尼·昆顿. 培根［M］. 徐忠实，刘青译. 北京：中国社会科学出版社，1992：9.

自己钟爱的科学实验，也算是死得其所了。

培根离开了这个世界，他在遗嘱中说：我把灵魂遗赠给上帝，把躯体留给泥土，把名字留给后代和异国他乡的人们。他说到了，也做到了，上帝那里肯定收到了他的灵魂，他的躯体也与泥土融为一体了，他名字也毫无疑义地为后世的人们所铭记。美国学者朗佩特指出："从现实主义者这个词的任何伟大意义上说，培根都是首屈一指的现实主义者，我们对他的了解还远远不够。"① 虽然培根早已离开了我们，但我们对培根的了解真的是还远远不够。

二、假象论与教师

"假象论"是培根提出的著名理论，在培根的整个学说体系中占有重要地位，有人据此称培根为假象学说的创始人，"哲学史上，英国人弗朗西斯·培根首先提出关于假象的学说"。② 而编辑《培根全集》的麦克卢尔也把培根的"四假相"说，看作是培根学说中最辉煌的成就之一。

在培根看来，假象就是阻碍人们正确认识的内在于心灵的障碍。培根在《新工具》一书中指出，之所以要提出假象之说，是因为"现在劫持着人类理解力并在其中扎下深根的假象和错误的概念，不仅围困着人们的心灵以致真理不得其门而入，而且即在得到门径以后，它们也还要在科学刚刚更新之际聚拢一起来搅扰我们，除非人们预先得到危险警告而尽力增强自己以防御它们的猛攻"。③ 深藏于人们心灵内部的假象，是一种更内在、更根本、更深刻、更不容易为人所察觉的障碍，因而往往会使人形成偏见，最终导致谬误的产生，这正是培根致力于揭露假象的出发点。

为此，培根区分出了困扰人们心灵的四大假象："第一类叫作族类的假

---

① ［美］朗佩特. 尼采与现时代：解读培根、笛卡尔与尼采［M］. 李致远等译. 北京：华夏出版社，2009：17.
② 高建军. 论假象［J］. 河北大学学报，1985（3）：149.
③ ［英］培根. 新工具［M］. 许宝骙译. 北京：商务印书馆，1986：18.

象,第二类叫作洞穴的假象,第三类叫作市场的假象,第四类叫作剧场的假象"。① 正是这四大假象导致人们偏见的形成,阻碍着人们对真理的认识。

族类假象是属于全人类所共有的偏见,它植根于人类的本性之中,是人类心灵所固有。人们之所以倾向于相信一些事物,是因为大多数人都相信它们,培根指出:"人类理解力一经采取了一种意见之后(不论是作为已经公认的意见而加以采取或是作为合于己意的意见而加以采取),便会牵引一切其他事物来支持、来强合于那个意见。"② 也就是说,一旦人们接受某种意见,就会从这种意见出发去思考一切问题,任何别的东西都可以拉来支持这种意见,或使之符合这种意见。

族类假象对教师而言意味着,教师不能被一些所谓公认的教育信条所左右,被一些所谓公认的教育行为所桎梏,对任何教育中貌似正确的观点和主张,都要保持警惕。甚至是教师自认为正确无误的教育理念,也要时刻进行反思,不能成为这些理念的奴隶。比如教育中流行的一些公认的教育口号:"一切为了学生,为了学生一切,为了一切学生";"学生第一,教师第二";"教育改变命运";"不让每个学生落下";"尊重儿童的世界"等等,教师就常以这些口号的主张为真,而忽视了有时候恰恰是这些口号造成了自己的教育偏见。譬如"一切为了学生,为了学生一切,为了一切学生"这个口号,对待它的正确态度应是,"它可以作为行动的参考标准,但不能成为行动指南。否则,将会适得其反,即由善意的引导变为可怕的误导,变成一种忽悠、虚饰与矫情"。③

对教师而言,还有一种微观层面的种族假象,就是在学校范围内存在的一些所谓公认的意见、习惯和传统,这些意见、习惯和传统是这个学校常年形成的,是为这些学校教师所信奉和坚持的,但也经常是教师形成偏见的根

---

① [英]培根. 新工具[M]. 许宝骙译. 北京:商务印书馆,1986:18—19.
② [英]培根. 新工具[M]. 许宝骙译. 北京:商务印书馆,1986:23.
③ 程斯辉,李中伟. 一个类似神话的教育口号:"一切为了孩子,为了一切孩子,为了孩子一切"[J]. 教育科学研究,2011(12):5.

源。对教师而言，突破种族假象是进行教育创新的起点，也是难点，需要教师付出极大的努力和勇气。

洞穴假象是属于每一个个体的假象，是由于个体的差别所形成的偏见，"这个洞穴的形成，或是由于这人自己固有的独特的本性；或是由于他所受的教育和与别人的交往；或是由于他阅读一些书籍而对其权威性发生崇拜和赞美；又或者是由于各种感印，这些感印又是依人心之不同（如有的人是'心怀成见'和'胸有成竹'，有的人则是'漠然无所动于中'）而作用各异的；以及类此等等"。[1] 由于每个人的个性心理、观察角度、思维方式、个人立场和成长环境等不同，就难免从一己之眼去看问题，从而导致主观性、偏隘性等认识偏差，无法全面地认识事物，就像居住在每个人自己的"洞穴"里一般。

洞穴假象对于教师而言意味着，教师要避免的是从自己的洞穴中去观看学生，要求学生。恰恰相反，凡是学生让自己特感满意的地方，就应当适时地予以怀疑，在处理学生和教育教学问题时，应特别谨慎小心，以使自己能够保持清醒，破除洞穴给自己的理解和观看带来的障碍。

事实上，教师经常不自觉地陷入主观臆断地判定一个学生的好或者坏，比如晚年爱因斯坦亲口讲过：某天有个老师当面对他说，如果爱因斯坦离开这个班，老师就幸福了。爱因斯坦辩解说：可我没做错什么啊。老师说：你确实没做错什么。但你坐在后排那个样子微笑，侵犯了本班对老师必备的尊敬！还有一次，爱因斯坦的父亲曾问训导主任，爱因斯坦将来干什么比较容易成功，主任直截了当地说：无所谓，因为您儿子反正干什么都不会成功。[2] 这其实就是洞穴假象在作怪，每个学生都有自己的特点和个性，教师不能从自己的洞穴出发去判断所有学生。因此，教师要时刻提醒自己，破除笼罩在

---

[1] [英] 培根. 新工具 [M]. 许宝骙译. 北京：商务印书馆，1986：20.
[2] 马八飞. "下狗"游走苏黎世——爱因斯坦的求学生活 [N]. 经济观察报，2014－06－30. 42 版.

自己头脑中的洞穴，避免仅凭一己之见去对学生进行判断。

市场假象是和人们进行交流沟通的语言、文字、词语有关的假象，也就是语言使用中产生的问题，故市场假象从根本上说就是语言假象。在人们进行联系和交流时，由于语言使用不当或词语的不确定性运用，会产生名不符实、真假混乱，导致理解障碍，从而形成观念错误。"因此，选用文字之失当害意就惊人地阻碍着理解力。……而文字仍然公然强制和统辖着理解力，弄得一切混乱，并把人们岔引到无数空洞的争论和无谓的幻想上去"，① 这就像人们在市场进行买卖交易要用到谈话一样，必须保持语言的清晰、明白和正确，否则就会产生误解。

市场假象之于教师意味着，教师和学生之间要避免语言和词语的使用而造成市场假象。在教师和学生之间，存在着严重的语言差异，对教师而言，忽视了这种语言差异，导致语词选择得不好或不恰当，就会大大阻碍学生的理解。也就是说，教师要明白，学生的理解就是对语言的理解，语言是学生理解的基础和前提，当学生对教师的语言理解存在问题时，就会在学生头脑中产生混乱。德国哲学家伽达默尔（H. G. Gadamer）曾指出："在所有关于自我的知识和关于外界的知识中我们总是早已被我们自己的语言包围。"② 儿童关于自我的知识和外界的知识，都是被儿童自己的语言所包围，一种外在于儿童的语言，不属于儿童的语言，必将导致儿童对语言理解的混乱，搅乱儿童的思维，这种市场假象是妨碍儿童理解力的重要障碍。

因此，要防止市场假象对师生间理解的扰乱，对教师而言，就要善于理解儿童的话语，善于从儿童的话语中看到儿童的世界。同时，教师要使自己的话语适合儿童的理解力，不要用成人的话语教导儿童，引起儿童的误解和反感，妨碍儿童的理解力。

---

① ［英］培根. 新工具［M］. 许宝骙译. 北京：商务印书馆，1986：21.
② ［德］伽达默尔. 哲学解释学［M］. 夏镇平，宋建平译. 上海：上海译文出版社，1994：62.

剧场假象是指各种公认的学说主张、思想体系、哲学观点等，移植到人们心中所产生的假象。即是说，这是一种由于对已经存在的权威和传统的盲目迷信而产生的错误认识，"我称这些为剧场的假象；因为在我看来，一切公认的学说体系只不过是许多舞台戏剧，表现着人们自己依照虚构的布景的式样而创造出来的一些世界"。① 各种思想观点和体系恰如舞台上的一出出戏剧，人们往往在不知不觉中，把并不一定真实的布景当作世界的场景，对各种公认的理论体系"剧本"信以为真，使之成为权威和教条，无意中丧失了批判精神和怀疑意识，最终导致错误的认识。

剧场假象对教师而言意味着，教师本身首先不要成为剧场，即是说教师不能成为学生崇拜的对象，教师在教学中的权威身份是一种剧场假象。尤其是在知识的学习过程中，教师要清楚地知道，没有绝对正确的知识，教师讲的也不是绝对的真理，知识更没有所谓的标准答案，给知识划定一个标准答案，本身就是在制造一种剧场假象。教师要做的就是不能让学生局限在一种剧场中，并把剧场当做唯一，重要的是要培养学生的批判精神和怀疑态度，使学生在批判怀疑中学会选择，学会分辨，真正成为自己的主体。

整体上言，对于这四种盘踞在人们头脑中的假象，培根持"深恶痛绝"的态度，"否则，我们的旧错误方除，新错误又会由人心的不健康状况产生出来，如是则我们只能变化错误，却不能廓清错误"。② 由此，培根主张必须对四种假象进行彻底揭露，并从根本上排除这些假象，"我们必须以坚定的和严肃的决心把所有这些东西都弃尽摒绝，使理解力得以彻底的解放和涤洗"，③这样才能使人们正确地认识到真理。

从培根的态度出发，对教师而言，就是要彻底摒除缠绕在自己头脑中的这些假象，正是在教师心中盘踞的这些根深蒂固的假象时时扰乱教师的判断。

---

① [英] 培根. 新工具 [M]. 许宝骙译. 北京：商务印书馆，1986：21.
② 余丽嫦. 培根及其哲学 [M] 北京：人民出版社，1987：194.
③ [英] 培根. 新工具 [M]. 许宝骙译. 北京：商务印书馆，1984：44.

这些扰乱教师内心的假象,其后果"倒不是使人的心理在某种特殊情形下产生了迷惑同疑难,乃是使人的心理内部,产生一种普遍的病理状态"。① 当这种普遍的"病理状态"长期控制教师的判断,教师就会被各种偏见所左右,并把偏见当做常态,就会对教育产生巨大的危害而不自知。

而对于教育这个事关灵魂和人格的活动而言,一旦犯错,就会对灵魂的健康造成终身都难以抹掉的伤害,正如洛克在《教育漫话》中所言,"教育上的错误比别的错误更不可轻犯。教育上的错误正和错配了药一样,第一次弄错了,决不能借第二次、第三次补救,它们的影是终身洗刷不掉的"。② 因此,教师就不可不时常检查自己是否可能犯错,最为紧要者,就是要着力对扰乱自己内心的"假相",不断进行反思、分析和批判,从根源上剔除造成自己在教育上犯错的罪魁祸首。

当然,培根提出的假象学说也有另外的理解。假象在培根看来是彻底的认识障碍,完全是消极意义上的理解,进而要求人们剔除一切先见。伽达默尔则提出了和培根完全不同的理解,他把培根所说的假象看作是人的一种先见,并认为先见是主体的一种存在状态,是任何个人都无法选择的,个人永远无法摆脱其先见。先见也并非如培根所言完全是消极的,而是具有消极和积极两方面功能,"前见(Vorurteile)其实并不意味着一种错误的判断。它的概念包括它可以具有肯定的和否定的价值"。③ 而伽达默尔更强调先见的积极意义,认为先见是一切认识的前提条件,先见更多地具有积极意义,而不是消极意义。

伽达默尔对作为先见的假象的理解,对教师而言意味着,教师必须承认学生是为其先见所支配和控制,因为教师不承认学生先见的支配作用,就将看不到先见的光芒所能显示的一切。这要求教师对学生的先见不能青红皂白

---

① [英]培根. 崇学论[M]. 关琪桐译. 北京:商务印书馆,1938:169.
② [英]约翰·洛克. 教育漫话[M] 傅任敢译. 北京:教育科学出版社,1999:2.
③ [德]伽达默尔. 真理与方法[M] 洪汉鼎译. 上海:上海译文出版社,1992:347.

不分，一股脑儿地视为学生认识的异己力量而加以剔除，而应当看作是学生的一种固有的存在状态，这状态恰恰是对学生进行教育的出发点。

教师只有尊重、了解和研究学生，才能很好地理解并掌握学生的先见，并从学生的不同先见出发去帮助学生发展，先见是学生发展的基础，在某种意义上说，学生的发展就是（积极意义）先见的发展。教师即使是要清除学生的消极先见，先了解这些消极先见，也是涤除和排掉这些先见的前提。

三、教师的类型：蚂蚁、蜘蛛和蜜蜂

蚂蚁、蜘蛛和蜜蜂是培根在《新工具》一书中提出的著名譬喻，用以说明深奥的哲学任务问题："历来处理科学的人，不是实验家，就是教条者。实验家像蚂蚁，只会采集和使用；推论家像蜘蛛，只凭自己的材料来织成丝网。而蜜蜂却是采取中道的，它在庭园里和田野里从花朵中采集材料，而用自己的能力加以变化和消化。哲学的真正任务就正是这样，它既非完全或主要依靠心的能力，也非只把从自然历史和机械实验收来的材料原封不动、囫囵吞枣地累置于记忆当中，而是把它们变化过和消化过而放置在理解力之中。这样看来，要把这两种机能，即实验的和理性的这两种机能，更紧密地和更精纯地结合起来（这是迄今还未收到的），我们就可以有很多的希望。"[①] 培根用蚂蚁、蜘蛛和蜜蜂的比喻，形象地说明了三种不同类型的人如何进行研究。从教师的角度思考，培根的譬喻其实也映射出了三种不同类型的教师：蚂蚁型教师、蜘蛛型教师和蜜蜂型教师。

蚂蚁型教师是勤劳的搬运工，即是说这类教师像蚂蚁一样，只会不知疲倦、忙忙碌碌地从外面搜集和搬运知识材料，而不能从这些知识材料中获得任何见解和主见，搜集和搬运是这类教师存在的全部意义。蚂蚁型教师将自己的视野囿于书本材料，不能融会贯通，只在囫囵吞枣，不对知识材料进行思考，更不会利用知识材料进行创造。

---

① ［英］培根. 新工具［M］. 许宝骙译. 北京：商务印书馆，1986：75.

蚂蚁型教师的最大特点是机械性和缺乏创造性，教师看似很辛劳勤快，但却只是在盲目地、机械地搬运那些现成的、别人的东西，而并没有自己的归纳、总结、吸收和创造，教师实质上就是一种简单的运输工具，其结果就像翻开蚂蚁洞，看到的只能是一堆混乱堆积的粮食粒。这类教师犹如丹麦天文学家第谷·布拉赫（Tycho Brahe）的遗憾一般，他三十年如一日，观测记录了750颗恒星位置的变化，苦心积累，搜集了大量资料，但他只醉心于搜集，忽视了创造性的吸收加工，最终没有从这大量的材料中发现任何有价值的东西，恰如恩格斯所说：当真理碰到鼻尖的时候，还是没有得到真理。第谷的学生开普勒，对老师搜集来的大量材料进行精细地分析、总结、提炼，最终利用老师的搜集，创造性地揭示出了行星运动的三大定律。

蚂蚁型教师单只搬运，是丧失了教师自我的主体性的教师。没有自我主体性的搬运工教师，只知道把教材和教参上现成的知识点，原样照搬到课堂，很少经过深度的自我创造性加工，教师只是蚂蚁般的知识搬运工。没有自我主体性的搬运工教师，只知道去搬运别人技巧性的先进经验，其结果是搬了一个又一个先进经验，唯独缺少自我的思考和分析，最终不过只能落得个邯郸学步、东施效颦的效果。

蚂蚁型教师是忽视学生主体性的教师，他送给学生的只是搬运过来的死的条条框框的知识，学生只需要对这些知识进行简单的记忆，学生对知识的系统化理解、吸收、消化、加工和创新能力被放逐，学生成了对孤立、零散知识点简单复印的机器。

蜘蛛型教师是抽丝工，整天忙于吐丝织网，只知道从自己肚子里向外"吐"，而毫不关心如何从外向内"取"。蜘蛛型教师只知道闭门造车，关起门来苦思冥想，妄图依凭自我孤陋寡闻和脱离实际的理解和思考，"创造"自己对教育教学的"独特"见解，并以此指导自己的教学。

蜘蛛型教师不学习，不研究，不读书，缺乏对外界新知识汲取的兴趣，对日新月异的知识信息更迭更是置若罔闻。这种类型的教师习惯于因循守旧，墨守成规，过分推崇自我的落后肤浅经验，以陈腐的知识为依据，教育教学

99

固步自封，一派死气沉沉。这种类型的教师总是按照习以为常的旧思路进行教育教学，全凭自我的纯粹想当然和主观臆断行事，陶醉在自己结出的网中沾沾自喜，以夜郎自大的心态对待出现的教育教学新事物。

蜜蜂型教师像蜜蜂酿蜜一般，致力于博采众长，他们不辞辛苦地不断从外界广泛搜集材料，获得知识。然后着力于用自己的力量"消化"这些搜集到的材料和知识，把杂乱、简单的材料和知识，内化为自我的认识，最终酿造成甘甜的蜂蜜。

蜜蜂型教师集搜集、吸收和创造为一体，他们既进行繁忙和辛勤的搜集，又努力对这些搜集，经过自己的一番去粗取精、去伪存真的整理、鉴别和分析，择其精华，去其糟粕。进而加以消化和吸收，使自己的头脑不被一堆无用的垃圾塞满，最终形成属于自己的创造性的观点。

蜜蜂型教师是将学习、思考与勤奋融为一体的教师。学习是这类教师的基本生活状态，对他们来说，学习正如古希腊政治家梭伦所言"活到老学到老"，"生命不止，学习不止"是这类教师坚信的理念。学而不思则罔，这类教师是勤于和善于思考的人，思考是他们本能快乐的需要，犹如拉法格回忆马克思时所言：思考是他至上的乐事，他的整个身体都为头脑牺牲了。

教育是一项艰苦复杂的劳动，需要教师长期坚持不懈地学习、探索和追求。勤奋是蜜蜂型教师的座右铭，他们从不满足于现状，从不敢有丝毫懈怠，他们始终保持不断努力、不断追求、自强不息、锐意进取、永不满足于现状的精神。他们以自己的勤劳，不断"酿出"知识之"蜜"、方法之"蜜"、情感之"蜜"、思想之"蜜"和人生之"蜜"，并无私地奉献给心爱的学生。

对于三种类型的教师，正如我国著名作家老舍所说：我们不能学习蚂蚁，单只搬运；也不应学习蜘蛛，只知道从肚中抽丝；我们应学蜜蜂，既采集，又酿蜜，采集许多花，精心酿出甜美的蜂蜜。

四、教师：知识就是力量

"知识就是力量"是培根家喻户晓的名言，现实中它已经成为激励人们去掌握知识的公共座右铭。然而对于培根的论述中，"知识就是力量"这句话的确切表述到底出自哪里，是存有争议的。

一般认为，"知识就是力量"的表述，是人们从培根《新工具》一书中所说的两句话概括提炼而成："人类知识和人类权力归于一"，[①]"通向人类权力和通向人类知识的两条路途是紧相邻接，并且几乎合而为一"。[②] 这两句话与"知识就是力量"的说法非常接近，但却不能说明，培根确切地提过"知识就是力量"这句话。

另外，英国著名哲学家罗素（B. Russell）在其名著《西方哲学史》中曾写道："培根的最重要的著作《崇学论》在许多点上带显著的近代色彩。一般认为他是'知识就是力量'这句格言的创造者，虽然以前讲过同样话的也许还有人在，他却从新的着重点来讲这格言。"[③] 不过，《崇学论》中的表述和《新工具》中的表达一样，很多提法与"知识就是力量"类似，但却并非培根这句名言的确切表述。

事实上，培根"知识就是力量"的确切表述并不在《崇学论》和《新工具》两书中，而是出自培根另一部鲜为人知的文集《宗教沉思录》中。在《宗教沉思录》第十一章"论异端"中，培根清晰而明确地指出了"知识就是力量"这句话，它的英文表述是"for knowledge itself is power"。令人感到意外的是，"知识就是力量"在原文语境中，只是被悬置在括号内的一句十分不起眼的过渡性语句，即"or rather to that part of God's power (for knowledge itself is power) whereby he knows, than to that whereby he works and acts"。[④]

---

① ［英］培根. 新工具［M］. 许宝骙译. 北京：商务印书馆，1986：8.
② ［英］培根. 新工具［M］. 许宝骙译. 北京：商务印书馆，1986：108.
③ ［英］罗素. 西方哲学史（下卷）［M］. 范扬，张企泰译. 北京：商务印书馆，1982：62.
④ 周林东. 培根名言"知识就是力量"三解［J］. 复旦学报（社会科学版），2007（5）：40—41.

101

在培根所提出的"知识就是力量"这句话中,"知识"主要是指自然科学知识,培根的意思是说,人们通过知识可以获取驾驭自然的伟大力量。由于教师的对象是人,而不是自然,如此,自然科学知识对教师而言并不一定就意味着是力量。

但"知识就是力量"对教师来说,仍是至理名言,具有重要的启发价值,即教师要获得力量,就必须掌握知识。问题是,对教师而言,什么知识才有力量呢?

课堂教学是教师职业生涯须臾不可离开的重要部分,对课堂教学而言,什么知识最有力量?课堂教学中的知识是否有力量,取决于三个条件:知识是丰富的而不是单调的;知识是有用的而不是无用的;知识是有趣的而不是无趣的。简言之,若知识是丰富的、有用的、有趣的,那么,"知识就是力量"。①

不过,教育作为一项极其复杂的活动,它决定了教师应具有的知识也是复杂的。教师要从知识中获得力量,就必须掌握这些复杂的知识。那么,教师究竟应掌握哪些知识呢?

这并不是一个简单的问题。美国著名教师知识研究学者舒尔曼(Shulman)提出,教师知识应包括七个方面:② 1. 学科知识,包括内容知识,如具体的概念和规则;实体知识,如学科内的范式;句法知识,如学科内部间的联系。2. 学科教学法知识,指为了促进学生理解,而能够有效地表征学科知识,诸如类比、图示、演示和解释等方法。3. 课程知识,指要掌握的教材、教学媒体和教学计划等。4. 一般教学法知识,指超越于学科之上,普遍适用于各个学科教与学的原则和技能,包括如何激发学生学习动机,如何有效管理课堂,如何设计与实施测验的知识等。5. 学习者的知识,包括学

---

① 刘良华. 什么知识最有力量 [J]. 全球教育展望,2004 (10):14.

② LS SHULMAN. Knowledge and teaching: Foundations of the new reform [J]. Harvard Educational Review,1987,57 (1):1—22.

习者的特征和认知，学习者的个体发展和个体差异等方面的知识。6. 教育环境的知识，包括小组或班级的活动状况，社区与地域文化的特点等知识。7. 教育的宗旨、目的、目标和价值的知识。

在上述知识中，舒尔曼特别强调了学科教学法知识的重要性，因为教师懂得所教学科的知识是一回事，而如何将学科知识按照儿童易理解的方式进行展示，以适合儿童思维与学习的特点，对学科知识重新进行表征，则是另一回事。总之，舒尔曼认为，教师掌握这种知识对教师成长成为专家型教师至为关键。

舒尔曼提出的教师知识结构，代表了教师应掌握知识的一种倾向，即内容知识倾向。此外，还有一种对教师而言非常重要的知识，即实践性知识。施瓦布（Sehwab）是教师实践性知识研究的首倡者，他认为教师实践性知识是教师从多元视角深入思考教育事件，或在教育实践中作出决策时，综合多样理论与方法的技法。埃尔贝兹（F. Elbaz）是另一位非常重视教师实践性知识的研究者，她指出教师实践知识"突出了教师情境的行动和决策取向的属性，并在一定程度上，将教师知识理解为教师对该情境反映的一个函数"。[①] 显然，教师实践性知识强调的是，随着具体教育教学情景而变化的知识，有两个突出特点：一是变化性，教师实践性知识不是静态的知识，而是动态的知识，是不断发展变化着的知识；二是情景性，教师实践性知识是教师对其工作的具体环境进行回应的知识，教师工作环境不同，教师回应的方式不同，教师实践性知识就不同。

此外，对教师知识进行综合，可以把教师的知识分为四个方面结构内容，即本体性知识、条件性知识、实践性知识和文化知识。[②] 本体性知识是教师所

---

① Elbaz, F. *Teacher Thinking: A Study of Practical Knowledge*. [M]. London: Croom Helm. 1983: 5.
② 辛涛、申继亮、林崇德. 从教师的知识结构看师范教育的改革 [J]. 高等师范教育研究，1999（6）：12—14.

具有的特定的学科知识，如语文知识、数学知识等，教师扎实的本体性知识是其取得良好教学效果的基本保证。条件性知识是教师所具有的教育学与心理学知识，条件性知识是教师成功教学的重要保障。实践性知识是教师在面临实现有目的的行为中，所具有的课堂情景知识以及与之相关的知识，这种知识是教师教学经验的积累。除上述三种知识外，教师的文化知识也很重要，因为学生的全面发展，在一定程度上取决于教师文化知识的广泛性和深刻性，教师只有具备了广博的文化知识，才能把学生引向未来的人生之路。

可以看出，教师应具有的知识是广博而复杂的，教师要有力量，就要掌握这些与其教育教学生活密不可分的知识，这对教师而言是一项艰巨的任务。那么，教师掌握了这些知识，是否就真的有力量了？答案是否定的。事实上，知识就是力量对教师而言，有两层意涵，一是什么知识有力量，即教师应掌握什么知识，二是教师能否将知识内化并得到良好的应用。

教师掌握了应具备的知识，并不意味着这些知识就真的能成为力量。教师所掌握的知识必须经过内化，上升到属于教师自己的知识时，即知识需要教师以自己的观点和方法进行内化，进而成为自己所确信、坚持的独特的知识时，才可能成为力量。教师自己的知识真的显示出力量，最重要的环节就是将这些知识进行正确地应用，在教育教学实践中真正发挥良好的作用，对教育教学现实产生有效的改变，才可以说，知识就是力量。

第六章　夸美纽斯：教师要有不断学习的精神

> 夸美纽斯与教育实践及思想的关系犹如彼特拉克与文艺复兴、威克利夫与宗教思想、哥白尼与现代科学，以及培根和笛卡尔与现代哲学的关系。几乎所有18及19世纪教育理论的萌芽均可在他的著作中发现。①
>
> ——克伯雷

一、夸美纽斯生平

夸美纽斯（John Amos Comenius，1592—1670）是世界著名教育家，西方近代教育理论的重要奠基者。

夸美纽斯生活的时代是一个需要巨人产生的时代，恩格斯在谈到这个时代的时候曾指出："这是一次人类从来没有经历过的最伟大的、进步的变革，是一个需要巨人而且产生了巨人——在思维能力、热情和性格方面，在多才多艺和学识渊博方面的巨人的时代。"② 时势造英雄，时代需要有学识渊博的巨人出现，夸美纽斯就是这样一位顺应时代需求而出现的教育巨人。

夸美纽斯作为一代教育巨擘，对人类的教育思想和实践做出了卓越的贡

---

① E. P. Cubberlcy，The History of Education，415. 转引自：吴式颖，任钟印. 外国教育思想通史（第五卷）[M]. 长沙：湖南教育出版社，2000：302.
② [德]恩格斯. 马克思恩格斯选集（第三卷）[M]. 北京：人民出版社，1972：445.

献，是一个真正的教育家。洛顿和戈登劳顿（Denis Lawton and Peter Gordon）在《西方教育思想史》一书中，称夸美纽斯是"在很多方面，他领先于他的时代"的教育家。凯挺格（M. W. Kcatinge）在评论夸美纽斯时曾称誉道："就其思想之深邃，见识之卓越，涉及领域之广泛乃至实践经验之丰富及其理论的可行性而言，在所有撰述教育论著的作者中均是无与伦比的。"[①]前苏联教育家米定斯基在评价夸美纽斯时不无感叹地指出："夸美纽斯的体系是后期中世纪教育思想的最高成就。夸美纽斯天才地概括了当时教育理论和实践中的一切进步要素，向前推进了教育学，并奠定了新教育学尤其是新教授法的基础。"[②]英国著名教育史家博伊德和金也对夸美纽斯的伟大的教育创造力赞不绝口："最伟大的夸美纽斯本人，这位使方法条理化的人，直到今天仍然具有生命力；这不是因为他的教学法（固然它本身有其真正价值），而是因为他在探求方法时，提出了更为广泛的问题，并发展起一种具有永久价值的教育哲学。在这一方面，他是独一无二的。"[③]将自己一生忠诚地献给自己最热爱的教育事业的夸美纽斯，完全配得上后人们给予他的所有赞美和称誉。

1592年，夸美纽斯出生于斯洛伐克边界摩拉维亚（Moravia）南部尼夫尼斯（Nivnilz）的一个小村落里，是捷克兄弟会成员之家。夸美纽斯的父亲是一位磨坊主，也是捷克新教教派"捷克兄弟会"中一位颇受尊敬的成员。1604年，夸美纽斯12岁时，遭受到了人生第一次重大打击，他的父母离开了人世，他两位姐姐也相继夭亡。夸美纽斯成了孤儿，被寄养在姨妈家。直到1608年，16岁的夸美纽斯在捷克兄弟会的资助下，进入普列罗夫市的拉丁文法学校学习。

---

① 吴式颖，任钟印. 外国教育思想通史（第五卷）[M]. 长沙：湖南教育出版社，2000：301—302.

② [俄] 米定斯基. 世界教育史 [M]. 叶文雄译. 北京：生活·读书·新知三联书店，1950：167.

③ [英] 威廉·博伊德，埃德蒙·金. 西方教育史 [M]. 仁宝祥，吴元训译. 北京：人民教育出版社，1986：239—240.

三年后的 1611 年，19 岁的夸美纽斯从拉丁文法学校毕业，还是在兄弟会的资助下，进入到盛行加尔文派思潮（和兄弟会宗教观点相似的思潮）的德国的赫波恩大学学习哲学和神学。在赫波恩大学学习期间，夸美纽斯系统研读了柏拉图、亚里士多德、西塞罗、塞涅卡等古代思想家的著作，接触人文主义者的书籍，逐渐形成了哲学感觉论立场，他在这个时期提出了他那个众所周知的哲学感觉论论断：头脑里的一切没有不起源于感觉的。

夸美纽斯在大学时期，开始产生了用捷克语编纂一部百科全书的想法。另一件值得一提的事情是，夸美纽斯在大学期间养成了写读书笔记的习惯，他对于所读过的书，都认真地做了笔记和札记，将自己的观点和见解记录在作者的旁边，这些笔记都是用捷克语所写，后来这些笔记经整理，成为夸美纽斯重要著作的一部分。

1613 年，夸美纽斯在欧洲各地进行了短暂的旅行，并访问了文化名城阿姆斯特丹，旅行归来，又转入海德堡大学学习。不过，糟糕的健康状况迫使夸美纽斯中断学业，到异地进行疗养。

1614 年，22 岁的夸美纽斯回到了阔别已久的祖国和故乡，担任了他的母校普列罗夫拉丁文法学校的校长。1618 年，夸美纽斯被调到波西米亚的富尔涅克城任兄弟会学校校长，同时兼任牧师。也就是在 1618 年，欧洲三十年战争（1618—1648）爆发，这是一场宗教战争，是以天主教会为代表的宗教力量，同信仰新教的力量进行的战争。三十年战争首先在捷克燃烧，作为新教成员的夸美纽斯，被这场战争彻底改变了人生的轨迹，他为了躲避战争的迫害，不得不四处流亡。夸美纽斯的大量藏书和手稿也在战争中被焚烧。1622 年，战争所带来的瘟疫又夺去了夸美纽斯的妻子和两个孩子的生命。

1627 年，德皇颁布了迫害新教徒的命令，要求捷克人民必须公开信奉天主教，否则要被流放国外。1628 年，夸美纽斯同三万多兄弟会家庭离开自己的祖国，被迫迁到波兰的黎撒（Lissa）城避难。在黎撒城，夸美纽斯一呆就是十三年（1628—1640），先后成为了兄弟会学校的校长和兄弟会长老，主要从事教育教学工作和读书写作。

在黎撒城期间，夸美纽斯愈加清晰的认识到，发展学校教育是捷克复兴和捷克人民获得福利的惟一希望之路。他为此大量研读了在当时能够找到的教育著作，并写作完成了许多赢得世界声誉的教育著作。《大教学论》是夸美纽斯的代表性著作，于1632年最终完成，但该书的手稿直到1841年，才由耶·普尔金在黎撒发现，1849年才在布拉格发行捷克文第一版。1628年，夸美纽斯还完成了他关于学前教育的著作《母育学校》，这是人类历史上首部详细论述6岁以下儿童的教育大纲。

1631年，夸美纽斯出版了《语言和科学入门》一书，这本书出版后的流行程度，大大超出了夸美纽斯的想象，"这部书以惊人的速度在西欧各国广泛流行，以致夸美纽斯无法控制各种版本的发行。此外，它也被译成各种东方文字。据贝尔·拜里的意见，'假使夸美纽斯一生仅仅出版了这一部书，他就已经可以不朽了'。在17世纪和18世纪，几乎所有国家都采用《语言和科学入门》为课本"。[1] 正是《语言和科学入门》一书在世界范围内的流行，使夸美纽斯获得了世界性的声誉。

泛智论是夸美纽斯研究思考的重要领域。1641年，夸美纽斯应英国国会之邀到伦敦，主持"泛智论"学术委员会，但英国的内战打乱了夸美纽斯的计划。他不得不离开英国，奔赴瑞典，从事拉丁语教学问题的研究。

几年后，夸美纽斯应邀到匈牙利，宣传其泛智教育思想。在匈牙利期间，夸美纽斯撰写了百科全书式的儿童启蒙教材《世界图解》，这部被称为"儿童插图书的始祖"的著作，一经出版就引起了人们的广泛关注，"夸美纽斯的'世界图解'是一部罕见的书，它在世界各国迅速销行。继1658年纽伦堡出版之后，1659，1662，1663，1666，1669年以及以后又发行过多次。……这

---

[1] [俄] 阿·阿克·腊斯诺夫斯基. 夸美纽斯的生平和教育学说 [M]. 杨岂深等译. 北京：人民教育出版社，1957：49.

部书在短期内迅速在欧洲许多国家一再翻印,一直继续到我们这时代"。①1650 年,夸美纽斯被推举为捷克兄弟会的主教。1654 年,他重返黎撒,后来黎撒城毁于波兰和瑞典的战争,夸美纽斯又被迫迁居荷兰的阿姆斯特丹,直至逝世。

1668 年,夸美纽斯已经 77 岁高龄,他的身体健康出了问题,他深感自己在人世间的时日已经不多了,写了他临终前的绝笔之作《唯一的必要》,这是一部自传性的著作。

1670 年,夸美纽斯与这个世界诀别的日子即将到来,在总结自己的一生时,夸美纽斯为自己能够克服种种艰难,不畏颠沛流离生活所困,一直为追求成为一个"追求理想的人"充满了自豪,他说:"我整个一生不是在祖国,而是在流浪中度过的,我的住处时时变动,没有一个地方我永久住过。"②

1670 年 11 月 15 日,夸美纽斯这位杰出的教育家在荷兰阿姆斯特丹与世长辞。夸美纽斯已经离去,尽管他生前曾遭遇落魄、质疑和反对,然而在后世,他的精神却从躯体中散布开来,征服着广大的世界。

让我们记住夸美纽斯那发人深省的座右铭吧:积极的生活才真是生活,懒怠的生活则是一个人的坟墓。

二、 夸美纽斯的教师素质观

教师要具备什么样的素质才能成为优秀的教师?这是夸美纽斯一直思考,并着重探讨的一个基本问题。为此,夸美纽斯根据自己的教育实践,提出了优秀教师应具备一些重要素质。

夸美纽斯认为,作为教师必须要有学问,必须要有不断学习的精神,这样才可能达到自己的教育目的,教师"要精力旺盛,不停地学,集中注意力,

---

① [俄]阿·阿克·腊斯诺夫斯基. 夸美纽斯的生平和教育学说 [M]. 杨岂深等译. 北京:人民教育出版社,1957:87.

② [俄]阿·阿克·腊斯诺夫斯基. 夸美纽斯的生平和教育学说 [M]. 杨岂深等译. 北京:人民教育出版社,1957:106.

周身都在活动，并且只有不断地进取，才能达到自己的目的"。① 在教育过程中，教师作为知识的传授者，在教学中居于主导地位，这要求教师教人必先教己，使自己成为有学问的人，"学生之所以憎恶学问，原因是在教员自己身上"，② 倘若一个教师自己都对学问没有兴趣，自己都不愿意学习知识，那又怎么能让自己的学生去热爱和追求学问呢？

正是在这个意义上，夸美纽斯才断言，学生之无学，根本在教师之无学。基于此，夸美纽斯又郑重地指出："一个做教师的人在传授受教者知识以前，必须使受教者渴于求得知识，能够接受教导，因而准备接受多方面的教育"，③ 只有具备渴于求知素质的教师，只有教师自己首先拥有执着于学问的品格，才能真正激发学生渴于求知的热情。可见，教师有学问是保证学生能更好求知的前提，知识素质对教师而言是多么重要。

教师要面向每一个学生，对每一个学生都充满信心。在夸美纽斯看来，任何一个孩子都是可以教育成才的，教师不能放弃任何一个孩子，"反对的人说，不是每一块木头都可以雕成一个麦叩利神的。我的答复是：只要没有完全败坏，每一个人都是可以成为一个人的"。④ 这就要求教师要耐心面对各种各样的学生，无论是愚蠢的还是聪明的。

教师要对愚钝的学生进行教育，这是因为"任何人的心性愈是迟钝孱弱，他便愈加需要帮助，使他能尽量摆脱粗犷和愚蠢。世上找不出一个人的智性孱弱到了不能用教化去改进的地步"，⑤ "愚蠢的人需要受教导，好使他们摆脱本性中的愚蠢，这是无人怀疑的"。⑥ 教师更需要对聪明的人进行教育，这是因为"其实聪明人更需要受教育，因为一个活泼的心理如果不去从事有用的

---

① 任钟印. 夸美纽斯教育论著选［M］. 北京：人民教育出版社，1990：402.
② ［捷克］夸美纽斯. 大教学论［M］. 傅任敢译. 北京：教育科学出版社，1985：69.
③ ［捷克］夸美纽斯. 大教学论［M］. 傅任敢译. 北京：教育科学出版社，1999：81.
④ ［捷克］夸美纽斯. 大教学论［M］. 傅任敢译. 北京：教育科学出版社，1985：67.
⑤ ［捷克］夸美纽斯. 大教学论［M］. 傅任敢译. 北京：教育科学出版社，1985：52.
⑥ ［捷克］夸美纽斯. 大教学论［M］. 傅任敢译. 北京：教育科学出版社，1985：42.

事情，它便会从事无用的、稀奇的、有害的事情；正如田地愈肥沃，蒺藜便愈茂盛一样"。① 无论是聪明还是愚钝，每一个孩子都是可教的，虽然每个孩子存在着明显的个体差异。但正是由于有教师的存在，正是由于教师在孩子的教育中起着重要作用，才使这些才智存在巨大差异的孩子的教育成为可能。既然教师在孩子的教育中有如此重要的作用，教师心存对每个孩子都能教育好的信心和勇气，对孩子的教育就具有决定性意义。

作为教师，要能够成为学生学习的榜样。榜样总能够给学生最直接的模仿，对学生产生的作用也最大，所以教师就"应当经常把他们应该模仿的行为的榜样给予他们，应当把自己当做一个活生生的榜样。除非他能这样做，否则他的一切工作都将是白费"。② 在学生的学习过程中，教师的榜样对学生是具有决定性的力量，一个教师除非能够成为学生心悦诚服的榜样，是无法对学生有什么真正影响力的，教师的所有教诲和努力，也将会完全付诸东流。

教师要具有打通学生心灵的教育方法的素质。夸美纽斯对教育中的暴力十分反感，他坚决反对教师对学生使用暴力，暴力不仅是一种恶劣的非教育手段，更体现的是教师教育素养的低下。对此夸美纽斯指出："假如我们的技巧不能把印象印在悟性上面，我们的教鞭是不会发生效力的。事实上，施用任何强力的结果，我们反而只能使人厌恶学问，不能使人爱好学问。所以，我们每逢看见有人心灵受了病，不爱用功，我们就当用温和的疗法去除掉它的毛病，绝对不可采用粗暴的方法"。③ 教师对于学生的错误，应当通过心灵的影响，而不是外在身体的惩罚来纠正。

对学生心灵的影响只能通过温和的方法，而不是暴力的手段。暴力的方法只能使心灵伤害更重，"我们要把爱好学问之心灌输到学生的心灵中，应当采取这种熟练与同情的方法，其他别的作法都只能使他们的惰性变成嫌恶，

---

① ［捷克］夸美纽斯. 大教学论［M］. 傅任敢译. 北京：教育科学出版社，1985：42.
② ［捷克］夸美纽斯. 大教学论［M］. 傅任敢译. 北京：教育科学出版社，1985：217.
③ ［捷克］夸美纽斯. 大教学论［M］. 傅任敢译. 北京：教育科学出版社，1985：216.

兴趣索然变成全然愚笨而已"，① 心灵的影响最忌讳强制性的暴力，那只会带来相反的结果，走向教师所期望效果的反面。

教师要掌握教育教学的方法和技巧。夸美纽斯十分强调教师对教育教学技巧的掌握，他明确指出："教师应该知道一切可以使悟性变锐敏的方法，应当熟练地应用那些方法。"② 在夸美纽斯看来，教师要掌握的方法不是个别的，而是"一切"的，这就要求教师要不断地学习新的教育方法，并在教育教学实践中应用这些方法。唯有如此，方能尽可能地使学生的悟性变敏锐。

在具体方面，夸美纽斯特别指出了教师掌握知识学习方法的重要性，"有些教员在这一点上犯了错误，他们不对他们所教的孩子把学科彻底讲解清楚，却无止无休地要他们默写，要他们死记硬背。即使其中有人愿意讲清楚教材，也不知道怎样去讲清楚，就是说，不知道怎样去照料知识的根芽，不知道怎样进行知识的接穗。他们这样把学生弄得精疲力竭，就像一个想要在树上切一个切口的人一样，不去用刀，却用一根棍棒或者一个木槌去代替"。③ 可以看出，夸美纽斯坚决反对知识学习中机械的无休止的练习，这样的教学只能使我们的课堂成为学生浪费时间和宝贵的生命的所在。恰恰相反，夸美纽斯主张教师要掌握传授知识的方法和技巧，要懂得照料知识的根芽，要懂得给知识进行接穗。

三、夸美纽斯的教师培养观

教师该不该专门来培养，该由谁来培养，是与教师职业的地位密切相关的。

在西方，自古以来，虽然有长者、智者和思想者等受人尊敬的人做教师，但总的来看，教师的地位和身份并不高，尤其是当儿童教师者，则更是地位

---

① [捷克] 夸美纽斯. 大教学论 [M]. 傅任敢译. 北京：教育科学出版社，1985：216.
② [捷克] 夸美纽斯. 大教学论 [M]. 傅任敢译. 北京：教育科学出版社，1985：99.
③ [捷克] 夸美纽斯. 大教学论 [M]. 傅任敢译. 北京：教育科学出版社，1985：98.

十分低下。古希腊柏拉图曾充满鄙夷地将作为教师的智者称为"批发或零售精神食粮的商人",古希腊人甚至认为:"如果没有医生,就没有比学校教师更大的傻瓜了。"① 古罗马,教师也是受人鄙视的一种职业,古罗马著名政治家、哲学家塞涅卡(Seneca)曾对这种现象不无感叹地说:"这种习俗简直让人难以接受,学习是令人尊敬的,可教学却被认为是可耻的。"② 事实正如塞涅卡所言,在古罗马没人瞧得起教师的职业,古罗马文学家西塞罗(M. T. Cicero)认为,自由职业之下的都是卑贱的职业,教师是属于卑贱的职业,不适合上层人士去做。历史学家塔西佗(P. C Tacitus)认为,教师应是奴隶该从事的职业。著名诗人马提雅尔(Martial)曾经非常郑重地劝诫一对夫妇:"让你的儿子做拍卖商人或建筑师也不能做教师。"③ 在中世纪,主要是低层次的教士在各个地区的学校中,给平民子女教授简单的读写算和传播基督教义。

教师地位低下的状况到了夸美纽斯时代,并没有发生根本的改变。担负教师职责的人,主要是低层次的牧师、地方教堂的看守、裁缝、鞋匠或退伍士兵,他们文化水平不高,素质相当低下。教师如此地遭人看不起,至于对教师进行专业的培训,或有专门培训教师的学校,那就是一件不可思议的事。

夸美纽斯对当时教师职业地位之低下倍感忧心,他赋予了教师职业极高的地位,"夸美纽斯对教师赋予极大的意义,认为教师的职务是光荣的,'太阳底下没有再优越的'职务"。④ 夸美纽斯之所以提出教师是太阳底下最光辉的职业这一动人的口号,是与他的泛智论分不开的。

夸美纽斯终身致力于把一切事物教给一切人类的泛智教育,并得到了欧洲多个国家的响应,许多国家也随之建立了许多初等学校。而且,随着夸美

---

① Aubrey Gwynn, Roman Education from Cicero to Quintilian, 136.
② Seneca, Controversiae, praef. 5.
③ Matial, Epigrams, V, 56.
④ [俄] 米定斯基. 世界教育史 [M]. 叶文雄译. 北京:生活·读书·新知三联书店,1950:159.

纽斯对班级授课制的论述，班级授课制对教师也提出了更高的要求，一个教师"可同时教几百个学生"，① 这种把众多的儿童集中起来，实施班级授课对教师来讲并非易事。在这种情况下，就需要有大批德才兼备素质较高的初等学校教师。但现实情况却令夸美纽斯十分揪心，"我们非常缺乏有方法的，能主持公立学校并能产生我们所希望结果的教师"。② 由此，就需要对教师进行专业培训，使教师迅速成长成为学校所需要的合格教师。

夸美纽斯立即对时代发展要求教师培训的需要作出了反应。他一方面主张建立教师培训学校，对教师进行专业培训，夸美纽斯指出："至于世上任何地方倘能设立一个学校之学校或教学法学院，那种好处是无待指陈的。"③ 夸美纽斯并进一步指出了教师培训学校和其他学校的关系，"这个全免的学院与其他学校的关系跟腹部与身体其他部分的关系是一样的；因为它是一种工场，是向全体供给血液、生命与力量的"，④ 即是说培养教师的学校是源泉，是为其他学校提供教师的源泉。

另一方面，夸美纽斯又特别指出，培养教师应成为大学的主要任务之一。也就是说，教师的培养是精英式的培养，正如培养学者或领袖人物一般，教师再也不是社会底层之人从事的职业，这样夸美纽斯就把教师提到了很高的地位。

夸美纽斯提出对教师在专门的学校或学院进行培养，可谓是开近代师范教育的滥觞之举，其卓越的远见和深刻的洞察力，着实令人叹服。夸美纽斯的师范教育思想对师范教育走向实践产生了巨大影响，就在半个世纪之后的1672年，基督教兄弟会神父德米阿（Demia）实现了夸美纽斯的师范教育设想，他在法国里昂建立了欧洲近代第一所教师培训学校。

---

① ［捷克］夸美纽斯. 大教学论［M］. 傅任敢译. 北京：教育科学出版社，1985：134.
② ［捷克］夸美纽斯. 大教学论［M］. 傅任敢译. 北京：教育科学出版社，1985：254.
③ ［捷克］夸美纽斯. 大教学论［M］. 傅任敢译. 北京：教育科学出版社，1985：246.
④ ［捷克］夸美纽斯. 大教学论［M］. 傅任敢译. 北京：教育科学出版社，1985：247.

四、夸美纽斯的教师教学观

教学是教师的主要工作,能否上好课是衡量教师教育水平的重要标志。教学也自然成为夸美纽斯关注的焦点,教师如何才能达到教学优异,夸美纽斯提出了一系列独到的观点和看法。

(一)教师教学的原则。

教师从事教学必须遵循一定的准则、标准或规范,即教学原则。夸美纽斯结合自己的教育教学经验,提出了教师要遵循的重要教学原则:身体劳逸结合的原则、直观性原则、彻底性原则、便易性原则和确切性原则。

夸美纽斯认为,教师教学首其要者是重视学生身体劳逸结合的原则。身体在教学中处于何种地位?在夸美纽斯之前的中世纪,基督教教义把人的肉体看作是灵魂的监狱,在教学中身体是被极度贬低的。为了实现知识教学,可以随时对学生身体进行惩罚,如奥古斯丁所言:"要使儿童喜爱读书和努力学习,戒尺和皮鞭等惩罚工具是必需的。"[1] 夸美纽斯一反中世纪教学对身体的看法,十分重视身体在教学中的崇高地位,夸美纽斯甚至认为,好的教学应以身体为前提。

之所以如此,这与夸美纽斯对教育中身体与灵魂关系的看法有关。夸美纽斯指出:"身体不独是推理灵魂的住所。而且也是灵魂的工具,没有这个工具,灵魂便会听不见什么,看不见什么,说不出什么,做不成什么,甚至想都想不了什么。"[2] 身体是灵魂的家,没有身体,灵魂也就失去了寓所,成为无家可归者。所以在学校教学中,对学生身体要十分慎重,决不可使学生身体受到戕害,知识的获得不能以牺牲身体的发展为代价。正是在这个意义上,英国著名教育家斯宾塞才严厉地指出:"那些急于培养儿童心智而不顾他们身

---

[1] 单中惠. 西方教育思想史 [M]. 北京:教育科学出版社,2007:49.
[2] [捷克] 夸美纽斯. 大教学论 [M]. 傅任敢译. 北京:教育科学出版社,1985:86.

体的人,都忘了社会上的成就比较多地靠一个人的精力而比较少地靠他的知识。"① 因此,学校的教学组织要尽可能地使身体得到劳逸结合,这正是夸美纽斯对学校教学的主张:"良好的学校组织主要在于工作与休息分配得当,有赖于读书、松缓、紧张的间隙与娱乐的分配。"②

夸美纽斯认为,教师教学要把直观性原则放在最基础的位置,并把直观性原则当做教师教学的金科玉律:"我们由此可以为教师们找出一条金科玉律。在可能的范围以内,一切事物都应该尽量地放到感官跟前。一切看得见的东西都应该放到视官跟前,一切听得见的东西都应该放到听官的跟前。气味应该放到嗅官的跟前,尝得出和触得着的东西应当分别放到味官和触官的跟前。假如一件东西能够同时在几个感官上面留下印象,它便应当和几种感官去接触。"③ 在夸美纽斯看来,直观性原则之所以如此重要,是因为:第一,知识的开端永远都只能从感官而得来;第二,科学的真实性和准确性的证明,更多地依赖感官,这较之其他任何一切事项的证明都要多。第三,通过感官获得的知识,容易永远记住,"百闻不如一见"就是这个道理。

夸美纽斯认为,教师教学要坚持彻底性原则。在夸美纽斯看来,教师教学要使学生彻底懂得和明白,不能只让学生记住所学内容的外表,不能只是了解真知的影子。对于教师教学的彻底性,夸美纽斯明确指出:"我认为可以找出一种方法,使每个人的心里不仅能够明白他所学过的东西,而且更多都可以;因为他容易回忆一切从教师或从书本所学过的,同时,他又能对于他的知识所涉及的客观事实作出健全的判断。"④ 那么,教师如何贯彻教学的彻底性原则,夸美纽斯提出了一系列很好的建议。教师要注意把学生的基础打

---

① [英]赫·斯宾塞. 斯宾塞教育论著选[M]. 胡毅,王承绪译. 北京:人民教育出版社,2007:145.
② [捷克]夸美纽斯. 大教学论[M]. 傅任敢译. 北京:教育科学出版社,1985:88.
③ [捷克]夸美纽斯. 大教学论[M]. 傅任敢译. 北京:教育科学出版社,1985:156.
④ [捷克]夸美纽斯. 大教学论[M]. 傅任敢译. 北京:教育科学出版社,1985:119.

牢,"在教细节之前,先去彻底打好底子",① 此后所有的教学就必须根据这已经打好的底子来进行。教师在教学中要做到,把学科中各个部分尽可能联系起来,后来教的内容都要以先教的内容为依据。教师在教学中还要做到,使学科中的内容和学生的智力、记忆和语言的性质相适应,要尽量把所教的知识通过实践应用来强化记忆。

夸美纽斯认为,教师教学要坚持便易性原则,即是说教师要在教学过程中,使知识更容易、更方便获得,用夸美纽斯的话说就是:"怎样才能适合学生的心灵,使它们用来容易而且快意。步随自然的后尘,我们发现教育的过程会来得容易"。② 对此,夸美纽斯提出教师贯彻便易性教学原则的细则,主要包括以下方面:教师应使学生对教学内容有适当的准备;教师教学进展要保持缓慢,要从容易到较难,从一般到特殊;教师教学多通过感官进行,所教知识与知识的应用相结合;教师教学要避免对学生产生压迫,要采用正当的方法,按照学生的天性倾向去教,不强迫学生做天性倾向之外的事。

夸美纽斯认为,教师教学要坚持确切性原则,即是说教师的教学必须达到准确与可靠的进步,也就是要求教师必须具备"一定能产生结果的教与学的方法"。之所以提出教师教学要达到确切性,是因为夸美纽斯认为:"直到现在为止,教导的方法还很不可靠,很少有人敢说'在若干年月之内,我可以把这个青年教到某种某种程度;我一定用某种某种方法教他。'所以我们应该看看,我们能不能够把训练才智的艺术奠定在一种坚实的基础上面,使我们能够得到可靠的与准确的进步。"③

夸美纽斯认为,教师要把教学奠定在获得准确可靠的坚实基础上,需要做到以下方面:教师教学要选择运用心灵的适当时机;教师教学要事先充分准备好教学材料,悟性应先在事物方面得到教导,关于事物的知识放在它们

---

① [捷克] 夸美纽斯. 大教学论 [M]. 傅任敢译. 北京:教育科学出版社,1985:119.
② [捷克] 夸美纽斯. 大教学论 [M]. 傅任敢译. 北京:教育科学出版社,1985:105.
③ [捷克] 夸美纽斯. 大教学论 [M]. 傅任敢译. 北京:教育科学出版社,1985:91.

组合的知识之前，例证应比规则先出现；学校要为教师教学清除一切障碍，教师要使学生摆脱懒惰，而习惯于约束与秩序，激发学生学习的欲望；教师教学要先教授整个知识领域的一般轮廓，然后再对知识的各个部分详细教授；教师在教学中要在一定的时间内，只让学生学习一件事情，教师教学要一步一步地前进，最好不要跃进；教师教学要尽量避免障碍和一切可能对学生学习产生伤害的事物。

(二) 教师课堂教学。

教师教学的主阵地是课堂，在班级授课制的条件下，教师如何才能上好课，夸美纽斯也提出了具有创新性的见解和主张。

教师课堂教学语言是上好课的前提。课堂上，教师是用语言向学生进行知识传授，"教师的嘴就是一个源泉，从那里可以发出知识的溪流"。[①] 从教师嘴中流出的任何东西，对学生都是宝贵的，这就要求教师课堂教学语言的使用要慎重，要尽可能做到准确生动流畅，避免夸夸其谈与晦涩难懂。而且，教师要尽可能做到，除非全体学生都在静听，否则决不可说话，用夸美纽斯的话说就是："我们不应该对风说话，而应该对人的耳朵说话。"[②]

紧紧抓住学生的注意力是教师上好课的核心环节。在教学中学生注意力方面，夸美纽斯斩钉截铁地对教师教学提出："除非他们全在注意，否则不可进行教学"，[③] 因为，只有激起了学生的注意力，才能使他们用一种贪婪的心理去吸取知识。夸美纽斯还提出了教师在教学中激发学生注意力应遵循的规则：教师在教学的时候，要不断介绍一些有趣的和实际有用的事情；在学习新知识的时候，教师要用一种引人入胜的方式，把知识放在学生跟前，或者向学生提问，以激发学生的兴趣；教师的眼光要同时看着全体学生，用视觉帮助学生注意；教师适时中断讲解，向学生发问诸如此类的话：告诉我，我

---

① [捷克] 夸美纽斯. 大教学论 [M]. 傅任敢译. 北京：教育科学出版社，1985：140.
② [捷克] 夸美纽斯. 大教学论 [M]. 傅任敢译. 北京：教育科学出版社，1985：140.
③ [捷克] 夸美纽斯. 大教学论 [M]. 傅任敢译. 北京：教育科学出版社，1985：140.

刚才说的是什么呢；教师要让班里不同学生，回答同一个问题，并赞扬回答最好的学生；教师要给学生提问的机会，最好是当众向老师提问问题。

教师上好一堂课离不开激发学生学习和求知的兴趣。夸美纽斯指出：兴趣是创造一个欢乐和光明的教育环境的主要途径之一。一个欢乐和光明的教学课堂自然也是以兴趣为根基的，这一点俄国文豪托尔斯泰亦有同感，他说：成功的教学所需的不是强制，而是激发学生的兴趣。所以夸美纽斯要求教师在课堂上，要尽一切可能的方式，把孩子们的求知与求学的欲望激发起来。

对于如何激发学生的兴趣，夸美纽斯认为最重要的是顺应自然，"要使方法能够激起求知的愿望，它第一就必须来的自然。因为凡是自然的事情就无需强迫。水往山下流用不着强迫的"，① 要顺应学生的自然求知需要，就能最大地激发他们的求知兴趣。激发学生求知兴趣，还需要教师对知识进行加工，使知识适合学生的口味，"如果想使学生发生兴趣，我们就应用心使方法合口味，务使一切事物，无论如何正经，都可以亲切地、诱人地放到他们跟前"，② 知识只有亲切诱人，才能使学生欲罢不能。学生参与课堂教学也是激发学生学习兴趣的重要方面，用夸美纽斯的话说就是：别人讲，他们只是听，他们对此不感兴趣。由此，夸美纽斯提出了课堂教学激发学生兴趣的一条重要规则："让每一件事都通过个人的实践学习。"③

每堂课讲解完后，让学生重述教师课堂所讲内容，是一堂好课必不可少的环节。夸美纽斯认为，让学生对课堂内容进行复述，有利于学生准确把握课堂教学内容，"在每一节课上，当教师简要地做完了他所预备的工作，讲解过字的意义以后，就让一个学生站起来，按照原来的次序，把刚说过的重述一遍（好像他是其余的人的老师一样），他的讲解要用同样的字眼，要举同样的例证，如果他错了，就应替他改正。然后另外叫起一个，再做同样的表演，

---

① ［捷克］夸美纽斯. 大教学论 [M]. 傅任敢译. 北京：教育科学出版社，1985：109.
② ［捷克］夸美纽斯. 大教学论 [M]. 傅任敢译. 北京：教育科学出版社，1985：109.
③ ［捷克］夸美纽斯. 大教学论 [M]. 任钟印译. 北京：人民教育出版社，2006：358.

旁人仍旧静听。……直到看得出人人都已经明白了那堂功课，都能解释为止"。[1] 夸美纽斯还特别指出，程度好的学生先重述，稍差的学生后讲，使差学生以好学生为榜样。通过学生复述教师课堂讲解的内容，可以很好地检验教师的课堂教学效果。

---

[1] ［捷克］夸美纽斯. 大教学论［M］. 傅任敢译. 北京：教育科学出版社，1985：138.

第七章　洛克：教师是学生精神成长的决定者

> 从洛克时代以来到现代，在欧洲一向有两大类哲学，一类学说与方法都是从洛克得来的，另一类先来自笛卡尔，后来自康德。[1]
>
> ——伯兰特·罗素

一、洛克生平

约翰·洛克（John Locke，1632－1704），英国著名哲学家和教育思想家。由于洛克天才的思想和对人类进步的卓著贡献，人们毫不吝啬地给他以各种赞誉和头衔。洛克是第一个系统论述"天赋人权"的思想家，他第一次明确提出分权学说和政教分离的主张，他是第一个全面论述宪政民主思想的哲学家，他开创了经验主义，他"不但是认识论中经验主义的奠基者，同样也是哲学上的自由主义的始祖"。[2] 洛克是自由主义之父，现代教育思想的奠基人，宗教宽容的大力倡导者，革命权利的坚决捍卫者，英国启蒙运动的先驱，美国立国思想的源泉。

1632年，洛克出生于萨默锡郡的陵顿（Wrington Somerset）。洛克的父亲也叫约翰·洛克，是位律师，他与洛克的母亲阿格尼斯·基恩丁1630年结

---

[1]　[英]罗素. 西方哲学史（下卷）[M]. 马元德译. 北京：商务印书馆，1986：174.
[2]　[英]罗素. 西方哲学史（下卷）[M]. 马元德译. 北京：商务印书馆，1986：134.

婚，她比丈夫大十岁，洛克是他们的长子。在洛克的父母中，对洛克影响较大的是他的父亲，据牛津大学图书馆的玛沙姆夫人介绍：他父亲在他年轻时总是率先垂范，他后来说起时常常对此赞扬备至。他小时候父亲对他很严肃，让他满怀敬畏，保持距离，他长大成人时才逐渐放宽那种严肃，直到他学会做人严肃，像朋友似的同父亲很好地相处。洛克父亲的榜样作用和严格要求对洛克有着深刻的影响，这一点在洛克晚年的时候曾表示，他非常认同父亲对自己的态度。

1647 年，洛克十五岁时，有幸进入到英国最著名的中学之一威斯敏斯特中学（Westminster School）学习。不过，威斯敏斯特中学留给洛克的印象好像并不太好，似乎除了机械的教学，就是严苛的纪律。他曾在《教育片论》一书中，指责威斯敏斯特中学的教学方法过于机械。还曾在与爱德华·克拉克的通信中，描述了威斯敏斯特这所"非常严厉的学校"里的生活状况。不过，洛克在威斯敏斯特中学的表现还算优异。

1652 年，洛克中学毕业后进入牛津大学学习。虽然洛克很是厌烦牛津大学那枯燥和呆板的学习，虽然洛克很厌倦学习古典教材而更有兴趣阅读如笛卡尔的著作。但总体上说，洛克在牛津大学的学习，还是给洛克思想的形成产生了重要的影响，在牛津大学"洛克的兴趣极其广泛，除政治理论和认识论外，还延伸至医学、经济学、殖民地管理、教育学、圣经评论，甚至还有植物学领域"。[①] 1655 年洛克获得文学学士学位，三年后获文学硕士学位。

1660 年，洛克成为牛津大学希腊文讲师。这时，洛克已经在牛津大学呆了八个年头，尽管他生活优裕，但他觉得有必要对自己的人生进行新的规划。洛克有机会获得牧师、外交官的职位，甚至成为一名职业医生，他最终放弃了所有这些机会。因为洛克逐渐坚信，他真正的使命，就是寻求对那个时代所面临的一些根本性问题，做出哲学的理解。最终，洛克选择了在牛津大学继续做学问。

---

① W. M. Spellman. *John Locke* [M]. ST. MARTINS PRESS, INC.，1997：2.

在牛津大学期间，洛克与实验科学家罗伯特·波义尔交往甚密，并深受波义尔实验科学方法和理论的影响，这对洛克经验主义思想的形成打上了深深的烙印。而且洛克还对医学产生了巨大兴趣，并通过自己的努力获得了医学学士学位。遗憾的是，洛克此后两次为取得医学博士学位而失败，"洛克分别在1666年和1670年为取得医学博士学位作了两次努力，但都是徒劳无功"。[①] 但这并没给洛克带来太大的影响，因为他学医不是为了成为一名职业医生，而纯粹是出于业余爱好。

1666年，政治家沙夫茨伯里伯爵（Earl of Shaftesbury）旧病复发，洛克经人介绍给伯爵诊治，确定伯爵得了肝脓肿，随即手术治疗，终使伯爵恢复健康。由此，洛克和沙夫茨伯里伯爵这位对其人生具有重要意义的政治家结识。沙夫茨伯里伯爵是英国辉格党的创始人，主张限制王权、公民自由，代表资产阶级的利益。沙夫茨伯里伯爵非常欣赏洛克的学识和才智，洛克也很尊敬沙夫茨伯里伯爵，并成为了沙夫茨伯里伯爵的家庭医生和助手。沙夫茨伯里伯爵的后人曾深情地描述了洛克和伯爵间的亲密关系：[②] 洛克先生很尊敬我祖父，给他体检时把他当做伟人，认为身体只是他的最小部分。洛克很快赢得了祖父的尊敬，在其行医时祖父感受到他是一位伟人，祖父很看重其医术，然而这仅仅是洛克才能中微不足道的部分。祖父鼓励他改变自己的想法；不允许他在我们家之外行医，并诚恳地把他当做一位特殊的朋友。祖父要洛克研究宗教和国家事务，处理有关大臣的业务，他在这方面很成功，因此我祖父很快拿他当朋友看待，在各种事情上同他商量。在与沙夫茨伯里伯爵相处的日子，洛克在思想上获得了巨大的发展。在与莎夫茨伯里伯爵及其朋友的经常热烈讨论中，激起了洛克的创作热情。洛克关于经济学的著作《关于降息和货币增值的思考》在这时开始撰写；洛克的另一部著作也是他最为著

---

① H. R. Fox Bourne. *The Life of John Locke*, Volume. 1 [M]. Herlrys. King&CO., London, 1876: 330.

② [英] 阿龙. 约翰·洛克 [M]. 陈恢钦译. 沈阳：辽宁教育出版社，2003：31—32.

名的《人类理解论》的最早草稿，也在这个时期开始写作。

洛克一生中有两次对其思想发展起着重要作用的异国之行。一次是由于哮喘病严重，迫使他于1675年离开空气质量非常差的伦敦，到法国修养。在法国期间，洛克对法国的社会生活有了全面直观的了解，结识了法国文化界许多名流，对法国当时流行的思想进行了深入的了解，尤其是对法国哲学家笛卡尔的思想进行了更深刻的思考，并写了一篇《深入研究笛卡尔学说的方法》的文章。

另一次是沙夫茨伯里伯爵反对国王的阴谋败露，洛克受到牵连，被迫于1683年离开英国流亡到了荷兰。在荷兰阿姆斯特丹，洛克结识了神学家林博尔克，林博尔克是当时荷兰最重要的神学家之一。洛克曾以宽容为题，给林博尔克写过一封信，此后就以《论宽容的信》为题进行了出版。据说洛克同林博尔克的不平凡交情，成为荷兰留给洛克最好的印象。洛克在荷兰期间，可以有较为充裕的时间集中精力完成其影响后世的许多伟大著作。洛克在与爱德华·葛拉克（Edward Clarke）夫妇的通信中，为教育他们的小儿子出谋划策，正是这些信件构成了洛克的教育名著《教育漫话》的底稿。洛克的另一部重要著作《人类理解论》的法文提纲，也于这一时期在《万有文库》杂志上发表。① 洛克还费时甚多完成了对《人类理解论》和《论宽容》草稿的校对工作。这些工作使得洛克此后返回英国后，得以在短时间内连续出版了《论宗教宽容》、《政府论》、《人类理解论》和《教育漫话》。

总之，在荷兰的流亡生活使洛克非常满意，荷兰这个流亡之所，竟成了洛克找到家的情感之所，以至于洛克离开荷兰之时，满怀深情地给林博尔克写下了如此充满热情的文字：② 在离开荷兰的时刻，我几乎感到像离开自己的国家和自己的亲人一样，因为我在你们中间找到了许许多多友谊、善良、仁爱、诚挚，而以这些为纽带连接起来的感情比血缘关系更紧密。我离开了终

---

① ［美］格瑞特·汤姆森. 洛克［M］. 袁银传，蔡红艳译. 北京：中华书局，2002：11.
② ［英］阿龙. 约翰·洛克［M］. 陈恢钦译. 沈阳：辽宁教育出版社，2003：40.

生难忘的朋友，随时随地我希望能有机会重返荷兰，领略这珍贵的人间情谊，我们的情谊如此深厚，以至当我们相隔遥远，当它因此遭受损失的时候，我永远不会感到内疚。至于您——我最善良、最亲密、最珍贵的朋友，我一想起您的识见、您的聪明才智、您的诚挚、正直和温情，仿佛就在你们足以使我感到安慰的友谊中发现，我在你们之中度过的这些岁月是令人欣慰的。

1688年英国光荣革命（Glorious Revolution）之后，洛克也从荷兰结束流亡生活返回英国。回到英国的洛克已经56岁了，不过他作为将威廉推上王位的辉格党精神领袖，已经成为英国的知名人物。回国后，洛克担任了上诉法院院长、贸易与殖民委员会主席等政府职务。但由于伦敦的污染侵蚀了他糟糕的身体，他只能离开伦敦，搬到埃塞克斯他的好友玛莎姆女士的家里居住。在埃塞克斯之时，经常有朋友来拜访洛克，最著名要数发现万有引力的艾萨克·牛顿（Isaac Newton）先生，洛克和牛顿经常讨论科学和宗教问题。

晚年的洛克将其研究兴趣集中于神学，虽然洛克的身体状况每况愈下，但他却一直保持着研究的勤奋和活力。时光迈入1704年，洛克的生命也即将走到尽头，他似乎也感受到了这一点，他在给林博尔克的最后一封信中这样写道：在人生的旅途上，只要呼吸难以维持起码的运动，那他离人生旅途的尽头就不会太远了。[①]

1704年10月，洛克溘然长逝，他终于走完了自己的生命历程。洛克死的很平静安详，英国洛克传记作者阿龙在《约翰·洛克》一书中是这样描述洛克离开人世的：[②] 下午他起床穿好衣服，然后坐在椅子上，玛沙姆夫人给他读着圣经，他立刻闭上眼睛，安详地归天了。他的死就像他的生一样，玛沙姆夫人这样写道，很虔诚，然而很自然、平易而又安详。洛克终身未娶，也没有子嗣留世。

洛克离开了这个让他着迷的世界，给这个他深爱着的世界留下了极其丰

---

① ［英］阿龙. 约翰·洛克［M］. 陈恢钦译. 沈阳：辽宁教育出版社，2003：45.
② ［英］阿龙. 约翰·洛克［M］. 陈恢钦译. 沈阳：辽宁教育出版社，2003：45-46.

富的精神遗产。但洛克却对自己评价很低,他认为自己"能够像一个受雇的低级工人,把地面清扫得干净一些,把求知路上堆着的垃圾搬掉一些,就算够有雄心的了"。① 而且,在洛克给自己写的墓志铭中,我们仍然可以看到洛克谦逊的姿态:

停下你的脚步阿,路人! 躺在这里的就是约翰·洛克。如果你想问他是怎么样的一个人,他会说他是一个以自己的小财产过着满足生活的人。身为一个学者,他以追求真相为他学习的唯一目标,你可以在他的著作里发现这点,任何有关他的事物都写在他的著作里了,也都比本墓志铭对他的赞美还要真实。确实,他的美德,并不足以让他自己提出来炫耀、也不足以拿来给你作为典范。让他犯下的邪恶随着尘土掩埋吧。如果你要寻求做人的典范,去从圣经里找寻吧;如果你要寻找邪恶的典范,希望你不会找到它;如果你要寻找死人(如果这能够帮助你的话),你在这里就可以找到一个、也可以在任何其他地方找到。

以小财产为满足的物质需求,以追求真理为人生目的,再加上朴实无华的文字表达,充分体现了洛克这位伟人温良谦虚的崇高品质和虚怀若谷的思想境界。

洛克离开了,但他的思想一直影响着后人,改变着后世。他对这个世界的贡献,也赢得了无数后代伟大心灵的褒奖。无产阶级伟大的导师马克思称赞"洛克是一切形式的新兴资产阶级的代表人"。② 英国哲学史家索利认为"洛克可被看作是英国哲学方面最重要的人物。其他一些哲学家在天资方面胜

---

① [英]伯兰特·罗素. 西方的智慧[M]. 马家驹,贺霖译. 北京:世界知识出版社,1992:285.
② [德]马克思. 政治经济学批判[M]. 徐坚译. 北京:人民出版社,1955:47.

过他……但在坦率、睿智和敏锐性方面，则是无人能超过他的"。①美国哲学家梯利认为洛克的"影响像笛卡尔一样，远远超出了他的时代和国界……他骨子里有精华，可以延续几个世纪……他代表近代的精神，即独立和批评的精神，个人主义的精神，民主的精神……没有一个哲学家比洛克的思想更加深刻地影响了人类的精神和制度"。②摩洛哥著名教育学者扎古尔·摩西(Morsy Zaghlou)指出："不论按哪些标准来讲，洛克都是一位教育专家，他既是一个卓有成效的实践者又是一位作者。"③英国著名哲学家罗素更是对洛克由衷地赞美，他多次从不同层面给予洛克很高的评价："正是由于洛克的哲学，近代欧洲哲学才出现了第一次分裂"，④"在所有的思想家中，洛克既不是最深刻的，也不是最具独创性的，但他的工作却逐渐在哲学和政治两个领域产生了巨大而持久的影响"，⑤"关于自由主义哲学的最早的详彻论述，见于洛克的著作；洛克在近代哲学家当中固然绝不算顶深刻的人，却是影响最大的人"。⑥

这就是洛克，一个谦卑绝对出于真诚，却又有着巨大而持久影响力的伟大人物。

二、洛克的教师作用观

洛克的教师作用观是建立在其白板论基础之上的。白板论是洛克提出的反对天赋观念说的著名理论，洛克在《人类理解论》一书中明确指出："我们可以假定人心如白纸似的，没有一切标记，没有一切观念"，"我们的一切知

---

① ［英］索利. 英国哲学史［M］. 段德智译，济南：山东人民出版社，1996：109.
② ［美］梯利. 西方哲学史（增补修订版）［M］. 葛力译. 北京：商务印书馆，2005：365—366.
③ ［摩洛哥］扎古尔·摩西. 世界著名教育思想家（第三卷）［M］. 梅祖培译. 北京：中国对外翻译出版公司出版，1995：60.
④ ［英］伯兰特·罗素. 西方的智慧［M］. 亚北译. 北京：中国妇女出版社，2004：288.
⑤ ［英］伯兰特·罗素. 西方的智慧［M］. 亚北译. 北京：中国妇女出版社，2004：287.
⑥ ［英］罗素. 西方哲学史（下卷）［M］. 马元德译. 北京：商务印书馆，1986：129.

识都建立在经验上的,而且最后是导源于经验的。"① 也就是说,人的心灵如同一张白纸或白板,没有任何记号和观念,洛克又把它称为"尚在空虚的那个小室",② 这就是洛克著名的白板论。

　　白板论是洛克理论的一个标志,提起白板论,人们甚至可能忘掉白板论的首倡者亚里士多德,而把白板论与洛克的名字等同,这是因为"白板说不仅在洛克的哲学中占有重要地位,而且对整个近代西欧哲学有着极大影响"。③ 洛克的白板说对教育而言意味着,人心既然是白板,没有任何天赋的观念。那么,儿童就是完全可塑的,教育对人的发展就起着决定性作用,从而直接影响学生身心发展的教师,就成为学生精神成长的决定者,也就成为决定教育成败的关键因素。

　　以白板论为基础,洛克十分强调教育和教师的作用。洛克认为教育和教师是决定人之好坏,决定人之差别的绝对力量。尤其对幼小的儿童,教师的作用更是巨大,他对孩子的影响是根源性的。故而,哪怕是教师最微小的影响,都可能对孩子的未来发展方向产生决定性的影响。对此,洛克在《教育漫话》开篇便明确指出:"我敢说我们日常所见的人中,他们之所以或好或坏,或有用或无用,十分之九都是他们的教育所决定的。人类之所以千差万别,便是由于教育之故。我们幼小时所得的印象,哪怕极微极小,小到几乎觉察不出,都有极重大极长久的影响。正如江河的源泉一样,水性很柔,一点点人力便可以把它导入他途,使河流的方向根本改变。从根源上这么引导一下,河流就有不同的趋向,最后流到十分遥远的地方去了。我觉得孩子们的精神容易引导到东或到西,正和水性是一般无二的。"④ 在教育中教师究竟应处于什么样的地位?这一直是有争议的问题,尤其是随着学生地位在教育中不断提高,学生的主体性在教育中逐渐凸显,"学生第一"的口号也随之出

---

① [英] 洛克. 人类理解论 [M]. 关文运译. 北京:商务印书馆,1983:68.
② 陈恢钦. 评洛克批判天赋观念的意义 [J]. 辽宁大学学报,1988(6):22.
③ 崔永杰. 洛克的白板说探析 [J]. 山东师大学报(社会科学版),1992(3):19.
④ [英] 约翰·洛克. 教育漫话 [M]. 傅任敢译. 北京:教育科学出版社,2000:1.

现，并得到教育界和公众的认同。这有助于解决传统教育中忽视学生主体地位，无视学生是学习主体的弊端，进而尊重学生的个性和主体性，调动学生的积极性，使学生真正成为学校的主人，具有重要意义。随着学生第一观念的确立，教师在教育中的地位，就变得逐渐模糊、衰落，教师甚至成了过街老鼠，成为学生、家长和学校管理人员"喊打"的对象。

那么，在强调学生主体性的同时，教师在教育中究竟应该具有何种地位呢？

洛克的论述给予我们很好的回答，即在教育中教师第一。教师作为教育活动的重要主体，在教育教学中起着主导作用，面对各方面都不很成熟正在成长中的学生，教师要充分发挥其先知先觉的作用，主动引导和促进学生发展。倘若教师的引导出现问题，哪怕是极其微小的错误，都可能对学生造成无可挽回的后果。因此，可以说教师是教育中的第一资源，如何充分有效发挥这一资源的巨大潜能，是教育所必须考虑的一个重要课题。

既然教师的作用如此之大，教师就不可不对自己的教育行为慎之又慎，就不可不时时刻刻保持"战战兢兢，如履薄冰，如临深渊"的教育意识，尽量避免在教育上犯错。正是在这个意义上，洛克才明确指出："教育上的错误比别的错误更不可轻犯。教育上的错误正和配错了药一样，第一次弄错了，决不能借第二次第三次去补救，它们的影响是终身洗刷不掉的。"① 正因为教师的犯错难以补救，才更加说明了教师在教育中地位的重要性。事实上，教师作为人类灵魂的工程师，他影响的是学生的灵魂，教师的一举一动，举手投足，都会潜移默化地影响学生。教师任何一个不经意的错误，都可能在学生灵魂上打下烙印，这正是理解教师在教育中第一地位的根本出发点和依据。

教师的作用如此之重要，这一方面要求教师要不断提高自己的教育教学素养，另一方面更需要教师的直接管理方学校要重视每一位教师，充分发挥

---

① ［英］约翰·洛克. 教育漫话［M］. 傅任敢译. 北京：教育科学出版社，2000：序言 2.

每位教师的主体能动性和工作积极性,对教师善待和进行人文关怀,时刻把教师利益放在首位,切实把教师摆在学校各项工作中第一的位置。

美国罗森柏斯国际集团董事长兼首席执行官豪尔·罗森柏斯(Hal Rosenbluth),把一家小小的旅行社做成全球第三大旅游管理公司,他成功的秘诀就在于他所提出的全新的经营管理理念:"员工第一,顾客第二"。罗森柏斯在其著作《顾客第二》一书中,对传统商业中"顾客至上"的提法很不以为然,他认为,不愉快的人提供的只能是不愉快的服务,创造的只能是不断下降的利润。企业只有把精力集中在员工身上,重视你公司的最大资产——每一个员工,才能获得成功。

在教育中也同样如此,只有把教师放在第一位,把关心和关爱送到每一位教师的内心深处,教师才有可能将这些关心和关爱带给每一个学生。因此,虽则是教师第一,实则是学生第一,即在学校管理中是教师第一,在教育追求上是学生第一。教师第一并不是要把教师凌驾于学生之上,教师第一恰恰是为了达到学生第一的目的,即是说教师第一是手段,学生第一才是最终目的。教师第一的手段优异,才能促成学生第一的目的优异。

三、 洛克的教师奖惩观

教师对学生的惩罚和奖励,一直是教师在日常教育生活中要面对的具体问题。洛克对教师该不该惩罚和奖励学生,该如何惩罚和奖励学生,发表了对后世产生重要影响的真知灼见。

洛克对体罚持坚决反对的态度。对当时教育中普遍存在的、对儿童所进行的残忍的鞭挞惩罚,洛克更是深恶痛绝,称之为最不适宜的一种教育方法,"普通对于儿童有一种贪便取巧的惩罚方法,就是鞭挞儿童,这是一般教师所知道的或想到的管理儿童的惟一工具,是教育上最不适用的一种方法"。[①] 洛克之所以坚决反对教师对学生进行惩罚,是因为:

---

① [英]约翰·洛克. 教育漫话[M]. 傅任敢译. 北京:教育科学出版社,2000:28.

其一，惩罚与罪恶相关联，且惩罚本身就是罪恶和邪恶得以产生的根源，教师对学生的惩罚"是发生一切邪恶与罪过的根源"，[①] 一旦在儿童心灵中种下罪恶，其后果将不堪设想。

其二，惩罚并不能够达到惩罚所要达到的目的，相反，还会使儿童对惩罚所要达到的目的本身产生厌恶，"惩罚自然会使导师盼望儿童去爱好的事物反而遭到儿童的厌恶"。[②] 如此，教师妄图通过惩罚达到教育目的是根本不可能的。

其三，教师对儿童的惩罚本质上是一种奴隶式管教，学生养成的必然是奴性的人格，惩罚"这种奴隶式的管教，所养成的也是一种奴隶式的脾气"，[③] 培养奴隶和奴才的教育肯定是失败的教育。其实，对儿童进行惩罚所造成的奴性后果，鲁迅先生在 1933 年写的《上海的儿童》一文中也曾明确指出：终日给予冷遇或呵斥，甚而至于打扑，使他萎葸退缩，仿佛一个奴才，一个傀儡。然而父母却美其名曰"听话"，自以为是教育的成功。待到他们外面来，则如暂出樊笼的小禽，他决不会飞鸣，也不会跳跃。

其四，教师的惩罚触及的只是学生错误的表面，惩罚"只是弥缝了目前，使伤口结上一层皮膜，对于痛楚的核心仍然没有触到"，[④] 无法从根源上使学生改正错误。而且，教师的惩罚效果是暂时的，但带来的恶果却是恶劣的、危险的和无可挽回的，教师的惩罚虽然"也可以治好目前任性的毛病，但是接着来的常是更恶劣更危险的心情颓丧的毛病"。[⑤]

出于上述理由，洛克最后总结到："所以，鞭挞或呵斥是应该谨慎地避免的"。[⑥] 不过，洛克虽然在总体上对教师使用惩罚手段进行了否定，但洛克并

[①] ［英］约翰·洛克. 教育漫话［M］. 傅任敢译. 北京：教育科学出版社，2000：29.
[②] ［英］约翰·洛克. 教育漫话［M］. 傅任敢译. 北京：教育科学出版社，2000：29.
[③] ［英］约翰·洛克. 教育漫话［M］. 傅任敢译. 北京：教育科学出版社，2000：29.
[④] ［英］约翰·洛克. 教育漫话［M］. 傅任敢译. 北京：教育科学出版社，2000：34.
[⑤] ［英］约翰·洛克. 教育漫话［M］. 傅任敢译. 北京：教育科学出版社，2000：30.
[⑥] ［英］约翰·洛克. 教育漫话［M］. 傅任敢译. 北京：教育科学出版社，2000：34.

非主张完全彻底放弃惩罚,"我们想使儿童变聪明、贤良、磊落的人,用鞭挞以及别种奴隶性的体罚去管教他们是不合适的。只有万不得已的时候,和到了极端情形之下,才能偶尔用用"。① 洛克要求教师对惩罚的使用是"偶尔用用",并且这偶尔也是有条件的,即"万不得已"和"极端情形"。可见,洛克对教师使用惩罚的态度是慎之又慎,教师能不用则尽量不用惩罚,这与其总体上反对教师使用惩罚是一致的。

对于教师给学生的奖励,洛克也持非常审慎的态度。洛克所坚决反对的是以讨儿童欢心为目的的奖励,"用儿童心爱的事物去奖励儿童,去讨儿童的欢心,也应该同样小心地避免"。② 在洛克看来,教师对学生的奖励,一定要避免有意无意地把奖励作为教育的目的,使学生的行为与教师的奖励联系起来。为此,洛克详细分析了奖励带给学生的危害:"你提出这种种报酬的意思岂不是说,他应该以这些好东西作目标,鼓励他去想望这些东西,使他习于把自己的快乐放在这些东西上面吗?人们为了要使儿童勤于学习文法、跳舞以及其他种种对于他们的幸福或利益没有多大帮助的东西,便去妄用奖励与惩罚的办法,那简直是牺牲了他们的德行,颠倒了他们的教育,等于教导他们去奢侈、骄傲、贪婪。因为这样一来,不当的奢欲本是应该克制抑止的,现在反而受到鼓励了,他们便为未来的罪恶奠定了基础。"③ 教师这样对学生进行奖励,实际上是曲解了儿童快乐的基础,尤其是在学习方面,把学习建立在其他事物尤其是物质欲望引起的快乐基础上,这恰恰是在助长不恰当的快乐,是在消弭学习的真正快乐,这不是在帮助学生去获得真正想要的快乐。恰恰相反的是,这是在助长奢侈、骄傲、贪婪,这不是教育,而是反教育,是在鼓励恶,是在以教育的名义助长恶性的形成。正如洛克所进一步指出的:

---

① [英]约翰·洛克. 教育漫话 [M]. 傅任敢译. 北京:教育科学出版社,2000:30.
② [英]约翰·洛克. 教育漫话 [M]. 傅任敢译. 北京:教育科学出版社,2000:30.
③ [英]约翰·洛克. 教育漫话 [M]. 傅任敢译. 北京:教育科学出版社,2000:30—31.

"你用这种办法，简直就是助长了他的心田里面的一切罪恶的源泉，下次一有机会，它便一定会再爆发，来势一定更凶，他所怀抱的期望一定更大"，① 教师的奖励成为助纣为虐的事情，也就彻底走向了教育的反面，背离了教育的根本追求。故而，教师必须慎重对学生进行奖励。

总的来说，对教师的奖励和惩罚，洛克坚决反对的是盲目地使用，但并不主张彻底不用，对此洛克非常清楚地表示："我承认，如果我们想要支配儿童，奖励与惩罚是应该采用的。我觉得错误之点是：通常所用的奖励的方法都是选择得不得当的。我觉得身体上的痛苦与快乐被人用作支配儿童的奖励与惩罚，结果是不会好的。"② 可以看出，洛克所坚决反对的是，教师错误地使用奖励与惩罚，尤其是与儿童身体或感官的快乐和苦痛相联系的奖惩。

那么，教师应如何正确地对学生进行奖励和惩罚呢？

洛克给出了明确的建议：只有出自内心的羞耻心和不愿见恶于人的畏惧心，才是一种真正的约束。从"心"入手，而不是从"身"入手，对儿童进行奖惩。也就是说，教师正确的奖励和惩罚是与学生内心相联系的，要能够真正触动学生的内心，让学生心悦诚服地接受奖惩，而不是为了肉体上追逐快乐和避免痛苦而接受奖惩。

具体而言，奖惩所触动的是学生的"二心"，即畏惧心和羞耻心，"惟有使他们由于做错了事和被打而感到害羞，才是真正的德行上的制裁"。③ 这里洛克提到了"德行上的制裁"，具有重要意义，实际上洛克提出了奖惩的道德性问题。教师对学生的奖惩怎样才是合理的？其根本的衡量标准是什么？在洛克看来，那就是"道德性"，这是合理的奖惩和衡量奖惩的根本标准。也就是说，教师对学生的奖惩只有具有道德性，才是合理的，违反道德性的奖惩就应当坚决反对和拒斥。

---

① ［英］约翰·洛克. 教育漫话［M］. 傅任敢译. 北京：教育科学出版社，2000：32.
② ［英］约翰·洛克. 教育漫话［M］. 傅任敢译. 北京：教育科学出版社，2000：31.
③ ［英］约翰·洛克. 教育漫话［M］. 傅任敢译. 北京：教育科学出版社，2000：55.

惩罚使人内心产生畏惧和羞耻，奖励使人内心产生爱，这两者都是教师奖惩道德性的要求，"这里面的两个部分，即爱与畏，都得加以保持，作为你去永远支配他的大原则，使他的心理走上重道德与爱名誉的大道"。① 此外，教师的奖惩除了道德性要求外，还有一个重要的方面，即名誉。

教师的奖惩要引起学生对名誉的重视，这是奖惩合理与否的一个重要方面。对此，洛克提到了一个非常重要的对儿童进行奖惩的技巧，即当众奖励，私下惩罚："儿童的过误有时不能不加以斥责，因而斥责不独应当出之以严肃的、不任情的词句，并且应当背着别人私地里去执行；至于儿童应受表扬的时候，则他们应当当着别人的面前去得到。儿童受到赞扬之后，经过大家一番传播，则奖励的意义就更大。而父母不宣扬子女的过错，则子女对于自己的名誉就愈看重，他们觉得自己是有名誉的人，因而更会小心地去维持别人对于自己的好评。若是你当众宣布他们的过失，使其无地自容，他们便会失望，而制裁他们的工具也就没有了，他们愈是觉得自己的名誉已经受了打击，则他们设法维持别人的好评的心思也就愈加淡薄。"② 通过这种方式，能够很好地引起学生对荣誉的重视，并愿意维护自己的荣誉。其中尤其值得注意的是对学生的惩罚，教师一定要避免当众打骂、训斥，甚至是肉体惩罚等羞辱学生的行为，不要把学生一件事情的犯错，上升为对孩子人格的抨击和损害，因为那会使孩子的荣誉感彻底扫尽。

很多时候，教育中"孩子的无药可救"，并非是孩子自身真的无药可救，而是不恰当教育的必然后果。教育不同，孩子必然不同，用一种方法教育一百个孩子，和用一百种方法教育一个孩子，必然是不同的。孩子还是那个孩子，教育改变了，孩子也就改变了。教师对学生的奖惩不同，孩子的发展也就不同。

---

① ［英］约翰·洛克. 教育漫话 [M]. 傅任敢译. 北京：教育科学出版社，2000：80.
② ［英］约翰·洛克. 教育漫话 [M]. 傅任敢译. 北京：教育科学出版社，2000：35.

四、 洛克的教师学生观

教师应具有什么样的学生观？洛克认为，作为教师最基本的，就是要从儿童的立场看待儿童，不能以成人的眼光和要求对待儿童，"儿童究竟是儿童"，[1] 从儿童之外看儿童，本质上就是背离了儿童，背离了儿童的教师自然难成为好老师。

正因为如此，教师就必须有儿童立场，要学会理解儿童，要学会发现儿童。这正如马克思在《政治经济学批判导言》中所指出："一个成人不能再变成儿童，否则他就变得稚气了。但是，儿童的天真不使成人感到愉快吗？他自己不该努力在一个更高的阶梯上把儿童的真实再现出来吗？"[2] 教师的任务主要不是改造儿童，更根本的是再现儿童的真实。教师不是原封不动地将儿童的真实再现，而是在"更高阶梯上"对儿童真实的再现，是一种超越式的儿童真实的再现。

那么，教师该如何再现儿童的真实？不是要求成人变成儿童去再现，而是要求教师有儿童立场，有儿童视域，正如特级教师李吉林所言：我，一个长大的儿童。这与洛克所提出的"儿童究竟是儿童"，要求教师从儿童出发去教育儿童的观点是一致的。

儿童是自由的，教师要充分认识到儿童的自由本性，并真正地给儿童以自由。洛克非常重视儿童的自由本性，并要求教师在教育中要尊重儿童的自由，尽可能地给儿童以自由，让儿童自由地表现自己。洛克不厌其烦地指出，教师不能指望"儿童听从别人，竟和议会里面的议员一样有理智，懂规矩"，[3] 教师也不能指望孩子"与年岁较长的人具有同样的举止，同样地严肃和用

---

[1] [英]约翰·洛克. 教育漫话[M]. 傅任敢译. 北京：教育科学出版社，2000：24.
[2] [德]马克思. 马克思恩格斯选集（第2卷）[M]. 北京：人民出版社，1995：29.
[3] [英]约翰·洛克. 教育漫话[M]. 傅任敢译. 北京：教育科学出版社，2000：24.

功"。① 在洛克看来，孩子不是成人，完全没有必要按照成人的标准行动。

教师也不能以成人的要求来要求孩子，做与孩子年龄不相适应的事情，那对孩子来说只能是一种负担，"儿童应学的事情，绝不应该变成儿童的一种负担，也不应该当做一种任务去加在他们身上"。② 摒除给儿童年龄不相符合的事，是儿童获得自由的前提，儿童的自由更重要的是不干涉儿童的行为，"他们的稚气，他们的幼稚的游戏或幼稚的举止，都不应该受到阻碍，只要做得不坏就行，其余的自由都应给予他们"，③ "凡是适于他们的年岁的愚蠢的和幼稚的举动，都应该被许可，我们尽可不必加以理会。做事疏忽和爱好快乐本是儿童时期的特性"。④ 给儿童自由，才能使儿童具有实现自我、用创造性的方法表达自我的热情和机会。正是在这个意义上，可以毫不夸张地说，对儿童自由的剥夺，本质上就是对儿童成长和发展机会的剥夺。

剥夺儿童发展机会的教育实则是非教育，教育不是限制和约束，而是保护和顺应，如洛克所指出："他们在父母或导师的跟前应该获得他们的年岁所应有的自由，不可无故加以不必要的拘束"，⑤ "当他没有立意去做那些事情的时候，你也应该少叫他们去做。"⑥ 由此，一切为了儿童，不是对儿童指手画脚，做出种种规划，制定种种要求；一切为了儿童，最大最重要的就是，不干涉儿童，给儿童以自由，"除了儿童做事有流于恶习的倾向以外"，"最好少用权力，少下命令"。⑦ 给儿童自由，在另一个意义上，就是让教师的权力和命令消失。

---

① [英]约翰·洛克. 教育漫话[M]. 傅任敢译. 北京：教育科学出版社，2000：57.
② [英]约翰·洛克. 教育漫话[M]. 傅任敢译. 北京：教育科学出版社，2000：50.
③ [英]约翰·洛克. 教育漫话[M]. 傅任敢译. 北京：教育科学出版社，2000：44.
④ [英]约翰·洛克. 教育漫话[M]. 傅任敢译. 北京：教育科学出版社，2000：57—58.
⑤ [英]约翰·洛克. 教育漫话[M]. 傅任敢译. 北京：教育科学出版社，2000：43—44.
⑥ [英]约翰·洛克. 教育漫话[M]. 傅任敢译. 北京：教育科学出版社，2000：51.
⑦ [英]约翰·洛克. 教育漫话[M]. 傅任敢译. 北京：教育科学出版社，2000：58.

教师只有给儿童自由，儿童才能自由地、有选择地支配自己的行为，才能充分发挥自己的积极性和主动性，才能保持自己的独立性，也才能更具创造性，"儿童也爱表示自己是自由的，他们喜欢人家知道他们的良好举动，是他们自动做出来的，希望人家知道他们是绝对独立的"。① 没有自由就不可能有创新，自由能最大程度上带给孩子成长的动力和人生的启示。

著名的儿童教育专家孙云晓在《有自由才有成长》一书中，曾经写过这样一则故事：② 大意是说蛾子要从厚厚的茧里出来很不容易，有位好心人就把茧铰开一个口，蛾子轻松地钻出来了，却无法飞起来。原来，蛾子在茧里一遍遍冲撞茧壳，它的翅膀不断充血，是为了逐渐增强自己的生命能量。当它靠自己的力量破茧而出的时候，它才能够自由飞翔。儿童的发展和成长，如同那破茧的蛾子，需要让他自由地破茧，虽然过程很艰难，还可能会受伤，但这个过程正是儿童成长的过程。

只有给予自由，儿童才能真正长大，干涉只会对成长造成破坏，教师不能成为儿童成长过程中的破坏性力量，教师必须放弃对儿童过多的干涉和约束。儿童的成长过程离不开教师的关爱，但比教师关爱更重要的是儿童的自由，如果没有自由，那关爱也就失去了意义，甚至会对生命造成创伤。可以说，教师的首要责任就是要保护儿童可贵的自由本性，如果儿童原有的自由本性得不到保护，教育就是一句空话。一个自由的童年是孩子们一生中最宝贵的财富，教师就是帮助孩子积累财富的人。

儿童是具有理性的，是完全能够听懂和理解道理的。对此，洛克明确指出"儿童一到听懂话的时候，就懂得道理了"。③ 这要求教师要破除"孩子总归是孩子，什么都不懂"的观念，要充分认识到孩子也是人，是会思想的，

---

① ［英］约翰·洛克. 教育漫话［M］. 傅任敢译. 北京：教育科学出版社，2000：51.
② 宋鸽. 今天，你的孩子受伤了吗［N］. 中国教师报，2013－3－27（第469期），14版.
③ ［英］约翰·洛克. 教育漫话［M］. 傅任敢译. 北京：教育科学出版社，2000：58.

具有理性的,教师"应以理性的动物来看待他们"。① 事实上,作为孩子自身,也希望教师能够把他们看作是理性的,具有理解力的,能够理解教师所谓的他们不懂的道理,"他们只希望被人看作具有理性的动物,是比想象得到的年岁还早的",② 儿童理解道理的能力和年龄,比教师想象的要大得多。

既然儿童是有理性的,能够听懂道理,教师就必须把儿童当做理性的动物对待,对儿童进行说理,而不是采用简单粗暴的对待办法,"对待儿童也要说理,……我不能不认定说理是对待儿童的真正办法",③ 在洛克看来,说理是教师对待儿童的"真正办法",这种"真正办法"有着广泛的教育用途,"什么应守的德行,应戒的过失,他们无不可以用理说服"。④ 可以看出,洛克充分相信儿童的理性能力,对儿童的理性能力给予高度的肯定,并十分重视理性在儿童精神发展中的重要作用。洛克主张教师要尊重儿童的理性,在教育中要充分运用儿童的理性,并把说理看作是教师对儿童进行教育的真正办法。

那么,教师应如何对儿童进行说理?

洛克强调教师说理要适合儿童,要与儿童的接受能力相适应。对此,洛克指出:"但是我之所谓说理,意思是以适合儿童的能力与理解力为限的",⑤ 也就是说,尽管洛克不断强调儿童有理性,但还是承认,儿童的理性与成人存在很大不同,教师不能以成人的说理方式对待儿童。洛克指出:"如果要用道理打动他们,那种道理便须明白晓畅,适合他们的思想水平,而且应该能够被接触到和被感觉到才行",⑥ 也就是说,教师对儿童说理,要采用儿童理性能够理解的方式,才能触动儿童的心灵,才能影响儿童的言行。

---

① [英] 约翰·洛克. 教育漫话 [M]. 傅任敢译. 北京:教育科学出版社,2000:59.
② [英] 约翰·洛克. 教育漫话 [M]. 傅任敢译. 北京:教育科学出版社,2000:58—59.
③ [英] 约翰·洛克. 教育漫话 [M]. 傅任敢译. 北京:教育科学出版社,2000:58.
④ [英] 约翰·洛克. 教育漫话 [M]. 傅任敢译. 北京:教育科学出版社,1963:63.
⑤ [英] 约翰·洛克. 教育漫话 [M]. 傅任敢译. 北京:教育科学出版社,2000:59.
⑥ [英] 约翰·洛克. 教育漫话 [M]. 傅任敢译. 北京:教育科学出版社,2000:59.

教师对儿童讲道理，尽量避免使用冗长的演绎，尽量不要讲一些空泛的道理，"要使他们觉得你的作为是合理的，对于他们是有益的，而且是必要的；要使他们觉得你之所以吩咐他们或是禁止他们去做某件事情，并不是出于任性任情或空想。这是他们能够懂得的"。① 教师长篇大论的说教，抽象枯燥的道理，只能使儿童更加困惑，"长篇大论的说教和富有哲学意味的辩难，充其量不过使得儿童感到惊奇与迷惑而已，并不能给他们以教导"，② 脱离儿童的理解力的说理是无效的，甚至会出现相反的结果。这要求教师的说理，要注意进行思维与表达方式的转换，尽量转换成让学生能够感受和明白的饱含儿童的"我信息"，巧妙选择说理的方式，动之以情，晓之以理，教之以道，才能真正收到较好的说理效果。

人人都有好奇心，对孩子来说，好奇心正如吃饭睡觉一般，是每个孩子都不可缺少的生命存在。洛克对儿童的好奇心充满了善意，并给予很高的评价，认为儿童的好奇心本质上是一种求知的动力，"儿童的好奇心，只是一种追求知识的欲望，所以应该加以鼓励，不独因为它是一种好现象，而且因为这是自然给他们预备的一个好工具，他们可用以除去生来的无知的。他们如果不是好问，无知就会使他们变成一种愚蠢无用的动物"。③ 在洛克看来，好奇心是消除儿童无知的好工具，没有好奇心，儿童就可能会陷入无知，这样的儿童与愚蠢无用的动物无异。可见，好奇心对儿童是多么重要，好问是好奇心的重要表现。

洛克还认为，儿童之所以沉湎于无聊游戏而不能自拔，之所以在游戏中蹉跎时光，进而导致不思进取、精神颓废，最根本的还是好奇心的丧失，"我相信许多儿童之所以专爱无聊的游戏，把全部时间乏味地消磨掉，只有一个理由，就是因为他们的好奇心受到了阻碍"。④ 好奇心是儿童智能的种子，是儿童知识兴趣的起

---

① ［英］约翰·洛克. 教育漫话［M］. 傅任敢译. 北京：教育科学出版社，2000：59.
② ［英］约翰·洛克. 教育漫话［M］. 傅任敢译. 北京：教育科学出版社，2000：59.
③ ［英］约翰·洛克. 教育漫话［M］. 傅任敢译. 北京：教育科学出版社，2008：102.
④ ［英］约翰·洛克. 教育漫话［M］. 傅任敢译. 北京：教育科学出版社，2008：102.

源，是儿童探索知识的动力，教师要悉心呵护儿童的好奇心，这样才能使儿童保持求知的精神。

洛克在总体上对儿童的好奇心持肯定态度，但他也对儿童的好奇心保持了适度的警惕，"儿童的其他嗜欲应该小心地抑制，但是好奇心应该小心地加以鼓励"，① 对好奇心的鼓励应是"小心地"，这就是说，教师要警惕儿童的好奇心导向不好的发展方向，鼓励好奇心不是没有限度的。

教师该如何培养儿童的好奇心？洛克提出了培养儿童好奇心的几点主张：

第一，提问作为儿童好奇心的重要表现，教师要认真对待儿童的提问，是培养儿童好奇心的重要方法。也就是说，教师要认真答复儿童们的问题，告诉他们所想了解的事情，"儿童无论发出什么问题，你不可制止他，不可羞辱他，也不可使他受到讥笑。你应答复他的一切问题，解释他所想要明白的事物，……一旦你告诉了他，使他得到满足之后，你就可以知道，他的思维本身就可以扩大，适当的答复就可以引导他前进，超出你所想象的限度"。② 教师要尊重儿童的问题，不是羞辱而是鼓励儿童提问，不是讥笑而是赞扬儿童提问，因为儿童提问关乎的是儿童思维本身的扩大。

第二，教师要称赞儿童的好奇心，尤其是要当着儿童的面，在儿童敬重的人面前称赞儿童，"要采用一些特殊的称誉的方法。你可以当着他们的面，告诉他们所敬重的人，说他们懂得某件某件事情了。……应当利用他们的自夸自负，使他们去做有益于他们自己的事情"。③ 教师当众赞美儿童的好奇心，能够强化儿童的进行好奇探索的欲望，激发儿童保持好奇心的热情，带给儿童所需要的价值感、信任感和自信心。

第三，教师要认真回答儿童的问题，不能欺骗儿童，"不可使他们得到虚妄的答复。他们如果受了轻视，或者受了欺骗，他们是容易看出来的，他们很快地就

---

① ［英］约翰·洛克. 教育漫话［M］. 傅任敢译. 北京：教育科学出版社，2008：86.
② ［英］约翰·洛克. 教育漫话［M］. 傅任敢译. 北京：教育科学出版社，2008：102.
③ ［英］约翰·洛克. 教育漫话［M］. 傅任敢译. 北京：教育科学出版社，2008：103.

会照着别人的样子，学会疏忽、伪善和虚伪等等伎俩。我们在一切交往之中，全都不可侵犯真理，尤其是与儿童交往的时候最不可侵犯。因为如果我们跟他们弄假，我们就不独欺骗了他们，阻碍了他们的认识，而且也毁坏了他们的天真，使他们学会了最坏的恶习"，欺骗是毁坏儿童好奇心的毒药，不但使他们的认识和天真遭到毁灭，更重要的是让儿童习得了最坏的恶习。"虽然有时候他们提出的问题好像不很重要，我们也应该正经地答复他们"。① 教师对待儿童的好奇心，是没有重要不重要之分的，即使是看上去最无聊的问题，教师也要充满耐心地认真解答。

第四，教师要适时用新奇的事物激发儿童的好奇心，"有时候我们不妨故意使他们看到新奇的事物，使他们发生问题，自己去求得了解，以引起他们的好奇心。万一他们的好奇心使他们问出的问题不是他们所应该知道的，你就最好坦白地告诉他们，说这件事情不是他们可以知道的，不必用假话或冷淡的答复去把他们支吾开"。② 教师激发儿童好奇心，需要特别注意的是，对儿童提出的任何出乎意料的问题，都要实事求是地给予答复，切不可采取支吾的态度。

总之，在洛克眼里，儿童是自由的，理性的和充满好奇心的，教师要善于保护儿童的自由、理性和好奇心。

五、 洛克的教师专业观

洛克非常重视教师的选择，认为能选择到真正的好教师，是一件非常不容易的事情，"大困难却在到哪里去找一个合适的人。因为年龄、能力和德行都小的人是不宜于担任这种工作的，而年龄较大、能力和德行较好的人，则又不容易请来担任这种工作"。③ 事实上，能找到最适合孩子的老师实为孩子最大之幸事，因为教育不是让孩子去适应教师，而是让教师去适应孩子。但天下之大，孩子之性各异，如何能找到一个真正适合孩子的教师呢？这确实

---

① ［英］约翰·洛克. 教育漫话［M］. 傅任敢译. 北京：教育科学出版社，2008：103.
② ［英］约翰·洛克. 教育漫话［M］. 傅任敢译. 北京：教育科学出版社，2008：104.
③ ［英］约翰·洛克. 教育漫话［M］. 傅任敢译. 北京：教育科学出版社，2008：66.

是一件很难的事。但教师又对孩子的成长起着重要的作用，还必须去找寻那真正适合孩子的教师。

为此，洛克提出了选择老师的一般性建议。为孩子选择教师首先要注意避免犯一些常识性的错误，"请导师决不可凭信友谊，或者当做善举，也不可信赖夸大其词的介绍"，① 也就是说，为孩子选择教师不是凭关系亲疏，或者是一时冲动发发善心之举，更不是只听信一面之词的夸赞。

洛克接着用比喻形象地指出，给孩子选择老师就像给他选择配偶一样，"在选择导师的时候，要存一种替他选择配偶似的好奇心"，② 真正适合孩子的教师正如配偶，这可说是洛克的"配偶教师论"。

"配偶教师论"意味着，孩子和教师之间是能够相互沟通、理解和分享价值观的一对，孩子和教师在一起是会更好的一对；"配偶教师论"也意味着，孩子和教师都不能想象没有对方的生活，孩子不能失去教师，教师不能没有这个孩子；"配偶教师论"还意味着，在这个世界上有，且仅有一个教师，对孩子而言，这教师是最完美的，而且仅对这个孩子而言是最完美的，也就是说，任何一个孩子，都有能够对其进行教育的最完美的教师，而且只有一个。正是从这个意义上，洛克才郑重地强调指出："宜于教育青年绅士和形成青年绅士的精神的人不是到处都可以找到的"，③ 这就要求教师的选择要慎重，成为教师应有很高的标准，不是什么人都能当教师。

一个合格的教师应具备什么样的素质，洛克对此作了十分明确的回答。洛克认为，为师如父，教师要承担起父亲般的责任，"假如你能得到一个导师，他能自居于为人父亲的地位，担当起做父亲的责任，喜爱这种种事情，……我想你的儿子在学习和礼仪两方面，必定都能在短期内获得意外的成

---

① ［英］约翰·洛克. 教育漫话［M］. 傅任敢译. 北京：教育科学出版社，2008：66.
② ［英］约翰·洛克. 教育漫话［M］. 傅任敢译. 北京：教育科学出版社，2008：66.
③ ［英］约翰·洛克. 教育漫话［M］. 傅任敢译. 北京：教育科学出版社，2008：66.

就"。① 为师当如父，就要求教师教育自己的学生和自己的孩子没有多大区别；就要求教师既要关心学生的学习，又要关照学生的生活；就要求教师对学生要做到授业为师，大爱如父；就要求教师的眼中只有需要关爱的孩子，而没有有问题的学生，永不放弃每一个孩子；就要求教师不是父亲却胜似父亲，用心去关怀每一个学生的成长，用浓浓的"父爱"，给学生生命成长提供支撑力量。

洛克坚信榜样的力量是无穷的，身正为范是教师必须具备的一个基本素质。教师自身就是非常重要的榜样力量，教师要处处给学生做表率，用自己的行动影响孩子，使孩子在潜移默化中发生改变，"导师也应以身作则，使儿童去做他所希望儿童做的事情。导师的行动千万不可违犯自己的教训，除非是存心使儿童变坏"。② 对教师而言，榜样之光的照耀，胜过千言万语的说教。至圣先师孔子有言：其身正，不令而行；其身不正，虽令不从。美国著名教育学家布鲁纳（J. S. Bruner）亦断言道：教师是学生可以视为榜样并拿来同自己作比较的人物。

教师对学生具有巨大的示范性，学生对教师则有强烈的向师性，这决定了教师的道德情操、情感态度、理想信念和行为规范等，都会对学生产生重要的示范作用，成为学生模仿和学习的表率，在学生心目中打下深深的烙印，这将对学生的健康成长产生直接的影响。

因此，洛克进一步指出道："导师自己如果任情任性，那么教训儿童克制感情便是白费力气的；自己如果行为邪恶，举止无礼，则儿童的行为邪恶，举止无礼，也就无法改正。坏榜样比良好的规则更容易被采纳，所以他应该时时留心，不可使儿童受到不良的榜样的影响。"③ 作为教师，如果都不能做到表里如一、言行一致的话，那么，又何以教育学生呢？而且，教师的坏榜

---

① ［英］约翰·洛克. 教育漫话［M］. 傅任敢译. 北京：教育科学出版社，2008：64.
② ［英］约翰·洛克. 教育漫话［M］. 傅任敢译. 北京：教育科学出版社，2008：64.
③ ［英］约翰·洛克. 教育漫话［M］. 傅任敢译. 北京：教育科学出版社，2008：64.

样，其力量也是无穷的，带给孩子的将是无穷的恶果，他会使教师的一切教育努力都白费力气，会使儿童走向可怕的邪恶之路。

故而，教育无小事，教师只有己正才能正人。这要求教师要以身作则，立身为范，为人师表，严于律己，率先垂范，正如我国著名教育家陶行知在《南京安徽公学办学旨趣》一文中所说："要学生做的事，教职员恭亲共做；要学生学的知识，教职员恭亲共学；要学生守的规则，教职员恭亲共守。我们深信这种共学、共事、共修养的方法，是真正的教育。"① 这要求教师要真正做到，凡要求学生做的，自己首先必须先做到最好。教师要尽可能以自己的渊博知识、高尚情操和人格魅力，为学生树立榜样，以激励学生、鞭策学生和鼓舞学生，真正在学生身上产生"随风潜入夜，润物细无声"的优异教育效果。

正因为教师的榜样作用如此重要，洛克对教师的举止和礼仪问题非常重视，认为"做导师的人自己便当具有良好的教养，随人，随时，随地，都有适当的举止与礼貌"。② 教师的举止和礼仪之所以重要，是因为它体现的是对学生的一种尊重。中国人民大学金正昆教授曾对礼仪做出过如此解释："礼"指的是尊重，即在人际交往中既要尊重自己，也要尊重别人；"仪"者，仪式也，尊重自己、尊重别人的表现形式。这正是我国古人所讲的"礼仪者敬人也"。在教师和学生之间，教师若想让学生尊敬自己，那就要首先尊敬学生，正如洛克所指出："礼仪是在他的一切别种美德之上加上的一层藻饰，使他们对他具有效用，去为他获得一切和他接近的人的尊重与好感。"③

倘若教师过于随随便便，邋邋遢遢，生活懒散，衣冠不整，不讲卫生，或者穿奇装异服，染彩色头发，涂指甲油，浓妆艳抹，珠光宝气，弄得没个教师的样儿。带给学生的就不会是尊重与好感，只能使学生产生反感与厌恶，严重

---

① 陶行知. 陶行知全集（第一卷）[M]. 长沙：湖南教育出版社，1984：500.
② [英] 约翰·洛克. 教育漫话 [M]. 傅任敢译. 北京：教育科学出版社，2008：67.
③ [英] 约翰·洛克. 教育漫话 [M]. 傅任敢译. 北京：教育科学出版社，2008：67.

损害教师的形象。对此,洛克严肃地指出:"没有良好的礼仪,其余一切成就就会被人看成矫夸、自负、无用或愚蠢。"① 因此,作为教师就需要如陶行知先生所指出的那样:教师个人一举一动,一言一行,都要修养到不愧人师的地步。这要求教师要注意自己的仪表,尽力做到举止得体、端庄朴素、整洁大方、文雅谦和、言而有礼、行而有矩,以自身良好的礼仪风范影响学生。

除了礼仪素养,洛克还强调了教师应具备的另一个重要素养,深谙人情世故,"导师除了应娴于礼仪之外,他还应该深知世故人情,他应懂得识人的行径、性癖、轻薄行为、诳骗和过失"。② 人情世故是和人正确交往不可回避的问题,教师只有具备了这样的素养,才能够更好地教学生学会识人、认人,让学生懂得什么人可以交往,什么人不可以交往。

对于教师的责任,洛克提出,教师不能只进行知识传授,更加重要的是要养成孩子的态度,"寻求一个教员或导师的时候,心里不可只是想着拉丁文和逻辑。学问是应该有的,但是它应该居于第二位,只能作为辅助更重要的品质之用。你应该找一个知道怎样去小心地形成他的态度的人,你所托付的人要能保持他的真纯,培养他的优点,温和地改正与消除他的任何不良倾向,使他养成良好的习惯"。③ 与要学的知识相比,孩子态度和习惯的养成更加重要,这才是教师应肩负的首要责任,"导师的重大工作在于养成学生的风度,形成学生的心理;在使学生养成良好的习惯,抱德行与智慧的原则"。④ 事实上,洛克是在提醒教师,教师不可能把世上的所有知识都教给学生,而在使学生对知识充满爱好与尊重,更在于使学生知道怎么做人,知道怎么去改进自我。

---

① [英]约翰·洛克. 教育漫话 [M]. 傅任敢译. 北京:教育科学出版社,2008:67.
② [英]约翰·洛克. 教育漫话 [M]. 傅任敢译. 北京:教育科学出版社,2008:69.
③ [英]约翰·洛克. 教育漫话 [M]. 傅任敢译. 北京:教育科学出版社,2008:127.
④ [英]约翰·洛克. 教育漫话 [M]. 傅任敢译. 北京:教育科学出版社,2008:74.

第八章 卢梭:教师是使人成为一个人

> 在前人只看到一片混乱和毫无关联之差异的地方,牛顿破天荒地觉察出秩序和守常是高度简捷地结合在一起。有了牛顿以后,彗星才沿着几何轨道运行。而在人类天性呈现的种种形式背后,则是卢梭第一次发现了被深深隐匿了的人类本质,和那深藏起来的、可以通过对它的观察来证明天意的法则。①
>
> ——伊曼努尔·康德

一、卢梭生平

让·雅克·卢梭(Jean Jacques Rousseau,1712—1778年),闻名于世的法国伟大的教育家、思想家和文学家。在人类历史上真正称得上伟大的教育家并不多见,而卢梭则是这些不多见的伟大者之中的伟大者。对人类产生巨大影响的教育思想家已寥若晨星,而卢梭就是这星辰中格外耀眼的一颗。

卢梭是法国18世纪大革命思想的先驱,启蒙运动最卓越的代表人物之一。卢梭的思想对法国大革命影响极大,雅各宾党人以他的学说作为行动纲领,雅各宾派的卓越领导者罗伯斯比尔(Robespierre)甚至自称是卢梭的学生,并把

---

① [德]卡西尔. 卢梭·康德·歌德[M]. 刘东译. 北京:生活·读书·新知三联书店,2002:22.

卢梭的著作放在案头当做座右铭。就连拿破仑也不无感佩地指出：没有卢梭，就没有法国革命。

马克思对卢梭寻求真理而不妥协于政权的大无畏勇气发自内心的赞叹："卢梭不断避免向现存政权作任何即使表面上的妥协。"[1] 恩格斯也对卢梭称赞道："我们在卢梭那里不仅已经可以看到那种和马克思《资本论》中所遵循的完全相同的思想过程，而且在他的详细叙述中可以看到马克思所使用的整整一系列辩证的说法。"[2] 德国伟大作家歌德（Goethe）则盛赞了卢梭在思想史上的伟大意义：伏尔泰标志着旧世界的结束，卢梭代表了新世界的诞生。深受卢梭思想影响的德国哲学家康德也明确指出，正是卢梭把他从教条主义的沉睡中唤醒，并使他从迷途中返回正道。康德高度评价了卢梭的"批判理性"精神，称之为"精神世界的牛顿"。[3] 英国哲学家休谟（D. Hume）对卢梭充满了敬意，他对卢梭说："你是我最尊敬的人，因为你天才的力量和伟大的心灵。"[4] 莫尔利（Morley）对卢梭评价道："正是他的著作，而不是任何其他人的著作，使法国从衰败中清醒过来，获得了不可抵挡的力量。"[5]

愈是了不起的人物，引起人们的争论和非议也就愈多，而且事实上很多非议本身，正是其优点所在。卢梭也不例外，以卢梭著作行文的语言风格为例，为了能让读者轻松而又能引起思考的阅读，卢梭著作的行文里充满了妙语和警句，使读者感到字字珠玑。但恰恰是这华美辞藻的文本，让一些人认为，卢梭还不能称得上是一位"严肃的思想家"，他只不过是试探性地偶然提出了某些了不起的想法而已。更有甚者，索性说卢梭只是个玩弄词藻和概念的魔术师。而

---

[1] ［德］马克思. 马克思恩格斯全集（第16卷）[M]. 北京：人民出版社，1965：36.

[2] ［德］恩格斯. 马克思恩格斯选集（第2卷）[M]. 北京：人民出版社，1995：86.

[3] ［法］亨利·古耶. 卢梭与伏尔泰：两面镜子里的肖像 [M]. 裴程译. 上海：华东师范大学出版社，2010：9.

[4] Timothy O'Hagan. ROUSSEAU [M]. Routledge, New York, 1999：7.

[5] ［瑞士］裴斯泰洛齐. 裴斯泰洛齐教育论著选 [M]. 夏之莲译. 北京：人民教育出版社，2001：231.

且，就连康德在读卢梭著作时也禁不住说："读卢梭的著作，必须读到他那华彩的文笔不再使我神魂颠倒为止，只有到那时候，我才能借理性去审察他。"①

1712年6月28日，一个在人类历史上具有相当价值的性灵诞生于日内瓦一个钟表匠家里，他就是卢梭。对于自己的出生，卢梭说，上帝塑造了我，然后把模子打碎了。卢梭这种对自己充满了无比自信的独一无二性，来自于他那独一无二的头脑所产生的独一无二的思想。

一个注定对人类历史产生重大影响的人，似乎也注定要命运多舛，这在卢梭身上体现得尤为明显。在卢梭出生后仅九天，他的母亲便因产后失调，撒手人寰，离他而去。卢梭的父亲后来因为和一个法国陆军上尉发生了纠纷，此人便利用关系诬告卢梭的父亲，要把他父亲送入监狱。无奈之下，卢梭的父亲只好逃离日内瓦，留下了孤苦伶仃的小卢梭。失去了母爱之后的小卢梭，又失去了父亲的疼爱和庇护。

不过幸运的是，从卢梭出生到他父亲离开他，卢梭养成了阅读的习惯。卢梭的母亲喜欢阅读，给卢梭遗留下了大量小说。卢梭的父亲更是嗜读如命，在逃离日内瓦之前，卢梭的父亲就经常利用他母亲留下的小说，和卢梭每天一起阅读。父子两人对读书着了迷，经常通宵达旦地阅读，直到听到早晨燕子的鸣叫，他父亲才难为情地说：我们去睡吧，我简直比你还孩子气呢！

据卢梭回忆说：有一天在吃饭时，讲到了罗马英雄西伏拉②被逮捕后，为了显示罗马人抵抗侵略的决心，西伏拉把手放在火盆上烧，一声不响。卢梭为了表现自己对西伏拉英雄行为的仰慕，竟然也把手放在火盆上烧，着实把在场的人都吓了一跳。丰富的阅读滋养了卢梭幼小的心灵，书中对崇高忠贞行为的赞美和英雄们的伟大壮举，给儿时卢梭敏感的内心产生了巨大震撼。正是儿时的

---

① ［德］卡西尔．卢梭·康德·歌德［M］．刘东译．北京：生活·读书·新知三联书店，2002：7.

② 西伏拉是公元前6世纪的罗马英雄，在刺杀侵略者的国王时，失败被俘，接受审讯时，他把手放在火盆上烧，却一声不吭，以此显示罗马人对侵略者的抵抗决心。

阅读，为日后卢梭倔强高傲、热爱自由性格的形成，打下了坚实的基础。

除了父亲，儿时的卢梭大部分时间是和姑母在一起。卢梭的姑母精通音乐，她歌声娇柔婉转，十分动听。经常受姑母音乐的耳濡目染，大大激发了卢梭的音乐才能。正是儿时姑母的音乐启蒙，才使卢梭日后能够创造出一项伟大的音乐发明——简谱：在1742年卢梭三十岁时，他在法国国家科学院的讲台上，作了关于记谱法的报告。卢梭提出了用阿拉伯数字1、2、3、4、5、6、7，分别读作哆、唻、咪、发、索、拉、西，新的七个音记谱法，这就是简谱。卢梭新的音乐记谱法，于1743年以《论现代音乐》为题发表，但这部书的销路很差，使卢梭遭受沉重的打击。

父亲离开后，卢梭的舅父贝纳尔成为卢梭的监护人。在卢梭13岁时，舅父把他送到木城法院书记官马斯隆那里，学习当律师书记。卢梭对此毫无兴趣，于是他又跟着杜康曼师傅学习雕刻，但这仍然提不起卢梭的兴趣，只干了三年就放弃了。值得庆幸的是，卢梭在这期间并没有荒废读书的习惯，他几乎每时每刻都在读书，出去办事时读，蹲在厕所里读，在干活的案子上读，以至于"在不到一年的时间里，他把女租书商拉特里布书店中的所有书籍都读遍了，并且因读书不止一次地挨了杜康曼师傅的打骂"。[①]

1728年，16岁的卢梭离开日内瓦，开始了流浪的生活。在流浪过程中，卢梭遇到了华伦夫人，这位对他一生命运影响最深的人。华伦夫人年长卢梭12岁，是位有妇之夫，但与丈夫感情并不和睦，卢梭与华伦夫人同居度过了十四年。卢梭与这位华伦夫人之间情与肉的暧昧纠葛，对卢梭来说，与其说是情爱多一些，还不如说是母爱的成分更大一些。卢梭一直深情地称呼华伦夫人为"妈妈"，而华伦夫人也亲切地称呼卢梭为"孩子"。因此，卢梭深深陷入了"爱上妈妈"的恋母情结困境，萦绕他内心深处的是无法自拔的深深罪恶感，卢梭充满自责地说："我只是得到了肉体上的满足，有一种难以克服的忧伤毒化了它

[①] 赵林. 浪漫之魂——让·雅克·卢梭[M]. 武汉：武汉大学出版社，2005：13.

的魅力。我觉得好像犯下了一桩乱伦罪。"①

1742年，30岁的卢梭离开了华伦夫人，只身来到了欧洲著名的文化中心巴黎。在巴黎遭受了一系列打击之后，穷困潦倒、心灰意冷的卢梭搬到了一个僻静的旅馆，在那里，卢梭认识了一位年轻的旅馆女仆德蕾丝·勒·瓦瑟。卢梭与瓦瑟生活在一起，但直到1768年，卢梭才与这位同居了25年的女仆结婚。

卢梭与瓦瑟先后生了五个孩子，结果都送到了孤儿院，这引起了人们对卢梭的非难，伏尔泰就此指责卢梭是一个极其仇视孩子的丧尽天良的父亲。对于自己这种遗弃亲骨肉的不近人情行为，卢梭进行了辩解："我也理解，把我将孩子送进育婴堂这个指责稍加变化，就很容易演化成指责我是不近人情的父亲，指责我仇视孩子。然而不容分辩的是，我之所以采取这一步骤，主要是怕他们不如此就会有一种几乎不可避免的坏上千百倍的命运。我无法亲自教养他们，……但是我知道，育婴堂的教育对他们的危险性最小，因此我把他们送去了。如果今天还出现这种情况，我还要这样处理，而且疑虑会更少些；我清楚地知道，只要我稍微养成那么点习惯来发展我的天性，那么，哪个当父亲的也不会比我对我的孩子们更加慈祥体贴……要说《爱洛伊丝》和《爱弥儿》出于一个不爱孩子的人之手，那未免是世上最荒唐的事情了。"②卢梭从孩子受教育角度来替自己抛弃孩子辩护，在今天看来实在是荒唐透顶，但在当时巴黎弃婴屡见不鲜的情况下，也许有一定道理。

在巴黎期间，卢梭和狄德罗成为了好朋友。1749年的一天，卢梭到监狱看望被捕的狄德罗，忽然看到第戎学院的征文启事，题目是《科学和艺术的进步对敦风化俗是否有益》。这个题目就像一千条光线，刺穿了卢梭，许多富有生气的思想就像大浪一样震荡着他的心灵，"我顿时就看到了另一个宇宙，自己变成了另一个人"，③卢梭迅速撰写了应征论文寄出。结果，这篇论文获

---

① 朱学勤. 让·雅克·卢梭和他的恋母情结——兼论某种文化现象 [J]. 探索与争鸣，1987：44.
② [法]卢梭. 漫步遐思录 [M]. 廖灯明译. 北京：人民文学出版社，1986：119—120.
③ [法]卢梭. 忏悔录（第二部）[M]. 范希衡译. 北京：人民文学出版社，1982：433.

得了头等奖,卢梭也一举成名。这次成名成为他一生中的重大转折,引发了他系统表述自己知识体系的欲望和灵感,并开始埋头写作。

1753年,第戎学院又发布了一个征文广告,题目为《人类不平等的起源》。对于这个题目,卢梭写道:"这个大题目使我产生了强烈的印象,很惊讶这个学院居然敢把这样一个问题提出来。但是,既然它有这样的勇气提,我也就有这样的勇气写,于是我就动手写了"。[①] 最终卢梭以《论人类不平等的起源和基础》之名写成论文,并寄给了第戎学院,但罗素知道,这篇观点新异的政治性论文是不可能获奖的。不过,1755年《论人类不平等的起源和基础》在荷兰出版后,这部构成卢梭整个思想理论体系的核心和全部世界观基础的名著,迅速引起了整个欧洲思想界的震动。

1756年,44岁的卢梭接受朋友的馈赠,搬到一座环境优美的乡村小房子,开始了他的隐居写作生活。卢梭之所以隐居,并非出于标新立异的虚荣,而是因为卢梭天性中久已存在的对灯红酒绿和名利喧嚣的厌恶。在隐居生活中,卢梭完成了风靡全欧的自传体小说《新爱洛绮丝》,这部小说尤其赢得了妇女界的欢迎:"1761年《新爱洛绮丝》出版,太子妃读它,称为绝妙作品;王妃读它,一口气读到凌晨四时,卸下已套好的马车,不赴舞会"。[②] 同时,卢梭还完成了世界政治学史上著名的经典著作《社会契约论》,和被丹麦哲学家霍甫定称之为"儿童的宪章"的著名教育小说《爱弥儿》。

然而,卢梭那本天真无邪、充满灵感和独具创见的教育学著作《爱弥儿》的出版,却给他带来了灾难。1762年,《爱弥儿》在荷兰刚刚出版二十天,在巴黎就被公开焚毁,逮捕卢梭的通缉令也随之发出。卢梭不得不仓皇逃亡瑞士,又被瑞士政府驱逐,辗转来到普鲁士一个村庄栖身。后来,英国哲学家休谟邀请卢梭去了英国,但终因与休谟间不可弥合的分歧而离开英国。1767

---

① [法]卢梭. 忏悔录(第二部)[M]. 范希衡译. 北京:人民文学出版社,1982:479.
② 朱学勤. 让·雅克·卢梭和他的恋母情结——兼论某种文化现象[J]. 探索与争鸣,1987:46.

年，卢梭改名为雷诺，逃回法国的多弗尔，重新过上隐居的生活。充满不安和惶恐的颠沛流离生活，并未影响到卢梭的思考和写作，他相继完成了《忏悔录》和《山中书信》等著作。

1778年7月2日早晨，卢梭来到窗户前，面对着初升的太阳，喃喃自语到："全能的主啊！天气如此晴朗，没有一片云，上帝在等着我了"，[①] 说完他就失去知觉，卢梭便溘然长逝了。

据说卢梭死于尿毒症，因为他患有先天性膀胱畸形，1748年以后病情恶化。卢梭性格中的善感、偏激、易怒和带有病态性的多疑，估计与该病也有密切关联。卢梭死后，被葬在爱尔梅农维尔园美丽的杨树岛上，墓碑上刻着：睡在这里的是一个热爱自然和真理的人（或：自然之子、真理之子长眠于此）。法国大革命后，卢梭的遗骸被于1794年以隆重的仪式迁葬于巴黎先贤祠，与伏尔泰墓并排。

卢梭的一生是历经坎坷，长期漂泊的一生，亦是毁誉褒贬不一，成就巨大的一生。有人说卢梭是神经病，有人说恰恰是神经病才成就了卢梭："古来有大学问成大事业者，必得有神经病才能做到。诸君且看那希腊哲学家苏格拉底，可不是有神经病的么，那提出民权自由的路索（卢梭），为追一狗，跳过河去，这也实在是神经病。"[②]（章太炎《演说录》）对于卢梭的成就，卡西尔将其归于动荡的人生给他带来的高度紧张和内心震荡："卢梭的一生动荡不安，这是因为，即便是远离了外部的威胁，他的性格也躲不进平衡里去。只有在最高度的紧张中，在其整个身心的彻底震荡中，他才可能达到他的成

[①] [法]法兰西斯·韦渥. 卢梭[M]. 裘奇译. 北京：新华出版社，1988：173—174.
[②] 晚清时期，"卢梭狗"的掌故为知识界所熟知："（卢梭）方其幼稚时，尝游行道路，见小犬为大犬所凌噬，不堪其虐，猝然发怒，驱逐大犬，遂涉川逃去，不能自己，自投水追之。"这一段描述是为了说明卢梭"其爱自由比食色更重要，其憎压制比死苦更深。"忧患余生（连梦青）的《卢梭狗》，载《新民丛报》第7号。

就。"① 卢梭的一生充满了魔力，或许只有克服这魔力，我们才能体悟一个真正的卢梭，然而正如布罗姆所言："卢梭的魔力或许有待克服。但是，若要克服，首先要求我们必须去体验他的魔力。"②

卢梭生前，在自传中写出了希望自己名字能够流传后世的希望，如今，卢梭已经离开这个世界200多年了，他的名字一直被全世界记着，九泉之下，卢梭也该满意了。

二、教师绝不是可以出卖的人

卢梭十分重视教师的品质。卢梭认为，教师最重要的品质就是，绝不做一个可以出卖的人："一个好教师应该具有哪些品质，人们对这个问题是讨论了很多的。我所要求的头一个品质是：他绝不做一个可以出卖的人。有些职业是这样的高尚，以致一个人如果是为了金钱而从事这些职业的话，就不能不说他是不配这些职业的：军人所从事的，就是这样的职业；教师所从事的，就是这样的职业。"③ 教师之所以不可以出卖，是因为教师这个职业太高尚了，但是教师职业的高尚，并不是因为这个职业具有显赫的权位、耀眼的光环和足够的财富。

卢梭认为，教师职业之高尚，是因为教师是在造就一个人："一个教师！啊，是多么高尚的人！……事实上，为了要造就一个人，他本人就应当是做父亲的或者是更有教养的人。像这样的职责，你竟放心交给一些为金钱而工作的人。"④ 教师是高尚的、有教养的，不是为了金钱的人，教师不能为了金钱而违背造就人的宗旨。为了造就人而教，才是教师高尚的根本缘由。

---

① ［德］卡西尔. 卢梭·康德·歌德［M］. 刘东译. 北京：生活·读书·新知三联书店，2002：4.
② ［美］布罗姆. 巨人与侏儒［M］. 秦露，林国荣，严蓓雯译. 北京：华夏出版社，2003：224.
③ ［法］卢梭. 爱弥儿［M］. 李平沤译. 北京：商务印书馆，1996：27.
④ ［法］卢梭. 爱弥儿［M］. 李平沤译. 北京：商务印书馆，1996：27.

事实上，就整个人类历史来看，没有一个真正的教师是腰缠万贯的富人，而真正以教书育人为志业的教师，也不可能成为腰缠万贯的人。金钱至上，就只能是对教师职业的巨大亵渎。在这一点，我国孟子所谓的"富贵不能淫，贫贱不能移，威武不能屈"，亦可算是对教师品质的要求，这与卢梭十分契合：富贵、贫贱和威武，都不能动摇教师教书育人的理想和信念。正如东西方伟大的教师苏格拉底和孔子，苏格拉底破衣烂衫游走于街头教书，孔子筚路蓝缕在"周游列国"的路途中教书。而那位倾其所有办孤儿院，过着如乞丐一般生活的裴斯泰洛齐，更是发出了教师不可出卖的最强音：我像乞丐一样地生活，为的是教会乞丐们像人一样地生活。

苏霍姆林斯基指出，教育者最可贵的品质之一，就在于人性、人的尊严、人的价值，要在教育者那里得到最充分的体现和最大发挥。苏联卓越的无产阶级革命家、教育家加里宁曾掷地有声地说：教师是人类灵魂的工程师！一个关注人性、人的尊严和价值的教师，一个以人的灵魂改善为志业的教师，又怎能为外在于人的功名利禄所动呢？

教师的高尚，不是因为从事这个职业的人使之高尚，而是这个职业本身所固有的高尚。不高尚的人也可能混进教师队伍，但他绝不是一个真正的教师，只有那些用自己的智慧、才华和人格魅力，来诠释和演绎这一职业高尚和价值的人，才可谓是真正的教师，这也正是卢梭之教师不可做出卖的人的真正含义。

所以，卢梭才由衷地指出："我深深明了一个教师的责任是十分重大的，同时感到自己的能力是太不够了，所以不论什么人请我担任这个职务，我都是绝不接受的。"[1] 这里，卢梭在提醒每一个想从事教师职业的人，当你觉得你不能满足教师这个职业高尚要求的时候，即是说，当你喜欢功名利禄更胜于对人性改善痴迷的时候，就最好不要从事教师这个行业。同样，对于那些正在从事教师职业，却苦恼于教师职业不能让你发财致富的人，立刻退出教

---

[1] ［法］卢梭. 爱弥儿［M］. 李平沤译. 北京：商务印书馆，1996：28.

师职业将是你惟一正确的选择。

三、导师而不是教师

教师和导师区别就在于，教师主要职责是传授知识，导师则把做人作为自己的主要任务。在对学生的教育方面，卢梭所主张的是导师而不是教师，"我宁愿把有这种知识的老师称为导师而不称为教师，因为问题不在于要他拿什么东西去教孩子，而是要他指导孩子怎么做人。他的责任不是教给孩子们以行为的准绳，他的责任是促使他们去发现这些准绳"。① 在"去教孩子东西"和"指导孩子做人"之间，卢梭毫不犹豫地选择了后者，可以看出在卢梭眼里，做人是重于知识获得的。

在我国，《论语》一书中记载了这样一个小故事，孔子有两个学生子游和子夏。有一天子游不屑地说：子夏每天都让他的弟子做做打扫、接待客人、拜见尊长这些末节小事，根本不懂做大事的学问，这怎么可以呢？子夏听到这话后，淡然一笑说：做人是根本，做事是末节，而小事是做人的第一步，怎么能忽略呢？在子夏看来，教育重要的是教做人而不是做大学问，这与卢梭的观点如出一辙。其实，我国著名教育家陶行知先生也曾表达过同样的观点：先生不应该专教书，他的责任是教人做人。学生不应当专读书，他的责任是学习人生之道。

正是认识到了做人的重要性，卢梭才进一步强调指出："交给他一切的知识，却就是不教他认识他自己，不教他利用自己的长处，不教他如何生活和谋求自己的幸福"，② 最后得到的，很可能是"既是奴隶又是暴君的儿童"，"充满学问但缺乏理性、身心都脆弱的儿童"，"愚昧、骄傲和种种恶习"的儿童。

缺乏对自我认知的人，就很难对自己的行为做出正确判断，教师教育出

---

① ［法］卢梭. 爱弥儿［M］. 李平沤译. 北京：商务印书馆，1996：31.
② ［法］卢梭. 爱弥儿［M］. 李平沤译. 北京：商务印书馆，1996：25.

这样的学生，就是教育的失败。伟大的物理学家爱因斯坦（A. Einstein）就曾以自己的切身体验发出过郑重地呼吁，爱因斯坦说仅仅靠知识和技能，将无法使人类获得真正快乐而又有尊严的生活。因为知识教育可以使人成为一部有用的机器，但却无法造就和谐的人格。爱因斯坦进一步指出，学生必须对美和良好的道德有深切的感受，否则仅有专业知识的学生，不过更像是一条经过良好训练的狗。

卢梭反对教师只传授知识，而忽视做人的观点，在今天被浓缩为一句话："千教万教教人求真，千学万学学做真人"，求真就是求做一个真人。教师的职责并不是要培养出只懂得一大堆道理却不懂得做人的人，更重要的是让孩子在教育过程中形成高尚的人品、正确的人生观和价值观。倘若教师只重视对学生进行知识教育，而不重视人格培养，那么很可能培养的人越有知识，越可能对社会造成更大的危害。

事实上，一个人能够取得成功，或许开始的时候总是在拼知识、拼能力、拼学历、拼才气、拼身份、拼家庭、拼关系等，最后还是要归结于拼人品上，一个做人都有问题的人，又怎么可能会取得巨大成就呢？我们必须说，那些只专注于知识掌握而忽视做人的教师必然是肤浅的，一个肤浅的教师，可能是好教师，也可能是坏教师——但是好也好得有限，而坏则每况愈下。正是在这个意义上，卢梭才斩钉截铁地说："我们宁可让他们为人忠厚而不愿他们有一肚子的学问。"[①]

四、教师要放任无为

对于学生的管教方面，卢梭强调教师要敢于放手，成为一个放任无为的管理者，这是教师惟一能够取得成功的方法。卢梭指出，教师对孩子要放任无为，不要提过多要求，顺其自然地发展，"不按照成规来管教你的学生，要放任无为才能一切有为。……这是惟一能够取得成功的方法。如果你不首先

---

① ［法］卢梭. 爱弥儿［M］. 李平沤译. 北京：商务印书馆，1996：31.

培养活泼的儿童，你就绝不能教出聪明的人来"。① 可以看出，卢梭主张教师对学生放任无为，并非是让教师什么事情都不干的消极思想。恰恰相反，卢梭的无为实则是大作为，是一切有为，无为而无不为。

教师只有对儿童善良的天性采取无为的态度，不干扰，不打乱，不强制，不刻意做什么，也不乱做什么，顺其自然，才能培养活泼的儿童，教出聪明的学生。卢梭的教师无为思想，与我国老子《道德经》中所谓"道常无为而无不为"的大智慧一脉相通，它提醒教师在教育学生的时候，不该做的事情，即使有一万个可以做的理由，也不能去做。卢梭关于教师"为"与"不为"的辩证思想，对教师教育学生无疑有巨大启发意义。

卢梭指出，做到放任无为地教育学生，教师要注意绝不可做学生的权威："你的学生事事都听命于一个成天教训他的权威，所以，别人说什么他才做什么，他肚子饿了不敢吃东西，心里高兴不敢笑，心里悲伤不敢哭，伸了这只手就不敢换那只手，你说什么地方可以去，他的脚才敢到什么地方；不久以后，他连呼吸也要照你的规定呼吸了。"② 当学生习惯于一切听命于教师，当学生习惯于由教师来替他安排一切的时候，学生实际上仅被当作"物"来对待，成为任意宰割、处置的对象，"如果一种教育把人作为'物'来处理，这种教育就表现出形塑的霸权意志，它可以把人当做一个必须要煅打的铁器，一个必须要制造的部件，进行算度、宰割、制服，它可以把人的本体性的不完美作为严重的个人缺陷，对人进行残酷的惩罚，它也可以以编造的谎言和虚假的知识欺骗人，窒息人的理性，它可以任意地像处置一件'物'一样地处置人。总之，这样的教育违背了精神的自由特性。我们的教育中，人是否正在成为非人？如果教育伴随着强制和压迫，伴随着痛苦与恐惧，伴随着体罚和叱责，伴随着灌输和愚弄，教育就是非人的，就是与精神的创造无关"。③

---

① ［法］卢梭. 爱弥儿［M］. 李平沤译. 北京：商务印书馆，1996：140.
② ［法］卢梭. 爱弥儿［M］. 李平沤译. 北京：商务印书馆，1996：139.
③ 金生鈜. 规训与教化［M］. 北京：教育科学出版社，2004：9.

学生在教师的规训下，获得的并不是真实的发展，事实上学生却在不断地丧失他最宝贵的东西：主体性、创造性、想象力，乃至学生的生命活力。

由此，卢梭毫不客气地将这种扼杀学生真实发展的教师称为"一个愚昧的教师"："一个愚昧的教师由于不知道如何对孩子进行教育，以致时时刻刻要孩子答应做这个做那个。……弄得孩子十分烦恼。"① 在一定意义上可以说，在此种愚昧教师的规训下，学生将很难看到生存的意义与价值。学生也很难避免人格失真、情感低迷、生命意识失落等如此恶果，这种教育对学生而言，已彻底沦为与心灵隔离的苦役。

卢梭对教师提出警告道："你为了向他们灌输你所谓的良好的观念，就成天讲道说教，卖弄学问，结果，在灌输你那思想的同时，又把二十个一点价值也没有的观念灌输给他们了；你尽管有满脑子的想法，可是没有看到在他们脑子中将产生什么效果。在你滔滔不绝地向他们高谈阔论的时候，你以为他们一句话也不会听错吗？你以为他们不会按他们的方式去评论你啰啰唆唆杂乱无章地讲解的那些事情吗？你以为他们不会从其中找到一些材料来形成一套他们所理解的东西，以便有机会的时候就用来反对你吗？"② 这是要求教师要时刻警惕自己那规训式的灌输。

教师要真正明白，重要的不是教师一味地从外面向学生脑子里灌输什么，而是学生脑子里真正能够接受什么，而是学生脑子里真正达到的效果。所以卢梭才诚恳地对教师劝诫到："我们并不勉强他们老老实实，以免他们弄虚作假；我们并不硬要他们作出这样或那样的诺言，以免他们不打算遵守他们的诺言。"③

对此，卢梭进一步指出："采取规规矩矩的教育方法，老师发号施令，以为这样就管住了孩子；然而实际上是孩子在管老师。他利用你强迫他做的事

---

① ［法］卢梭. 爱弥儿［M］. 李平沤译. 北京：商务印书馆，1996：112.
② ［法］卢梭. 爱弥儿［M］. 李平沤译. 北京：商务印书馆，1996：100.
③ ［法］卢梭. 爱弥儿［M］. 李平沤译. 北京：商务印书馆，1996：111.

情，反过来要你做他所喜欢的事情。"① 貌似教师在管学生，实则恰恰相反，而且在卢梭看来更为严重的是，教师管制对学生产生的直接不良后果，就是在助长学生形成一种恶习，"孩子们最留心的事情之一，就是要发现管束他们的人的弱点"，"老师的缺点一被发现以后，就提供了他们达到这个目的的最好手段。因此，他们将养成这样的习惯：留心别人的缺点，以发现别人的缺点为乐"。② 学生一旦养成发现别人缺点的习惯，那离失败也就不远了，因为越是失败的人，就越善于发现别人的缺点，正如俄国大文豪托尔斯泰（Tolstoy）所说："人们常常想用发现别人的缺点来表现自己，但他们用这种方式表明的只是他们的无能"，"一个人越聪明、越善良，他看到别人身上的美德越多；而人越愚蠢、越恶毒，他看到别人身上的缺点也越多"。倘若教师的管制，真的使学生形成了如卢梭所谓的"善于发现别人缺点"的习惯。那么，这种教育的结果，也只能使学生最终走向内外失败，进而导致更大的失败。

最后，卢梭指出了教师放任无为的实质就是尊重儿童，"要尊重儿童，不要急于对他作出或好或坏的评判。让特异的征象经过一再地显示和确实证明之后，才对它们采取特殊的方法"，③ 尊重儿童正是教师的使命与价值达成的根本路径。尊重儿童对教师而言意味着，这是一种关照儿童的人文精神与信念，其宗旨就是解放儿童，打破教育的专制性、压迫性和强制性，从根本上改变儿童的教育存在方式，使教师的教育成为儿童的一种有意义的生活。

五、 教师必须先受教育

卢梭十分重视教师的自我教育，他认为凡为教师者必须不断进行自我教育，也只有不断进行自我教育的教师，才配称得上是真正的教师，"教师必须

---

① ［法］卢梭. 爱弥儿［M］. 李平沤译. 北京：商务印书馆，1996：140.
② ［法］卢梭. 爱弥儿［M］. 李平沤译. 北京：商务印书馆，1996：142.
③ ［法］卢梭. 爱弥儿［M］. 李平沤译. 北京：商务印书馆，1996：118—119.

先受教育，才能教育他的学生，仆人必须受过教育，才能为他的主人服务，所有接近学生的人都必须先获得他们应当使他领会的种种印象；必须受了一层教育又受一层教育，一直受到谁也不知道到了什么地方为止。把孩子交给一个连他本身都没有受过良好教育的人培养，又怎能培养的好呢？"① 一个连自己都懒得受教育的人，当然是无法教育好别人的。法国著名思想家罗曼·罗兰（Romain Rolland）曾说："要撒播阳光到别人心中，总得自己心中有阳光"。作为向孩子心灵播撒阳光的心灵使者的教师，只有时刻保持自我心灵的充盈，才可能将这充盈传播给另一个心灵，才可能去影响、引导和改善另一个心灵。

卢梭指出："不要在教天真无邪的孩子分辨善恶的时候，自己就充当了引诱的魔鬼。"② 教师不进行自我教育，就将不可避免地丧失教育的能力；教师不进行自我教育，就将不可避免地陷入陈旧和落后；教师不进行自我教育，就将不可避免地沦为无知和盲目。这样的教师，对学生而言，就是可怕的魔鬼。

有什么样的教师，就有什么样的学生，"一个受了不良教育的孩子，远远不如没有受过任何教育的孩子聪明"。③ 可以看出，卢梭实际上是把自我教育看作是教师之为教师的一个前提性条件。这也就意味着，倘若一个教师丧失了自我教育的能力，他也就同时丧失了做教师的资格，正如19世纪俄国最杰出的教育家乌申斯基曾说：只有当你致力于自我教育的时候，你才能教育别人。教师作为教育别人的专职人员，自然要把致力于自我教育放在首位，对此日本教育学者上寺久雄一针见血地指出："教师成长和发展的第一步，就在于教师自身的反思、教师自身对自身的评价和教师自身的自我改造。"④ 事实

---

① ［法］卢梭. 爱弥儿［M］. 李平沤译. 北京：商务印书馆，1996：28.
② ［法］卢梭. 爱弥儿［M］. 李平沤译. 北京：商务印书馆，1996：101.
③ ［法］卢梭. 爱弥儿［M］. 李平沤译. 北京：商务印书馆，1996：119.
④ ［日］上寺久雄. 教师的心灵与风貌［M］. 赵一奇等译. 北京：春秋出版社，1989：63.

上，真正优秀的教师，都是善于自我学习和自我教育的人。

卢梭认为，教师自我教育很重要的一点就是要严格管束自己，使自己成为孩子的榜样。卢梭苦口婆心地指出："我不能不反复地指出，为了做孩子的老师，你自己就要严格地管束你自己。"① 教师严格管束自己，就是要特别注意自己的一举一动，要使自己的形象符合自己希望孩子们所要成为的那样，"你既然不能防止一个孩子在外面学别人的样子，所以就必须集中精力把那些样子按适合于孩子的形象印在他的心中"。② 这就是说，教师要成为孩子的榜样，用自己的榜样来向学生展示如何做，这样才能在学生的记忆里和心里留下深刻的印象，"诸位老师，你们别那么虚伪了，你们为人要公正和善良，要把你们的榜样刻画在你们的学生的记忆里，使它们深入到他们的心。一切慈善的事情，我不仅不强求我的学生去做，我反而喜欢当着他的面由我自己去做"。③

当然，榜样应该是伙伴般的榜样，而不是成人的榜样，"如果可能的话，我希望他本人就是一个孩子，希望他能够成为他的学生的伙伴，在分享他的欢乐的过程中赢得他的信任"。④ 教师只有拥有"假如我是孩子，假如是我的孩子"的理念，才有可能真正赢得学生的信任，教师榜样的作用才能真正起到效果。

---

① [法]卢梭. 爱弥儿[M]. 李平沤译. 北京：商务印书馆，1996：102.
② [法]卢梭. 爱弥儿[M]. 李平沤译. 北京：商务印书馆，1996：101.
③ [法]卢梭. 爱弥儿[M]. 李平沤译. 北京：商务印书馆，1996：113.
④ [法]卢梭. 爱弥儿[M]. 李平沤译. 北京：商务印书馆，1996：30.

第九章 康德:做一个理性的教师

> 康德这人的表面生活和他那种破坏性的、捣碎世界的思想之间具有多么奇特的对照!说真的,如果柯尼斯堡的市民预感到这种思想的全部意义,那么他们在这个人的面前所感到的惊恐胆怯的确会远远超过面对一个刽子手,面对一个只是杀人的刽子手——然而这些善良的人们却不过把他看做一位哲学教授,当他按确定的时间漫步走过去时,他们友好地问候致意,并依他来校准他们的怀表。[①]
>
> ——海涅

一、康德生平

伊曼努尔·康德(Immanuel Kant,1724—1804)是德国著名哲学家,德国古典哲学的创始人。

对于康德哲学,一般认为,康德哲学是哲学史上的一个枢纽或蓄水池,康德以前的哲学皆流向康德,康德以后的哲学又从康德这里流出。德国诗人海涅(Heinrich Heine)对康德哲学由衷地佩服,海涅说,康德的哲学比刽子手的刀子更加厉害,因为刽子手的刀只能砍下人头,但康德哲学却能在思想

---

① [德]海涅.海涅全集(第八卷)[M].章国锋,胡其鼎主编.孙坤荣译.石家庄:河北教育出版社,2003:274.

领域中，起到一种毁灭一切的作用，"在思想领域里伊马努埃尔·康德，这位伟大的破坏者，在恐怖主义上远远超过了马克西米利安·罗伯斯比尔"。① 法国著名后现代主义哲学家利奥塔（J. F. Lyotard）曾把康德看作是现代和后现代哲学的桥梁："'康德'，这个名字标志着现代性的序幕与终曲，而且作为现代性的终曲，它也是后现代性的序幕。"② 我国康德研究的开创者郑昕，曾评论康德说："超过康德，可能有新哲学，掠过康德，只能有坏哲学。"③ 英国哲学家罗素对康德的评价是矛盾的，一方面认为"康德是大家公认的近代最伟大的哲学家"，④ 另一方面却又表达了相反的看法："伊曼努尔·康德，一般认为是近代哲学家当中最伟大的。我个人不能同意这种评价，但是若不承认他非常重要，也可说是愚蠢无知。"⑤ 其实，哲学思想的完美与否并不重要，重要的是这哲学思想对人类思想带来的惊异和震动，康德哲学不啻为引爆人类思想的重磅炸弹，它带来的震撼穿越了历史，一直搅动着一代又一代人们智慧的头脑。

对于康德这位哲学家的一生，似乎已经在过往人们的评论中被概念化了：康德是一个没有太多生活情趣和经历的人，他那太过刻板和千篇一律的生活方式，除了提到他的名字让人想起一堆抽象概念之外，并不能引起其他的更多联想。为此，海涅曾诙谐地说："康德的生活史是难于描述的。因为他既没有生活，又没有历史。"⑥ 康德的传记作者阿尔森·古留加也指出："哲学家一生的标志就是他的那些著作，而哲学家生活中那些最激动人心的事件就是他

---

① ［德］海涅. 海涅全集（第八卷）［M］. 章国锋，胡其鼎主编. 孙坤荣译. 石家庄：河北教育出版社，2003：274.
② ［法］利奥塔. 后现代主义哲学话语［M］. 赵一凡译. 杭州：浙江人民出版社，2000：285.
③ 郑昕. 康德学述［M］. 北京：商务印书馆，1984：1.
④ ［英］罗素. 哲学问题［M］. 何兆武译. 北京：商务印书馆，2012：46.
⑤ ［英］罗素. 西方哲学史（下卷）［M］. 何兆武译. 北京：商务印书馆，1982：247.
⑥ ［德］海涅. 海涅全集（第八卷）［M］. 章国锋，胡其鼎主编. 孙坤荣译. 石家庄：河北教育出版社，2003：274.

的思想。就康德而言，除了他学说的历史以外，他自己就再没有别的传记。"[1]美国学者斯通普夫（S. E. Stumpf）和菲泽（J. Fieser）亦指出："康德的个人生活中没有任何非凡的事件，他没有做过旅行，也没有任何值得注意的社会或政治关系。"[2]无论这些议论到底是否符合事实，至少可以说明一点，思想的伟大似乎与人生曲折或平淡并没有直接关联。不过，康德的人生，也并非全然如此索然无味，对康德十分热衷的俄国大文豪托尔斯泰就曾说过：康德的一生始终给我留下深刻的印象。

1724年4月22日，康德在东普鲁士的滨海城市哥尼斯堡诞生了。康德出生的那一天，在《旧普鲁士年鉴》里称为"埃马努埃尔"（Emanuel）这就成为康德的教名，后来被康德改为"伊曼努尔"，其意是"与上帝同在"。康德的父亲是位马具师，母亲生了四男七女，大半夭折，康德排行第四，是所有幸存男孩中的长子。康德父母都是保守的虔敬教派信徒。

母亲对康德的影响甚大，以至康德在晚年时曾充满感恩地说，我永远不会忘记我的母亲。她在我身上培植了最初的优良品质，她用得自大自然的观念启发了我的心灵，唤醒并扩大了我的智力，她的教诲对我一生都有极大影响。[3]康德甚至说，他的面貌和身体的躯架，以至连那微弱的胸腔，都来自母亲的遗传。可惜的是，在康德13岁的时候，他的母亲因服侍一位患有伤寒病的女友，而不幸染上这种可怕的疾病，离开了人世。

1732年，康德考进了腓特烈中学学习，尽管康德在学校中的学习一直名列前茅，只是在毕业考试时排名第二，但腓特烈中学严酷而奴役式的管教，留给康德的只是害怕与恐惧的回忆。

1740年，16岁的康德考入哥尼斯堡大学，康德的大学生活十分贫困，不

---

[1] [前苏联] 阿尔森·古留加. 康德传 [M]. 贾泽林等译. 北京：商务印书馆，1992：1.
[2] [美] 撒穆尔·伊诺克·斯通普夫，詹姆斯·菲泽. 西方哲学史（第七版）[M]. 丁三东等译. 北京：中华书局，2004：420.
[3] 程志民. 康德 [M]. 长沙：湖南教育出版社，1999：9.

得不靠亲朋好友资助度日。康德在哥尼斯堡大学学习了七年，1747 年，父亲的离世使他中断了学业，在硕士学位没有答辩的情况下，就离开了大学，到乡村担任私人家庭教师。对于自己家庭教师的生涯，"康德却认为自己可能是有史以来最差的家庭教师"。① 不过，事实并非如他所说，学生们对他的口碑都还不错。

1754 年，康德结束了家庭教师生涯，重返哥尼斯堡，从此他就一直待在哥尼斯堡直至离世。1755 年，康德以论文《论火》通过了硕士论文答辩，获得了硕士学位，但这并不足以使他获得在哥尼斯堡大学任教的资格。接着，康德的论文《对形而上学认识论基本原理的新解释》通过答辩会后，康德被授予讲师职称，获得了由学生负担薪俸的教师资格。就这样，康德在哥尼斯堡大学长达四十一年之久的教学活动开始了。

康德的讲课别有风味，成为受欢迎的讲师，"康德的演说是即兴的，时而有机智与幽默，引述他最近读到的著作，偶尔也会加上一些轶事，却不至于偏离主题。许多其他的老师用来活跃气氛、却让有教养的学生敬而远之的低俗（性）笑话，我还不曾从他的口中听到过"。② 就这样，康德讲师的课堂总是座无虚席，康德也从学生那里获得了不菲的收入。

当然，康德对那些只会"学习"的学生并不感冒，他说："你们不要跟我学哲学，而是要学习如何作哲学思考，不是人云亦云，而是去思考"，③ 在康德看来，学习就是思考，康德重视的是学生在学习过程中的思考。1756 年，康德开始申请逻辑与形而上学教授，但直到 1770 年，康德 46 岁的时候，他才最终获得渴慕已久的教授职位。

在康德的思考中，有两个人对他影响巨大，一个是休谟，一个是卢梭。

在谈到休谟时，康德在《未来形而上学导论》中指出，正是休谟首先打

---

① ［美］曼弗雷德·库恩. 康德传［M］. 黄添盛译. 上海：上海人民出版社，2008：130.
② ［美］曼弗雷德·库恩. 康德传［M］. 黄添盛译. 上海：上海人民出版社，2008：139.
③ ［美］曼弗雷德·库恩. 康德传［M］. 黄添盛译. 上海：上海人民出版社，2008：139.

破了他独断论的迷梦,"是休谟的提示在多年以前首先打破了我教条主义的迷梦,并且在我对思辨哲学的研究上给我指出来一个完全不同的方向",[①] 正是深受休谟思想的冲击,才促使康德转向对人的理性本身进行考察。

对于卢梭,当康德1762年阅读到卢梭的著作《爱弥儿》时,给康德带来的震动是难以形容的,以至于生出了这样一个脍炙人口的小故事:作息规律的康德有个雷打不动的习惯,每天下午在固定的时间出去散步,这个习惯在康德一生中只有一次被打破,当康德醉心于阅读《爱弥儿》时,竟然忘掉了每天散步的习惯。康德在40岁的时候,谈到卢梭对他的影响时这样写道:"我自以为爱好探求真理,我感到一种对知识的贪婪渴求,一种推动知识进展的不倦热情,以及对每个进步的心满意足。我一度认为,这一切足以给人类带来荣光,由此我鄙夷那班一无所知的芸芸众生。是卢梭纠正了我。盲目的偏见消失了,我学会了尊重人性,而且假如我不是相信这种见解能够有助于所有其他人确立人权的话,我便应把自己看得比普通劳工还不如"。[②] 康德是如此的尊崇卢梭,以至于他工作室里挂的唯一一件装饰品,就是卢梭的肖像。

康德过着有规律的刻板生活,终生未婚,难以理解的"批判"语言,似乎让人感到他也是个极其刻板古怪冰冷的人,而事实却并非如此。康德终生没有结婚,但他也曾坠入过爱河,却终因钱财匮乏而无法步入婚姻殿堂,后来康德曾充满遗憾地说:"在我可能需要女人的时候,我没法养活;而在我能养活的时候,我已经不需要女人了"。[③] 康德亦是个热爱生活的性情中人,工作之余,康德常去打台球和扑克牌,也经常去酒吧和咖啡馆消遣,他的口头禅是:谁能始终保持青春,谁就是一个幸福的人。

康德穿着十分讲究,他宁愿优雅过度,也不愿随随便便,他最不能忍受

---

① [德]康德. 未来形而上学导论[M]. 庞景仁译北京: 商务印书馆, 1978: 9.
② [德]卡西尔. 卢梭·康德·歌德[M]. 刘东译. 北京: 生活·读书·新知三联书店, 2002: 2.
③ 阿森叶伊·古吕加. 伊曼努尔·康德[M]. 法兰克福, 1985: 75. Arsenji Gulyga, Immanuel Kant, Frankfurt 1985, S. 75.

因自己的形象而使他人感到不快,他的座右铭是:宁愿当体面的傻瓜,不做丢脸的傻瓜。康德充满了朝气、快乐和风趣,康德的学生、著名诗人赫德尔这样描述他:"我有幸认识一位哲学家,他是我的老师。他在其盛年仍保有一种年轻人的欢快,而我相信这将保持到他晚年。他开放的、为思想而生的头脑拥有无法摧毁的朝气与愉悦。最有思想的言谈从他口中倾泻而出,他会开玩笑,擅长幽默,是个性情中人。"①

1774年哥尼斯堡大学开始讲授教育学课程。1776年康德开始讲授教育学,这是系里教授必须轮流担任的工作。康德用巴泽多的书作为教材。1780年,又轮到康德讲授教育学,他采用了腓特烈·博克的《教育艺术教程》作为教材。康德在讲授教育学的时候,提出了自己的看法和意见,结果就产生了他的《论教育》一书,此书于1803年正式出版。

1778年,德国主管教堂与教育事务的部长策德利茨(Zedlitz),对康德十分欣赏,两次邀请康德前往普鲁士最重要的哈勒大学任教,希望康德能够成为沃尔夫的继任者,这是一种莫大荣耀,并答应800塔勒的诱人年薪,外加宫廷顾问的头衔。然而,康德却拒绝了部长的好意,他决定留在只有236塔勒报酬的哥尼斯堡大学。他在给朋友的信中表达了自己的志向:"获利及在更大的舞台上赢得荣誉,对我诱惑甚微。我所期望的是一种安宁的生活状况,符合我的需要,为工作、沉思与交际所充实,那么我非常敏感的,但通常无忧无虑的心情以及我那更敏感的,但并不多病的身体,不致因工作的繁重而紧张劳累;而这些我已得到了。所有的变化都让我不安,尽管它们似乎能改善我的状况……"② 为了感谢策德利茨,1781年《纯粹理性批判》成书后,康德将它献给了这位部长。随后,1788年《实践理性批判》出版,1790年《判断力批判》出版,完成了康德著名的"三大批判"。

1785年以后,随着年龄的增长,康德的身体状况开始下降,常有力不从

---

① 卫樱宁. 启蒙的星座:伊曼努尔·康德[J]. 社会科学论坛,2004(10):23.
② 卫樱宁. 启蒙的星座:伊曼努尔·康德[J]. 社会科学论坛,2004(10):24—25.

心之感。他的授课时间开始大幅减少，从每周13个小时减少到7个小时，到1797年，就彻底停止讲课了。从1800年开始，康德的身体出现了迅速衰老的征兆，他经常在椅子上睡着，滑下来，跌落在地，无法自己起来。他曾经好几次睡着的时候，睡帽滑落到蜡烛上，差点引起火灾。康德的肌肉开始萎缩，他已寸步难行，他记忆力也越来越差，渐渐不能辨别方向和清晰地说话了。

1804年，康德已经几乎无法进食了，他瘦得皮包骨头，还能勉强地向医生表示：人性的感觉还没有离开我。2月11日，极度虚弱的康德喝了几口加糖水的葡萄酒，说出了他生命中的最后几个字：这很好。第二天上午，差两个月就80岁的康德溘然逝去。康德离开的极为宁静，没有任何痉挛和抵抗的征兆，看来似乎颇为乐意。康德去世的那日，天气晴朗，只有一片白云远浮天际，相传一个士兵站在桥边用手指着围绕他的人们说道：你们看啊，向天上飞去的是康德的灵魂。

康德离开了这个世界，他的墓碑上刻着《实践理性批判》中那句众所周知的名言：有两种东西，我对它们的思考越是深沉和持久，它们在我心灵中唤起的惊奇和敬畏就会日新月异，不断增长，这就是我头上的星空和心中的道德律。

二、教师要有崇高的教育理念

康德认为，教师一定要有崇高的教育理念，虽然教师的教育理念一时难以实现，但这并不损害其崇高："人们一定不要把理念看作是幻想，要是因为实行起来困难重重，就把它只看成是一种黄粱美梦，那就败坏了它的名誉。"[①]教师美好至善的教育理念并不是幻想，幻想是不切实际的，无法实现的。教师的教育理想则恰恰相反，教育理想立足于教育现实，并高于教育现实，是可能实现的对教育的追求。教师教育理想的实现并不容易，要克服重重困难，

---

① [德]伊曼努尔·康德. 论教育学[M]. 赵鹏，何兆武译. 上海：上海人民出版社，2005：6.

但并不意味着理想就是不可能实现的幻想。

康德认为，教师要追求的理念是一种至善的完美教育理念，这种至善的教育理念要求受教育的孩子不仅能适应当前的生活，更重要的是让孩子适应长远未来的需要。

康德把教师应具备的这种教育理念，看作是教育的一个原理："教育艺术的一个原理——那些制定教育规划的人士尤其应该注意它——就是：孩子们应该不是以人类的当前状况，而是以人类将来可能的更佳状况，即合乎人性的理念及其完整规定——为准进行教育。这一原理有极大的重要性。父母在教育孩子时，通常只是让他们能适应当前的世界——即使它是个堕落的世界。但实际上他们应该把孩子教育得更好，这样才可能在将来出现一个更佳的状态。"[1] 当前现实的世界可能是好的，也可能是个"堕落的世界"，而未来的理想则肯定是美好的，因而是更佳的状况。

教师不能只是一味地教育孩子适应当前世界，更重要的是追求未来的至善教育理念，康德感叹道："通过这个理念，人们在提高其当前状况之福利方面收获绝不会少。而随之而来的是多么美妙的后果啊！"[2] 未来的教育理念既能获得现实的利益，也能获得超越现实的更好的结果。

康德认为，学生本性之中具有善，教师的至善教育理念就是要把学生本性之中的善发挥出来，从而能让学生获得更大发展。康德把教师的这种教育称之为"好的教育"："好的教育正是这样的：从中全部的'善'能够在世界中产生出来。被放进人之内的那些萌芽，必须得到更大的发展。……在人之内只有向善的萌芽。"[3] 可以说，康德心目中的好教育就是让善绽放世界的教

---

[1] ［德］伊曼努尔·康德. 论教育学［M］. 赵鹏，何兆武译. 上海：上海人民出版社，2005：8.
[2] ［德］伊曼努尔·康德. 论教育学［M］. 赵鹏，何兆武译. 上海：上海人民出版社，2005：9.
[3] ［德］伊曼努尔·康德. 论教育学［M］. 赵鹏，何兆武译. 上海：上海人民出版社，2005：9.

育，就是让人内在善在世界上绽放的教育。

康德明确指出，"只是通过那些有着更广泛禀好的人——他们关注世界之至善，而且能够具有那种关于一个未来的更佳状况的理念——的努力，人类之本性才可能逐渐接近其目的"。[①] 这是康德对实现好教育的教师的要求，即是说，教师应是一个有着广泛禀好的人，教师应当关注善，只有通过这样的教师的努力，才能实现受教育者本性善的真正发展。从这个意义上说，好教师的标准，就是是否关注善。

三、教师的规训和教导

康德认为，教师在教育中具有重要的不可替代的作用，尤其是人天赋种子的发展离不开教师的作用："人有许多种子不能发展。我们的责任便是设法使这些种子生长，平均的发展他的各种自然禀赋，无过无不及，使之实现其究竟。"[②] 教师要充分发挥对学生的教育作用，有两点康德十分看重，即规训和教导（培养），对此康德明确指出："人只有通过人，通过同样是受过教育的人，才能被教育。因此，本身在规训和教导上的欠缺，使得一些人成为其学童的糟糕教育者。而一旦一个更高类型的存在者承担起我们的教育，人们就会看到，在人身上都能成就些什么。"[③] 在康德看来，不懂规训和教导的教师，就是糟糕的教育者，教师作为受过教育的人，主要就是要使自己具备对学生进行规训和教导的能力。

在康德看来，规训和教导对学生起着完全相反性质的作用。对学生而言，规训是否定性的，教导则是肯性的，"否定性的，即仅仅为了防止错误而进行

---

① [德] 伊曼努尔·康德. 论教育学 [M]. 赵鹏，何兆武译. 上海：上海人民出版社，2005：9.
② [德] 康德. 康德论教育 [M]. 瞿菊农译. 上海：商务印书馆，1926：9.
③ [德] 伊曼努尔·康德. 论教育学 [M]. 赵鹏，何兆武译. 上海：上海人民出版社，2005：5.

的规训"，"肯定性的，即属于培养的教导和指导"。①"规训必须限制人，以使其不会野蛮鲁莽地冒险。因此训诫是纯然否定性的，也就是那种把野性从人身上去除的活动，与此相对，教导则是教育的肯定行的部分"。② 可以说，正是通过肯定与否定的相互补充，教师才能完成育人的工作。

康德要求教师必须对受教育的学生适时进行规训，"教育中人必须受到规训。规训意味着力求防止动物性对人性造成损害——无论是在个体的人身上，还是在社会性的人身上。因此规训就是对野性的单纯抑制"。③ 人身上具有动物性的野性，这种野性会对个人和社会造成伤害，教师必须进行抑制。由此，教师必须适时运用规训，限制学生身上的野蛮性。

康德也要求教师要对学生进行教导，以培养学生达成各种目的的能力。教导"造就的是技能，即拥有一种满足各种任意目的的能力"。④ 教导是增加能力，规训是清除野性，能力增加不够，以后还可弥补，但野性不及时清除，日后就很难改变，正是在这个意义上，康德更加重视规训在教师教育学生中的作用，"未受培养的人是生蛮的，未受规训的人是野性的。耽误规训是比耽误培养更糟糕的事情，因为培养的疏忽还可以后来弥补，但野性却无法去除，规训中的过失是无法补救的"。⑤ 可见，在康德眼里，教育的基础是规训，没有规训，教育将造成无法补救的后果。

规训的清除必须在特定的时间内进行，那么具体到底何时最为合适，康

---

① ［德］伊曼努尔·康德. 论教育学［M］. 赵鹏，何兆武译. 上海：上海人民出版社，2005：12.
② ［德］伊曼努尔·康德. 论教育学［M］. 赵鹏，何兆武译. 上海：上海人民出版社，2005：4.
③ ［德］伊曼努尔·康德. 论教育学［M］. 赵鹏，何兆武译. 上海：上海人民出版社，2005：10.
④ ［德］伊曼努尔·康德. 论教育学［M］. 赵鹏，何兆武译. 上海：上海人民出版社，2005：10.
⑤ ［德］伊曼努尔·康德. 论教育学［M］. 赵鹏，何兆武译. 上海：上海人民出版社，2005：5.

德指出，教师对学生的规训必须尽早施行，"及早施行，晚了就很难再改变一个人。他会总是任性而为"，"因此人必须尽早习惯于将自己置于理性的规定之下。如果人在幼年时被放任自流而不加遏阻，那他就会终生保有某种野性"。① 正是因为规训的实施要秉持及早的原则，康德进一步指出，教师对孩子首先要做的不是进行知识教育，而是清除野性的规训，"规训将人置于人性的法则之下，并且由此开始让他感受到法则的强制。这必须及早进行。因此人们把孩子们送进学校时，一上来首要的目的并不是到那里学习知识，而是让他们能由此习惯静坐，严格遵守事先的规定，以便他们在将来不会随便想到什么就真的马上做什么"。② 只有首先清除了孩子们身上的野性，才能为他们的知识学习提供保证。

当然，康德也承认，驯服只是起到清道夫的作用，仅靠驯服难以达到教育目的，"但靠驯服是达不到教育的目的的，问题首先在于让孩子们学习思考"，③ 让孩子思考才是通向教育目的的出发点。

而且，驯服的强制性和儿童自由能力的运用相悖，在强制能力不可或缺的情况下，如何发挥儿童的自由能力，就成为教师应当关注的重要问题："教育中最大的问题之一是，人们怎样才能把服从于法则的强制和运用自由的能力结合起来。因为强制是必需的。我怎么才能用强制培养出自由来呢？"④ 事实上，强制与自由的处理，对教师而言是永远的难题，通过强制获得自由，就失去了手段的合法性，毕竟自由只能通过自由而非强制的手段来实现，那才是真正的自由。

---

① [德] 伊曼努尔·康德. 论教育学 [M]. 赵鹏，何兆武译. 上海：上海人民出版社，2005：4.
② [德] 伊曼努尔·康德. 论教育学 [M]. 赵鹏，何兆武译. 上海：上海人民出版社，2005：4.
③ [德] 伊曼努尔·康德. 论教育学 [M]. 赵鹏，何兆武译. 上海：上海人民出版社，2005：11.
④ [德] 伊曼努尔·康德. 论教育学 [M]. 赵鹏，何兆武译. 上海：上海人民出版社，2005：13.

但教育中又不能没有强制，虽然康德指出："教育必须带有强制性，但绝对不能是奴役性的"，① 强制固然不是奴役，但却与自由旨趣迥异，这就造成教师在教育孩子时的两难。对此，康德也只能无奈地感叹道："在人类所发明的东西中最为困难的有两项，统治的技艺和教育的技艺。"②

四、教师是塑造自由行动者的人

教师应当承担什么样的教育任务？康德认为，这要从对教育的划分说起，康德指出："关于教育的学说，或者是自然性的，或者是实践性的。自然性的教育是关于人和动物共同方面的教育，即养育。实践性的教育或道德性的教育则是指那种把人塑造成生活中的自由行动者的教育。这是一种导向人格性的教育，是自由行动者的教育。"③ 对于自然的教育，自然也不是教师的责任，那主要是幼儿在家庭中应当得到的养育。而实践性的教育，则是教师应当承担的责任，按照康德的说法，教师的责任就是把学生塑造成自由行动者。

康德认为实践教育有三部分构成，即技能，明智和道德性，教师通过这三方面的塑造，就可使学生成为自由行动者。

对于技能方面的塑造，主要是使人有技能达到其所有的目的，这种塑造给人以其自身作为个体的价值。明智方面的塑造是实用性的，主要是使人成为公民，这样他就取得了一种公共的价值，既学会为其自己意图驾驭公民社会，也学会投身其中为其服务。道德的塑造是道德性，使人获得一种对于整个人类的价值。

技能，明智和道德性这三方面内容是一个统一的整体，但在实现过程中却是层层递进的，即从技能到实用，从实用到道德性。教师通过这三方面教

---

① ［德］伊曼努尔·康德. 论教育学［M］. 赵鹏，何兆武译. 上海：上海人民出版社，2005：29.
② 林晖. 启蒙的技艺：康德教育哲学的难题［J］. 复旦教育论坛，2009（4）：17.
③ ［德］伊曼努尔·康德. 论教育学［M］. 赵鹏，何兆武译. 上海：上海人民出版社，2005：15.

育，赋予学生的价值是由低到高进行的，即由个体价值，进而社会价值，最后是人类价值，体现人类价值的道德性是最高的价值。即是说，教师塑造学生成为自由行动者，就意味着最终要实现的是道德性的培养，即品格的塑造。

对于道德的塑造，教师首先要做的就是培养学生行动的准则，"道德教育的第一要务是确立一种品格，即按照准则来行动的能力——开始是学校的准则，然后是人性的准则"。① 在康德看来，道德教育首先要致力于品格的形成，这种品格在于时刻准备按照准则去行动。由此，准则的确立和培养，对于教师塑造学生道德性来说是最为重要的。

康德进一步指出，教师对学生进行道德性培养，就"必须让学童从自己的准则而非习惯出发来做好事，即他不是仅仅做好事，而是因为那样做是好的才去做它。因为行动的总的道德价值在于善的准则。自然性教育在此与道德教育有别，因为对于学童来说，它是一种被动的教育，而后者则是能动的。他必须能时刻意识到行动的根据，以及它是如何从义务概念导出的"。② 确立准则是为了克服习惯的盲目性，使学生的行为依照善的准则行动。

康德认为，规训和准则是不同的，"规训是消极的、否定性的、来自外部的；准则是积极的、肯定性的、来自内部的；前者主要基于与外部的一致性，后者主要基于自我的内部调整"。③ 在对孩子的道德培养上，不能用规训，而必须是准则："道德培养必须以准则而非规训为基础。后者是为了防止越轨行为，前者则是对思维方式加以塑造。在此人们必须让儿童习惯按照准则来行动，而不是被某种欲望所驱动。通过规训所造成的只是一种习惯，而且会随

---

① ［德］伊曼努尔·康德. 论教育学［M］. 赵鹏，何兆武译. 上海：上海人民出版社，2005：36.
② ［德］伊曼努尔·康德. 论教育学［M］. 赵鹏，何兆武译. 上海：上海人民出版社，2005：31—32.
③ Gary Banham：Kant's Practical Philosophy —From Critique to Doctrine, Palgrave Macmillan，2003：P16.

着年龄的增长而消失。儿童应该学会依照准则行动,并认识到这些行动本身的正当性。"① 作为教师要明白,形成孩子的准则其实是一种思维方式的形成,是一种依赖学生内部自我调整而确立的道德思维方式,而不是规训所做的欲望去除。准则的正当性有助于学生形成正确的思维方式,进而表现于行为,这是按准则行事成为学生品格的重要基础,打牢了这个基础,道德品质的形成也就水到渠成了。这种自我的内部调整就是为了确立道德的思维方式。

教师培养学生的准则不是外在强加的,而是学生在教师的引导下,从自身内部出发而建立起来的准则。对此,康德明确指出:"准则必须从人自身出发确立起来,在道德塑造中,人们应该尽早让儿童接触好和坏的概念,如果要确立道德,就一定不能靠惩罚,道德是极其神圣和崇高的东西,人们不能这样把它降格到规训的层次上。"② 这也是在提醒教师,崇高和神圣的东西只能依靠内心的力量来自觉形成,而绝不能靠外在强制性力量的灌输形成。

教师培养学生的道德品质,更重要的是培养学生的道德自律。自律是康德所强调的道德的惟一的、最高的原则,康德明确指出:"自律性是道德的唯一原则","道德原则必定是个定言命令,而这命令所颁布的,不多不少恰好是自律性"。③ 康德之所把自律性作为道德的唯一原则,是因为在康德看来,"自律性就是人和任何理性本性的尊严的根据",④ 自律性作为人的尊严的根据,意味着人之所以服从道德原则,是因为道德原则是由人自身为自己所立,"他之所以崇高,并不由于他服从道德规律,而是由于他是这规律的立法者,

---

① [德]伊曼努尔·康德. 论教育学 [M]. 赵鹏,何兆武译. 上海:上海人民出版社,2005:35.
② [德]伊曼努尔·康德. 论教育学 [M]. 赵鹏,何兆武译. 上海:上海人民出版社,2005:36.
③ [德]伊曼努尔·康德. 道德形而上学原理 [M]. 苗力田译. 上海:上海世纪出版集团,2005:62.
④ [德]伊曼努尔·康德. 道德形而上学原理 [M]. 苗力田译. 上海:上海人民出版社,2002:55.

并且正因为这样，他才服从这一规律"，①"他之所以服从，由于他自身也是个立法者，正由于这规律，法律是他自己制定的，所以他才服从"。② 正是由于道德原则是自我所立，这就和他律道德区别开来，这也就要求教师在道德教育中，要摒弃他律道德，对学生进行以自律为基础的道德教育。

他律道德是由人自身之外东西的主宰下所确立的道德原则。由于他律道德的外在性和条件性，这种道德原则就丧失了人之内在的约束性，进而只能靠外在驯服起作用，其结果必然是对人自由、尊严和价值的彻底泯灭，"若是缺少自律原则在道德教育中的自觉发生和最终体现，道德教育也就变成对丧失尊严的受教主体人的一种单纯驯服教育"。③ 所以，教师在培养学生道德品质的时候，要竭力避免把道德品质的培养，变成为一种单纯的驯服，竭力避免使人沦落为没有尊严的物件，"人要么是仅仅被驯服、被调教、被机械地训导，要么是真正地得到启蒙。人们驯服了狗和马，也就可以驯服人。但靠驯服是达不到教育的目的的"。④ 因此，学生品德的培养，必须摒弃他律，而着眼于自律。

那么，教师如何培养学生的道德自律呢？

康德认为，只有出于职责的行为才是自律的，也才是道德教育所要达到的真正目的，"行为之发生不仅合乎职责，而且出于职责，这必须是一切道德教育的真正目的"。⑤ 职责之所以对道德教育有如此之重要的意义，就在于职责与人格有着密切的联系，"职责啊！……你尊贵的渊源是什么呢？人们又在何处找到你那与禀好傲然断绝一切亲缘关系的高贵谱系的根源呢？而人类惟

---

① ［德］伊曼努尔·康德. 道德形而上学原理［M］. 苗力田译. 上海：上海人民出版社，2002：59.
② ［德］伊曼努尔·康德. 道德形而上学原理［M］. 苗力田译. 上海：上海人民出版社，2002：50.
③ 刘同舫. 康德道德观及其对现实道德教育困境的开解［J］. 教育研究，2014（4）：81.
④ ［德］伊曼努尔·康德. 论教育学［M］. 赵鹏，何兆武译. 上海：上海人民出版社，2005：10—11.
⑤ ［德］康德. 实践理性批判［M］. 韩水法译. 北京：商务印书馆，1999：129.

一能够自己给予自身的那个价值的不可或缺的条件,就是出身于这个根源的。……它不是任何别的东西,只是人格而已"。① 正是因为人格是靠职责来体现,由此,出于职责的行为,就必定是道德自律的行为。这样,对教师而言,培养学生的道德自律,就要从职责入手,使学生的行为出自职责的要求。

---

① [德]康德. 实践理性批判 [M]. 韩水法译. 北京:商务印书馆,1999:94.

第十章　裴斯泰洛齐：教师是爱的化身

　　"如要培育爱国心，教育是不可忽视的，而且这种教育一定要是能够激发民族意识的教育。这种教育方式，就是瑞士裴斯泰洛齐所倡导的教育方式，我们必须极为加以推行，如此才能挽救祖国"[①]

——费希特

一、裴斯泰洛齐生平

　　约翰·亨利赫·裴斯泰洛齐（J. H. Pestalozzi, 1746—1827）是19世纪瑞士著名的贫民教育家，现代教育最伟大的先驱者之一。裴斯泰洛齐是教育史上小学各科教学法的奠基人，他第一个提出教育心理学化理论，第一个提出了初等教育的概念。裴斯泰洛齐的教育思想产生了国际性的影响，形成了19世纪风靡欧美的裴斯泰洛齐运动。正是由于裴斯泰洛齐的巨大贡献，他被后人们尊称为"教圣"，"初等教育之父"。

　　裴斯泰洛齐作为对世界有着巨大影响的教育家，受到当时和后来人们的高度评价和赞赏。法国教育史学者康比耶认为，裴斯泰洛齐是人类教育发展

---

　　① 梁实秋. 名人伟人传记全集之24卷·裴斯泰洛齐[M]. 台北：台北名人出版社，1980：133.

中最早呼吁和力行"爱的教育"的典范。① 美国教育史专家吉拉尔德·古特克认为,"裴斯泰洛齐展现了基本的人道主义。作为一个热爱人类的人,他让爱成为教育理论和实践的中心"。② 美国学者查尔斯·麦肯尼(C. McKenny)将裴斯泰洛齐运动与公立学校运动、赫尔巴特运动,并称为美国现代教育史上的三大运动,并认为这三大运动对美国现代教育制度的确立发挥了极其重要的作用。③ 美国教育学者弗罗斯特(S. E. Frost)把裴斯泰洛齐称为19世纪欧洲三位"伟大教育巨匠"之一,④ 而其他两位巨匠福禄贝尔和赫尔巴特,也都曾访问和学习过裴斯泰洛齐创办的学校。

法国著名教育史学家孔佩雷(J. G. Compyare)在其著作《裴斯泰洛齐与初等教育》中,指出了裴斯泰洛齐在欧洲的广泛影响,"整个欧洲,无论何处,几乎没有一个地方不受到裴斯泰洛齐的影响"。⑤ 瑞典教育家胡森(T. Husen)和德国教育家波斯尔斯韦特(T. N. Postlethwaite)把裴斯泰洛齐称为"近代教育理论和近代义务初等教育的奠基之父"。⑥

与裴斯泰洛齐同时代的德国著名哲学家费希特,是裴斯泰洛齐的至交,当普鲁士联军败于拿破仑之后,费希特发表了著名的《告德意志民族的演讲》,称裴斯泰洛齐和马丁·路德一样,最能代表德意志民族"精神的基本特

---

① 滕大春. 裴斯泰洛齐为教育而奉献的爱心——纪念教圣250周年诞辰 [J]. 北京师范大学学报(社会科学版),1995(3):82.

② [美] 吉拉尔德·古特克. 教育学的历史与哲学基础——传记式介绍 [M]. 缪莹译. 长沙:湖南教育出版社,2008:225.

③ Charles McKenny. The McMurrys in American Education [J]. Peabody Journal of Education, Vol. 5, No. 5. Mar., 1928:262-264.

④ [美] S. E. 弗罗斯特. 西方教育的历史和哲学基础 [M]. 吴元训等译. 北京:华夏出版社,1987:407.

⑤ J. G. Compayre, *Pestalozzi and Elementary Education* [M]. New York:Thomas Y. Crowell & Company,1908:P132.

⑥ Editors—in—Chief Tosten Husen and T. Neville Postlethwaite. *The International Encyclopedia of Education Second Edition* [M]. PERGAMON Volume & Pestalozzi and Education. 1994:p4415.

征",并认为裴斯泰洛齐所倡导的新教育"很可能有能力帮助各民族和全人类走出现在所处的苦难深渊"。[①] 在美国,裴斯泰洛齐声名远播,被称作"第一位在美国教育史上留下痕迹的教育思想家"。[②]

在我国,民国时期裴斯泰洛齐研究的代表者吴志尧,在所著的《裴斯塔洛齐》一书中认为,裴斯泰洛齐"是教育精神千古难遇的代表人物"。[③] 也有学者称赞裴斯泰洛齐"是具有世界影响的瑞士教育家、教育改革家"。[④]

1746年1月12日,裴斯泰洛齐出生于瑞士苏黎世一个意大利籍的新教徒之家。他的祖父是一位乡村牧师,父亲是位外科医生兼镇政府秘书。裴斯泰洛齐5岁时,失去了父亲,他在贤惠的母亲和一位叫巴贝丽(Babeli)的勤劳女仆的照料下成长。母亲的勤劳坚强和女仆的无私奉献,使裴斯泰洛齐的幼小心灵受到了良好的陶冶,形成了他亲切平和的品性和克己无私等优良的品质。

上小学期间,裴斯泰洛齐身材矮小,成绩不好,被同学们讥笑为"傻瓜城的怪亨利"。但裴斯泰洛齐依旧表现出了勇敢正直的品格。一次,上课期间发生了地震,师生们争先恐后地冲出了教室。事后,谁也不敢再回教室,惟有裴斯泰洛齐跑到教室,把他们的帽子、衣服拿了下来。另有一次,裴斯泰洛齐给督学写匿名信,揭发学校的相关野蛮行为,但缺乏机智,被人告发,引起了老师们的憎恨。这使他一度有辍学的危险,然而经上司的调查,他的检举证据确凿,这才使裴斯泰洛齐转危为安。

在上学期间,裴斯泰洛齐经常利用假期去看望爷爷。爷爷是一位牧师,

---

① [德]费希特. 告德意志民族的演讲[M]. 梁学志等译. 沈阳:辽宁教育出版社,2003:130—131.

② Adolphe E. Meyer. *An Educational History of the American People* [M]. McUraw—Hill Book Company, Inc., 1957:p225.

③ 吴志尧. 裴斯塔洛齐[M]. 上海:商务印书馆,1948:95.

④ 吴式颖,任钟印. 外国教育思想通史(第七卷)[M]. 长沙:湖南教育出版社,2002:355.

时常带他去访问附近农村。在那里，裴斯泰洛齐看到穷人处于贫困之中，无以谋生，而穷人子女则衣衫褴褛，苍白瘦弱，颧骨突出，眼窝深陷，像牲畜一样被赶到邻村当乞丐，像奴隶一样被卖掉。而另一方面，却是有权有势的富人，其子女有学可上的情景。这种富裕和赤贫的极端分化，深深震撼了裴斯泰洛齐善良纯真的心灵，使他对穷人产生了深深的同情，他暗下决心，"长大以后一定要帮助穷人"。① 这也成为裴斯泰洛齐一生追求并为之奋斗的目标，后来，他在回忆录中这样写道："我的心就像一条奔腾的激流那样，孤独而寂寞地向着我唯一的目标前进：消除苦难的根源。"②

中学毕业后，裴斯泰洛齐进入具有浓厚人文主义色彩的苏黎世大学求学。在大学学习期间，他广泛阅读了一些启蒙思想家的著作，深受卢梭及德国古典哲学家莱布尼兹、康德等人的影响。1767年，裴斯泰洛齐大学毕业，他决心以"拯救农村、教育农民"为己任，到农村去学习种植。在此期间，他结识了比他大九岁的富家女安娜·舒尔特斯。在他们结婚前，裴斯泰洛齐给安娜发出了一封无情的情书：

"国家有危难或者朋友遇到了不幸之事，虽然我没有什么办法，但我总会觉得与自己遭遇不幸的事一样地难过。关于结婚，亲爱的，我不能不告诉你，我认为对自己所爱的妻子的义务，不会比对祖国的义务更重要。就是我对妻子如何温柔关怀，如果她流着泪要阻碍我完成国民义务的话——即使发生任何结果——我也不会为她的眼泪所困惑，我认为这样才能完成自己的义务……如果为了祖国的利益，需要我发表言论，我绝对不会恐惧、畏缩，只要对祖国有益，我不会顾虑自己的生命，妻子的眼泪，孩子的呼喊"。

这封奇怪的情书深深地打动了安娜，使她更加坚信，裴斯泰洛齐正是她

---

① 梁实秋. 名人伟人传记全集之24卷·裴斯泰洛齐[M]. 台北：台北名人出版社，1980：11.

② S.E.弗罗斯特. 西方教育的历史和哲学基础[M]. 吴元训等译. 北京：华夏出版社，1987：409.

要找的那个人。但由于两人经济条件相差悬殊,安娜家族强烈反对他们的婚姻。结果,当他们结婚时,安娜被迫一个人独自步行去新郎家完婚,除裴斯泰洛齐家外,参加婚礼的只有新娘的一个兄弟。

1768年,裴斯泰洛齐在朋友的帮助下,并以自己的全部积蓄,在波耳(Birr)附近购置了60亩荒地,建立示范农场,取名伊霍夫新庄(Neuhof),进行农业实验,教导农民学习新的耕种方法和技能,以摆脱困境,改善生活。然而,农场在建立五年后,由于经营不善,遂宣告破产。裴斯泰洛齐因此债台高筑,生活陷入困境。后来在安娜家人的帮助下,裴斯泰洛齐才还清了债务。

然而,裴斯泰洛齐不顾失败带来的困境,又在新庄创办了"新庄孤儿院",用以收容贫苦儿童。裴斯泰洛齐像父亲一样对待这些贫儿,他给贫儿们洗澡,换新衣服,给贫儿们喝肉汁,孩子们焕然一新,可他却衣衫褴褛,仅以黑面包和水来充饥。裴斯泰洛齐常年生活在五十多个贫苦儿童中间,与他们同甘共苦,为了让这些小乞丐们活的像个人样,裴斯泰洛齐却成了十足的老乞丐。他曾发自肺腑地写下了那让无数人为之动容的话语:我自己生活得像乞丐,为的是教乞丐们生活得像一个人。

裴斯泰洛齐为贫苦儿童付出了全部,但并未得到人们的理解,甚至有人嘲讽道:可怜虫,你比雇工们更拙于解救自己,还夸言要拯救别人。在裴斯泰洛齐的努力下,孤儿院的儿童人数一度达到了80人,但最终由于经费的极度缺乏,孤儿院被迫于1780年停办。这时,安娜因操劳过度,一病不起,却无钱医治,裴斯泰洛齐再度面临困境。

对于自己的屡次失败,裴斯泰洛齐却保持了无比乐观的态度,他这样总结道:我对自己命运的战斗,虽徒劳无功,但却在这无数次的苦斗中,学到了无数的真理,得到了无数的经验。在别人认为我是失败者的那一瞬间,却使我得到启示,更加相信我的努力、见解和原理并没有丝毫的差错。

自1781年以后的十八年间,裴斯泰洛齐集中精力投入写作和研究中,出版了大量著作。1780年,他用格言文体写了第一篇教育著作《隐士的黄昏》。

1781年，裴斯泰洛齐出版了使他获得巨大声誉的教育小说《林哈德与葛笃德》第一卷（其他各卷，相继于 1783 年、1785 年、1787 年出版）。在这个时期，裴斯泰洛齐还相继出版了《克里斯托夫和埃尔泽》《肯定和否定》《我对人类发展中自然进程的追踪考察》等著作。为了表彰裴斯泰洛齐的著作对法国教育产生的有益推动作用，1792 年，法兰西共和国立法会议曾授予裴斯泰洛齐以"崇高的法兰西公民"的荣誉称号。

1798 年，瑞士资产阶级革命后，建立了海尔维第（瑞士）共和国。在斯坦兹（Stanz），爆发了农民暴动，政府从法国借兵进行镇压，法军大肆烧杀，祸及无辜，留下了许多孤儿和弃儿。新政府决定在斯坦兹成立孤儿院，裴斯泰洛齐谢绝了友人所荐的高官厚禄，毅然选择了孤儿院的工作。

在孤儿院，裴斯泰洛齐面对的是，由于战争造成的无家可归的 80 个 5 至 10 岁的难童，这些孤儿的状况十分凄惨，"许多孩子刚到我这里时，身患严重皮疹，以致几乎不能走动。还有许多孩子，刚来时头上有化脓的疮口，许多孩子衣衫褴褛，长满了虱子。许多孩子骨瘦如柴，像个骷髅，面色焦黄，皮笑肉不笑（心怀歹意），眼睛里充满恐惧，额头上布满猜疑和忧虑的皱纹。有几个则胆大妄为，无所顾忌，他们惯于乞讨、伪装和弄虚作假。另外一些孩子则被贫困压垮了，能够忍耐，却疑心很重，冷漠而怯懦。其中还有几个柔弱、娇生惯养的孩子，他们从前曾生活在良好的环境中。这些孩子提出的要求很高，他们总凑在一起，看不起贫困的乞丐的孩子和农民的孩子。在新的平等的环境中，他们感到不舒服，我们的照顾和饮食不符合他们的愿望和习惯。所有的孩子一般都比较懒散。10 个孩子中也几乎找不到一个认识字母的。大多数孩子没有上过学，普遍没有受过教育"。[①] 面对这样一些孤儿，裴斯泰洛齐并未沮丧，反而为自己的选择感到很兴奋，他说道：我为实现我一生的梦想，不惜牺牲一切，我的热情达到了那样的程度，几乎可以说：只要让我

[①] ［瑞士］阿·布律迈尔. 裴斯泰洛齐选集（第一卷）[M]. 尹德新等译. 北京：教育科学出版社，1994：311.

开始工作,"差不多就是要我到阿尔卑斯山最高峰上去工作,也就是说到没有水和火的地方工作,也是愿意的"。①

在孤儿院,除了做饭而雇用的一名妇女外,裴斯泰洛齐承担了所有的工作,他像父亲一样以极大的耐心和责任感,把自己的整个心都献给了这些孩子。裴斯泰洛齐描述道:"是我用双手来满足他们身体的和心灵的繁多要求。他们都直接从我这里得到必要的帮助、安慰和教益。他们的双手被我握着,我的眼睛凝视着他们的眼睛。我们一同哭泣,一同欢笑。他们忘却了外部世界,只知道和我在一起,因为我总是和他们在一起的。我们分享着所有的食物和饮料,就是同甘共苦。我没有家庭,没有朋友,也没有仆人,除了他们,什么也没有。他们生病时,我在他们身边;他们健康时,我也在他们身边;他们睡觉时,我还在他们身边。我最后一个睡觉,第一个起床。在寝室里,我们一起祈祷,由于他们自己的要求,我竭力教导他们,直到他们熟睡为止。"②在裴斯泰洛齐的全身心投入下,学校的贫儿们在身体、心理、自立和道德水平方面,都获得了巨大的发展和提高,这些孩子大多成为"活泼而聪明的"、能够"热情不倦地学习"并"建立起兄弟般情谊"的儿童。不幸的是,由于战争的到来,斯坦兹孤儿院被法军征为野战医院,最终被迫关闭,裴斯泰洛齐伤心欲绝,加上劳累过度,以致吐血。

1800 年,得到政府同意和资助,裴斯泰洛齐在布格多夫(Burgdorf)办了一所新学校,在这里,他的"教育心理学化"思想得以确立。裴斯泰洛齐还组织了"教育之友协会",推广自己的教育主张。1801 年,裴斯泰洛齐在布格多夫学校设立师范部,这成为外国教育史上第一所用现代方法训练师资的学校。1805 年,裴斯泰洛齐把学校迁往伊佛东(Yverdon),并成立了包含小学、中学和师范学校在内的伊佛东师范学校。

在伊佛东师范学校,裴斯泰洛齐把他的全部时间和精力都无私地献给自

---

① 张焕庭. 西方资产阶级教育论著选[M]. 北京:人民教育出版社,1979:195.
② 张焕庭. 西方资产阶级教育论著选[M]. 北京:人民教育出版社,1979:198.

己的孩子们,他把自己最纯洁动人的金子般的心奉献给了孩子,以至于他从没时间和精力关注一下自己,哪怕是自己的外表。对此,弗由伊曼曾这样记述道:试想一下……一个非常丑陋的男子,头发蓬松地直立着,脸上布满了天花斑痕和雀斑,胡子尖出而脏乱;不系领带、裤子极不合身,一双太大的鞋,袜子掉了出来;走路蹒跚不稳,气喘吁吁;眼睛忽而又大又亮,一会儿又闭起来陷入沉思。表情要么极度悲伤,要么十分幸福;谈吐缓慢而富有音乐感,但是突然间又转为雷霆万钧之势。这就是'裴斯泰洛齐老爹'给人们的初步印象。我们爱他,我们全都十分爱他。因为他爱我们所有的人。我们的爱十分深切。如果有一阵子看不到他,就会感到悲伤,而一旦他回来,我们就再也不能把目光从他身上移开。

1825年,由于种种原因,伊佛东学校被迫停办。裴斯泰洛齐回到新庄,不顾80岁高龄,仍不遗余力,著书立说,完成了他最后的著作《天鹅之歌》和《我一生的命运》两部书,对自己一生的教育实践和理想进行了总结。1827年2月17日,裴斯泰洛齐在故乡与世长辞,享年81岁。

裴斯泰洛齐离开了人世,但正如他自己曾经在《母亲手册》的序言中所写的那样:"我的方法的形式会毁灭,但是,我的方法的精神,给人以生命的精神,将会永存",历史已经证明而且还将继续证明这一点。

1846年,为纪念裴斯泰洛齐百年诞辰,瑞士阿尔高州人民在他的墓前建立了一块纪念碑,纪念碑上写道:

"在新庄,你是穷人的救星;
在《林哈德和葛笃德》中,你是人民的导师;
在斯坦兹,你是孤儿之父;
在布格多夫,你是国民学校的创始人;
在伊佛东,你是人类的教育家。
你是一个完全的人,一个基督徒,一个公民。
你一切为人,毫不为己。

裴斯泰洛齐之名，万古长存！"①

二、裴斯泰洛齐的师爱论

"爱"是裴斯泰洛齐对教师的基本要求，也是最高要求。在裴斯泰洛齐看来，"教育的主要原则是爱"，② 可以说，爱是裴斯泰洛齐教师观的核心。

对于教师的爱，裴斯泰洛齐有着独特的看法，他打破了学校和家庭的界限，教师和父母的界限。裴斯泰洛齐的传记作者戈维姆普斯（R. Guimps），记述了这样一件事：一位农民到裴斯泰洛齐的杜格多夫幼儿学校参观，十分惊讶地说："哎呀，这不是一所学校，而是一个家庭。"裴斯泰洛齐听后，非常高兴地说道："这是您能够给我的最大赞誉。感谢上帝，我已经做到使世人看到家庭和学校之间不应有的鸿沟"。③ 裴斯泰洛齐就是从家庭和学校统一的立场上来看待教师的爱。

裴斯泰洛齐认为，家庭是学校教育的出发点，学校教育和家庭与之间的关联密不可分。裴斯泰洛齐指出，"正是在家庭圣洁的感情中，自然本身为人类能力发展的和谐性和方向性做好了充分的准备，我们必须在家庭中寻找我们教育科学的出发点"。④ 教育的出发点在家庭，家庭和学校在教育上是一致的，"家庭生活是伟大的社会教师，而学校则更能在它接近家庭精神与特征时完成教育作用"。⑤

裴斯泰洛齐主张要将家庭教育和学校融为一体，把家庭教育引入到学校

---

① ［前苏联］麦丁斯基. 世界教育史（上册）［M］. 叶文雄译. 北京：五十年代出版社，1952：202—203.
② 赵祥麟. 外国教育家评传（第2卷）［M］. 上海：上海教育出版社，1992：49.
③ Roger de Guimps. *Pestalozzi. His Life and Works* ［M］. New York：Pleton & Company，1890：p210.
④ ［瑞士］裴斯泰洛齐. 裴斯泰洛齐教育论著选［M］. 夏之莲译. 北京：人民教育出版社，1992：351.
⑤ 格林. 裴斯泰洛齐教育论著选［A］. 夏之莲译. 北京：人民教育出版社，1992：493.

教育中，"如果我们正确地将父母的关怀看作人类成长的主要因素，那就必须借助教会或政府，把父母的关怀引进教育体系，教育中一切好的方面和这种父母之心是一直结合在一起的"。[①] 裴斯泰洛齐所提出的观点，与后世现象学教育学的重要开创者马克斯·范梅南的观点惊人地一致："教学的本质和做父母有着深层次的联系"，[②] "学校需要与其承担的'替代父母'的职责很好地和谐起来"。[③] 可以说，裴斯泰洛齐较早地认识到，家庭是教育的发源地，更是学校的重要的教育资源，只有家校一体，才能更好地发挥对孩子的教育作用。

正是家庭和学校的统一性，促使裴斯泰洛齐在寻找师爱的根源时，把目标瞄向了家庭，认为母爱是儿童最初的最本源的爱，"关于爱，最初的、也是最纯真的想讨人喜欢的愿望是婴儿博得母亲喜爱的愿望"。[④] 同时，裴斯泰洛齐指出，一旦爱在儿童心中扎下了根，母亲的首要责任就是全力去增强这种倾向，并使之升华。

母爱亦是师爱的最初最基本的要素，"母爱是教育的基本动力。"[⑤] 在裴斯泰洛齐看来，"这种母爱'将如春天的太阳使冰冻的大地苏醒'，使儿童感到温暖，可亲可爱，并能'迅速改变孩子们的本性'"。[⑥] 母爱是发自内心的最真挚的爱，它是人类情感中最纯洁的情感，是唤醒孩子身上人性的重要因素。因此，裴斯泰洛齐认为，母亲是非常伟大的教师，她最了解儿童，热爱儿童，

---

① [瑞士]裴斯泰洛齐. 裴斯泰洛齐教育论著选[M]. 夏之莲译. 北京：人民教育出版社，1992：292.

② [加]马克斯·范梅南. 教学机智[M]. 李树英译. 北京：教育科学出版社，2001：10.

③ [加]马克斯·范梅南. 教学机智[M]. 李树英译. 北京：教育科学出版社，2001：8.

④ [瑞士]裴斯泰洛齐. 裴斯泰洛齐教育论著选[M]. 夏之莲译. 北京：人民教育出版社，2001：360.

⑤ [瑞士]裴斯泰洛齐. 裴斯泰洛齐教育论著选[M]. 夏之莲译. 北京：人民教育出版社，1992：446.

⑥ 吴式颖，任钟印. 外国教育思想通史（第六卷）[M]. 长沙：湖南教育出版社，2002：396—397.

爱的教育最初须由母亲承担。

裴斯泰洛齐将家庭教育视为学校教育的模板，在学校，履行着"替代父母"职责的教师应延续母爱。师爱是母爱的延续和更高体现，教师的爱就是母爱和师爱的统一。裴斯泰洛齐指出："有爱的学校，绝不会产生有问题的学生；有爱的家庭，也绝不可能产生有问题的孩子。爱才是品格陶冶的最大推动力"。[1] 教师应如母亲，须有爱儿童之心，教师的爱就像是普照在校园里的阳光，温和地照耀在每一个学生的身上。

教师就是要与儿童之间建立母子般的爱，并以母爱精神去感化学生，对教师而言，就是要把"母爱这股永不枯竭的泉水倾注到更大一群受教育者的身上，教师要像母亲那样经常从儿童的眼睛、嘴唇、面部表情判断他的心灵中最微小的变化，全面关心学生的生活、学习，精心塑造儿童"。[2] 可以看出，裴斯泰洛齐要求教师必须要集母爱和师爱为一体，就像"葛笃德"那样，既是母亲又是教师。只有这样，教师才能对学生表现出真诚的、全身心的、毫无保留的关心与热爱，才能从根本上获得学生的信任和热爱，也才能将学生教育好。

裴斯泰洛齐反对教师对学生没有原则的爱，或是只有单纯的慈爱，他认为教师这样做对学生的发展有害无利。裴斯泰洛齐认为，教师对儿童的爱并非是没有界限的，爱是有条件的，这条件就是以儿童的真正需要为基础，超出了这个范围，就会对儿童产生危害，"如果过分满足孩子感官上的享受……那么他在神圣的宁静气氛中享受到的幸福会受到破坏；爱和信任的萌芽本来是可以顺乎自然地发展，但过分满足孩子的享受，会破坏感官的安宁，产生各种不信任及粗暴行为等后果"。[3] 也就是说，教师爱学生并不等于对学生溺

---

[1] 吴式颖，任钟印. 外国教育思想通史（第六卷）[M]. 长沙：湖南教育出版社，2002：396—397.

[2] 任钟印. 西方近代教育论著选[M]. 北京：人民教育出版社，2001：472.

[3] [瑞士]裴斯泰洛齐. 裴斯泰洛齐教育论著选[M]. 夏之莲译. 北京：人民教育出版社，1992：375.

爱或放纵，对于学生非分的不合理的要求，决不能听之任之，相反，教师必须要严格要求学生，"如果他们的需求是非分的，或者胡搅蛮缠地来表示这种需求，那么就决不能放纵。这种做法实行得越早，越能持之以恒，孩子所获得的益处也就越大，越持久"。[①] 教师要把慈爱和威严结合起来，有时候教师还需要隐匿对学生日深月久形成的爱，用威严对待学生并非是教师不爱学生，这种并非是出自本心的教师威严，恰能够收到令人更加满意的效果。

三、裴斯泰洛齐的好教师论

什么样的教师才是好教师？充满爱心自然是其中不可或缺的一条。在师爱之外，裴斯泰洛齐还对好教师提出了自己的看法。

裴斯泰洛齐十分重视好教师的作用，他明确指出："在没有好教师的地方，整个教育活动就像一个人眼中有了灰尘，看不见自身的需要。"[②] 离开教师，教育活动将无法存在，离开好教师，教育活动将会陷入盲目和失败，这就像有了灰尘的眼睛，会使眼睛丧失正常功能一般。

好教师的对立面是坏教师，知道了坏教师是什么，有助于理解好教师是什么。坏教师自有普遍一般公认的坏，也有从某种角度来看不合时宜的坏，裴斯泰洛齐对"坏教师是什么"的看法，更具有普遍意义，"如果教师是一个徒有其表、自私自利、傲慢自负的学究，信口开河地解释因太深奥而解释不清的手艺；他的职业训练不良，不能依靠别的方法而只能靠耍嘴皮糊口；他孤芳自赏……更强调吃喝玩乐；……在这种教师那里，孩子们即使能通过满意的方法学会说话、阅读、写作和解答千千万万个问题，但这种教师的影响毫无疑问仍然是坏的"，"他以自己的生活与行动暗暗破坏孩子们已经养成的

---

① [瑞士] 裴斯泰洛齐. 裴斯泰洛齐教育论著选 [M]. 夏之莲译. 北京：人民教育出版社，2001：358.

② [瑞士] 裴斯泰洛齐. 裴斯泰洛齐教育论著选 [M]. 夏之莲译. 北京：人民教育出版社，2001：324.

良好习惯和行为准则,并以自己的伪善来毁坏大自然最神圣的联系","孩子们却成为不会思考、愚笨和傲慢的人,像他们的老师一样。他们成了软弱、不幸、贪婪的动物,就像老师那样"。① 判断坏教师最大的标准,就是教育后果的坏,即对孩子产生了坏的教育结果和影响,坏教师对孩子来说,是破坏和毁坏性的力量。

与坏教师相反,在裴斯泰洛齐眼中,好教师是对孩子具有建设性的力量。

裴斯泰洛齐认为,好教师重在发展学生的能力。在传授知识与发展能力方面,裴斯泰洛齐认为,会传授知识的教师不是坏教师,但也绝对不是好教师,因为在裴斯泰洛齐看来,"教育问题不在于传授专门的知识或专门的技能,而在于发展人类的基本能力"。② 事实上裴斯泰洛齐认为,单纯进行知识传授的书本教育,是一种空疏无用的教育,他曾做出这样如此形象的描述:"从书本倾泻给他们的洪流般的东西,都消逝在迷雾之中了,那湿乎乎的阴暗的迷雾,给人们的既不是湿润,也不是干燥,带给人们的既没有白天的优越,也没有黑夜的好处……这种学校教学……是完全无用的。"③

裴斯泰洛齐认为,知识不能脱离实际,知识是为了运用,教师传授知识必须和运用结合起来,"一切知识都是为着拿来实行的。倘若只注重拿知识来饶舌炫耀,知识对人准就无益了。知识和实践就像做手艺一样,两者必须结合","实践和行动是人生的基本要务;学问和知识不过是手段、方法,通过这些才能做好主要工作"。④ 所以,在裴斯泰洛齐看来,培养学生能力对教师而言是更为根本的事,也是决定一个教师是否是好教师的重要条件。

---

① [瑞士]裴斯泰洛齐. 裴斯泰洛齐教育论著选[M]. 夏之莲译. 北京:人民教育出版社,2001:322—323.

② [瑞士]裴斯泰洛齐. 裴斯泰洛齐教育论著选[M]. 夏之莲译. 北京:人民教育出版社,2001:337.

③ [日]藤原喜代. 明治·大正·昭和教育思想学说人物史(一卷明治前期)[M]. 东京:湘南堂书店,1980:749.

④ [瑞士]裴斯泰洛齐. 林哈德与葛笃德(上卷)[M]. 北京编译社译. 北京:人民教育出版社,2005.

正是在这个意义上，裴斯泰洛齐才明确指出，教师"必须考虑每一个知识领域的教学与我们人类天性中的各基本才能的关系"，[①] 好教师就是将学生的基本才能充分发挥出来，好教师"并不在使学生完美无缺地掌握学校所教的知识，而在使他们具备生活的本领；并不在使学生养成盲目服从的和被迫勤奋这种习惯，而在使他们做好独立行动的准备"。[②] 裴斯泰洛齐的这一观点，无疑对理解何为好教师具有重要意义，好教师的职责重在培养和发展学生潜能，突出能力发展是好教师最基本的要求。由此可以认为，裴斯泰洛齐是教育史上，把培养学生能力确定为评判好教师条件第一人，具有重要的历史意义。

裴斯泰洛齐认为，好教师除了要以发展学生能力为重外，还要具有多方面的素养。对此，裴斯泰洛齐指出，好教师还要具有一定的精神，要能够克己和保持敏锐的洞察力，"教师富有仁爱、智慧和纯朴的精神；能胜任工作，得到青年和老人的信任，把爱秩序和克己看得比实际知识和学问更高尚、更重要；具有透彻的洞察力，能看到孩子将来可能发展成什么样的人，并以此为目标来指导教育工作"。[③] 而且从教育的结果来看，好教师培养的孩子是充满朝气和训练有素的，"要胜任工作，能够以生活的智慧的洞察力和爱来培养孩子，把他们培养成当地生活中朝气蓬勃、训练有素的成员"。[④]

那么，好教师从哪里来？裴斯泰洛齐认为，既然对好教师的要求很高，也就不可能指望好教师能够自然而然地出现，好教师需要有目的有系统地进行培养。

[①] ［瑞士］阿图尔·布律迈尔. 裴斯泰洛齐选集［M］. 尹德新等译. 北京：教育科学出版社，1994：350.
[②] ［瑞士］阿图尔·布律迈尔. 裴斯泰洛齐选集［M］. 尹德新等译. 北京：教育科学出版社，1994：306.
[③] ［瑞士］裴斯泰洛齐. 裴斯泰洛齐教育论著选［M］. 夏之莲译. 北京：人民教育出版社，2001：322.
[④] ［瑞士］裴斯泰洛齐. 裴斯泰洛齐教育论著选［M］. 夏之莲译. 北京：人民教育出版社，2001：324.

对此，裴斯泰洛齐明确指出，好教师"不会从天而降，像落雪和下雨那样。生活中没有什么事比当教师更重要的了，也没有比作教师更困难的了。大自然仅仅赋予具有伟大智慧和慈爱胸怀的人以教育的才华。在教育事业中和其他一切事业中一样，这些特殊才华需要激励、发展和训练"。① 成为好教师是极其困难的一件事，在裴斯泰洛齐看来，应有两个必备的条件，一是要有一批具有特殊才华的人，二是要对这些人进行专门的教师培训。

裴斯泰洛齐认为，要想有好教师，首先要找出与众不同的有特殊才华的人，因为只有这种人才适合当教师，"要训练出好的教师，先要假定存在一种与众不同的人"。② 那么，这种可成为教师的人，应具有什么样的才华呢？

裴斯泰洛齐明确指出，"这种人充满了人性中类似的热忱和爱，这种人愿意并且有能力成为世界所需要的那种教师"。③ 然而，要找出具有特殊才华的人并非易事，甚至有观点认为，根本找不出这样具有特殊才华的适合当教师的人。裴斯泰洛齐则认为，"没有这种人（适合当教师的人），仅仅因为寻找这些人的人既没有智慧，也没有发现这种人所必备的品质。地球上的好东西，当人们轻蔑谈论它和忽视它的时候，显不出它的价值"。④ 确实如此，有伯乐然后有千里马，只有真正愿意为教育事业付出努力和心血的伯乐，才可能找出适合当教师的千里马，裴斯泰洛齐指出，"有影响有价值的人寻找青年，以便把他们培养成教师，给予他们支持和帮助，他们就会改变世界"。⑤ 倘若真

---

① [瑞士] 裴斯泰洛齐. 裴斯泰洛齐教育论著选 [M]. 夏之莲译. 北京：人民教育出版社，2001：324.
② [瑞士] 裴斯泰洛齐. 裴斯泰洛齐教育论著选 [M]. 夏之莲译. 北京：人民教育出版社，2001：324.
③ [瑞士] 裴斯泰洛齐. 裴斯泰洛齐教育论著选 [M]. 夏之莲译. 北京：人民教育出版社，2001：325.
④ [瑞士] 裴斯泰洛齐. 裴斯泰洛齐教育论著选 [M]. 夏之莲译. 北京：人民教育出版社，2001：324.
⑤ [瑞士] 裴斯泰洛齐. 裴斯泰洛齐教育论著选 [M]. 夏之莲译. 北京：人民教育出版社，2001：325.

正找到了适合当教师的人，那么改变的将是整个世界，这就是好教师所要做的事。

由此可以看出，裴斯泰洛齐认为，不是任何人都适合当教师，都能当教师。因为教师肩负着改变世界的责任，只有人类的精英才配当教师，教师在裴斯泰洛齐的心目中，是具有非常崇高地位的。

裴斯泰洛齐指出，好教师不是自然成就的，具有优秀素质的人还需要进行专门的培训，才可能成为好教师。裴斯泰洛齐在自己的教育教学实践中，充分认识到教师培训的重要性，并对教师的教育教学能力进行培养与训练。1800年，裴斯泰洛齐在布格多夫学校附设教师培训班，对教师进行专门的教学方法培训，尽管最初这个班只招收了十二名学员，培训的规模并不大，但正是这个培训班，被公认为是欧洲最早的师范学校发源地之一。1805年，裴斯泰洛齐又在伊佛东创办了一个新式学校，这个学校涉及了小学、中学和教师培训班三种形式。这是一种将师范教育和基础教育结合在一起的新的办学模式，最多的时候，在这个学校进行教师培训的学员多达三十二人，培养出了一批水平和质量较高的教师。

四、裴斯泰洛齐的教师教育原则论

裴斯泰洛齐认为，教师教育教学不是盲目的，需要在一定原则指导下进行。他通过自己的教育思考和实践，提出了教师教育教学需要遵循的三条重要原则，即教师要遵循自然规律教育的原则，教师要遵循儿童天性发展规律的原则，教师要遵循儿童心理发展规律的原则。

（一）教师要遵循自然规律教育的原则。

裴斯泰洛齐和夸美纽斯、卢梭一样，十分重视自然规律对教育的价值，并强调教师遵循自然规律进行教育教学的重要性。裴斯泰洛齐对大自然抱有十分崇敬的心情,他十分动情地说,"我永远委身于大自然的引导"①。裴斯泰洛齐之所以十分推崇大自然规律对教育的作用,是因为:

一是大自然是可靠的真理,是指引教师获取教育智慧的源泉,"只有大自然对我们来说才是最可靠的,惟有它清白廉洁、毫不动摇地指引我们径直去获取真理和智慧。我越是准确地遵循它的轨道,我越是努力将自己的行为与她的行为结合起来,尽力使自己紧紧跟上自然的步伐,我就越觉得与大自然的步伐无法相比"。② 作为教师,在教育教学中自然要追寻最可靠的真理,那就要沿着大自然的道路前进,这是教师取之不竭的智慧源泉。

二是大自然有其自然的规律,而人性恰是自然性的一部分,当然也要遵循大自然的规律。裴斯泰洛齐认为,大自然遵循其自身的发展规律,这正如树木的生长一般,"树种在大自然的作用下,长出肉眼很难发现的芽。这个芽每日每时地生长,逐渐长出树干、树枝和叶子来。模仿树的本性吧!像它那样培养和保护每一个已长出的部分,像它那样连接新生和原有的两个部分。你看看树的本性的作用吧!在它的作用下,树芽里长出鲜嫩的绿叶,然后生命的光泽慢慢地消失,但长出了嫩弱的却又是完整的果实。这个果实一天天发育。几个月后,果实终于成熟,从树上掉到地上。在树的本性的作用下,发芽的同时,根也随着发育了。根是每棵树的精华,它深深地扎进土壤;树干从树根上长出来;本性给予树身的各个部分的力量恰如其分,不多也不少"。③ 同时,大自然作为人生存于其中的自然,人的本性必然要服从于自然本性的需要,所以裴斯泰洛齐大声疾呼道:"作为一个整体的大自然的机制是既伟大又简单的。人类啊!模仿它吧。模仿这个伟大的大自然的行动吧",

---

① [瑞士] 裴斯泰洛齐. 裴斯泰洛齐教育论著选 [M]. 夏之莲译. 北京:人民教育出版社,2001:76.
② [瑞士] 裴斯泰洛齐. 裴斯泰洛齐教育论著选 [M]. 夏之莲译. 北京:人民教育出版社,2001:35.
③ [瑞士] 阿图尔·布律迈尔. 裴斯泰洛齐选集(第一卷)[M]. 尹德新等译. 北京:教育科学出版社,1994:340.

"人类的自然本性的机制,基本上是服从于大自然通常赖以发挥力量的规律的。根据这些规律,所有的教学都应当把本科目的最基本部分坚决地、牢固地移植到人的心智的实体中去"。①

既然人的本性不可脱离自然之性,自然也就不可避免地成为人受教育的第一位"导师"。正是在此意义上,裴斯泰洛齐才十分肯定地指出:"好的教育方法只有一种——这就是那种完全建立在自然的永恒法则基础上的教育方法。"② 这就要求教师要模仿大自然的力量,在进行教育时要参照自然规律进行,把教育艺术奠定在大自然规律的基础上,"作为我们人类需要的发展形式的源泉的大自然灵魂,其本质是不会动摇的和永恒的。它是、并且必须是教学艺术的永恒而不可动摇的基础"。③ 教师要时刻保持与大自然的过程相统一,要将自然的法则完整地贯彻到教育教学中去,发挥自然的指导作用,遵循与自然相适应的原则。

那么,教师在进行教育教学时,可以模仿大自然的哪些方面呢?裴斯泰洛齐认为,教师可以师法三种具体的自然作用。

一是教师可以效法自然的综合统一作用,将学生的各种潜能和能力统合起来,发挥整体的教育效果,"所有自然界的作用都是完全必要的,而且这种必要性是大自然的艺术的结果。大自然为了达到自己的目的,借助艺术把表面上相异的物质力量联成一个统一体。模仿大自然的教学艺术,必须遵循同样的途径才产生效果"。④

二是教师可以效法自然的自由与独立本性。自由与独立是大自然的本性,

---

① [瑞士]裴斯泰洛齐. 裴斯泰洛齐教育论著选 [M]. 夏之莲译. 北京:人民教育出版社,2001:203.
② [瑞士]裴斯泰洛齐. 裴斯泰洛齐教育论著选 [M]. 夏之莲译. 北京:人民教育出版社,2001:157.
③ [瑞士]裴斯泰洛齐. 裴斯泰洛齐教育论著选 [M]. 夏之莲译. 北京:人民教育出版社,2001:78.
④ [瑞士]裴斯泰洛齐. 裴斯泰洛齐教育论著选 [M]. 夏之莲译. 北京:人民教育出版社,2001:202.

这要求在教育教学中，教师要给学生充分的自由，充分发挥学生主体的独立性，"大自然丰富的魅力和它的多变的作用所引起的必要性带有自由与独立的烙印。这里，教学艺术也必须模仿大自然的进程，通过丰富的魅力和多变的作用，努力使教学艺术的结果带有自由与独立的印记"。①

三是自然能够提供给我们感官直接的事物，这是教师教育教学中可以充分利用的丰富材料，这方面对教育教学极其重要。对此，裴斯泰洛齐指出，"尤其重要的是，要学习自然机制的首要规律，即我们的感官与物体的有力的、广泛的联系存在于二者距离的远近适当与均衡相称之中。千万不要忘记，你周围所有物体的远近对决定你的正确的感觉印象、实际技能，甚至德行，都有巨大的影响"。②

（二）教师要遵循儿童天性发展规律的原则。

裴斯泰洛齐同卢梭一样，对儿童的天性充满了信任和崇敬，认为教师教育教学必须遵循儿童的天性进行。裴斯泰洛齐强调，教育追求的理想就存在于儿童的天性之中，教育的基本任务就是发展儿童的天性和才能，他明确指出，"要教育儿童，我们就应当研究儿童，研究儿童的本性"。③研究儿童的本性对教师而言，有两层重要的意义：

一方面，研究儿童本性要求教师要遵从儿童本性的发展方向进行教育。裴斯泰洛齐把教师比做园丁，园丁的任务就是要顺应植物的自然本性，给植物创造适合植物本性生长的环境，保障植物的生长，这才是正确的教育。对此，裴斯泰洛齐指出："什么是那种正确的教育呢？他如同园丁的艺术，成千上万棵树木在园丁的照料下开花、成长。园丁对树木的实际生长并不能有所

---

① ［瑞士］裴斯泰洛齐. 裴斯泰洛齐教育论著选［M］. 夏之莲译. 北京：人民教育出版社，2001：202.

② ［瑞士］裴斯泰洛齐. 裴斯泰洛齐教育论著选［M］. 夏之莲译. 北京：人民教育出版社，2001：202.

③ ［瑞士］裴斯泰洛齐. 裴斯泰洛齐教育论著选［M］. 夏之莲译. 北京：人民教育出版社，2001：231.

作为，生长的原理存在于树木本身。园丁植树、浇水，而上帝则让树增高。不是因园丁松开了树根才使树从土壤中吸收养料；也不是因为他把木髓同木头、木头同树皮分割开来才使树从根部一直到顶端的嫩枝各部分得到发展，使各部分聚拢到一起，组成永恒的统一体，由此生产出其生存的最终结果——果实。关于这一切，园丁一无所为。"① 作为园丁的教师，最重要的作为就是无所作为，就是顺从儿童天性的发展进行教育。

遵从儿童天性，反对的是教师的外在强迫，反对的是教师只按照自己的意志，而不顾儿童自然天性的需要，实施强迫性的教育。对于园丁对植物所做的一切，裴斯泰洛齐指出，"教育者也是如此。他没有传授给人们一点能力。他既没有提供生命也没有提供呼吸。他只是看守着，以防任何外部力量的伤害或干扰。他关照着让人们的发展沿着与其发展的法则相一致的轨道进行"。② 教师如同园丁，对儿童的天性，他的教育行为都是保护性的，而不是干扰破坏性的；他的教育行为是遵从性的，而不是强迫性的。教师是儿童天性的守护者，而不是改变者，一个教师伟大与否，就在于他在多大程度上持守儿童的天性。

另一方面，研究儿童的本性就是为了发展儿童的本性。在裴斯泰洛齐看来，儿童的全部教育，就是促进儿童的自然天性，遵循它固有的方式进行发展的艺术，"孩子具有人的自然天性的一切资源，只是还没有得到发展而已，如同未绽开的蓓蕾，蓓蕾一旦绽开，所有的花瓣都会舒展开来，人的教育亦如此。对人的天性的资质必须仔细观察，只有调动这些天生资质才能确保成功"。③ 裴斯泰洛齐甚至认为，儿童本性的发展就是教育要达到的目的，"教育

---

① [瑞士] 裴斯泰洛齐. 裴斯泰洛齐教育论著选 [M]. 夏之莲译. 北京：人民教育出版社，2001：336.
② [瑞士] 裴斯泰洛齐. 裴斯泰洛齐教育论著选 [M]. 夏之莲译. 北京：人民教育出版社，2001：336.
③ [瑞士] 阿图尔·布律迈尔. 裴斯泰洛齐选集（第一卷）[M]. 尹德新等译. 北京：教育科学出版社，1994：232.

的唯一目的就是要协调地发展那些由于受到上帝的恩赐而构成其人格的才能和素质"。① 这是从教育目的的高度来看待儿童的天性，裴斯泰洛齐明确指出，教师教育教学的目的，就是为了发展儿童的天性，就是为了通过发展人的天性而形成完善的人。

需要指出的是，裴斯泰洛齐在强调教师要遵循和促进儿童天性发展的同时，也非常清醒地认识到，人类天性中也存在动物性的邪恶一面。教师对儿童进行教育，需要对儿童本性中邪恶的一面进行必要的约束。否则，如果教师不对儿童的邪恶本性加以约束，任其自由发展下去，就不可避免地产生轻佻、骄傲、狡猾、恶毒、愚昧、损人、利己、残忍、猜疑等性格，"人类的天性既然是这样，如果任其成长发展下去，不但对于社会毫无裨益，并且大有危害，甚至会破坏社会秩序"。② 所以对教师而言，就不能任由儿童邪恶本性的自由发展，要主动采取一些教育方法和手段，改造儿童的邪恶本性，使之回归到正常的发展轨道上来。

由此可以看出，裴斯泰洛齐强调顺应遵从发展儿童的本性是有条件的，这与他对儿童本性的认识有关。裴斯泰洛齐不同于卢梭，卢梭彻底把儿童本性定位于善性，而裴斯泰洛齐则看到了人性中恶的一面。抑制儿童本性中的恶，是教师发展儿童天性的必要构成部分。

（三）教师要遵循儿童心理发展规律的原则。

在教育史上，裴斯泰洛齐创造性地提出了教师教育教学要遵循儿童心理发展规律的原则。裴斯泰洛齐对儿童心理在教育中的重视，被称为"教育心理学化"思想。

裴斯泰洛齐是教育史第一次真正明确提出"教育心理学化"思想的教育家。1800年，裴斯泰洛齐在题为《论教学方法》的报告中明确提出这一问题，

---

① ［瑞士］裴斯泰洛齐. 裴斯泰洛齐教育论著选［M］. 夏之莲译. 北京：人民教育出版社，2001：298.

② 张焕庭. 西方资产阶级教育论著选［M］. 北京：人民教育出版社，1979：174.

他说："我正在试图将人类的教学过程心理学化。"[①] 裴斯泰洛齐在《葛笃德如何教育她的子女：第一封信》中，也明确提道："我感到我的实验已经证明民众教育可以建立在心理学的基础之上，可以根据它的基本原则建立起通过感觉印象获得的真正知识……我感到我能解决的是那些具有洞察力，没有偏见的人的问题"。[②] 在《葛笃德如何教育她的子女：第六封信》中，裴斯泰洛齐再一次指出：他长期寻求一切教学艺术的共同心理根源，因为他确信只有通过这个共同的心理根源，才可能发现一种符合人类教养的自然规律的教育形式。[③] 裴斯泰洛齐认为，教师在教育教学中要贯彻教育心理学化原则，按照儿童的心理发展确定教育教学的整个方面。

裴斯泰洛齐在教学内容、教学原则、教学过程等方面，向教师提出了心理学化的要求建议。

在教学内容方面，裴斯泰洛齐建议教师要根据心理学要求简化教学内容。裴斯泰洛齐指出，"我曾经根据这些规律去简化人类所有知识的要素，把它们融入一系列典型的范例之中，这些典型范例将传播对大自然的广泛认识，将使人们普遍地了解心智中的重要的概念，并使人体的主要机能得到锻炼，即使最低下的阶级也是如此"。[④] 为此，裴斯泰洛齐提出了"要素教育论"，要求教师在教育内容上从最简单的要素出发，最终过渡到复杂的要素，这才是符合儿童心理发展顺序的教育教学。

在教学原则方面，裴斯泰洛齐向教师提出，心理学是进行有效教学原则探索的根本出发点，"探索有效方法的最基本的起点，以心理学为基础来发展

[①] ［瑞士］裴斯泰洛齐. 裴斯泰洛齐教育论著选［M］. 夏之莲译. 北京：人民教育出版社，2001：198.

[②] ［瑞士］裴斯泰洛齐. 裴斯泰洛齐教育论著选［M］. 夏之莲译. 北京：人民教育出版社，2001：22—23.

[③] ［瑞士］裴斯泰洛齐. 裴斯泰洛齐教育论著选［M］. 夏之莲译. 北京：人民教育出版社，2001：83.

[④] ［瑞士］裴斯泰洛齐. 裴斯泰洛齐教育论著选［M］. 夏之莲译. 北京：人民教育出版社，2001：199.

人的能力和才华".[①] 以心理学为基础,裴斯泰洛齐论述了进行教学所要遵循的两条重要原则,即直观性原则和循序渐进性原则。对于教师教学的循序渐进性原则,裴斯泰洛齐指出,"培养智力和技能需要有适合于人类本性的、符合心理学规律的一套循序渐进的方法",[②] 这要求教师在教学中要从最简单的开始,然后逐步过渡到复杂方面,如此"儿童就可以通过一系列从最简单到最复杂的训练而得到教育。这种训练的结果必然会使儿童在他们需要教育的所有方面,获得日益得心应手的技能".[③]

对于教师教学的直观性原则,裴斯泰洛齐明确指出,"我们必须十分注意按照符合心理学的方式发展和培养我们的行为能力,也必须十分注意进行心理训练来发展认识能力。而发展我们认识能力的这种心理训练,要以初步的直观为基础".[④] 教学是为了发展人的认识能力,而人的认识能力的发展,依据心理学要求,应从直观开始。这是因为只有感官才能把"以不明显状态存在的"观念引申出来,使之成为清晰的观念,裴斯泰洛齐指出:"教学首先把混乱、模糊的感觉印象一个一个地呈现到我们的面前,然后把这些孤立的感觉印象以变化的姿势放到我们眼前,最后把它们跟我们早先已有的整个系统组合起来。清晰概念就是这样形成的".[⑤] 这样,直观教学原则在裴斯泰洛齐这里,是从心理学的视角提出,这使直观教学原则有了真正的科学依据。

在教学过程方面,裴斯泰洛齐建议教师,要根据心理学化要求,使教学

[①] [瑞士] 裴斯泰洛齐. 裴斯泰洛齐教育论著选 [M]. 夏之莲译. 北京:人民教育出版社,2001:34.

[②] [瑞士] 裴斯泰洛齐. 裴斯泰洛齐教育论著选 [M]. 夏之莲译. 北京:人民教育出版社,2001:179.

[③] [瑞士] 裴斯泰洛齐. 裴斯泰洛齐教育论著选 [M]. 夏之莲译. 北京:人民教育出版社,2001:179.

[④] [瑞士] 裴斯泰洛齐. 裴斯泰洛齐教育论著选 [M]. 夏之莲译. 北京:人民教育出版社,2001:181.

[⑤] [瑞士] 裴斯泰洛齐. 裴斯泰洛齐教育论著选 [M]. 夏之莲译. 北京:人民教育出版社,2001:88.

遵循从感觉印象上升到清晰概念的过程，"教学首先把混乱、模糊的感觉印象一个一个地呈现在我们面前，然后把这些孤立的感觉印象以变化的姿势放到我们跟前，最后把它们跟我们早已有的整个系统组合起来，清晰的概念就是这样形成的。这样一来，我们的学习就是从混乱走向确定；从确定走向明白；从明白走向清晰"。① 教师只有遵循心理学化的要求进行教学，才能保证教学从混乱走向确定，从确定走向明白，从明白走向完全清晰。

最后，裴斯泰洛齐指出，如果教师在教育教学中轻视这些要遵循的原则，就会产生与教育期望相违背的后果，"粗暴地轻视这些规律的确切后果是什么呢？我不能哄骗自己，那种体力衰退、片面性、判断歪曲、肤浅以及塑造了这一代人傲慢虚荣的特征，是由于轻视了这些规律而进行的孤立的、非心理学化得、无根据的、无组织的、不系统的教学的必然后果"。② 因此，教师在教育教学中要时刻提醒自己，要遵循大自然的规律，使教育教学与自然机制的法则相协调；要遵循儿童天性的发展规律，使教育教学与儿童的内在本性相协调；要遵循教育心理学化的要求，使教育教学与儿童的心理发展规律相协调。

---

① ［瑞士］裴斯泰洛齐. 裴斯泰洛齐教育论著选［M］. 夏之莲译. 北京：人民教育出版社，2001：88.
② ［瑞士］裴斯泰洛齐. 裴斯泰洛齐教育论著选［M］. 夏之莲译. 北京：人民教育出版社，2001：2004.

第十一章　赫尔巴特：教师是关注学生未来的人

> 赫尔巴特具有完全天然的教育禀性。他那创造性的生花之笔就是教育的精神力量。他的教育学观点决定了他对一切问题，也包括对公众生活的看法。他与其他伟大德国教育家的区别就在于他高度的才智。[①]
>
> ——赫尔曼·诺尔

一、赫尔巴特生平

约翰·弗里德里希·赫尔巴特（Johann Friedrich Herbart，1776—1841），德国哲学家、心理学家和教育学家。赫尔巴特作为一个在教育学史上，迈过他就无法讲下去的教育理论家，由于他对教育学所做的开创性的贡献，而被誉为"科学教育学的奠基人"，并成为世界教育史上公认的"教育科学之父"。

赫尔巴特的教育思想历来都得到后人们的高度评价。博伊德和金在《西方教育史》一书中，对赫尔巴特给予了最高的赞誉："赫尔巴特在教育哲学家

[①] 赫尔曼·诺尔. 不朽的赫尔巴特［A］. 赫尔巴特. 赫尔巴特文集（教育学卷一）［C］. 李其龙，郭官义等译. 杭州：浙江教育出版社，2002：360.

中，几乎占着最高的地位。"① 美国教育史学家古德（H. G. Good）认为，赫尔巴特是教育学新体系的建筑师。苏联教育史学家麦丁斯基认为，赫尔巴特是"试图把教育学当作科学规律建立起来的第一个教育理论家"。② 梅耶（F. Mayer）在《教育思想史》一书中指出："作为心理学家的赫尔巴特，在教育史上留下了最持久的影响：他努力使教育从形而上学中解脱出来成为一门独立的科学并激起这一领域的革命性变革"。③ 我国学者也对赫尔巴特的教育思想给予了充分肯定，赫尔巴特"在近世教育思想史上功绩的伟大，真无第二者可与之比拟"。④ "赫尔巴特是近代教育家中试图使教育学成为一门科学的开山祖"。⑤

当然，也有对赫尔巴特的评价持完全相反的观点，苏联教育史学家康斯坦丁诺夫就认为："赫尔巴特在哲学、政治学、心理学、教育学等一切领域内都是反动的。"⑥ 对于赫尔巴特的谤誉之评价，正如我国唐代著名思想家柳宗元在《谤誉》一文中所谓的"凡人之获谤誉于人者，亦各有道"。谤誉者自然各有其谤或誉的道理，但赫尔巴特对人类教育思想和实践的巨大影响总是现实存在的，而且这种影响在当今不但没有削弱，反而日益显著，这就充分说明赫尔巴特的教育思想经受住了时间的检验，是一种值得称颂的教育思想。

1776年5月4日，赫尔巴特诞生在德国奥尔登堡（Olderberg）一个律师家庭里。幼年的赫尔巴特天真活泼，身体强健，但在他5岁时的一天，母亲

---

① ［英］威廉·博伊德，埃德蒙·金. 西方教育史［M］. 仁宝祥，吴元训译. 北京：人民教育出版社，1986：332.
② 吴式颖，任钟印. 外国教育思想通史（第七卷）［M］. 长沙：湖南教育出版社，2002：315.
③ Frederick Mayer. A History of Education Thought［M］. Charles E. Merrill Books, INC. Ohio: Columbus. 1960：275.
④ 蒋径三. 西洋教育思想史［M］. 上海：商务印书馆，1934：251-252.
⑤ 滕大春. 外国教育通史（第三卷）［M］. 济南：山东教育出版社，1989：288.
⑥ 谢觉. 赫尔巴特教育思想刍议［J］. 山东师大学报（哲学社会科学版），1983（2）：100.

给他洗澡，把开水倒入盆中，去打凉水。结果小赫尔巴特竟然跌入盛着沸水的盆中，造成烫伤。从此，赫尔巴特身体一直瘦小孱弱，性格大变，和以前判若两人。

一个好母亲对孩子的一生会产生决定性的影响，赫尔巴特就有这样一位好母亲。赫尔巴特的母亲有教养而聪慧，她对赫尔巴特的一生产生了深刻的影响。在儿时，母亲为赫尔巴特请到了沃尔夫学派一位很有学问的家庭教师沃尔岑（P. Ulzen），为了督促其学习，母亲经常陪伴赫尔巴特一起听课，还和他一起研究希腊文。在沃尔岑和母亲的悉心教导下，赫尔巴特对哲学、逻辑、心理学和伦理学等方面产生了浓厚的兴趣。后来，当赫尔巴特在耶拿（Jena）大学学习时，母亲不但依然跟随着他，还设法让他跟从著名哲学家席勒（Schiller）学习美学思想。甚至赫尔巴特大学毕业后做家庭教师，也是出于母亲的建议。

赫尔巴特的童年是一个令人赞叹的天才神童。1788 年，赫尔巴特进入了奥尔登堡拉丁语学校学习。此时，赫尔巴特开始显露出作为神童的令人咋舌的天才表现：11 岁研究理则学，12 岁研究形而上学，14 岁写了一篇论文，题目为《意志自由》。

在中学学习期间，赫尔巴特又开始研究康德的哲学思想，17 岁时曾作了题为《略论一个国家中道德兴衰的一般原因》的报告，19 岁时他还对当时著名哲学家薛陵（Schilling）和菲希特（Fichete）的思想提出过批评。在他毕业时，赫尔巴特用拉丁文，对西塞罗和康德的至善观念和实践哲学原理作了分析比较，获得好评。此外，赫尔巴特还有其他广泛的兴趣，尤其是音乐方面，他利用课余学习了钢琴和小提琴等乐器，还学习了谱曲，并于 1808 年发表了一首奏鸣曲。

1794 年，赫尔巴特进入耶拿大学学习法学。在耶拿大学，赫尔巴特被费希特的哲学所吸引，并成为费希特热诚的学生。在母亲的介绍下，赫尔巴特还跟从著名哲学家席勒学习。1797 年，在母亲的建议下，赫尔巴特到瑞士担任贵族冯·斯泰格尔（N. F. Steiger）的家庭教师，对赫尔巴特来说，这就如同当年康德、费希特和黑格尔曾当过家庭教师一样,赫尔巴特对教育的兴趣,也就是在担任家庭教师的时候引起的。在瑞士期间,赫尔巴特拜访了已声名显赫的裴斯泰洛齐,参观了裴斯泰洛齐在布格多夫的教育实验,两人结成了忘年之交,经常在一起切磋教育问题。赫尔巴特还发表了《论裴斯泰洛齐的新作〈葛笃德怎样教育她的子女〉》一文,后来,赫尔巴特又成为德国第一个使用文字传播裴斯泰洛齐教育思想的人。

1800年,赫尔巴特辞去家庭教师工作,应其好友不来梅议员施密特(J. Schmidt)之邀,担任一所教堂学校的教学工作,并给三位贵妇人上课。同时,赫尔巴特从事自己喜欢的哲学研究与写作工作。1802年,赫尔巴特移居哥廷根,不久便通过了博士学位考试,获得了教授备选资格,开始作为哥廷根大学讲师,教授哲学与教育学。后来,他拒绝了海德尔堡大学正教授的邀请,坚持在学术氛围更好的哥廷根大学任副教授的职位。1806年,赫尔巴特发表了《普通教育学》这部闻名于世的著作。但这部书在出版后并未引起人们的注意,"甚至此后20年也无人问津,几乎被湮没无闻",[①] 以至于赫尔巴特曾感叹道:"我可怜的教育学无法喊出它的最强音。"[②]

1809年,赫尔巴特受邀,前往哥尼斯堡大学任教,接替康德的哲学教席。赫尔巴特对即将到来的哥尼斯堡教学生涯感到非常满意,他在给友人的信中兴奋地写道:"我能有此机会获得那个教席乃是意想不到的荣幸,我在少年时代学习柯尼斯堡哲人著作时已常常在充满景仰的梦中渴望这一教席了。"[③] 就这样,赫尔巴特在哥尼斯堡一待就是25年。

赫尔巴特在哥尼斯堡大学的授课,受到了学生们的广泛欢迎,每次演讲都座无虚席。赫尔巴特在哥尼斯堡大学期间,对教育实践十分关注,他曾十

---

① 朱经农,等. 教育大辞书 [Z]. 上海:商务印书馆,1933:1446.

② J. S. Frost. *Historical and Philosophical Foundations of Western Education* [M]. The Charles E. Merrill Publishing Company,1966:326.

③ [德] 赫尔巴特. 普通教育学·教育学讲授纲要 [M]. 李其龙译. 北京:人民教育出版社,1989:5.

分坚定地表示：在我的多种责任中，我最关心的是关于教育学的讲演。但是，教育学不能不仅予以讲授，它必须得到证明和加以实践。而且，我希望扩大我十年来的教育经验。为此，在1810年，赫尔巴特创办了教育研究班和附属实验学校，以使自己的教育理论得到实践的运用和验证。

值得一提的是，一天晚上当赫尔巴特正在玩字谜游戏的时候，结识了18岁的英国女孩德雷克（M. Drake），1811年35岁的赫尔巴特和德雷克小姐完婚。赫尔巴特和德雷克生活得很美满，也正是在德雷克的大力支持下，赫尔巴特才得以全身心地投入到心理学和教育学的研究中去。

1824年，随着普鲁士对大学控制的越发严厉，师生言行受到严格监督，赫尔巴特无法忍受柯尼斯堡大学这种监狱式的压抑氛围，萌生了离开的念头。赫尔巴特非常崇敬黑格尔，他因为不能亲耳聆听黑格尔的演说而一直深感抱憾，1831年，当黑格尔去世的时候，赫尔巴特便前往柏林，非常希望自己能够到柏林大学任教，接替黑格尔的讲座位置，可柏林大学已经另聘他人，赫尔巴特只好扫兴而回。无奈之下，1833年，赫尔巴特又回到了哥廷根大学任教。

在赫尔巴特重新任职哥廷根大学期间，发生了著名的"哥廷根七教授事件"，由于赫尔巴特对这个事件保持了沉默，而颇受指责。1837年，德国新国王继位，决定撤销1819年带有民主主义色彩的宪法，这遭到了哥廷根大学七名教授的联名抗议。而身为哥廷根大学哲学院院长的赫尔巴特，虽对国王的做法不满，但却并没有参加签名抗议。国王开除了这七名教授，赫尔巴特又选择了不与他们来往。

后来，赫尔巴特在《关于哥廷根的事变》一文中，对自己的行为辩解道，抗议不会有结果，带给大学的只能是危害，他曾明确说道：评判德国的政治生活能做出什么样的改善。能改善多少，这不是我的事情。我只能说大学精神不能模仿政治生活，因为大学的本质在科学中。赫尔巴特的做法引起了学生们的极大反感，学生们联合起来，抵制赫尔巴特的课，这对赫尔巴特的打击很大。

1841年，赫尔巴特在进行最后一次演讲时，身体并未显示任何异样。令人大出意外的是，两天后，他突然因中风而昏迷，结果竟然抢救无效，于该年8月14日，永远离开了人世，享年65岁。

作为伟大的教育家，赫尔巴特向世人展现了他深邃的思想和睿智的聪慧，他的风度和气质，他的含蓄而自信，将永远为后世所称道。在赫尔巴特的阿尔巴尼公墓的墓碑上，镌刻着这样的墓志铭：

> 探求神圣深湛的真理，
> 甘于为人类幸福奋斗，
> 是他生活的鹄的。
> 此刻，他的自由的灵魂，
> 充满光明，飞向上帝，
> 此地，安息着他的躯体。[1]

二、赫尔巴特的教师责任观

教师在教育中肩负着怎样的教育学生的责任呢？赫尔巴特认为，在总体上，教师要为学生的未来着想："教育者要为儿童的未来着想。因此，学生将来作为成年人本身所要确立的目的，是教育者当前必须关心的，他必须为使孩子顺利地达到这些目的而事先使其做好心理准备。"[2] 也就是说，赫尔巴特要求教师关注的重点是学生的未来，即使学生的现在需要关注，那也是出于为学生未来需要的考虑。学生的当前或现在，只是实现其未来的一种手段，

---

[1] ［德］赫尔巴特. 普通教育学·教育学讲授纲要［M］. 李其龙译. 北京：人民教育出版社，1989：7.

[2] ［德］赫尔巴特. 普通教育学·教育学讲授纲要［M］. 李其龙译. 北京：人民教育出版社，1989：37.

学生的未来才是真正的目的。

那么，教师为了实现对学生未来关注的目的，应关注哪些方面呢？对此赫尔巴特明确指出，这些方面可分为"可能的目的"和"必要的目的"两部分："学生未来目的范围立即可以分为：一种纯粹可能的目的领域和一种完全与此区分开来的必要的目的领域。"①

作为可能的目的的实现，兴趣是赫尔巴特要求教师所肩负的对学生进行培养的重要责任。对此，赫尔巴特明确指出："我们把教育目的的第一部分叫做兴趣的多方面性，但我们必须把兴趣的多方面性同过分强调多方面性，即许多事情都浅尝一下，区别开来。因为意愿的对象、意愿的各个方向都不比其他东西更使我们产生兴趣，所以为避免让弱点与优点并列起来起见，我们还得补充一个限制词：平衡的多方面兴趣。"② 赫尔巴特所要教师培养的是学生的兴趣的"多方面性"或平衡的"多方面兴趣"，"多方面"不是随意的越多越好，更不是浅层次的多个兴趣。

这样，兴趣培养成为教师必须完成的职责。对于赫尔巴特所要求的兴趣，范德累（J. J. Findlay）曾指出，"赫尔巴特的兴趣法则不满足于治标——刺激和愉悦，而着重于治本和真正的兴趣。"③ 而前苏联教育学者麦丁斯基则更明确地指出："赫尔巴特所了解的多方面兴趣就是这样一种兴趣，它不是从某一个人狭窄的职业圈子和日常生活出发的，它所包含的不仅仅是利己和私人的东西，而是整个的东西，人类的生活。"④ 兴趣是与生活相联系的一个概念，教师培养学生多方面兴趣，就是为了使学生将来能够适应生活的需要。

---

① ［德］赫尔巴特. 普通教育学·教育学讲授纲要［M］. 李其龙译. 北京：人民教育出版社，1989：37.
② ［德］赫尔巴特. 普通教育学·教育学讲授纲要［M］. 李其龙译. 北京：人民教育出版社，1989：38—39.
③ J. J. Findlay. *Principles of class teaching*［M］. Macmillan and Co., Limited. New York. 1902：36.
④ ［前苏联］米定斯基. 世界教育史［M］. 叶文雄译. 北京：生活·读书·新知三联书店，1950：373.

接着，赫尔巴特指出了教师应当培养学生两类兴趣，即认识的兴趣和情感的兴趣。认识的兴趣又包含三种，第一种是经验的兴趣，是认识与观察事物到底"是什么"的兴趣，主要是观察、认识自然界及周围环境个别现象的兴趣；第二种是思辨兴趣，是思考事物"为什么"的兴趣，要求探索自然界的规律，对人的思维能力进行锻炼；第三种是审美兴趣，是对事物美丑善恶评价的兴趣。情感的兴趣也包括三种，第一种是同情兴趣，涉及人类交际知识的情趣；第二种是社会兴趣，是对社会、对本民族和全人类同情的兴趣；第三种是宗教兴趣，涉及人与神之间关系的认识。

最后，赫尔巴特指出，教师要培养学生多方面的兴趣，虽然是多方面的，但却不零散、孤立、对立和冲突，而是具有统一性的系统，"虽然兴趣的各种方向是形形色色地分布开去的，就像它的对象那样多得使人眼花缭乱一样，可是这些方向却都是从一点伸展开去的。或者说，许多方面像一个物体的各个面一样，也就是说像同一个人的各个方面一样。在这个人身上，所有的兴趣都必属于一种意识，我们绝不可以忘记这种统一性"。[①] 可以看出，赫尔巴特的多方面兴趣意味着整体的、全面的、均匀的兴趣，这就要求教师在培养学生多方面兴趣的时候，要努力使学生的各种兴趣实现和谐、全面的发展。

作为必要的目的的实现，道德是赫尔巴特要求教师所肩负的对学生进行培养的重要责任。必要的目的是最高的或终极的目的，也就是教师要培养学生应具备的道德人格。对于道德，赫尔巴特把它看作是教育的最高目的，赫尔巴特指出："教育的惟一工作与全部工作可以总结在这一概念之中——道德。道德普遍地被认为是人类的最高目的，因此也是教育的最高目的。任何人否认这一点，他对于道德是什么，肯定地不可能有真正的认识。"[②] 接着，

---

① ［德］赫尔巴特. 普通教育学·教育学讲授纲要［M］. 李其龙译. 杭州：浙江教育出版社，2002：50.

② ［德］赫尔巴特. 论世界的美的启示为教育的主要工作［A］. 张焕庭. 西方资产阶级教育论著选［C］. 北京：人民教育出版社，1979：259—260.

赫尔巴特指出了教师应当培养学生的五种具体的道德,即内心自由、完善、仁慈、正义和公平,其中内心自由是最为核心的部分。

对于学生道德的具体培养,赫尔巴特认为主要是一个内在的心灵过程,而不是外在的行为过程,"道德只有在个人意志中才有它的地位,所以我们当然先应这样来理解:德育绝不是要发展某种外表的行为模式,而是要在学生心灵中培养起明智及其适宜的意志来"。① 这样,道德相关观念的传授在道德培养中就居于核心地位,赫尔巴特更是把道德观念的获得称为德育的目的:"使绝对明确、绝对纯洁的正义与善的观念成为意志的真正对象,以使性格内在的、真正的成分——个性的核心——按照这些观念来决定性格本身,放弃其他所有的意向,这就是德育的目标。"② 当然,康德在强调个体内心力量在道德形成中重要性的同时,又明确指出,"你能相信只用道德概念就能教会人们如何做吗?人处在大自然中是大自然的一部分,大自然流过他的心灵……他必须了解自己和自己的力量以及在他周围能够帮助他的力量"。③ 赫尔巴特并不完全否认外在力量在道德形成中的作用,只不过外在力量只是辅助性力量,而不是根本力量而已,这就要求教师要善于运用多种力量培养学生的道德品质。

在兴趣和道德之外,赫尔巴特还明确强调,个性的发展是教师对学生进行培养的重要责任。赫尔巴特指出,教师要把学生个性的发展作为培养的起点和目标,教师应"把学生的个性作为出发点","教育者力求教育的普遍性,而学生是个别的人","青年人的个性是在教育者努力教育中愈益显露出来

---

① [德]赫尔巴特. 赫尔巴特文集(教育学卷一)[M]. 李其龙,郭官义等译. 杭州:浙江教育出版社,2002:38.
② [德]赫尔巴特. 赫尔巴特文集(教育学卷一)[M]. 李其龙,郭官义等译. 杭州:浙江教育出版社,2002:39—40.
③ [英]威廉·博伊德,埃德蒙·金. 西方教育史[M]. 仁宝祥,吴元训译. 北京:人民教育出版社,1986:341.

的"。① 为了使学生个性得到发展，赫尔巴特要求教师要尽力做到不侵犯学生的个性，"应当尽可能避免侵犯个性。为此，我们特别要求教育者识别他本人的癖性，当学生的行为与他的愿望不一致，而在两者之间又不存在带有实质性的优劣时，他应当慎重考虑。他必须立即放弃他自己的愿望，如可能，甚至连表达这种愿望也必须抑制住"。② 当学生行为与教师意愿产生矛盾时，赫尔巴特对教师提出了"抑制"和"放弃"的要求。

事实上，在教育中，教师最缺乏的就是对自我意愿的抑制和放弃精神。教师常常采取各种手段和方法，妄图使学生接受自己的想法，并以学生是否"听话"作为判别学生好坏的标准，殊不知这样做，会使大量孩子的个性受到严重压抑，成为教师驯服的奴隶，这正是赫尔巴特所坚决反对的。赫尔巴特明确指出，教师的工作就是显露学生个性的工作，"他应当乐意不让学生个性能够获得的惟一荣誉枯萎凋零，那就是让这种个性具有鲜明的轮廓，乃至明显地显露出来"，③ 每个学生个体都是独一无二的，都是与众不同的，都有自己的特点和长处，作为教师就要承认、认识和尊重这种差异。当学生与教师的要求与规定不符合时，教师要放弃的不是学生，而是教师自己，是教师的要求与规定。否则，一切按教师的要求做，泯灭了孩子的个性，千人一声，千人一面，教育也就失去了其根本的尊严与意义。

从某种意义上说，教师的最高价值就是促进学生个性的和谐发展。教师不是在选择适合教育的学生，而是创造适合学生的教育，教师的重要职责就是要善于给予学生展示自己独特个性魅力的时空。教师只有不拘一格地"看"学生，才能不拘一格地"育"学生，才会不拘一格地"出"人才。

---

① ［德］赫尔巴特. 赫尔巴特文集（教育学卷一）［M］. 李其龙，郭官义等译. 杭州：浙江教育出版社，2002：40.
② ［德］赫尔巴特. 赫尔巴特文集（教育学卷一）［M］. 李其龙，郭官义等译. 杭州：浙江教育出版社，2002：41.
③ ［德］赫尔巴特. 赫尔巴特文集（教育学卷一）［M］. 李其龙，郭官义等译. 杭州：浙江教育出版社，2002：41.

三、 赫尔巴特的教师素质观

赫尔巴特十分重视教师素质的重要性，这是因为在赫尔巴特看来，在教育中教师对学生的影响起着十分关键的作用。

赫尔巴特认为，教师是人类全部力量的代表，教师的素质如何，直接影响到他向学生传授人类全部力量的质量，"他自己会说，真正的、正确的、并适合其儿童的教师不是他，而是人们所能感受到的、发现并想到的全部力量，而他只不过是被派去对儿童作明晰的讲解和作为儿童合适的陪伴的"。① 赫尔巴特指出，教师的行为对学生有着最直接的影响，哪怕这种行为是最微不足道的，"教师的每一个行为，即使是看起来最微不足道的也能获得光彩和真正的价值"。② 当然，教师的行为在获得光彩和真正价值的同时，也会获得不光彩和毫无价值，这里最重要的是教师要具备优秀的为师之素质。

赫尔巴特认为，教师不仅是传授知识者，教师本人就是一种知识，一种学生直接能够最直观感受和体认的对象，"教育者本身对于学生来说也将是一种丰富而直接的经验对象，……那些已故的历史人物、诗歌中的人物，可以从教师生活中获得生命。只要他一开始教学，那么青年，甚至孩子也很快会随着他的想象而想象"。③ 当教师本身裹挟着教育内容而成为教育内容的一部分，呈现在学生面前时，教师的想象如何决定着学生的想象如何，教师的素质又决定着教师的想象，教师的素质当然也就决定着学生的想象。

教师所必须具备的知识素质，在赫尔巴特看来就是教育学和心理学知识。赫尔巴特坚决反对教师仅凭经验进行教育教学，他对那些以经验为基础的教

---

① ［德］赫尔巴特. 赫尔巴特文集（教育学卷一）［M］. 李其龙，郭官义等译. 杭州：浙江教育出版社，2002：9.
② ［德］赫尔巴特. 赫尔巴特文集（教育学卷三）［M］. 李其龙，郭官义等译. 杭州：浙江教育出版社，2002：278.
③ ［德］赫尔巴特. 赫尔巴特文集（教育学卷一）［M］. 李其龙，郭官义等译. 杭州：浙江教育出版社，2002：69.

师提醒到,"但愿那些很想把教育基础仅仅建立于经验之上的人们",能够真正彻底明白,"从一次经验中将学不到什么,而从各种分散的观察中同样将学不到多少东西",不仅如此,赫尔巴特指出,经验本身对教育者而言,就是一种无法进行判断的东西,"一个人究竟何时方能成为一个有经验的教育者呢?而且,每一个教育者的经验是由多少经验组成,要经过多少次的变换呢?"[1]接着,赫尔巴特通过举例进一步深入说明,教师仅凭教育经验是无法真正胜任教育工作的,"一个 90 岁的乡村教师有着他 90 年的陈规经验,他有长期辛劳的体会,但是他对他的工作与方法是否也有批评呢?我们近代教育家有许多成功之处,他们了解人们感谢他们,而他们可能对此感到由衷的高兴!可是他们是否能从他们的经验出发,确定哪一些可以通过教育达到,哪一些可能成功地教育儿童呢?"[2]成功的教育家从来就不是通过经验而成功的,对教师来说,时间并不能保证经验对教育是可靠的。

赫尔巴特指出,对那些不懂教育知识,只相信经验的教师而言,他们的教育只能是误人子弟的教育,"他们所知道的根本不是那些在教育上可应用的知识,但他们仍然带着巨大的热情进行他们的工作。他们能做些什么呢?他们侵扰着学生的感受,将其束缚起来,不断地动摇着青年的心灵,以致使其不了解自身。这样,怎能形成一种性格呢?"[3]这种教师越是努力教育学生,也就越是只能带给学生反教育的结果。

以此为基础,赫尔巴特得出结论认为,"学生太难教,使教书先生失败,这些都是其动听的遁词,殊不知前者不是现实,后者是可以改变的"。[4]没有

---

[1] [德]赫尔巴特. 赫尔巴特文集(教育学卷一)[M]. 李其龙,郭官义等译. 杭州:浙江教育出版社,2002:10.

[2] [德]赫尔巴特. 赫尔巴特文集(教育学卷一)[M]. 李其龙,郭官义等译. 杭州:浙江教育出版社,2002:10.

[3] [德]赫尔巴特. 赫尔巴特文集(教育学卷一)[M]. 李其龙,郭官义等译. 杭州:浙江教育出版社,2002:13.

[4] [德]赫尔巴特. 赫尔巴特文集(教育学卷一)[M]. 李其龙,郭官义等译. 杭州:浙江教育出版社,2002:9—10.

教不了的学生,只有不会教的老师,没有失败的教师,只有不懂教育而失败的教师。也就是说,学生太难教是个伪问题,教师失败是个可以改变的问题,一切教育的成功都源于教师自身的素质。

因此赫尔巴特认为,教师必须具备科学的素质。他明确指出,我"要求教育者懂得科学,具有思考力",因为科学在赫尔巴特眼中,是教师用来观察各种事情的最好的眼睛,教师只有具备了这双眼睛,才能克服依赖经验进行教育的弊端。那么,教师应具备的具体科学素质应是什么呢?

赫尔巴特十分肯定地指出,"教育者的第一门科学——虽然远非其科学的全部——也许就是心理学",[①] 教师要具备心理学素质,这在赫尔巴特之前没有人如此肯定、如此明确、如此系统、如此重要地论述并要求过。这与赫尔巴特本人对心理学的重视有很大关系,"他是最早将心理学与哲学、生理学分开,并明确宣称心理学是一门科学的人;他也是最早明确强调教育学必须以心理学为基础的教育家;他还试图依据心理学的知识来揭示教育和教学的规律"。[②] 赫尔巴特作为裴斯泰洛齐之后教育心理学化的真正代表,在他看来,"人类活动的全部可能性的概要,均在心理学中从因到果地陈述了"。[③] 教师只有掌握了心理学知识,才可能真正把握和理解学生的活动,才可能对学生的行为作出正确因果的分析和解释,也才可能采取正确的教育学生的方法和措施。

不过,赫尔巴特同时指出,教师掌握心理学知识,并不意味着就可以放弃在教育现实中对儿童进行观察,"但这门科学绝不能替代对儿童的观察,因为个性只能被发现,而不能由心理学推断出来","只要一个具有良好头脑的

---

① [德]赫尔巴特. 赫尔巴特文集(教育学卷一)[M]. 李其龙,郭官义等译. 杭州:浙江教育出版社,2002:11.
② 中国教育史研究会. 杜威赫尔巴特教育思想研究[M]. 济南:山东教育出版社,1985:202.
③ 张焕庭. 西方资产阶级教育论著选[M]. 北京:人民教育出版社,1979:266.

人留意观察人的心灵，那么他就会获得一种心理见识"。① 观察作为心理学的一种重要补充，亦是教师素质的应用之意。

心理学之外，赫尔巴特强调教师还必须具备教育学素质，"教育学是教育者自身所需要的一门科学"。② 赫尔巴特本人是科学教育学的创始人，在他看来，教师掌握教育学知识是天经地义的事情，是做教师的一种本能性知识素质，用他的话说是教育者自身的科学。

赫尔巴特认为，对教师而言，之所以要掌握教育学素质，"就是要在理论上说明教育的可能性，并按各种情况的变化去说明它的界限"，惟其如此，教师才能遵循教育规律对学生进行教育，教育也方有效果可言。正是因为教育学对教师如此之重要，赫尔巴特才倾其全部才能致力于教育学科学化的研究，并最终使教育学成为一门真正的科学。

赫尔巴特认为，教师还要具备良好的品质素质，"教师不应只是一本书或许多书的化身，而应是一个有修养的人"。③ 在赫尔巴特看来，教师只具有知识是不够的，对教师而言，个人的品质修养对学生的心灵影响巨大，"假如教师做到了行为的一致性，那么他的每一种情绪就会如同天气一样成为学生观察和在他们当中传播的第一件事情"。④ 教师的行为是品性修养的重要体现，教师的行为举止和为人处世，会对教师在学生心目中的形象和威信，对学生的感召力和教育力，有着巨大影响，进而能够直接对教师的教育效果起到重要作用，"教育者的态度必须更加稳重，更加一致，他不应当让儿童对他产生怀疑，好像儿童同他无法建立牢固的关系似的，好像儿童不能放心地寄托于

---

① ［德］赫尔巴特. 赫尔巴特文集（教育学卷一）［M］. 李其龙，郭官义等译. 杭州：浙江教育出版社，2002：12.
② ［德］赫尔巴特. 赫尔巴特文集（教育学卷一）［M］. 李其龙，郭官义等译. 杭州：浙江教育出版社，2002：12.
③ ［德］赫尔巴特. 赫尔巴特文集（教育学卷二）［M］. 李其龙，郭官义等译. 杭州：浙江教育出版社，2002：32.
④ ［德］赫尔巴特. 赫尔巴特文集（教育学卷一）［M］. 李其龙，郭官义等译. 杭州：浙江教育出版社，2002：275.

他的心灵似的"。① 因此，一个有着良好修养的教师，他的修养就会成为影响儿童心灵的强大力量。

赫尔巴特指出，教师要具有能够表达恰当情感的素质。赫尔巴特非常重视教师情感表达对学生所产生的重要影响，他要求教师情感的流露，必须能够激发起儿童本人与这种情感相一致的情感。赫尔巴特要求教师的情感流露必须真诚坦率，教师"不应故意摆威风！不要神秘的缄默！尤其不要虚伪的友好！无论各种感情活动会发生多少变化，都必须保持坦率、诚恳"。②

当然，赫尔巴特更要求教师在特定情况下，要具备克制自己情感的素质。也就是说，教师要从学生的最大利益出发，牺牲自己的情感自由，"假如学生在惩罚自己的教育者的情绪上看出对于自己的失德的憎恶，对于自己爱好的不满，对于自己一切恶作剧的反感，那么他就会转向其教育者的观点，不知不觉地用这样的观点来看待一切，而且这种思想将会变成为一种对付自己倾向的内在力量"。③ 教师虚假情感的表露，正是为了使学生获得真实的发展。

四、赫尔巴特的教师儿童管理观

对儿童的管理，赫尔巴特的主张向来充满争议。一种观点认为，赫尔巴特所主张的对儿童管理的手段和方式过于严厉，且有失对儿童的人格尊重，缺乏对儿童的伦理和人文关怀。一种观点认为，对赫尔巴特儿童管理主张的指责，是没有完全弄懂赫尔巴特观点，是对赫尔巴特的误解。

其实这些争议本身恰恰是对赫尔巴特的教师儿童管理观的全面反映，因为赫尔巴特一方面主张，教师要采取一些看似不近人情的对儿童的严格管理

---

① ［德］赫尔巴特. 赫尔巴特文集（教育学卷一）［M］. 李其龙，郭官义等译. 杭州：浙江教育出版社，2002：33.
② ［德］赫尔巴特. 赫尔巴特文集（教育学卷一）［M］. 李其龙，郭官义等译. 杭州：浙江教育出版社，2002：33.
③ ［英］威廉·博伊德，埃德蒙·金. 西方教育史［M］. 仁宝祥，吴元训译. 北京：人民教育出版社，1986：14.

措施，另一方面又对这些管理措施进行了符合人情的必要限制。

赫尔巴特十分强调教师要对儿童进行严格的管理，"虽然真正的教育对待儿童从来不是生硬的，但却常常是很严格的"。① 之所以要对儿童进行严格管理，在赫尔巴特看来是因为，"如果不仅仅而灵巧地抓住管理的缰绳，那么任何课都是无法进行的"，儿童"有的只是一种处处都会表现出来的不服从的烈性。这种烈性就是不守秩序的根源，它扰乱成人的安排，并把儿童未来的人格本身也置于种种危险之中。这种烈性是必须克服的"，"其烈性的克服是可以通过强制来实现的，而且为了完全获得成功，这种强制恰恰必须是强有力的"。② 赫尔巴特认为，如果让儿童处于放任自流的状态，而不对儿童进行强制性的压制，那么儿童身上那种充满原始欲望的烈性情绪的苗子，就很可能发展成"反社会的倾向"。

当然，赫尔巴特也明确指出，教师对儿童的严厉管理，不能对儿童的心灵造成压迫。他要求教师在管理的同时，必须进行教育，要教育与管理相结合，"满足于管理本身而不顾及教育，这种管理乃是对心灵的压迫，而不注意儿童不守秩序行为的教育，连儿童也不认为它是教育"。③ 其实，赫尔巴特要求教师对儿童管理的真正目的，只是为了形成一种使儿童能更好地学习的秩序，"这种管理并非要在儿童心灵中达到任何目的，而仅仅是要创造一种秩序"。④ 管理不但不是对儿童心灵的压制，恰恰是为了形成秩序让儿童心灵获得更好地发展。

赫尔巴特指出，教师管理儿童的措施主要包括威胁、监督、权威与爱、

---

① ［德］赫尔巴特. 普通教育学·教育学讲授纲要［M］. 李其龙译. 北京：人民教育出版社，1989：30.
② ［德］赫尔巴特. 普通教育学·教育学讲授纲要［M］. 李其龙译. 北京：人民教育出版社，1989：23.
③ ［德］赫尔巴特. 普通教育学·教育学讲授纲要［M］. 李其龙译. 北京：人民教育出版社，1989：23.
④ ［德］赫尔巴特. 普通教育学·教育学讲授纲要［M］. 李其龙译. 北京：人民教育出版社，1989：24.

惩罚。这些管理措施在现代教育中有些是明令禁止的，但作为特定时代的产物，赫尔巴特认为这些措施是教师必不可少的。

教师对儿童的威胁。对于威胁，赫尔巴特明确指出："一切管理首先采取的措施是威胁"，他同时指出了教师使用威胁时遇到的两种危险，"一方面有些本性顽强的儿童蔑视任何威胁，敢于做他们可以想做的一切；另一方面又更多的儿童，他们太软弱，以致不能承受威胁。在他们身上，恐惧反而会助长欲望"。[1] 赫尔巴特认为，对于不怕威胁的儿童，威胁恰恰是进行真正教育的极好机会。而对于恐惧威胁的儿童，那威胁就成为极不可信赖的手段。当然，赫尔巴特对威胁的危害亦有充分认识，他提醒教师注意，威胁只能在迫不得已的情况下才能使用，在儿童的眼泪和请求之下，教师亦应迅速放弃使用威胁。

教师对儿童的监督。赫尔巴特把教师对儿童的监督，看作是对儿童管理必不可少的手段，"人们很早就把监督看成是儿童管理所不能缺少的手段了，与其他任何种管理手段相比，它在儿童管理中尤其不能缺少"。[2] 赫尔巴特对教师们发出了诚恳的忠告："不要认为你们对孩子不加监督，不加教养，放任他们撒野就能培养出伟大品格来！"[3] 虽然赫尔巴特十分强调教师的监督措施不可少，但他也对监督带来的危害表示了深深的担忧。

赫尔巴特认为，监督带来的危害，一是教师不可频繁使用监督，否则监督就成为了目的，缺少监督，就会造成极大危险，监督的真正功能就会丧失，而彻底沦为教师制裁儿童的一种成瘾性的毒药，"经常的监督对于监督者与被监督者来说同样是一种负担"，"要知道监督的需要将随着其被使用的程度而

---

[1] [德]赫尔巴特.普通教育学·教育学讲授纲要[M].李其龙译.北京：人民教育出版社，1989：24.

[2] [德]赫尔巴特.普通教育学·教育学讲授纲要[M].李其龙译.北京：人民教育出版社，1989：24—25.

[3] [德]赫尔巴特.普通教育学·教育学讲授纲要[M].李其龙译.北京：人民教育出版社，1989：26.

增加，到了最后，任何停止监督的时刻将造成极大的危险"。①

二是教师对儿童的监督，会使儿童丧失自我选择、自我管理的主动性，使儿童在监督中彻底失去自我，最终沦为监督的奴隶，"监督还会妨碍儿童自己控制自己，考验自己，使他们不能认识永远不会被引入教育体系之中而只有通过自己探索才能发现的许许多多事物"。②

三是教师对儿童的监督，会造成儿童性格软弱和古怪，会使儿童内心变得孱弱和麻木，"那种惟有从本人意志中产生的行为所构成的性格，……或者保持软弱状态，或者变得古怪起来"，"那么就不可能要求那些在监督压制下成长的人们机智敏捷，具有创造能力，具有果敢精神和自信行为；我们也许只能期待产生这样的人，他们始终只是单调刻板的，并习惯于墨守成规俗套，不思改变，而对于高尚与奇特的事件则畏缩不前"。③ 正是教师的监督，有可能阉割掉孩子性格中最为宝贵的想象力和创造力，使儿童远离高尚和奇特，而成为庸碌无为者。

教师对儿童的惩罚。赫尔巴特认为，教师其他的管理措施无效时，就可以对学生实施惩罚甚至是体罚。教师对儿童进行惩罚的措施，一是教师对儿童进行身体惩罚，"如果儿童回忆起他曾经挨过的鞭子，这并不会使他有所损害"，④ 赫尔巴特赞成通过鞭打对儿童进行体罚，但他并不认为鞭打能够彻底解决问题，"如果儿童已不再怕挨打而再受挨打，这乃是最糟糕的了"。⑤

---

① ［德］赫尔巴特. 普通教育学·教育学讲授纲要［M］. 李其龙译. 北京：人民教育出版社，1989：25.
② ［德］赫尔巴特. 普通教育学·教育学讲授纲要［M］. 李其龙译. 北京：人民教育出版社，1989：25.
③ ［德］赫尔巴特. 普通教育学·教育学讲授纲要［M］. 李其龙译. 北京：人民教育出版社，1989：25.
④ ［德］赫尔巴特. 普通教育学·教育学讲授纲要［M］. 李其龙译. 北京：人民教育出版社，1989：211.
⑤ ［德］赫尔巴特. 普通教育学·教育学讲授纲要［M］. 李其龙译. 北京：人民教育出版社，1989：211.

二是教师对儿童进行剥夺式的惩罚。赫尔巴特认为，教师可以通过对儿童某些方面的剥夺进行惩罚，如挨饿，让儿童饿上几小时。赫尔巴特最看重的剥夺惩罚方式是对儿童自由的剥夺，"剥夺自由也是一种最常用的惩罚手段，假如这种剥夺确实适合过错，那完全是正当的"，"对于幼小儿童来说，可以让他们立壁角，乃至关禁闭，甚至把他们的手反绑起来"。[①] 赫尔巴特同时也指出，这种惩罚要考虑到儿童难堪的心理，不宜持续太久。

　　最后是赫尔巴特认为对儿童最严厉的惩罚方式，如停课，但这种方式只能在极端不得已情况下用。总的来说，赫尔巴特对体罚的态度是："事实上，试图完全排除体罚是徒劳的，但是必须极少采用，从而使学生对体罚比真正执行体罚更望而生畏。"[②]

　　教师对儿童的权威与爱。赫尔巴特认为，权威与爱是教师给予儿童心灵帮助的管理措施。赫尔巴特十分肯定教师的权威与爱对儿童的巨大管理作用，"权威与爱比任何严厉手段更能保证管理，这是很明确的"。[③] 教师权威能够对儿童心灵产生有效的约束，权威的约束作用在于扑灭儿童身上正在形成的邪恶火焰，"心智屈服于权威，权威能拘束其超出常轨的活动，因此非常有助于扑灭一种倾向于邪恶的、正在形成的意志"。[④]

　　教师爱的作用更是不可低估，教师爱有其他任何手段所不能替代的管理效果，赫尔巴特指出，爱"对于真正的教育来说又是多么重要（因为它把教育者的心向告诉了学生）"，"一旦获得了爱，它就能在多么大的程度上减轻管

　　[①] ［德］赫尔巴特. 普通教育学·教育学讲授纲要[M]. 李其龙译. 北京：人民教育出版社，1989：211.
　　[②] ［德］赫尔巴特. 普通教育学·教育学讲授纲要[M]. 李其龙译. 北京：人民教育出版社，1989：211.
　　[③] ［德］赫尔巴特. 普通教育学·教育学讲授纲要[M]. 李其龙译. 北京：人民教育出版社，1989：212.
　　[④] ［德］赫尔巴特. 普通教育学·教育学讲授纲要[M]. 李其龙译. 北京：人民教育出版社，1989：26.

理的困难，这是自不待言的"。①

那么，教师如何形成的权威与爱呢？赫尔巴特指出："明显优越的智慧、知识、体魄和外表举止乃是属于取得权威的有关范围"，"只有当爱同必要的严格结合在一起时，爱才是有价值的"。② 可见，教师权威的形成与教师智慧、知识、体魄和外表举止密不可分，教师爱的形成是有条件的，这条件就是严格。

---

① ［德］赫尔巴特. 普通教育学·教育学讲授纲要［M］. 李其龙译. 北京：人民教育出版社，1989：27.
② ［德］赫尔巴特. 普通教育学·教育学讲授纲要［M］. 李其龙译. 北京：人民教育出版社，1989：212.

第十二章　第斯多惠：善于进行自我教育的教师

"第斯多惠在国民学校和教育学的发展中，起了巨大的作用。"[①]

——Е·Я·哥兰塔，Ш·И·加业林

一、第斯多惠生平

阿道尔夫·第斯多惠（F. A. W. Diesterweg，1790—1866），德国著名教育家，因其对德国师范教育的发展贡献卓越，被称为"德国师范教育之父"。

第斯多惠一生致力于教育教学的研究和实践，取得了令人惊叹的成就，为人类教育思想书写了浓重的一笔，极为深刻地影响了德国乃至世界教育思想的发展进程。在教学论上，第斯多惠被认为是夸美纽斯和裴斯泰洛齐逝世后，西方第一个伟大的教学论专家。在教师教育方面，第斯多惠又被称为是"德国教师的教师"和"德国的裴斯泰洛齐"。哥兰塔和加业林称赞第斯多惠说："第斯多惠根据伟大教育家们的著作，根据自己个人及前进教师的经验，确定了教学方法原则和规则的整个体系。他的重要著作，在当代恰为教师的

---

① ［前苏联］Е·Я·哥兰塔，Ш·И·加业林. 世界教育学史［M］. 柏嘉译. 上海：作家书屋，1953：202.

真实指导，曾起了巨大的作用"。① 我国学者也对第斯多惠的教育思想和实践给予了很高评价，"从教育思想的发展来说，第斯多惠的教育思想是人类教育思想史上的重要一环"；②"第斯多惠正是民主主义教育理论的代表。他终生致力于改革旧教育、改革社会及教育的不平等状况，宣扬真正的全人类的教育，把教育与人的自由、解放联系在一起，这些对近代德国学校教育的发展起了巨大作用"。③

1790年10月，第斯多惠在德国威斯特伐利亚省西根市出生。他的父亲是位法官，处事严谨，家法严明。他的母亲受过较高的教育，重视对儿子进行智力开发和品性熏陶，可惜在第斯多惠8岁时去世。第斯多惠在父亲的严格要求和精心培育下，从小就养成了好学的习惯。

第斯多惠在西根市拉丁语学校接受中等教育。年轻时代对中学的教学极为不满，似乎是大教育家的共同"癖好"，第斯多惠也不例外，他对拉丁语学校的学习内容和方式十分不满，"拉丁语学校中枯燥无味的拉丁语教学，蒙昧主义的宗教课，以及要求死记硬背的、机械的教学方法和脱离实际生活的教育无法满足他的求知欲，因此他在课余经常漫游于山林，去手工作坊"，④ 可以说，逃离学校，走进自然与生活，成为第斯多惠中学时代最美好的记忆。

1808年，第斯多惠进入赫尔朋大学，学习数学、哲学、自然科学和历史，后又转入蒂宾根大学学习。1811年，第斯多惠大学毕业，他想成为一名工程师，但也许是冥冥之中注定第斯多惠必须从事教育的命运，他未能在混乱的考试制度中通过工程师考试，而没有遂愿。1812年，无奈之下，第斯多惠只好到哥哥任教的曼汉姆城，成为一名家庭教师，开始了自己与教育结缘的

---

① ［前苏联］Е·Я·哥兰塔，Ш·И·加业林. 世界教育学史［M］. 柏嘉译. 上海：作家书屋，1953：212.

② 吴式颖，任钟印. 外国教育思想通史（第七卷）［M］. 长沙：湖南教育出版社，2002：161.

③ 滕大春. 外国教育通史（第三卷）［M］. 济南：山东教育出版社，1990：339.

④ 李其龙. 德国教育［M］. 长春：吉林教育出版社，2000：79.

生涯。

干上了教育这一行，第斯多惠便无法脱身了。1813年在法兰克福母校的邀请下，第斯多惠回校任教，这一干就是5年。在这里，第斯多惠与裴斯泰洛齐的信徒相识，从而使自己的教育信念得以确立。值得一提的是，1817年，第斯多惠以令人惊愕的论文《论世界末日》，获得了蒂宾根大学哲学博士学位。1818年，第斯多惠受聘担任厄贝菲特拉丁文学校副校长。在这里，深受裴斯泰洛齐教育思想影响的第斯多惠，充满了对贫穷劳苦大众的深深同情，这使他真正明确和确立了作为一个教育者的真正使命，即通过教育来减轻人民的贫困。

1820年，第斯多惠应聘于莱茵省梅尔斯市国立师范学校任校长，开始了从事师范教育的历程，他这一干就是12年。第斯多惠按照裴斯泰洛齐的教育思想进行办学，取得了巨大成功，梅尔斯师范学校一跃成为当时德国师范教育的楷模。在担任梅尔斯师范学校校长期间，第斯多惠还于1827年创办了志在扩大教师眼界的《莱茵教育杂志》，他一生在该杂志上发表了400多篇论文，这本杂志一直办到他去世为止。

1832年至1847年，第斯多惠又受聘成为柏林师范学校校长，在这里，他积极推进一系列师范教育的改革和实验，使柏林师范学校很快成为新教学法的实验中心。1835年，第斯多惠最有影响的教育著作《德国教师教育指南》出版，他自称著书的目的在于"寻找心中的教师"，这部书对指导德国教师的培养起到了巨大的作用。

而且，面对当时德国教育的等级化现状，以及要求不同阶层的人接受不同教育的观点甚嚣尘上，第斯多惠旗帜鲜明地提出了"全人类教育"的主张，反对等级教育，他时常挂在嘴边的话就是："人是我的名字，德国人是我的别号"，寄此希望教育培养身心和谐的全面发展的人，并要求所有的人都能够接受同样的教育。第斯多惠还在柏林先后创立了四个教师团体，研究并倡导民主主义教育思想，要求革除学校中的等级制，主张向所有儿童设立统一的学校。

由于普鲁士政府对第斯多惠所从事的民主教育活动十分不满,1847年普鲁士当局免去了第斯多惠柏林师范学校校长的职务。但他仍在1848年被选为新成立的"全德教师联合会"主席。1850年,随着1848年资产阶级革命被镇压,第斯多惠被迫退休,但他并未被反动势力吓倒,继续从事各种进步教育活动。1857年,第斯多惠总结了其30多年的教育经验,出版了《教育的理想和可能性》一书。

1865年,第斯多惠75岁寿辰到来之时,德国各地教师向他发来贺词,纷纷表达衷心的祝愿,并为他举行盛大宴会,向他赠送银质桂冠。第斯多惠在回应教师们的祝贺中,提出了振聋发聩的见解:"人民的教育,在最广义上说,乃是人民的解放"。不幸的是,1866年7月,第斯多惠因患流行性霍乱不治离世。德国各地教师闻讯,纷纷向这位伟大的教育家,致以最深切的哀思和最崇敬的怀念。

第斯多惠虽然离去了,但正是第斯多惠的出现,以及和他同时代的赫尔巴特、福禄贝尔两位世界一流教育家的异军突起,使整个19世纪的德国教育一飞冲天,德国一跃而成为欧洲教育的"领导者",并为德国国家的强盛奠定了坚实的基础。这也正印证了世界一流强国的崛起,必有世界一流教育家出现的现象。

二、第斯多惠的尊师观

第斯多惠坚决主张一切人和社会的一切方面都要尊师。

第斯多惠认为,教师首先应当受到学生的尊重。一方面从教师所从事的事业来看,要求学生必须尊师,"教师要教育儿童尊敬伟大而神圣的事业,学生首先要尊敬教师。从教师的感情和奋斗的目标以及他们所代表的人来说都要求学生尊重教师"。[①] 另一方面,第斯多惠认为,学生尊师本身就是一种教

---

① [德]第斯多惠. 德国教师培养指南[M]. 袁一安译. 北京:人民教育出版社,1990:192—193.

育,"尊师重教在一定程度上也是教育学生,正像尊重学校也是尊重教师一样"。①

第斯多惠强烈反对教师对儿童的过分顺从,认为这是学生不尊重教师的表现,"不顺从儿童就有损于儿童对教师的尊重。不顺从儿童,儿童就会出差错,这实际上是降低了儿童对教师的尊重"。② 其实,学生尊重教师本就是天经地义的,《吕氏春秋·劝学》曾指出:"尊师则不论其贵贱贫富矣。"元曲大师关汉卿则更是提出了振聋发聩的要求:"一日为师,终身为父。"毛泽东主席对老师徐特立先生亦曾说过:你是我二十年前的先生,你现在仍然是我的先生,你将来必定还是我的先生。你很难想象,一个人连自己老师都不尊重的人,又怎能干出什么伟大的事业呢?这要求学生尊师,不仅要在言行举止上表现出礼貌和尊敬,更要发自内心地敬重老师。

第斯多惠强调,教师应受到国家的尊重,"因为教师致力于教育和培养工作,这不但关系到家庭和个人的幸福,同时也关系到整个国家的兴衰"。③ 事实上,国家前途和教育的关系十分密切,我国古代哲人荀子在《荀子·大略》中就一语道破了尊师重教与国家兴衰的天机:国将兴,必贵师而重傅;国将衰,必轻师而贱傅。

一个不尊师重教的国家,必定难成为一个真正强大的国家。1871年普法战争以法国的失败而告终,普鲁士元帅毛奇在获得战争胜利后,曾十分骄傲地说:"普鲁士的胜利早就在小学教师的讲台上决定了",而法国科学家帕舍尔也认为,法国的失败早已注定,完全败在了德国的教育上。由此,第斯多惠从国家兴衰的高度强调国家对教师的尊重,看到了国家前途和尊师重教息

---

① [德]第斯多惠. 德国教师培养指南[M]. 袁一安译. 北京:人民教育出版社,1990:193.
② [德]第斯多惠. 德国教师培养指南[M]. 袁一安译. 北京:人民教育出版社,1990:193.
③ [德]第斯多惠. 德国教师培养指南[M]. 袁一安译. 北京:人民教育出版社,1990:193.

息相关，确实是慧眼如炬，看到了教育的巨大作用。

第斯多惠对社会尊重教师给予了特别关注，要求社会应给予教师充分的尊重。教师生活在社会中，是社会中的人，因此"在价值、重要性和尊严方面教师离不开群众"，① 没有社会群众的支持和认可，教师很难在社会中有地位，教师职业也很难真正成为一种令人向往的高尚职业。

第斯多惠认为，教师职业本身对社会具有重要价值，理应得到社会的尊重，"教师是和内部事务打交道，所起的社会效果是不可估量的，一直可以延续到未来的生活。这样的职务为什么不叫世人尊敬呢？"② 而且，教师作为影响人类下一代的"灵魂工程师"，教师所从事的任务艰巨而神圣，理应得到社会最高的尊重，"因为教师承担了最艰巨的神圣义务，用课堂教学来培养和教育儿童的灵魂、情感、智力和身体并且身体力行，所以不承认这一点便是最大的愚昧无知"。③

然而，世俗功利的社会眼光往往是愚昧无知的，他们看不到教师职业的真正意义，贬低教师，甚至嘲笑教师，"世俗判断人往往是势利眼，看薪金收入，看权力和等级地位"，"有人竟嘲笑教师只不过是和课本打交道的教书匠"，④ 第斯多惠进一步分析指出，之所以出现这种状况，主要是因为"有些官员和职员对教师抱有不应有的歧视态度，把人分成三六九等，不按价值和贡献取人，反而降低教师的薪金，而且在奖励和提高薪金方面采取回避态

---

① ［德］第斯多惠. 德国教师培养指南［M］. 袁一安译. 北京：人民教育出版社，1990：194.
② ［德］第斯多惠. 德国教师培养指南［M］. 袁一安译. 北京：人民教育出版社，1990：194.
③ ［德］第斯多惠. 德国教师培养指南［M］. 袁一安译. 北京：人民教育出版社，1990：193.
④ ［德］第斯多惠. 德国教师培养指南［M］. 袁一安译. 北京：人民教育出版社，1990：194.

度"。① 第斯多惠抓住了教师薪金这一制约教师社会地位的核心要素，要求以教师物质水平的提升来达到教师社会地位的提升，是十分正确的。不管社会功利与否，教师没有物质地位，社会地位就是一句空话。

不过，第斯多惠认为，教师要受到社会尊重，关键还是要靠教师自己的努力，"现在主要的问题是教师本人要掌握自己的命运。这就需要教师团结起来，共同促进尊师重教的社会风尚"，教师的问题最终还是要靠教师，教师不能指望从事教师这个职业而受到尊重，教师这个职业只能因为从事它的教师而受到尊重，是人决定职业的伟大，而不是职业决定人的伟大。第斯多惠指出，"教师如果发号施令，独断专行，瞎指挥"，"拘泥于教条，注意鸡毛蒜皮的小事，不考虑如何满足公共教育的愿望，不尊敬人，这些坏作风都会损坏教师的形象"，② 教师职业能否赢得社会的真正的尊重，关键还是靠教师的努力来提升。

第斯多惠尊师思想的提出，针对的是一切不尊师状况，尤其是在要求教师尊重学生，要求教师尊重家长，要求教师尊重领导，要求教师尊重社会教育需求等等，这种要求教师尊重一切，而唯独不提一切如何尊重教师的不良社会习气下，第斯多惠的尊师思想不啻为一剂令人警醒的猛药，对唤醒让人们尊师重教的意识具有重要意义。

三、第斯多惠的教师自我教育观

第斯多惠十分重视教师的学习，他认为教师学习最重要的就是要进行自我教育，不断进行自我提升，"热爱教育事业就得鼓励人们进行自我教育"。③

---

① ［德］第斯多惠. 德国教师培养指南［M］. 袁一安译. 北京：人民教育出版社，1990：194—195.
② ［德］第斯多惠. 德国教师培养指南［M］. 袁一安译. 北京：人民教育出版社，1990：193.
③ ［德］第斯多惠. 德国教师培养指南［M］. 袁一安译. 北京：人民教育出版社，1990：25.

第十二章 第斯多惠：善于进行自我教育的教师

第斯多惠明确提出，教师自我教育是一种最为崇高的目的，这是任何目的都无法比拟的，教师"绝不可能脱离自我教育这一崇高而伟大的任务，没有一种目的比整个人类和教师的自我培养与自我完善的目的更为崇高了"。① 这是因为在第斯多惠看来，教育事业不是谋生的手段，不是获取财富的手段，教师进行自我教育是教育事业本身的要求，"真理向那些心灵纯洁、高尚的人表明，只有他们才会热衷于教育事业。谁不是为了人类的自身缘故去探求教育事业，谁就不会找到这种教育事业"，"因为真正的教育能和上帝的王国相媲美，能变成上帝的尘世王国"。② 教育事业的崇高本质决定了从事这项事业的教师，必须进行自我教育。教师的教育不能指望幸运的眷顾或外在力量的干预来实现，"'帮助你自己吧，上帝亦会帮助你'这句格言很适用于教师。不过这里我们谈到的帮助的意义是指进行真正的自我培养和自我教育"。③ 教师只有首先有自我教育的意识和努力，发展的机遇才有可能降临。

第斯多惠认为，教师之所以要进行自我教育，主要是因为育人者必先育己。为此，第斯多惠提醒教师必须明确认识到：1. 一个人一贫如洗，对别人绝不可能慷慨解囊。凡是不能自我发展，自我培养和自我教育的人，同样也不能发展、培养和教育别人；2. 教师只有先受教育，才能在一定程度上教育别人；3. 教师只有诚心诚意地自我教育，才能诚心诚意地去教育学生。④ 事实确实如此，试想一个连自己都不会教育的人，又怎能去教育别人呢？教师要向学生释放知识的能量，自己就要有丰富的库藏；教师要把阳光散布到学生心里，自己心中必须先有一轮太阳。

---

① [德]第斯多惠. 德国教师培养指南 [M]. 袁一安译. 北京：人民教育出版社，1990：28—29.
② [德]第斯多惠. 德国教师培养指南 [M]. 袁一安译. 北京：人民教育出版社，1990：25.
③ [德]第斯多惠. 德国教师培养指南 [M]. 袁一安译. 北京：人民教育出版社，1990：28.
④ [德]第斯多惠. 德国教师培养指南 [M]. 袁一安译. 北京：人民教育出版社，1990：23.

教师要做到育人者必先育己，有两方面重要原因，一方面教师通过自我教育才能获得更多的知识储备，这正如俗语所言：要给学生一碗水，教师必须具有一桶水。一个合格的教师必须不断如饥似渴地学习，拓宽知识视野，更新知识结构，努力提高教育教学水平和教书育人的本领。教师如果仅满足于当前，故步自封，知识匮乏，将无法满足学生旺盛的求知欲，势必降低自己在学生心目中的威信；另一方面教师通过自我教育才能真正掌握学习的方法。教师学习的过程也是探索和掌握如何学习的过程，一个自己都不会学习的老师，当然也就无法引导学生学会学习。一名优秀的教师，首先应是一名善于学习的教师，不会学习的教师，是没有能力开发学生的学习智慧的。教师只有自己先学会了如何学习，才能在教育教学中引导学生学会学习，才能有效提高学生的学习效能。

第斯多惠认为，教师之所以要进行自我教育，另一个原因是，教师只有进行自我教育才能真正实现教学相长。第斯多惠指出："尽管你教育别人，其实你本人还是在教育的影响范围内外追求教育。学校对你本身就是一个很好的学校"，[1] 教师在学校不仅是为了教育别人，更是一个自我教育的过程，在教育学生的同时，也是自我提高的过程。也就是说，教师只有通过教育教学实践，才能不断发现问题，完善和提升自己，正如《礼记·学记》所云：教然后知困，知困然后能自强也。

教师教学相长的自我教育，追求的是一种尽善尽美，"尽管你也许会凭三寸不烂之舌，说得天花乱坠，尽管你也许得到了全部的聪明才智与知识，要是你不追求尽善尽美，不为真、善、美服务的话，那么我们可以这样武断地说，你只不过是一个空话连篇的可怜虫，一个叮叮当当的小铃铛而已，你再

---

[1] [德] 第斯多惠. 德国教师培养指南 [M]. 袁一安译. 北京：人民教育出版社，1990：25.

也不会属于'人类繁殖'的一员",① 对于夸夸其谈者，第斯多惠十分反感，这种教师在第斯多惠眼里只能是"可怜虫"、"小铃铛"，甚至根本就不配做教师。

第斯多惠指出，教师之所以要进行自我教育，还有一个原因是，教师维护自我社会地位的需要。即是说，教师要具有社会地位和影响，必须进行自我教育，"确确实实只有进行真正的自我培养才能确保教师的地位。人人都要在教师及在教育家的岗位上进行自我培养，只有做出成绩才能巩固教师的地位"。② 教师地位是靠自己努力争取的，不是靠他人同情施舍而得，倘若教师自己不努力，即使社会给你再多的荣誉，给你再多的神圣称号，教师也神圣不起来。打铁还需自身硬，教师只能不断地通过自我教育和培养，在教育岗位上做出令社会满意的成绩，才能真正获得社会的认可，也才可能在社会中具有较高的地位。

第斯多惠认为，教师的自我教育主要包括教师的自我完善和自我修养。对于自我修养，第斯多惠指出，"教师要使别人获得真正的生活，就得发动别人去追求真善美，最大限度地发挥他们的天资和智力。认识了这一崇高的任务，教师就得首先开始自我修养"。③ 可见，自我修养是教师完成教师职业所肩负的崇高任务的需要。崇高的任务需要高尚的人来完成，高尚人的生成，绝不是自然的，只能是教师在自我不断提升中形成。

对于教师的自我完善，第斯多惠认为，"教师要言行一致，身体力行，不但要倾听真理，学习真理，而且更重要的是把自己内心拥护的真理和自己的

---

① ［德］第斯多惠. 德国教师培养指南［M］. 袁一安译. 北京：人民教育出版社，1990：25.
② ［德］第斯多惠. 德国教师培养指南［M］. 袁一安译. 北京：人民教育出版社，1990：28.
③ ［德］第斯多惠. 德国教师培养指南［M］. 袁一安译. 北京：人民教育出版社，1990：23.

实际生活,思想与意志紧密地联系起来,融为一体,这是教师的自我完善"。①可以说,教师的自我完善过程就是一个不断地追求真理的过程。

第斯多惠认为,教师的自我教育是一种终身教育,"教师应当以教育事业为终身职业,自我教育也是终身教育"。② 这意味着教师不但是教育者,更是学习者,教育者与学习者在教师那里并无严格界限。任何一个教师,有的绝不能只是一个刻板有限的内心世界;任何一个教师,有的不能只是曾经读了多少书,而是永不停息用心读了多少书;任何一个教师,有的不能只是教了多少年书,而是他不断创新地教了多少书。第斯多惠指出,"进行终身自我教育,这对教师来说是一种义不容辞的神圣职责"。③ 对教师而言,那种一曝十寒式的学习,或是那种梦想一劳永逸式的学习,都与教师的神圣职责相违背。

事实上,教师一旦停止自我学习和教育,就难免陷于知识僵化,工作意义感泯灭,最终教师之为教师的本质就会逐渐丧失。如此这般,将使教师的工作显得多么令人厌恶。在这个意义上,教师自我教育其实是在拯救教师自己。第斯多惠指出,"教育家活到老学到老,他们要不断学习和提高。随时把自己的有限知识应用于不同的时间和地点,根据不同的社会关系随时要更新和补充自己的知识,以免使人不至于停滞不前"。④ 教师自我教育不是一个终结性概念,而是一个进行时的命题。教师自我教育只有起点,没有终点。

四、 第斯多惠的教师素质观

第斯多惠认为,担任教师的人必须是具有一定素质的人,"谁想渴望得到

---

① [德]第斯多惠. 德国教师培养指南 [M]. 袁一安译. 北京:人民教育出版社,1990:23.

② [德]第斯多惠. 德国教师培养指南 [M]. 袁一安译. 北京:人民教育出版社,1990:23.

③ [德]第斯多惠. 德国教师培养指南 [M]. 袁一安译. 北京:人民教育出版社,1990:25.

④ [德]第斯多惠. 德国教师培养指南 [M]. 袁一安译. 北京:人民教育出版社,1990:66.

教师的职务，谁就得首先把自己看成是达到追求这一职务的手段，就要达到一定的受教育程度。教师这一职务需要达到一定教育程度的人来担当"。① 在第斯多惠看来，不是随随便便哪个人都能当教师，教师要达到一定教育程度，要对教育恪尽职守，诚诚恳恳，兢兢业业，不辜负国家，不辜负家长，不辜负孩子，只有这样的人才配当教师。而且，"教师职务实际上是一个整体，是由最有才能的人组成"，② 也只有最有才能的人才配得上教师的称号。反之，"一个不合格的教师，不但损害了他的学生和他本人，而且也损害教师这一光荣的地位"，③ 教师不合格，对受教育者会造成极大危害，更使教师这一神圣的职业蒙羞。

第斯多惠认为，教师必须有明确的人生观和崇高的理想和追求。教师事业是伟大的，是关乎全人类最崇高理想的事业，"人类的奋斗目标就是实现真与善的伟大理想，把真善美看成是人生的最宝贵的财富，用全部纯洁的爱，自由自觉地，全力以赴方能胜利达到目的。这是全人类也是个人的最崇高的永恒理想"。④ 伟大的事业决定了从事伟大事业的教师必须具有崇高的理想和追求，教师要实现这崇高的理想和追求，需要有伟大的献身精神，"希望他们把自己的全部精力毫无保留地献给伟大的教育事业。这是教师的菜肴和饮料"。⑤ 倘若教师"不理解人类使命的真谛，那么我们在人生的道路上便会误

---

① ［德］第斯多惠. 德国教师培养指南［M］. 袁一安译. 北京：人民教育出版社，1990：26.
② ［德］第斯多惠. 德国教师培养指南［M］. 袁一安译. 北京：人民教育出版社，1990：28.
③ ［德］第斯多惠. 德国教师培养指南［M］. 袁一安译. 北京：人民教育出版社，1990：26.
④ ［德］第斯多惠. 德国教师培养指南［M］. 袁一安译. 北京：人民教育出版社，1990：18.
⑤ ［德］第斯多惠. 德国教师培养指南［M］. 袁一安译. 北京：人民教育出版社，1990：25.

入歧途……得过且过，醉生梦死，碌碌无为，虚度年华"。①

因此，作为教师，所应具备的首要素质就是具有明确的人生观，"人必须首先确立一个明确的人生观，念念不忘这一人生观，时时刻刻不停止对这一人生观的追求"，②教师要形成的人生观，就是为人类的崇高理想而奋斗，教师的一生就是为这崇高理想而奋斗的一生。当然，实现人生目的和理想的路途必然不是一帆风顺的，"在追求真善美的征途上，肯定会由于人类的弱点或种种原因遇到重重困难和阻力，但是为了一个崇高的目的不要气馁，不要心灰意懒，要鼓足勇气，不屈不挠，勇往直前"。③教师要做的就是矢志不渝、百折不挠、锲而不舍为实现目标和理想而不懈奋斗。

第斯多惠认为，教师要具有热爱和追求真理的品质，"我们要求教师全心全意地、大公无私地热爱真理"。④教师之所以要具备追求真理的品质，在第斯多惠看来，首先是因为，"追求真理，热爱真理是一个心灵纯洁而高尚的人的可靠标志。我们坚信，真理就是灵魂的固有食物"。⑤教师作为塑造心灵的使者，从事的是以心灵感染心灵的事业，这要求教师必须是心灵纯洁而高尚的人，而热爱真理才能真正使教师的心灵纯洁高尚起来。第斯多惠指出，当教师真正把真理变成了自己的精神财富时，那就没有任何尘世的财宝能与真理的价值与尊严相媲美。"千教万教教人求真，千学万学学做真人"，失去了对真的追求，也就失去了教师安身立命之本。

---

① ［德］第斯多惠. 德国教师培养指南［M］. 袁一安译. 北京：人民教育出版社，1990：15.
② ［德］第斯多惠. 德国教师培养指南［M］. 袁一安译. 北京：人民教育出版社，1990：15.
③ ［德］第斯多惠. 德国教师培养指南［M］. 袁一安译. 北京：人民教育出版社，1990：25—26.
④ ［德］第斯多惠. 德国教师培养指南［M］. 袁一安译. 北京：人民教育出版社，1990：31.
⑤ ［德］第斯多惠. 德国教师培养指南［M］. 袁一安译. 北京：人民教育出版社，1990：31.

第斯多惠认为，教师认识和掌握真理的过程是一个充满幸福的过程，只有幸福的教师才能将幸福传递给下一代，"只要谁对真理的本质与崇高有了明确的认识，不要求有什么论证，单单在追求真理，接触真理的过程中就会感受到无比的幸福"。① 对教师而言，追求真理的品质意味着，真正发自内心地热爱真理，以获得真理为乐，"谁追求真理，谁就必须专心致志，对真理推崇备至，内心要充满热望，以追求真理为乐，得到真理如获至宝，深深崇敬它，全心全意为它服务"。② 对教师而言，真理是火，当师生心与心之间出现藩篱时，它会迅速焚毁所有的阻隔，引导心灵共同拥抱美好与真情；对教师而言，真理是水，当师生思想与思想之间积起种种障碍时，它会迅疾冲垮所有误解，指引思想共同拥有热诚和信任；对教师而言，真理是风，当师生灵魂与灵魂之间被雾霾遮蔽时，它会瞬间吹去所有掩蔽，引领灵魂共同相拥幸福和纯洁。

第斯多惠主张，教师要具备进行教育研究的素质。教师到底该不该进行研究？第斯多惠的回答是肯定的，他在教育史上较早明确提出了教师要进行研究的观点。第斯多惠批判了那种认为研究只能是学者专利的看法，认为这是肤浅的拙见和误解，"人们往往错误地认为，只有学者才配读书，才配研究学问，……学校教师只配学习，只配使用自己的一点知识。其实这完全是一种对教师职业的肤浅的拙见，完全误解了培养人的本质"。③ 研究是教师从事创造性教育和教学的源泉和基础，只有研究才能让教师从平凡的教育工作中，看到教育现象的勃勃生命力，才能保持教师教育工作的兴趣和新鲜感，也才能增强献身教育事业的动力。

第斯多惠主张，教师要有安贫乐道的品质，"希望教师要保持'安贫乐

---

① ［德］第斯多惠. 德国教师培养指南［M］. 袁一安译. 北京：人民教育出版社，1990：31.
② ［德］第斯多惠. 德国教师培养指南［M］. 袁一安译. 北京：人民教育出版社，1990：30—31.
③ ［德］第斯多惠. 德国教师培养指南［M］. 袁一安译. 北京：人民教育出版社，1990：37.

道'的美德，只有这样教师才不会气馁，才会安于现状，精神连杆才不会松弛"。① 对教师而言，安贫乐道是一种精神，如陶行知所谓"捧着一颗心来，不带半棵草去"。教育之道，不能发财致富，不能获得功名利禄，所获得的只能是教育之道带来的乐趣，《后汉书·杨彪传》有云："安贫乐道，恬于进趣"，意思是说，君子安于贫穷，以坚持自己的信念为乐。孔子亦称赞乐道之学生说："贤哉，回也！一箪食，一瓢饮，在陋巷，人不堪其忧，回也不改其乐"。教育之道，本质上就是一种物质清贫，精神富足之道，乐的是什么道，就要能为此道而安于任何境况，乐教育之道，就得安清贫之境况。第斯多惠指出："他们安贫乐道，但如果要像老教书匠那样发牢骚'教一辈子书，受一辈子苦'，那么他们就不会得到宁静和安慰。"② 教育实践家冯恩洪在《创造适合学生的教育》一书中有言：讲台上诞生不了富翁，选择教师，就是选择了清贫，但是，讲台可以让一个热爱教育的教师获得丰富多彩的别样人生。乐道恰恰是教师克服清贫的法宝，不乐教之道者，最好趁早离开教师行当。

第斯多惠认为，教师要有教育信仰和信念。在第斯多惠看来，教师的信仰是支撑教师从事教育的根本力量，"学生一批批离开了学校，又一批批新生入校，教师的工作日复一日、年复一年，一切都要从头开始，终生都如此。是一种什么力量在支持着他，鼓励着他使他朝气蓬勃，精神焕发，使他得到宽慰呢？因素是各方面的，我看最主要的也是经得住考验的便是他们的信仰"。③ 正是信仰敞开了教师通向教育"一切可能性之本源"的道路，造就了教师打开教育一切可能性的坚定与坚持。也正是信仰敞开了教师成为"可能和不可能之间不存在界限之人"的道路，造就了教师勇于、敢于跨越教育中

---

① [德] 第斯多惠. 德国教师培养指南 [M]. 袁一安译. 北京：人民教育出版社，1990：27.

② [德] 第斯多惠. 德国教师培养指南 [M]. 袁一安译. 北京：人民教育出版社，1990：175.

③ [德] 第斯多惠. 德国教师培养指南 [M]. 袁一安译. 北京：人民教育出版社，1990：176.

种种可能和不可能界限的奋斗和行动。

第斯多惠认为，教师只有信仰还不够，还必须有坚定的信念，"除了信仰教师还应当有坚定的信念。……即使命运遭受不公平的待遇和碰到忘恩负义，也心甘情愿，为培养孩子聊以自慰。没有信念便没有幸福"。[1] 教育信念是一个教师和另一个教师的根本区别，历来为教育家们所强调，苏霍姆林斯基把教师信念看作是学校里最宝贵的东西："在全部教育现象及其复杂关系中，教育最重要、最宝贵的东西是什么？教师的信念——这是学校里最宝贵的东西。"乌申斯基亦指出："教育指示不经过教师个人信念的加温，就不可能具有任何力量。"正是教育信念使教师得以摆脱日常平凡、平庸、肤浅的经验束缚，使经验和平凡得以升华，使平凡和经验具有价值和意义，教师是否具备教育信念已成为区分教育家和一般教师的重要标识。

第斯多惠也十分重视教师的表率人格。教师的表率人格是种教师素质，它通过教师的言行体现出来。第斯多惠明确指出："学校中最重要的事就是：最有教学意义的直观学科和最生动的实例对学生来说都体现在教师身上。教师本人体现出个人的教学方法，体现出课堂教学原理和教育原理。教师的人格会给教师带来威望、权力、影响和力量。"[2] 一个教师是否赢得学生的信任和爱戴，主要是看教师能为学生展示什么，第斯多惠指出，"一个名副其实的教师应当以身作则，身体力行，主动号召学生积极行动起来。教师的一言一行，常常影响着学生，都会给学生带来希望和活力"，[3] "谁要教育别人讲博爱，首先就必须洁身自好，与人为善"。[4]

---

[1] ［德］第斯多惠. 德国教师培养指南［M］. 袁一安译. 北京：人民教育出版社，1990：176.

[2] ［德］第斯多惠. 德国教师培养指南［M］. 袁一安译. 北京：人民教育出版社，1990：177.

[3] ［德］第斯多惠. 德国教师培养指南［M］. 袁一安译. 北京：人民教育出版社，1990：22.

[4] ［德］第斯多惠. 德国教师培养指南［M］. 袁一安译. 北京：人民教育出版社，1990：194.

如果教师只是擅长夸夸其谈,纸上谈兵,让学生做一套,自己却做另一套。在第斯多惠看来,这种人根本不够做教师的资格,"一个信口开河的人在知人论世者的眼中理所当然不配做教师,广大群众公认只有那些出言谨慎、三思而行的人才能取得教师资格"。[①] 对教师而言,最重要的就是说到做到,这种言行一致的表率作用,正是师之所以为师的必要条件。

五、第斯多惠的教师学习观

第斯多惠非常重视教师的学习。在第斯多惠看来,教师的天资需要唤醒,"不论是教育工作者还是教师,他们的天资都需要被唤醒和培养",[②] 教师的天资不会自发地被唤醒,教师只有通过学习,才能唤醒自己微睡的天资。由此,第斯多惠为教师提供了七点有益的学习建议。

第一,教师学习要有重点,要对各个教学专业的文章多下功夫,尤其是有争议有独到见解的文章。第斯多惠要求教师重点学习教育类的文章,"看期刊杂志万不可走马观花地浏览一遍,要认真阅读你所要学习的专题论文、教育专刊内容较好,有利于激发和振奋我们的精神和斗志"。[③] 第斯多惠不主张教师过多地看期刊杂志,那样会占用教师过多的时间,并使教师思想肤浅化,他尤其反对教师大量看杂志和小报,"一个人整天除了看杂志和小报无所事事,肯定会妨碍自己的学习和进修。教育专业的文章就好比是可口的家常便饭,杂志和小报只不过是星期日或节假日的消遣读物而已",[④] 阅读消遣的读物不是学习,学习严格来说主要是阅读专业书籍,对教师而言就是教育类的

---

① [德]第斯多惠. 德国教师培养指南 [M]. 袁一安译. 北京:人民教育出版社,1990:62.

② [德]第斯多惠. 德国教师培养指南 [M]. 袁一安译. 北京:人民教育出版社,1990:62.

③ [德]第斯多惠. 德国教师培养指南 [M]. 袁一安译. 北京:人民教育出版社,1990:39.

④ [德]第斯多惠. 德国教师培养指南 [M]. 袁一安译. 北京:人民教育出版社,1990:40.

文章。

第二，教师要集中时间和精力学习一个专业。第斯多惠认为，教师学习要循序渐进，不能贪多，三心二意，不能没有恒心，一时勤奋，一时又懒散，"一曝十寒，三天打鱼，两天晒网的学习方法会损坏一个人的身体和灵魂。饱餐一顿可口的美食可以增强人的发育，要把功夫用在刀刃上"。[①] 这就要求教师学习不但要持之以恒、有始有终、有头有尾，还要找准重点，集中力量进行学习。

第三，教师学习要扎实，要彻底理解每一个概念，每一句话，对看不懂和模糊的地方，要反复研究，直至完全掌握。第斯多惠指出，教师阅读研究性的著作，要从目录和章节布局开始，然后进行通读，把握文章的整体逻辑，"首先要理解文章的纲要，尤其是要留心文章的目录，以便领会章节的前后布局，素材的分布以及全篇文章的上下关系。这样便于我们进一步通读全文，并可使我们从作者的逻辑才能中得到有益的启发"。[②] 教师对专业书籍的阅读，掌握文章和著作的整体逻辑布局是非常重要的，这是广大教师经常忽略的，他们经常一拿到书便从第一页开始阅读，这种阅读不利于教师从整体上对内容进行把握。也就是说，教师在进行细致阅读之前，要先有森林的眼光，然后才是对树木进行详细的研究。

第斯多惠为教师需要重点研究和阅读的部分提出了建议，"哪一段上下文连贯越紧凑，上下文的布局处理越有逻辑性，哪一段越迫切需要理解与领会，我们就越要在这些段落上狠下功夫"。[③] 第斯多惠还指出，教师在学习上不能畏惧困难，对于模糊的概念和糊涂的思想，要经常回想和继续学习，总有一

---

① ［德］第斯多惠. 德国教师培养指南［M］. 袁一安译. 北京：人民教育出版社，1990：40.
② ［德］第斯多惠. 德国教师培养指南［M］. 袁一安译. 北京：人民教育出版社，1990：41.
③ ［德］第斯多惠. 德国教师培养指南［M］. 袁一安译. 北京：人民教育出版社，1990：41.

天会如中午的阳光冲散了黎明的晨雾一般,使你心明眼亮。

第四,教师要做到温故知新,重点学习主要作品和主要期刊。第斯多惠指出,教师要对经典的作品经常反复阅读,"在不同的时期内阅读同一作品往往会产生完全不同的理解和体会","凡自己非常满意的句子或章节都如饥似渴地用笔画线标志下来,然后一有机会便反复阅读推敲,最后甚至全段全段地画线标出"。[①] 第斯多惠认为,教师在对经典作品的反复阅读中,才能体会到被往日所忽略的许多值得深思的内容,才会感受到一次次新的喜悦,才会深深体验到过去没有真正获得的财宝。第斯多惠对教师阅读的要求,正和了孔子《论语·为政》篇所谓"温故而知新,可以为师矣"之语。"温故而知新"之所以被视为为师的重要条件,不独因为温故,更重要的是知新,不是要求温故而达到记诵,强调的是通过温故而不断进行思考,通过思考获得创新性的认识,此亦是第斯多惠所强调的"思考也是宗教"之意。

第五,教师学习非专业的文章,要做到边读边摘录。第斯多惠认为,对于不属于教育专业的书,或与教师职业不直接相关的书,教师在阅读时,也要做到不动笔墨不读书,"把那些奇特的、有趣味的观点随时记录下来,以备不时之需,防止考虑问题片面,防止看书不动脑筋和粗心大意"。[②] 好记性不如烂笔头,最淡的墨水胜过最强的记忆,非专业文章里面也不乏真知灼见,教师要做的,就是要善于把那些在阅读中能够打动自己的、颇有意义的精华内容,及时记录下来,对于加深记忆和理解,促进知识的转化是非常有益的。

第六,教师研读教材时,要与其他教师或学生共同研究。第斯多惠认为,教师研读学习教材时,不能没有交流切磋,"一味苦思冥想,只会片面理解教材内容","只有我们肯听反面意见而又能驳倒对方时,我们才能通过师生的

---

① [德]第斯多惠. 德国教师培养指南[M]. 袁一安译. 北京:人民教育出版社,1990:43.

② [德]第斯多惠. 德国教师培养指南[M]. 袁一安译. 北京:人民教育出版社,1990:43.

相互影响把教材的质量提高到一个崭新的水平"。[①] 我国《学记》上讲"独学而无友，则孤陋而寡闻"，说的也是这个道理，教师研读教材时，需要同其他老师相互交流研究，学他人之长，纠自我的缺点。

第斯多惠指出，"不同观点和不同意见只会引起多方面的探讨，用不同的观点来观察和分析问题只会克服分析问题的片面性"，[②] 教师研读教材时彼此商讨砥砺，才能克服一己之片面，我国《诗经·卫风·淇奥》中有云："有匪君子，如切如磋，如琢如磨"，说的也是在共同研究学习中，才能达到互相取长补短。此外，第斯多惠认为，教师之间共同学习和研究，还有助于教师提高其智力，获得真知，锻炼口才，"我主张，为了真正培养智力，大家要坚持不懈地进行这种思想交流的聚会，从中必定会提高思想，得到真知"，"一个教师还必须锻炼自己的口才，一有机会就要在自由论坛上充分发表自己的思想"。[③] 教师上好课必须有好口才，通过向其他教师讲解自己的观点，是教师修炼自己口才的重要路径。

第七，教师学习的核心是教师的学科和教师的职业，"这个核心或重点就是教师的学科或几门学科，这个核心就是教师的职业"。[④] 第斯多惠认为，教师的发展、进修和学习，必须和自己的职业紧密联系起来，面对浩如烟海的书籍，"教师应当首先阅读有关教育方面的文章"，"要有系统地学习心理学教科书"。[⑤] 第斯多惠认为，教师业余时间的阅读应当是娱乐和学习相结合，不

[①] ［德］第斯多惠. 德国教师培养指南［M］. 袁一安译. 北京：人民教育出版社，1990：47.

[②] ［德］第斯多惠. 德国教师培养指南［M］. 袁一安译. 北京：人民教育出版社，1990：48.

[③] ［德］第斯多惠. 德国教师培养指南［M］. 袁一安译. 北京：人民教育出版社，1990：47—48.

[④] ［德］第斯多惠. 德国教师培养指南［M］. 袁一安译. 北京：人民教育出版社，1990：49.

[⑤] ［德］第斯多惠. 德国教师培养指南［M］. 袁一安译. 北京：人民教育出版社，1990：51.

要无谓地让时间白白消磨掉,"我不是说教师不可以饭后茶余看看小说消遣消遣,只是不要无谓地消磨时间"。① 当然,在第斯多惠看来,教师专业书籍以外的阅读要尽量和专业结合起来,最好让专业书籍的阅读成为娱乐的一部分。

六、第斯多惠的教师教学观

　　第斯多惠非常重视教师在学校教学中的作用,早在1820年,他在梅尔斯师范学校的一次开学演说中,就曾非常认真地指出:哪个学校的工作一蹶不振,教师是责无旁贷的;工作搞得很出色,也应归功于教师,教师对于学校,有如太阳对于宇宙,他是推动整个学校机器的力量和源泉。教学是学校的核心,教师是教学的主体,学校搞得好与坏,与教师教学的好与坏息息相关。

　　第斯多惠认为,教师教学的根本使命就是培养学生的主动性,"人的主动性是建立在天资的本能上","教师的高超技艺就是唤醒这种本能,并满足这一被唤醒的本能","教师的注意力首先是发展人的主动性,人受教育后会变成自身的主人",② 第斯多惠非常重视主动性的培养,把它称为教育的原理,并明确指出教育的最大注意力是培养主动性,他引用费希特的话进一步强调了这一点:教育是通过人的主动性来实现的,教育牢牢地钉在主动性上。

　　第斯多惠之所以如此强调教师对学生主动性的培养,一方面是由于第斯多惠把主动性看作是人固有的本质,人的人性、自由精神、思维及其他一切方面,都是从主动性出发并以主动性为核心力量。另一方面,培养和激发学生主动性也是教师自我培养的过程,"教育学生必须首先激发学生,主要是激发学生的主动性,这样的课堂教学就是教师进行自我培养的最好的学校"。③

---

　　① [德]第斯多惠. 德国教师培养指南 [M]. 袁一安译. 北京:人民教育出版社,1990:49.
　　② [德]第斯多惠. 德国教师培养指南 [M]. 袁一安译. 北京:人民教育出版社,1990:22.
　　③ [德]第斯多惠. 德国教师培养指南 [M]. 袁一安译. 北京:人民教育出版社,1990:174.

第斯多惠认为，教师培养学生主动性的内容就是对真善美的追求，"主动性就是从人的精神中产生真善美的思想"，"因为主动认识是针对真，主动感情是针对美，主动意志是针对善而言的"。①

第斯多惠十分重视教师的课堂教学，他认为教师课堂教学必须遵循一定的原则，他提出了教师课堂教学的五大原则：教师要使课堂教学富有吸引力和兴趣，教师课堂教学要精力充沛，教师授课要少讲、精讲，教师课堂教学要有学生立场，教师课堂教学要激发和引导。

第一，教师要使课堂教学富有吸引力和兴趣。第斯多惠认为，教师能否激起学生的兴趣对学生的学习影响巨大，"教师要有熟练的技巧来活跃课堂教学，引起学生的浓厚学习兴趣，因为兴趣会使学生自然而然对真、善、美发生乐趣，并会使学生甘心情愿追求真、善、美"，②学生有了兴趣，才会更加主动地按照教师的要求去做。反之，枯燥乏味的课堂教学，学生很难集中注意力。

第斯多惠指出，教师在教学中无法激发学生的兴趣，而是一味地强迫学生在教室里，这样的教师是违反人性的粗鲁的人，"不要强迫儿童去做什么。在儿童一去不复返的最美妙的岁月中不要叫他们死死板板坐在板凳上，不要把儿童关在抽象化的教室里……哪一个教师违背了这些原则，就是不懂得人的特性，这样的教师是一个地地道道的粗鲁人"。③

第斯多惠认为，教师使课堂教学产生兴趣的方法有三：1. 教师教学要变换花样。这要求教师要采取多种形式和形象来讲授教材，要开动脑筋不断调节自己讲课的形式和风格。2. 教师教学要活泼。第斯多惠认为，真正的活跃

---

① ［德］第斯多惠. 德国教师培养指南［M］. 袁一安译. 北京：人民教育出版社，1990：22.
② ［德］第斯多惠. 德国教师培养指南［M］. 袁一安译. 北京：人民教育出版社，1990：167.
③ ［德］第斯多惠. 德国教师培养指南［M］. 袁一安译. 北京：人民教育出版社，1990：169.

和活泼是精神活力，有活泼的教师才能有活泼的学生，"课堂教学艺术是激发、启迪和活跃。但是你本身要是没有激发性，没有主动性，又怎么能去激发学生，去唤醒睡眠的人，又怎么能去活跃别人呢？只有生命才能创造生命，死亡等于终止。因此希望你能尽量学会活跃！"① 3. 教师要充分发挥个性。

第二，教师课堂教学要精力充沛。第斯多惠认为，教师精力充沛的教学，要求教师要有处理课堂教学的气魄，要有坚强的性格，要有毅力和果断，"一个教师无论干什么如果优柔寡断，缩手缩脚，一点大丈夫气概都没有，一生一世也成不了大事"，"教师本人如果没有主见，遇事左右摇摆，感情空虚，意志薄弱，这怎么能使人相信会教好学生呢？"② 在第斯多惠看来，那些胆小怕事，缺乏意志力和大丈夫气概的教师，几乎不可能有什么成就。只有那些当机立断、干劲十足的教师，才可能做出大的成绩。

第三，教师授课要少讲、精讲，让学生讲话而不是一味听课。第斯多惠不赞成教师课堂上滔滔不绝地讲个不停，他认为一个合格的教师，恰恰是一个讲得少的教师，"我认识一个教师，他在几个小时的生动活泼的课堂上仅仅寥寥数语，讲了还不到十句话，不料学生竟然你一句我一句地热烈地讨论起来了，这才是一个合格的教师"。③ 那些向学生满堂灌的老师，那些总爱头头是道地向学生鼓噪的老师，在第斯多惠眼里绝对不是一个合格的教师。

第斯多惠认为，课堂上讲话多少是解决谁是课堂主人的重要方面，学生是课堂的主人，是学生而不是教师，要在课堂上多讲，"教师让学生多听少讲是一种很坏的习惯"，④ "不让学生复述课文必然扼杀学生讲话的能力，只顾叫

---

① ［德］第斯多惠. 德国教师培养指南［M］. 袁一安译. 北京：人民教育出版社，1990：168.

② ［德］第斯多惠. 德国教师培养指南［M］. 袁一安译. 北京：人民教育出版社，1990：170.

③ ［德］第斯多惠. 德国教师培养指南［M］. 袁一安译. 北京：人民教育出版社，1990：173.

④ ［德］第斯多惠. 德国教师培养指南［M］. 袁一安译. 北京：人民教育出版社，1990：172.

学生坐着听课，这简直是尸位素餐，误人子弟"。① 思想是学生的，而不是教师的，看学生是否掌握了授课内容，试金石就是让学生重复所讲的内容，即让学生用自己的话和自己的理解来重新讲解一遍。为此，第斯多惠提出了教师课堂教学中关于学生讲话的几条"颠扑不破的真理"：1. 学生要学会井井有条地讲话；2. 学生应当井井有条地学习，或说出教师规定的内容；3. 最好的教师应当如此，只要简单扼要三言两语即可。

第四，教师课堂教学要有学生立场，尊重学生个性。第斯多惠认为，教师教学的前提和出发点是理解学生的立场，"学生的立场就是课堂教学的出发点。教师在教学前必须认真研究学生的观点和意见"。② 教师的教学和学生经验联系密切，学生的经验决定了学生对教师教授内容的接受程度，在这个意义上说，学生经验在教学中起着决定性的作用，"不了解学生的观点就不可能井井有条地教学，就不明白在教学中怎样创造条件，更不懂得教学的主要环节"。③

由此，第斯多惠建议教师不能泛泛地了解学生，而要深入全面地了解学生。教师了解学生亦是尊重每一个学生个性的前提，教师在教学中要平等对待每一个学生。第斯多惠指出，"有些儿童的理解力强一些，有些儿童的直观能力好一些，还有一些儿童对图片和故事内容的理解力较强，在儿童中有理解理论的头脑，也有理解实践的头脑。在这方面我们必须重视儿童个性的差异，并且要因势利导来促进儿童个性的发展。不能强求一律，也不能强求学生平均发展"，④ 对教师而言，尊重学生个性，最重要的方面就是尊重学生的

---

① ［德］第斯多惠. 德国教师培养指南［M］. 袁一安译. 北京：人民教育出版社，1990：173.
② ［德］第斯多惠. 德国教师培养指南［M］. 袁一安译. 北京：人民教育出版社，1990：102.
③ ［德］第斯多惠. 德国教师培养指南［M］. 袁一安译. 北京：人民教育出版社，1990：104.
④ ［德］第斯多惠. 德国教师培养指南［M］. 袁一安译. 北京：人民教育出版社，1990：142.

能力、兴趣和程度等的差异，不能强求学生的一律性，不能压制学生的个性自由和发展。

第五，教师课堂教学不是机械灌输，而是激发和引导。第斯多惠极其反对教师对学生进行机械灌输式的教学，"在教师的训导下学生则整天埋头听课，死读书，抄抄写写，苦思冥想。而教师本人呢，……最后变成了课堂上一个指挥运动或静止的中心"。① 学生在课堂上完全受制于教师，被动接受教师灌输来的知识，教师逐渐成为学生精神发展的一种抑制性力量，"学习应当是一种精神解放。'真理将解放你们'。现在我们有些教师把学生都给教傻了，使学生变得呆头呆脑，目光短浅，有许多学校现在简直是变成了愚昧促进机构，把学生弄得个个精神委靡不振，暮气沉沉。这就是教师把难题和费解的知识强灌给学生的恶果"。② 本应是精神解放的学习，反而成了服务于精神压抑的工具，这正是教师的教条主义和专制强迫教学的恶果。

第斯多惠明确指出，"不称职的教师强迫学生接受真知，一个优秀的教师则教学生主动寻求真知"，③ 一个优秀的教师，其任务是服务于学生的主动性，由于学生经验不成熟，这要求教师要循循善诱，引导学生学会去求知，"教师本人只是一种手段，用这一手段来激发和引导学生努力学习"。

反之，不称职的教师则是另一幅图景，"在教师的训导下学生则整天埋头听课，死读书，抄抄写写，苦思冥想。而教师本人呢，……最后变成了课堂上一个指挥运动或静止的中心"。④ 这种教师把学生的头脑看成是一个容器，他的关注点仅在于把知识从书本上机械地搬到学生头脑中，忽视了学生动手

---

① ［德］第斯多惠. 德国教师培养指南［M］. 袁一安译. 北京：人民教育出版社，1990：122.
② ［德］第斯多惠. 德国教师培养指南［M］. 袁一安译. 北京：人民教育出版社，1990：135.
③ ［德］第斯多惠. 德国教师培养指南［M］. 袁一安译. 北京：人民教育出版社，1990：123.
④ ［德］第斯多惠. 德国教师培养指南［M］. 袁一安译. 北京：人民教育出版社，1990：122.

能力的培养，这使得课堂教学变得十分枯燥，学生成了教师的奴隶，成了知识的奴隶，更成了学习的奴隶！

为此，第斯多惠要求每一位教师都成为优秀教师，"一个合格的教师不单单要教会学生怎样建造长期才能竣工的建筑物，同时也要教会学生怎样制造砖瓦，并要和学生一起动手施工，教会学生建好房屋的本领"，[①] "教师应当鼓励学生对真理提出疑问，鼓励学生进行调查研究，并对此抱着一种渴望的态度"。[②] 教师的教学不能仅限于传授已有的知识，更在于创造新知识和新的思维方式，教师教学最核心的是要立足于使学生学会思维，学会学习，学会独立思考。

第斯多惠指出，"教师在课堂教学中先不要急于给学生讲解观点和科学，应当启发学生自己去寻求答案，自己主动去掌握知识。这种教学方法实际上是卓有成效的教学法，也是最困难的教学法，在现实课堂教学中确实罕见"，[③] 激发学生主动性，发挥学生课堂学习的主动性，是最难和最有成效的教学法。而作为最难和最有成效的教学法，教师在课堂教学中要真正做到，就必须付出巨大的努力。因此，第斯多惠对教师提醒到：教师必须领悟到，培养灵魂必须出自肺腑这一道理。

---

① ［德］第斯多惠. 德国教师培养指南［M］. 袁一安译. 北京：人民教育出版社，1990：123.
② ［德］第斯多惠. 德国教师培养指南［M］. 袁一安译. 北京：人民教育出版社，1990：38.
③ ［德］第斯多惠. 德国教师培养指南［M］. 袁一安译. 北京：人民教育出版社，1990：122.

第十三章　斯宾塞：让教育成为快乐的教师

> 试一观当世诸老先生，若举人、翰林、秀才之属，于其专门之业，不可谓不精，若夫所谓常识，求公例公理，绳束古今为一贯，则能者不甚寡哉！斯宾塞尔云，专攻之之（学），每多暗于通宗，岂不然哉！[①]
>
> ——毛泽东

一、斯宾塞生平

赫伯特·斯宾塞（Herbert Spencer，1820—1903），英国著名社会学家、教育家和哲学家。他广为人知的著名思想就是把"优胜劣汰，适者生存"的观念，应用到了社会学与阶级斗争上，成就了他"社会达尔文主义之父"的美名。

对于斯宾塞的评价历来都是充满争议的。斯宾塞将生物进化转化为社会进化，是他遭到广泛诟病与批评的重要原因，对此美国学者珀杜指出，"斯宾塞所特有的一套思想观念形成了一种可称之为'反社会'的意识形态体系的基础。在这一体系中，无论是公共利益的自由理想还是社会、政治、经济的

---

① 中共中央文献研究室，中共湖南省委《毛泽东早期文稿》编辑组. 毛泽东早期文稿 [M]. 长沙：湖南人民出版社，2008：25.

平均主义概念都荡然无存"。① 另外，斯宾塞的科学和哲学结合理论亦遭到指责，但这种指责也受到了一些学者的反对，"似乎很奇怪的是，斯宾塞把科学和哲学相结合，竟然在很大程度上影响了他的声誉。神游天外的哲学家指责斯宾塞思想中的功利主义，批评他对真实性的依赖以及他坚决不进行玄想。另一方面科学家们又不肯承认斯宾塞的哲学思辨能力，他们嫉妒这样一个思想家，居然可以不用在博物馆和图书馆里经历学徒阶段而吸收了科学结论"。② 研究斯宾塞的专家特纳也为斯宾塞受到的不公正批评义愤填膺："尽管大多数学者和外行都听说过赫伯特·斯宾塞这个名字，对其著作有一些模糊的成见印象，斯宾塞却还是个谜。他既是卓越的又是朦胧的。我们对他有所知，却所知不多。而我们了解其著作，却又是通过那些对斯宾塞以及任何胆敢认真对待其著作的人的污蔑之辞。"③

当然，对斯宾塞的贡献给予高度评价者亦非少数。贝克尔（E. Barker）就认为，斯宾塞的理论是"自亚里士多德以来，一个智者能够创造的最伟大的成就"。④ 美国史学家格莱夫斯（F. P. Graves）也指出："对于重视科学教育这一时代精神，首先给予具体化并加以维护的是英国哲学家斯宾塞。"更有嘉许其对社会的重要贡献，而将斯宾塞称之为继社会学之父孔德之后的"社会学亚圣"。⑤

在教育方面，英国剑桥大学教授奎克（R. H. Quick）说斯宾塞的教育观

---

① ［美］. W. D. 珀杜. 西方社会学——人物学派思想 [M]. 贾春增，李强等译. 石家庄：河北人民出版社，1993：72.

② Macpherson Hector Carswell, Herbert Spencer, the man and his work, London: Chapman and Hall Ltd, 1900, p55.

③ J. H. Turner. *Herbert Spencer, a renewed appreciation* [M]. Beverly Hills, Calif., Sage Publications, 1985, p12.

④ Barker, E. Political Thought in England, New York: Henry Holt & Co. 1915. 90.

⑤ Cf. Timasheff, N. & Theodorson, G., Sociological Theory: Its Nature and Growth, Fourth Edition, New York: Random House, 1976, 31.

点"预示着教育的未来"。美国著名教育家杜威称赞斯宾塞是"教育史上的一座里程碑"。哈佛大学前校长埃利奥特（C. W. Eliot）指出，很少有人像斯宾塞一样，在各个国家，各种阶层的人民中有那样大的吸引力。他像闪电一样冲击着美国和英国的学校教育。在美国，他的思想统治美国大学长达 30 年之久。他是一位真正的教育先锋，他的思想值得每一位家长和教师聆听。法国教育家龚贝雷（Gabriel）认为，《斯宾塞论教育》是卢梭《爱弥尔》之后最有用的最深刻的教育著作。

斯宾塞的一生是波澜不惊的一生，是没有"曲折而丰富"人生经历的一生。在他所经历的 83 个春秋中，既没有出现什么多姿多彩的奇闻逸事，也没有发生什么惊天地泣鬼神的壮举，更没有像孔德和马克思那样，经历过诸如政治、经济或学术方面的磨难。

总之，斯宾塞的一生没有太多可书写的激动人心或悲伤性的经历，正如最了解斯宾塞并差点嫁给他的乔治·艾略特所指出："这位哲学家的生活就像伟大的康德那样，没有给后来的叙述者留下什么资料。"[①] 不过，斯宾塞的成才经历，还是足够让人相信他是一个优秀的励志榜样，"斯宾塞一生没有进过大学，也未曾受过正式的学校教育，完全通过自学和独立研究而成为伟大学者"[②]。

1820 年，斯宾塞出生于英格兰中部工业中心德比（Derby）。斯宾塞的家庭是教师世家，他的祖父、父亲和叔父都以教师为职业。斯宾塞自幼身体羸弱，使他无法正常进入学校读书，他的早期教育是在父亲的教导下进行的。考虑到斯宾塞糟糕的身体状况，斯宾塞的父亲从不给他任何学习压力，而是引导他从自然万物中学习，以自然物体为题材绘画，自制标本，收集甲虫、蝴蝶和各种花草。对此，斯宾塞在《自传》中对父亲充满感激地回忆道：多

---

① Burrow, J. W.. *Evolution and Society* [M]. Cambridge University Press, 1970, 179.
② 滕大春. 外国教育通史（第四卷）[M]. 济南：山东教育出版社，1989：162.

数儿童天生就是博物学家，如果他们受到鼓励，很容易从漫不经心的观察进入到仔细的和深思熟虑的观察。我父亲对这类事情是明智的，他不仅允许而且鼓励我开始研究博物学。

在斯宾塞 13 岁时，他来到叔父托马斯·斯宾塞家。托马斯·斯宾塞是位虔诚的新教徒，坚持清心寡欲，一次在舞会上，有人问斯宾塞的叔叔，为什么斯宾塞不去跳舞，得到的答案是：斯宾塞家族的人从来不跳舞！斯宾塞的叔父是位剑桥大学毕业的牧师，他坚持要送斯宾塞去剑桥读书，但可能由于斯宾塞十分喜欢独立分析事物和探讨问题，在读了三年预备课程后，他拒绝了到剑桥大学读书的机会。放弃大学教育，对斯宾塞以后的学术生涯造成了巨大影响，虽然他竭力致力于学术，成果丰硕，但仍遭到歧视，很重要的原因就是，学术圈无法容忍一个有着重要影响的思想家，居然连大学教育的背景都没有。

离开了叔父家，斯宾塞回到家里，在父亲的帮助下成为一所学校的辅导教师。不久，他父亲早年的一位学生和朋友查尔斯·福克斯，负责修筑从伦敦至伯明翰铁路的工程师，帮助斯宾塞获得了伦敦伯明翰铁路工程师的职位，这一年他 17 岁。数年后，由于铁路建造的需求退热，26 岁的斯宾塞离开了铁路工程师的岗位。1848 年，斯宾塞担任了伦敦最有声望的《经济学家》报纸的副编辑，这个职务有固定的高收入，使斯宾塞有时间完成了他的第一部重要著作《社会静力学》，此书于 1850 年出版，提出了著名的进化论思想，比达尔文的《物种起源》早出版九年。1852 年，斯宾塞又出版了《进化假说》一书，对进化论进行了详细论述。

来自父辈的遗产是一把双刃剑，既可以成人，亦可以败人，而对斯宾塞来说，来自他叔父和父亲的两笔遗产，成为了他取得学术成就的助推器。1853 年，斯宾塞的叔叔去世，留给他一笔为数不少的遗产，这使斯宾塞得以辞去《经济学家》编辑职位，而专门从事自己所钟爱的学术事业。独立从事学术专著的写作，斯宾塞面临的最大的问题是，著作出版带来的巨大经济压力，毕竟曲高和寡的学术著作总是难以取得商业利益。

斯宾塞生动地描述了自己出版著作无人问津时的窘境："1850年底我出版了我的第一本书——《社会静力学》，因为这是一本哲学书，没有哪个出版商愿意出，我自己掏钱出版了该书。第一版印了750本，花了14年来卖。1855年我出版了《心理学原理》，750本，我分发了相当数量，其余的，我想大约是650本，卖了12年半。其后，1857年，出版了评论文集，吸取前面的教训，我只印了500本，又卖了10年半。到1860年我开始出版《哲学体系》。我决定用征订的方式，订购的用户可以按季度地看到我的书，而公众则要分卷购买。到第一卷《第一原理》，第二卷《生物学原理》出版时，我都还在亏本。到第三卷时我发现自己已经大大亏损了。在这15年里我赔了1200英镑以上。我濒临破产。我就告知订户我将停止出版了……"，① 不过斯宾塞是幸运的，他有来自父辈的大笔遗产，这才使斯宾塞获得了出版著作的资金，并使他能够长时间从事独立学者的生活。正是因为如此，相比于孔德或马克思所遭遇的经济窘境和磨难，斯宾塞可谓是十分幸运的了。

不过，斯宾塞的身体状况并不乐观，他可能患了神经官能失调症，长期遭受精神疾病的折磨。很多年来，他都高度神经质，饱受失眠和抑郁困扰。这严重影响了他的创作，使他精力无法集中，不能写作和看书。

对此，斯宾塞写到："从1860年我写作和出版著作起就一直亏本，并且要忍受病痛的折磨，我的大脑负荷过重，使我有一年半不能工作，从那时起我通常就只能每天工作3小时甚至更少……期间，伴随了无数次的旧病复发，持续数周，数月，甚至数年。这经常让我绝望，自觉无望完成事业"。② 不过，坚韧的斯宾塞还是完成了令人惊讶的宏大写作计划，先后出版了哲学、生物学、心理学、社会学和伦理学专著，建立了一个庞大的百科全书式的理论体

---

① Macpherson Hector Carsewell，Herbert Spencer，the man and his work，London：Chapman and Hall Ltd，1900，58—59.

② Macpherson Hector Carsewell，Herbert Spencer，the man and his work，London：Chapman and Hall Ltd，1900，60—61.

系，统称为《综合哲学》。为此，人们送给他一个称号"维多利亚英国的亚里士多德"。

在个人生活方面，斯宾塞终生未婚。当然，斯宾塞也曾有过情投意合的女友，但不知何因，两人没有走到婚姻的殿堂。不过斯宾塞似乎对自己未婚状态颇为满意，一次一个朋友问他：你不为你的独身主义后悔吗？斯宾塞很愉快地回答道：人们应该满意自己所做出的决定。我为自己的决定感到满意。我常常这样宽慰我自己：在这个世界上的某个地方有个女人，因为没有做我的妻子而获得了幸福。

随着斯宾塞步入晚年，他的著作也逐渐开始获得越来越大的影响。在英国，他的多卷本著作的出版，被看作是一件大事，他甚至受到了包括所有英国著名科学家的签名贺信。英国之外，斯宾塞的著作也使欧美思想界产生了巨大震动，他的著作被翻译成多国文字出版。

当斯宾塞名声越来越大的时候，各种荣誉也随之而来，欧美各国的著名大学纷纷授予他博士头衔，各地的科学院也任命他为院士或通讯院士。面对纷至沓来的荣誉，斯宾塞并没有被冲昏了头脑，他谢绝了所有的头衔和称号。在斯宾塞看来，学者的头衔和荣誉是压制年轻学者的利器，一个拥有各种荣誉的学者，会给年轻学者带来不利，形成不公平竞争之势，阻碍年轻学者的学术成长。

1902年，他被提名竞逐诺贝尔文学奖。1903年12月8日，这位著名的英国哲学家在多年病困之后，逝世于伯来顿。按照斯宾塞的遗愿，遗体在伦敦北城区的一个火葬场火化，送葬者没有举行任何宗教仪式，也没有戴纱。

二、斯宾塞的教师快乐教育观

斯宾塞一生倡导快乐教育，是西方第一个真正对快乐教育进行系统阐述的教育学者，是西方快乐教育的真正创始人。

斯宾塞的快乐教育不仅是写给父母的，更是写给教师的。在斯宾塞看来，作为教师，树立并真正拥有和践行快乐教育，是教师义不容辞的责任。斯宾塞明确地向教师们表达了快乐教育的基本观点,"教育使人愉快,要一切教育带有乐趣"。[①] 斯宾塞还在他所著的西方第一本快乐教育专著《快乐教育书》中,强调了他的快乐教育主张,"快乐教育是我所主张的",[②] "应当以快乐的方法来教育青少年"[③]。

斯宾塞认为,教师之所以要树立快乐教育观,并积极地践行快乐教育,这首先是因为,快乐本身具有重要的积极价值。斯宾塞指出,"长期以来,快乐总是被禁欲主义者当成人生的奢侈,可他们忽略了快乐本身,同样是正常有效的心智活动的一种前提。快乐于己于人,也是具有意义和价值的一种目标"。[④] 这就意味着,对教师而言,教育中保持儿童的快乐本身,就是一个非常有价值的目标。教师要善于运用快乐,以促使儿童的心智活动获得高效。

斯宾塞认为,教师要进行快乐教育,是因为教育的目的是让孩子成为一个快乐的人,"教育之目的,是帮孩子成为一个快乐之人"。[⑤] 那么,教育的手段和方法也就应该是快乐的。这就像一根细小的芦苇管,你从这一头输进去的如果是苦涩的汁水,在另一端流出的也绝不会是甘甜的蜜汁。教育目的的快乐决定了教育过程的快乐,进而教师的教育教学也就必然是快乐的。

斯宾塞认为,教师要进行快乐教育,是顺应儿童自然本性的需要。斯宾塞对旧教育违背儿童本性,强调严苛的训练和繁琐的限制,十分反感。为此,他提出并竭力倡导快乐教育,并指出,像"倡导对孩子进行快乐教育那样,皆是源于孩子自然属性所提出来的。以我来看,没有一种教育方法能超过顺

[①] [英]赫·斯宾塞. 教育论 [M]. 胡毅译. 北京:人民教育出版社,1962:52.

[②] [英]斯宾塞. 斯宾塞快乐教育书 [M]. 张建威译. 北京:中国妇女出版社,2009:56.

[③] [英]斯宾塞. 斯宾塞快乐教育书 [M]. 张建威译. 北京:中国妇女出版社,2009:323.

[④] [英]斯宾塞. 斯宾塞快乐教育书 [M]. 张建威译. 北京:中国妇女出版社,2009:112.

[⑤] [英]斯宾塞. 斯宾塞快乐教育书 [M]. 张建威译. 北京:中国妇女出版社,2009:25.

应孩子自然的兴趣更有益、更有效了"。[①] 儿童的本性是属于儿童的天生自然性,是儿童的一种未完成性,是儿童的一种生成性,它需要教师以儿童本性为基础,进行引领、指导和帮助,而不是刻意地塑造、强制和规训。

因为,强迫的结果只会带来儿童天性的扼杀和残缺,只会造成儿童缺失主体性的扭曲人格。倘若教师只是一味地"逞强""自大",忽视儿童天性,进而打算用预先设计精确的轨道,要求儿童按照由成年人预设的路线前进,妄图控制儿童的发展,将儿童的发展进行定格。那么,这只能是非常浅薄贫乏的,只会导致儿童的自由个性被不断地扼杀和磨平。正是在这个意义上,斯宾塞才有"没有一种教育方法能超过顺应孩子自然的兴趣更有益、更有效了"的论断。

斯宾塞认为,在教育中使儿童感到快乐,更有助于他们学习,"孩子在快乐的时候,他学习任何东西都比较容易,相反在情绪低落、精神紧张的状态下,他的信心会减弱,这时即使是一个伟大的教育家面对他们,也不会有任何办法"。[②] 快乐既是一种氛围,又是一种心境,更是孩子在主动的创造性学习中的一种真切体验,儿童只有在快乐的情绪中,头脑才能吸收知识。

而且,只有快乐的儿童,才能拥有自由想象的空间,才能拥有随性思考的时间,才能发展幻想创造的灵性,也才会有学习的欲望和激情,儿童主动学习的积极性也就会大大增加。为此,斯宾塞指出,经过我数年来的教育及大量心理学的研究,我认为在快乐状态下孩子学习效果最佳。否则,痛苦的学习只会带给儿童对学习的厌恶。而且在斯宾塞看来,当儿童处于非快乐的情绪中时,他的潜能就难以发挥,智力就会降低。如此,即便是伟大的教师,也将对儿童的学习无能为力。

斯宾塞认为,教师对儿童进行快乐教育,有助于儿童形成终身自我教育

[①] [英]斯宾塞. 斯宾塞快乐教育书[M]. 张建威译. 北京:中国妇女出版社,2009:133.

[②] [英]赫伯特·斯宾塞. 斯宾塞的快乐教育[M]. 颜真译. 福州:海峡文艺出版社,2005:31.

和自我学习的习惯。斯宾塞指出,儿童之所以愿意一直从事某项事情,是因为这件事能够给他们带来快乐的回忆,之所以厌倦某件事,是因为这件事引起的只是痛苦的回忆,"倘若求知的事,为学生素所厌恶,则一旦离开了父母和教师的强迫,势必将放弃了学业。倘若求知的事,素为学生所爱好,则昔日在督促下而自行教育,今日虽无督促,亦必能勤学而不辍了。此乃是必然的结果"。① 痛苦的学习,只能使学生产生学习是为了不学习的追求,快乐的学习本身就是一种教育,一种养成终生学习习惯的教育。

斯宾塞进一步指出,教师对儿童进行快乐教育,有助于开发儿童的潜能和特长。斯宾塞强调:"每个儿童都会对不一样的事物产生不一样的兴趣,每一种兴趣都有对应的某一潜能(假如潜能达到充分的表现,即是特长)。我也能够毫不怀疑地告诉所有的家长与学校教师:没有笨孩子,只有方法运用不当的家长与教师。"② 真正的好教师,总是在教学过程中尽量想办法激发学生的学习兴趣,充分开发学生的潜能,让学生由想学变成乐学、好学,正如伟大的教育家孔子所谓:知之者不如好之者,好之者不如乐之者。乐知者才能真正地使自己的潜能和特长得到充分的发挥。

斯宾塞指出:"日常经验很明显地表明,引起兴趣的,甚至引起快乐的,方法是经常可以寻得的,而这种方法又经常可用其他各种试验证明是正确的。"③ 为此,斯宾塞指出了教师对儿童进行快乐教育的途径。

教师对儿童进行快乐教育,要激发儿童的兴趣。斯宾塞认为,兴趣是孩子立足于社会并在社会上取得成就的根本,"在社会上获得成就,依靠强行灌输知识的较少,而依靠一个人的兴趣、精力的较多"。④ 既然教育是为孩子的

---

① 张焕庭. 西方资产阶级教育论著选 [M]. 北京:人民教育出版社,1979:442.
② [英] 斯宾塞. 斯宾塞快乐教育书 [M]. 张建威译. 北京:中国妇女出版社,2009:90.
③ 张焕庭. 西方资产阶级教育论著选 [M]. 北京:人民教育出版社,1979:441.
④ [英] 斯宾塞. 斯宾塞快乐教育书 [M]. 张建威译. 北京:中国妇女出版社,2009:321.

未来成就服务，那就要求教师要从根本上从孩子的兴趣出发，对孩子进行教育。斯宾塞还认为，快乐是孩子们学习的源泉和力量，"孩子快乐学习需要兴趣诱导……有句古老的格言今天和将来都不会过时'兴趣是求知和学习最大的动力'，这不单单是一种方法，而且包含人类获取知识的一个充满智慧而古老的法则"。[①] 伟大的科学家爱因斯坦也曾说过："兴趣是最好的老师"，[②] 一旦儿童对某事物有了浓厚的兴趣，他们就会去主动求知、探索和实践，并在这个过程中产生快乐的情绪和体验，这种快乐的情绪和体验能够使儿童集中全部注意力，主动克服各种困难，表现出对学习乐此不疲的追求，"孩子兴趣盎然，全神贯注，尽管汗水顺脖颈往下直流，甚至脊背被烈日晒脱了皮，儿童也毫不在乎，这便是兴趣的力量"，[③] 甚至可以毫不夸张地说，"任何东西都比不上满足孩子兴趣更具有吸引力，也没有任何东西比兴趣更可以使孩子做到自觉地忍受，即使是受累受苦"。[④] 正是兴趣才能够真正激发出儿童学习的热情、好奇心、求知欲和创造性，以及由百折不挠的信念所支持的坚强意志，这比任何外力强制有着更强大的威力。

教师对儿童进行快乐教育，教师自己要成为一名快乐的教育工作者。斯宾塞认为，快乐的教师能够更多地看到儿童的优点，能够培养出具有快乐性格的儿童。为此，斯宾塞提出了一个快乐的教师应做到的几点：一是当教师自己情绪异常糟糕时，最好不要教育儿童，因为此时很容易把这种坏情绪发泄到孩子身上；二是在教育中，教师要尽量努力营造快乐和鼓励的氛围，让孩子有自我实现感和成就感；三是教师要努力做一个乐观、快乐的人，乐观

[①] [英] 斯宾塞. 斯宾塞快乐教育书 [M]. 张建威译. 北京：中国妇女出版社，2009：87.
[②] [美] 爱因斯坦. 爱因斯坦文集（第三卷）[M]. 北京：商务印书馆，1979：144.
[③] [英] 斯宾塞. 斯宾塞快乐教育书 [M]. 张建威译. 北京：中国妇女出版社，2009：88.
[④] [英] 斯宾塞. 斯宾塞快乐教育书 [M]. 张建威译. 北京：中国妇女出版社，2009：113.

快乐的教师看孩子时，更多地看到的是孩子的优点，而不快乐的教师，更容易看到孩子的缺点。快乐是能够传递的，快乐的教师才能向学生传递快乐，善于传递快乐的教师，才能收获精彩。

斯宾塞认为，鼓励是教师进行快乐教育的有效方法，"和善友好的鼓励是快乐教育的最好办法"。[①] 斯宾塞指出，如果孩子长期得不到和善友好的鼓励，如果儿童面对的是一位总是斥责他的严厉教师，尽管教师确实在内心里深爱着儿童，但在儿童心里就可能会发生憎恨情绪。野蛮引发野蛮，仁爱引发仁爱，这就是真理。事实确实如此，没有哪个孩子愿意整天面对一副冰冷的面孔，更没有哪个孩子愿意遭受别人的斥责。

相反，倘若孩子是在一种亲昵、和善、友好和充满鼓励的氛围里学习，不仅能够增加孩子对教师的信任感，并且对孩子的良好性格塑造，对孩子的学习，亦会有很大帮助。在斯宾塞看来，每个儿童心中都有得到教师鼓励、重视、肯定的渴望，每个儿童都希望从教师那里得到力量，每个儿童都总是自觉不自觉地从他人身上寻求自身存在的价值。当儿童不断得到教师的肯定与鼓励，孩子就会树立起自信心，关注到自己的进步，看到自己的优势，这对儿童的成长具有重要的助力作用。

斯宾塞认为，让儿童付出劳动，是教师进行快乐教育的有效手段。在斯宾塞看来，劳动是让儿童活动快乐的必要手段，"一切快乐都只有付出劳动才能获得"，[②] 劳动本身就是一种快乐教育，劳动本身就是快乐的享受，劳动又是世界一切快乐和一切美好事物的源泉，"一切乐境，都可以由劳动来获得；一切苦境，都可以用劳动来解脱"（李大钊语），通过劳动获得的快乐才是发自内心的。对学生来说，学习亦是劳动，用乌申斯基的话说，学习是充满思

---

① [英]斯宾塞. 斯宾塞快乐教育书 [M]. 张建威译. 北京：中国妇女出版社，2009：53.

② [英]斯宾塞. 斯宾塞快乐教育书 [M]. 张建威译. 北京：中国妇女出版社，2009：168.

想的劳动，"没有任何快乐可以比得上孩子通过自己努力而证明的哪怕是只是一点的能力"。① 只有孩子自己的劳动才能给孩子带来真正的愉快和欢乐，尤其是对充满思想劳动的学习而言，孩子最大的学习快乐就是通过自己的努力，获得学习点滴进步而得到的喜悦。对教师而言，要做的就是要善于让孩子进行思想的劳动，并引导孩子在劳动过程中体验到进步带来的欢乐。

三、斯宾塞的教师自然惩罚观

在教师对儿童进行教育时，斯宾塞主张教师要运用自然惩罚的方法。对于自然惩罚，斯宾塞举出一个生动的例子来进行形象地说明："孩子跌了一跤或把头碰在桌子上的时候，他会受到痛苦，一想起这个痛苦就会使他比较谨慎；这种经验的重复终究会使他取得教训，能够正当地指导他的动作"。② 从这里我们可以看出，自然惩罚教育大概就是，儿童行为自然产生的后果对儿童所进行的惩罚，而不是教师所给予的具有外力性质的惩罚。也就是说，惩罚是儿童行为的自然后果，这个后果是儿童行为直接的、必然的和不可避免的。

由此，斯宾塞对教师所具有的自然惩罚教育观进行了进一步说明，"严格说来并不是惩罚。它们并不是人为地或不必要地给予痛苦，而只是对那些基本上对身体有害的动作加以有益的限制……这些惩罚的特点在于他们只是那个行动的不可能避免的后果，它们只是儿童行动所引起的必然反应"。③ 在斯宾塞看来，自然惩罚与教师的外在人为惩罚不同，它不是靠教师的外在权威的干预与制裁，而是一种儿童行为自然产生的对自己不愉快的结果，通过这个痛苦的结果，儿童受到惩罚，进而也受到了教育。也就是说，在自然惩罚

---

① [英]斯宾塞. 斯宾塞快乐教育书[M]. 张建威译. 北京：中国妇女出版社，2009：57.
② [英]赫·斯宾塞. 教育论[M]. 胡毅译. 北京：人民教育出版社，1962：90.
③ [英]赫·斯宾塞. 教育论[M]. 胡毅译. 北京：人民教育出版社，1962：92.

中，惩罚不再出自教师的权威，而来自应受惩罚行为自发产生的结果。

在这里，斯宾塞主张教师对儿童进行自然惩罚，主要是反对教师作为权威对儿童所进行的外在强制性惩罚。斯宾塞对人为的惩罚十分不赞成，认为它带来的危害极大，"人为惩罚没有能够改造人。在许多情况下，反增加了犯罪"。① 在斯宾塞看来，教师对儿童经常进行惩罚，可能会引起儿童的孤独和对立，会使儿童的同情心麻木，会使儿童的爱心缺失，这意味着能由儿童同情心所能制止的过失，可能大行其道。

而且，在斯宾塞看来，当教师的人为惩罚与儿童的不良行为形成连接时，会造成更加不良的后果，"既然从婴儿到少年期一直把家长教师的不高兴看成是那些被禁止的行动的主要结果，青年人就把这些行动和这些不高兴形成一个固定的因果联想。到了没有家长教师来管教而不用怕他们的不高兴的时候，那些被禁止的行为大部分就解除了约束"，② 一旦教师的外在约束消失，儿童的不良行为就会死灰复燃，甚至更加肆无忌惮。可见，教师外在约束的力量只能是暂时的，无法形成真正的约束力，甚至还会助长儿童以后的不良行为。

可以看出，斯宾塞之所以提倡教师进行自然惩罚教育，其最根本目的就在于，让儿童在教育中直接体验儿童自己行为的必然后果，而不是教师权威的异己惩戒。

斯宾塞认为，教师对儿童进行自然惩罚，能够充分显示出公正性，儿童比较容易接受。斯宾塞指出，"这种自然管教的另一个大好处就在于它是完全公正的，而每个儿童都会承认这点。任何人在只受到他自己不正当行为在自然安排中的不好结果时，就不大会像在受到人为地加在他身上的坏事时那么觉得受委屈"。③ 也就是说，只有当儿童因自身行为受到惩罚时，儿童才更能够心悦诚服地接受惩罚的结果。否则，儿童接受的是教师的惩罚，他们不一

---

① [英]赫·斯宾塞. 教育论[M]. 胡毅译. 北京：人民教育出版社，1962：93.
② [英]赫·斯宾塞. 教育论[M]. 胡毅译. 北京：人民教育出版社，1962：98.
③ [英]赫·斯宾塞. 教育论[M]. 胡毅译. 北京：人民教育出版社，1962：98.

定能够真正认识到自己的错误，甚至会记恨教师而变本加厉地犯同样的错误。

斯宾塞指出，自然惩罚有助于教师和儿童保持亲密的关系。斯宾塞认为，教师遵循自然惩罚的原则，教师和儿童就不会那样容易发脾气和发怒，这对双方都好，师生关系也因而会比较亲切而更有力量。相反，发脾气或发怒对师生双方都不好，"因为它损伤了同情，而同情的联系是良好管教所必需的"。[①] 毕竟，野蛮产生野蛮，仁爱产生仁爱，待儿童没有同情，他们就变得没有同情。人为惩罚会造成儿童的怨恨和孤僻，致使他们对教师的喜爱减少，甚至最后完全没有任何好感，这种疏远是形成良好师生关系的致命伤。在自然惩罚中，教师与儿童是一种平等关系，儿童不会受到在人为惩罚中常见的来自教师的愤怒、呵斥与不满，师生之间的关系也更容易保持融洽，带来的是更适合于教育的良好心理氛围。

斯宾塞认为，教师采取自然惩罚本身就是一种教育力量，"儿童由于个人经验了好坏后果，就得到了正确和错误行为的理性知识"。[②] 既然自然惩罚能使做出错误行为的儿童获取正确的因果理性知识，这就使自然惩罚本身具有了教育性特征。

儿童犯错之后，改正错误的前提是对所犯错误的因果有正确的认识，教师的外在惩罚，会使儿童对自己的错误行为产生错误的因果认知。也就是说，教师的外在惩罚会使儿童认为，自己的错误行为产生的后果是教师的斥责和惩罚，这就使儿童认识不到自己的错误行为和行为结果之间的直接联系，儿童也就无法真正认识到自己的错误。即是说，人为惩罚将使儿童失去认识好坏行为根本性质的教育机会。自然惩罚恰恰避免了教师外在惩罚的弊端，能够使儿童在错误行为和行为结果之间建立稳固的因果联系，这样儿童就会获得有关正确与错误行为的理性知识，进而学会如何改正自己的错误行为。

以自然惩罚教育观为基础，斯宾塞提出了教师对儿童进行教育的几条具

---

① ［英］赫·斯宾塞. 教育论［M］. 胡毅译. 北京：人民教育出版社，1962：100.
② ［英］赫·斯宾塞. 教育论［M］. 胡毅译. 北京：人民教育出版社，1962：100.

体规则：

第一，教师在对儿童教育时，不要希望儿童有任何大量的美德。斯宾塞认为，儿童较高道德能力是复杂的，儿童时期和以后成人时的道德并没有严格的一致性，"有些童年是模范的好孩子却不知道为什么逐渐变坏，结局并不高人一等而是低人一等；而一些比较能为人表率的成年人经常是从并不露头角的童年中成长起来的"。① 因此，对儿童时期的道德品质，教师不要想当然地认为，通过自己的努力，就能使儿童很快地达到很高的水平。

教师必须明白，儿童道德品质的形成是一个缓慢的渐进过程，儿童在道德上的早熟是非常有害的。为此，斯宾塞向教师指出，"如果记住了高尚的道德和高度的智慧一样，都要经过缓慢的成长过程才能达到，你就会有耐心地对待儿童经常表现的缺点，你就不会那么容易去经常责骂、恐吓和禁止儿童"。② 斯宾塞要求教师要有耐心，让儿童从其行动的自然后果中接受教育，这个过程自然是缓慢的，也才是真正符合儿童道德发展过程规律要求的。

第二，教师在对儿童教育时，要少发命令。斯宾塞认为教师命令是一种压制性的行为，体现的是教师压服学生的权威，"听听一般的训话：'你怎么敢不听话？''我告诉你我非让你做不行'，'我会让你知道是谁做主'，再想想这些言词、语调和举止意味着什么。压服儿童的决心比对儿童福利的关怀要突出得多"。③ 斯宾塞认为，命令考虑最多的是对教师的好处，而不是对儿童的好处，甚至是牺牲儿童的利益满足教师的愿望，对儿童的发展十分不利。

因此，斯宾塞指出，对教师而言，教育中的最好原则就是"别管得太多"，教师要尽量使儿童自己管自己，逐渐成为一个能够自治的人，"记住你的管教的目的应该是养成一个能够自治的人，而不是一个要让别人来管理的

---

① ［英］赫·斯宾塞. 教育论［M］. 胡毅译. 北京：人民教育出版社，1962：109.
② ［英］赫·斯宾塞. 教育论［M］. 胡毅译. 北京：人民教育出版社，1962：109.
③ ［英］赫·斯宾塞. 教育论［M］. 胡毅译. 北京：人民教育出版社，1962：111.

人"。① 教师要尽快地使儿童能够从预见的结果中学会自治。斯宾塞认为，教师的命令只能是在其他方式不适用或失败的时候，不得已的情况下，所用的最后一招。

第三，教师在对儿童教育时，不要抱怨儿童表现相当的个人意志。斯宾塞认为，让儿童表现自己的个人意志，是同减少压力相关联的事情。斯宾塞指出，让儿童充分表达个人意志，"这一方面行动自由的倾向增大，另一方面暴力统治的倾向就缩小。这两件事都指向我们所主张的管教制度，在那个制度下儿童将愈来愈多地从自然反应的经验学会管理自己"。② 可以看出，斯宾塞是从自然惩罚原则出发所需要的管教制度，来说明儿童自由表现个人意志的重要性。更为重要的是，斯宾塞认为，只有儿童充分享受独立自由，才能有可能使未来成人享有独立自由，"独立的英国儿童是独立的英国成人的父亲，没有前者就不可能有后者"。③ 教师给儿童自由就是给国家未来的自由，这是教师须臾不可忽视的重要问题。

第四，教师要经常记住，正确地进行教育是一件复杂而困难的任务，也是最艰巨的任务。斯宾塞指出，教师不要采取惩罚这种最贫乏，最无教育智慧的方式来管理儿童，因为"最不开化的野人和最笨的农夫都会想到用打几下和骂几句来作为惩罚。兽类都能用这个办法来管教"，④ 教师当然不能用兽类的方法来管理儿童。斯宾塞认为，教师对儿童的教育必须付出心智的努力，即要点钻研，要点机智，要点忍耐，要点自制。

斯宾塞认为，教师要做到这一点，最重要的就是要能够分析儿童行为的动机。教师要能够分辨真正好的行动和较低级冲动引起的行动，要避免把不好不坏的行动看成过失，避免把儿童的情感看得比实际更坏，"你必须多少改变你的方法去适合每个孩子的性情"，"尤其是遇到过去处理不得当的孩子们，

---

① ［英］赫·斯宾塞. 教育论［M］. 胡毅译. 北京：人民教育出版社，1962：112.
② ［英］赫·斯宾塞. 教育论［M］. 胡毅译. 北京：人民教育出版社，1962：113.
③ ［英］赫·斯宾塞. 教育论［M］. 胡毅译. 北京：人民教育出版社，1962：113.
④ ［英］赫·斯宾塞. 教育论［M］. 胡毅译. 北京：人民教育出版社，1962：113.

你必须准备长期考验你的耐心"。①

斯宾塞指出，教师除了对儿童进行分析外，还要善于分析自己的动机。教师要尽量做到分清楚哪些是自己的真正关怀，哪些又是出于自私，想压服和好安逸，"更困难的是不只要发觉，还要克制这些较低级的冲动"。② 斯宾塞指出，教师要做到这些，就需要在教育儿童时，首先对自己进行较高的教育，需要从心智和道德两方面进行。在心智方面，教师要学好那最复杂的学科，即在儿童、自己和社会中所表现的人性和它的规律。在道德方面，教师必须经常发挥高尚的情感，控制那些较低级的情绪。

四、斯宾塞的教师教学观

教学是教师的核心工作，斯宾塞认为，教学的过程就是发展学生心智的过程，教师进行教学，最重要的是不能对学生的心智发展自然过程进行压制。斯宾塞反对进行注入式教学，批判注入式教学的错误在于，认为"儿童的心智也可定作，他的能力要靠教师给予，他是一个可以把知识装进去的器皿，可以照教师的理想形成"。③ 斯宾塞认为，儿童心智演化有个自然过程，干扰它就会发生损害，教师不能把人为的形式硬加在一个正在发展的心智上，教师教学应该"成为一个根据理解去作说明的过程"。④ 以此为根据，斯宾塞提出了教师教学应遵循的七条教学原理。

第一，教师教学应遵循从简单到复杂的原理。斯宾塞认为教师教学要顺应儿童的心智发展次序和过程，"在次序上和方法上，教育必须适合心智演化的自然过程；能力的自然发展有一定次序，而在发展中每个能力需要一定种

---

① [英]赫·斯宾塞. 教育论[M]. 胡毅译. 北京：人民教育出版社，1962：114.
② [英]赫·斯宾塞. 教育论[M]. 胡毅译. 北京：人民教育出版社，1962：114.
③ [英]赫·斯宾塞. 教育论[M]. 胡毅译. 北京：人民教育出版社，1962：46.
④ [英]赫·斯宾塞. 教育论[M]. 胡毅译. 北京：人民教育出版社，1962：45.

类的知识；我们应该找出这个次序和供给这个知识"。① 教师要将复杂的知识进行梳理和加工，使其能够适应儿童能力发展的需要，这要求教师在教学的不同阶段，要对教学内容和方法进行选择和安排，根据学生能力发展的顺序，及时做到将知识化繁为简，化泛为约，以提高儿童在学习中掌握知识的效益。对于学生要学习的种类繁多的科目，斯宾塞指出，"心智最初只有少数能力在活动，逐渐才有较晚完成的能力起作用，最后才是所有的能力同时活动；所以我们的教学应该从同时只教少数科目开始，逐渐增加，而最后是所有科目齐头并进"。②

斯宾塞认为，儿童心智的发展还是一个从不准确到准确的过程。儿童对事物的认识，最初的知觉和思维十分模糊，然后才会逐渐精确，"心智的整体和它每一个能力，都是从分辨事物和动作的大概开始，逐步进到更细微更明晰的分辨。教育内容和方法必须符合这个一般规律"。③ 对教师而言，在教学中妄图一开始就交给儿童确切的观念，是难以做到的，即使能够做到，也没有什么好处。

在这种情况下，儿童就是记住了知识，也对这些知识的确切意义了解非常模糊，"所以在教育中我们必须满足于从粗糙的概念开始，我们要帮助儿童获得经验，去首先纠正最大的错误，再进到不那么明显的错误，来逐渐使这些概念清楚。只能按照概念逐渐完整的速度来介绍科学公式"。④ 也就是说，教师在教学中要通过不断地纠错，以引导儿童逐渐掌握知识的要义，使儿童对知识的认识逐渐从不准确到准确，这才符合儿童心智发展的要求。

第二，从具体到抽象、从实验到推理，遵循人类普遍认识方法的教学原理。斯宾塞指出，教师教学应从具体开始，而以抽象结束。他批判了教师教学中普遍存在的错误认识，即通过抽象出来的简化了的公式，比众多单独的

---

① ［英］赫·斯宾塞. 教育论［M］. 胡毅译. 北京：人民教育出版社，1962：53.
② ［英］赫·斯宾塞. 教育论［M］. 胡毅译. 北京：人民教育出版社，1962：59.
③ ［英］赫·斯宾塞. 教育论［M］. 胡毅译. 北京：人民教育出版社，1962：59.
④ ［英］赫·斯宾塞. 教育论［M］. 胡毅译. 北京：人民教育出版社，1962：60.

个别知识点要简单。对此，斯宾塞指出，"他们忘了概括只是比它所包括的全部个别真理更为简单；它比从这些真理中单独抽出的任何一个要复杂得多；只在已经获得了许多这种单一真理以后，概括才容易记住和有助于推理；而对于未掌握这些单一真理的人概括必然是个哑谜"。① 这就提醒教师注意，在教学中必须先从个别开始，然后才是抽象概括。

斯宾塞还要求教师教学要遵循从实验到推理的要求。斯宾塞认为，这是由科学形成的过程所决定的，"必须先有实践再加上积累的经验和经验的概括才能有科学。科学是组织好的知识；一定先要占有些知识才能把它组织起来。每种学习因此都应该从纯粹实验入门；应该只在积累了充分观察之后才开始推理"。② 斯宾塞提出教师教学的这个原则，充分肯定了实践在教学中的重要性。

斯宾塞提出，教师教学中要注意，儿童获取知识的过程，在方式和安排上应同历史上人类的教育一致。斯宾塞指出，"如果人类在掌握各种知识中有个次序的话，每个儿童就会倾向于照着同一次序去获得这些知识"。③ 他坚定地认为，儿童获得知识时，倾向于按照人类心智走过的步骤进行学习，这对教师教学有着巨大的帮助，只要教师努力研究人类认识世界积累文化的方法，并把这种方法运用到教学中，那么就会大大提高学生的学习效率。

第三，教师应引导儿童自己进行探讨，自己进行推理的原则。斯宾塞认为，教育过程是一个尽量鼓励个人发展的过程，他要求教师要充分相信儿童的自我学习能力，并举出很多例子说明，儿童天生具有强大的自我学习能力，如儿童在没有教师专门指导，也无父母专门帮助的情况下，就具有学会讲话和认识周围事物的能力；每个孩子独立获得的生活经验，或在校外得到的知识，总会占很大分量；学生在无人帮助下，能够自己克服课程编排不合理，

---

① [英] 赫·斯宾塞. 教育论 [M]. 胡毅译. 北京：人民教育出版社，1962：60.
② [英] 赫·斯宾塞. 教育论 [M]. 胡毅译. 北京：人民教育出版社，1962：62.
③ [英] 赫·斯宾塞. 教育论 [M]. 胡毅译. 北京：人民教育出版社，1962：61.

或教材过深的困难，而取得学习上的进步，等等。

斯宾塞要求教师要充分相信儿童心中的观察、询问和推理能力，他要求教师给学生讲的应该尽量少些，而引导他们去发现的应该尽量多些。斯宾塞指出："向学生讲个不完，原因是我们笨，而不是儿童笨。我们不让他接近他感兴趣的、自己能主动吸收的事实。我们给他一些复杂得无从了解的事实，因此就使他觉得这些事实讨厌。我们看见他不会自动地去学这些事实，就运用威胁惩罚去往他心里塞。照这样不给他所想要的知识，却硬填一些他不能消化的知识；我们就使他的能力发生病态，使他对一切知识发生恶感。"[①] 儿童之所以失去自我学习的能力，原因不在儿童，而在教师，而在教师没有充分认识和理解儿童自我学习的强大能力。对教师而言，最重要的是不要成为儿童自学能力发挥的障碍，而应当成为儿童自我能力激发的引导者和保护者，"教是为了不教"就是这个意思。

第四，教师教学中要充分调动学生的自我学习能力，使学生成为独立探索的发现者。斯宾塞指出，"我们多次见到那些被通常学校练习中的抽象定义、使人厌倦的作业、死记硬背弄得呆笨的人，由于不把他们当作消极的接受者而引导他们成为积极的发现者，使他们的智慧豁然贯通"[②]。把学生当成被动的接受者，接受越多，也就越容易把学生弄得呆滞懒惰。

相反，只要教师经常引导学生独立学习，自己寻求答案，发现未知，就会使学生逐渐意识到自己的力量，自信心也会逐渐增强。当孩子们尝到了智慧战果的甜头时，就要求自己去取得成功，在一个成功接着一个成功的时候，失望的魔鬼就会逐渐消失，学生们也就会怀着保证成功的勇气，去克服学习中的各种困难。

斯宾塞从正面详细论述了教师培养学生自我学习的好处：

（1）教师培养学生的自我学习，有利于保证印象的鲜明性和巩固性。斯

---

① ［英］赫·斯宾塞. 教育论［M］. 胡毅译. 北京：人民教育出版社，1962：63.
② ［英］赫·斯宾塞. 教育论［M］. 胡毅译. 北京：人民教育出版社，1962：77.

宾塞指出，"学生自己得来的任何一项知识，自己解决的任何一个问题，由于是他自己获得的，就比通过其他途径得来的更彻底地属他所有"。① 毕竟学生通过自己心智的努力所真正理解和发现的知识，比老师告诉他的要深刻得多。在斯宾塞看来，学生自我学习需要经历心智的准备活动，必要的思维集中，以及成功后胜利的兴奋等因素，这就使学生要学的知识深深地印入他的记忆中。

（2）教师培养学生的自我学习，有助于提高学生的学习能力。自我学习除了对知识的掌握之外，另一个最重要方面是学生能力的提升。斯宾塞指出，学生自我学习虽然也会遭遇失败，但他能力所达到的紧张程度，也比单凭从老师那里听到或从课本上读到的强得多。

斯宾塞认为，通过学生自我学习，"这样得来的知识，一到手就转变成能力，马上就对思维的一般职能有帮助，而不像死记硬背的知识只是写在脑中书库的书页上"。② 正是因为自我学习获得的知识和能力密切相关，能使学生获得知识学习带来的满足体验，进而为他们以后继续进行学习打下坚实的基础。

（3）教师培养学生的自我学习，对学生道德品质的形成有益。斯宾塞指出，经常的自我学习能够促进学生道德的培养，使学生"有勇气去克服困难，有耐心去集中注意，失败后还能坚持，……这些性格正是这个使心智自取食粮的办法所特别形成的"。③ 自我学习本身亦是一种道德养成的过程，通过自我学习，有利于学生养成刻苦钻研，开拓进取，在困难面前不屈不挠的优良品质。

（4）教师培养学生的自我学习，有助形成学生终身学习的习惯。斯宾塞指出，"作为主张把教育看作自我教育过程，……那就愈能做到这样，教育就

---

① ［英］赫·斯宾塞. 教育论［M］. 胡毅译. 北京：人民教育出版社，1962：81.
② ［英］赫·斯宾塞. 教育论［M］. 胡毅译. 北京：人民教育出版社，1962：81.
③ ［英］赫·斯宾塞. 教育论［M］. 胡毅译. 北京：人民教育出版社，1962：81.

愈不至于在离开学校时停止。……如果求知经常带来满足，在督促下进行的自我培养就大有可能在没有督促时继续进行。这是必然的结果"。① 学生的自我学习能够避免教师强制带来的痛苦，能够使学习成为一种没有外力干预下自然的过程，学生就不会因为痛苦而厌恶学习，更不会因为外力的消失而不去学习。所以斯宾塞指出，那些从来没有养成独立探讨习惯的人们，日后很可能不能继续钻研；那些从自然形式中获得知识的人们，就很可能终身继续他们在青年时代开始的自我教育。

（5）教师培养学生的自我学习，有助于形成良好的师生关系。斯宾塞认为，教师与学生的关系由于教师培养方法的不同而不同，那些能够引起快乐的培养办法，能使师生间形成友好的关系，那些引起痛苦的办法，则可能使师生之间产生对立和仇恨的关系。

学生自我学习的过程，教师所起的作用是帮助性的，教师是帮助学生克服困难达到学习成功的人，"一个经常帮助儿童达到目的、时刻供给他们以胜利的满足、时刻在困难中给鼓励、在成功时有同情的人，就会被他们喜欢；而如果他的行为一直是这样，一定会受到爱戴。当我们想起一个我们觉得像朋友的老师的管教，比起一个我们讨厌的、或至少不爱理睬的人的管教来，是多么有效和和善"。② 良好师生关系的形成，可以说是教师培养学生自我学习过程的一个自然后果。

正是在上述意义上，斯宾塞才引用马谢尔的话说："学习者从心智努力发现的东西，比别人告诉他的要理解得好得多。"

---

① ［英］赫·斯宾塞. 教育论［M］. 胡毅译. 北京：人民教育出版社，1962：83.
② ［英］赫·斯宾塞. 教育论［M］. 胡毅译. 北京：人民教育出版社，1962：83.

第十四章　杜威：教师是把儿童当太阳的人

> 约翰·杜威……一般公认他是美国现存的首屈一指的哲学家。这个评价我完全同意。他不仅在哲学家中间，而且对研究教育学的人、研究美学的人以及研究政治理论的人，都有了深远的影响。杜威是个品性高洁无比的人，他在见解上是自由主义的，在待人接物方面宽宏而亲切，在工作当中孜孜不倦。[①]
>
> ——罗素

一、杜威生平

约翰·杜威（John Dewey，1859—1952），美国著名哲学家、教育家，实用主义的集大成者，被喻为"实用主义神圣家族中的家长"。杜威对教育的贡献具有"哥白尼式革命"的巨大开创性意义，在教育史上，他以系统完整的理论体系和具有创新性的教育实践，彻底颠覆了传统教育理论和实践，其变革意义非凡，对后世影响巨大。

杜威的思想影响是广泛的，得到了众多思想家的一致好评。英国教育家怀特海（A. N. Whitehead）认为，"杜威是典型的最有影响力的美国思想家；

[①] ［英］罗素. 西方哲学史（下卷）［M］. 马元德译. 北京：商务印书馆，1982：378.

他是为那个环境提供连贯的目的为首要任务的理智力量。而且只要是杜威的影响明显地被感到之处，他的人格就是以感激和热爱的心情被怀念着的。"[1] 美国历史学家亨利·康马杰（H. S. Commager）如是说："杜威忠实地实践自己的哲学信条，最后成为美国人民的良师益友和良心。可以毫不夸张地说，杜威阐明了一代人所关注的重大问题。"[2] 美国哲学家悉尼·胡克（S. Hook）这样评价杜威："他身后没有留下纪念碑，没有留下王国，也没有留下物质财富或基金。然而他的遗产却是巨大的、不可估量的。因为他的存在，数百万美国儿童的生活才更加丰富、更加幸福。而对每一个成年人来说，他则提供了一种经过深思熟虑的、合理的生活信仰。"[3] 美国学者富兰克尔（C. Frankel）认为杜威的影响超过了任何美国哲学家，"在美国哲学家中，也许没有任何人像杜威这样，对现实曾产生过如此重大的影响"。[4] 美国哲学家麦克德莫特（John J. McDermott）也极为推崇杜威，"无论杜威有何不足，无论我们是谁或在哪里，除了杜威，我不愿向任何人寻求用以改进我们当前困境的智慧，以及用以照亮我们未来的智慧的灯塔"。[5]

杜威作为一位教育家，更是在教育史上具有无与伦比的地位，得到了众多教育思想家众口一词的赞誉，这在教育史上是不多见的。"设计教学法"的创始人美国教育家克伯屈（W. H. Kilpatrick）对杜威评价道，"在教育哲学史

---

[1] Paul Arthur Schilpp. The Philosophy of John Dewey. Evanstom and Chicago：Northwestern University Press，1939：477.

[2] ［美］亨利·康马杰. 美国精神［M］. 杨静予等译. 北京：光明日报出版社，1988：146.

[3] ［美］塔利斯. 杜威［M］. 彭国华译. 北京：中华书局，2002：1—2.

[4] Charles Frankel. John Dewey, Social Philosopher［A］. in Steven M. Calln, ed.，New Studies in the Philosophy of John Dewey. New HamPshire：The University Press of New England，1977：3.

[5] John J. MeDermott. Introduction［A］. The Later Works，Vol. 11. Southern Illinois University Press，1988：xxxii.

上，依我看来，他是世界上还未曾有过的最伟大的人物。"① 永恒主义教育思想的主要代表人物赫钦斯（R. M. Nutchins）指出："约翰·杜威是最有影响的美国教育家和最有影响的哲学家。40 年来，他改造了美国教育制度。"② 美国要素主义教育思想的主要代表人物巴格莱（W. C. Bagler）把杜威称为"当代杰出的领袖"，并认为要素主义者过去和现在都承认杜威的理论"对教育实践真正有价值的贡献"。③ 美国教育学者阿普尔（M. W. Apple）认为，尽管人们对杜威可能持不同观点，但"杜威仍然作为美国教育、哲学和政治的一个主要人物高耸着，他是一个巍然屹立的人物。他的著作因为对直到如今仍然被人们如此关心的许多社会问题的深入考察，仍然值得人们去阅读"。④ 美国南康涅狄克州大学教授彼得森（F. H. Peterson）在《约翰·杜威的哲学改造》一书中指出，"在 20 世纪美国，在公共教育方面没有一个名字能比约翰·杜威更神圣的了"。⑤ 美国教育学者 A·哈利·巴森指出，"对于全世界的教育工作者和学术工作者来说，杜威，是当前争取人人受到较好教育的运动的主要代表人物。这些教育工作者和学术工作者可以不同意杜威的见解，甚至在一些重要方面持有和杜威极为不同的见解，但是他们也承认杜威所说的问题是有趣的和有意义的。这就表明杜威在外国教育工作者和学术工作者所处的地位。这是对于杜威成为世界教育家的荣誉和标志。这种荣誉是极少教育学者

---

① William H. Kilpatrick. Reminiscences of Dewey and His Influence. John Dewey: Master Educator, 1961: 16.

② Arthur G. Wirth. John Dewey as Educator, His Design for Work in Education. New York: John Wiley&Sons, Inc., Preface, 1966.

③ ［美］巴格莱. 教育与新人（附录二）［M］. 袁桂林译. 北京：人民教育出版社，1996：214.

④ ［英］帕尔默. 教育究竟是什么？100 位思想家论教育［M］. 任钟印，诸惠芳译. 北京：北京大学出版社，2008：230.

⑤ Forrest H. Peterson. John Dewey's Reconstruction in Philosophy. New York: Philosophical Library, Preface, 1987.

所能获得的"。① 美国教育史学专家布里克曼（W. W. Brickman）教授也指出："杜威被公认为当代努力争取更好的教育的主要代表人物。人们可以根本不接受杜威的意见，甚至可以在一些重要的观点上与他根本对立，但是，他们都会异口同声地说：杜威的见解是值得注意和有意义的……这就是他作为一位教育家在世界上的声望——在世界上几乎很少有教育家能享有如此高的声望"。② 美国著名教育学者德沃金（M. S. Dworkin）明确指出，"作为一位著名教育家，杜威的著作不仅在美国，而且在其他国家中产生了最广泛和最深刻的影响"。③ 美国研究杜威的教育学者罗思（R. J. Roth）对杜威评价道："未来的思想必定会超过杜威……可是很难想象，它在前进中怎样能够不通过杜威"。④

杜威的哲学和教育思想也得到了我国学者一致的积极的评价和赞扬："杜威的哲学思想是实用主义发展史上的一座里程碑。古典实用主义在此走到了顶点。人们可以不赞成杜威的主张，却不能回避杜威所提的问题"。⑤ 我国著名教育史研究者任钟印指出："资产阶级教育理论的发展历史如果从夸美纽斯算起，已经有三百多年了。三百多年来，名家辈出，力作纷陈。每一代都有人放射光芒，作出重要贡献，留下珍贵遗产。但是和杜威比较起来，其余的人只看到教育问题的一个或几个局部，而杜威看到了整体；有的人只摸着教育的杆枝细叶，而杜威拥有一片茂密的森林；别人只触及教育的皮毛，而杜威深入到骨髓。总之，在杜威这个巨人面前，其余的人都是侏儒。三百多年

---

① ［美］A·哈利·巴森. 约翰·杜威对世界教育的影响［J］. 乔有华译. 外国教育研究，1984（3）：69.

② A Harry Oasson. Dewey's Influence on the World Education. Teachers College Record，Spring，1982.

③ Martin S. Dworkin. John Dewey on Education. New York：Teachers College，Columbia University，Preface，1959.

④ Robert J. Roth. John Dewey and Self－Realization. New Jersey：Prentice Hall，Inc.，Preface，1962.

⑤ 江怡. 西方哲学史（第八卷）［M］. 南京：凤凰出版社，江苏人民出版社，2005：393.

来，在资产阶级教育家营垒中，真正配称为教育哲学家者，杜威一人而已。"①有"中国杜威"之称的教育家吴俊升认为："约翰·杜威是当代最重要的教育哲学家之一。就他的教育思想对整个世界的影响的广泛深远来说，在他生活的那个社会的教育理论家中，几乎是没有人能同他并驾齐驱的"。② 教育史研究者滕大春指出："在教育史中既能提出新颖教育哲学，又能亲见其实施之获得成功者，杜威是第一人。"③

杜威作为人类教育史上少有的最有影响的教育家之一，他给教育带来了一场深刻的革命，使得教育领域产生了革命性的深刻变化。毫无疑问，人们对杜威的学术成就在世界教育史乃至思想史上所具有的地位，所给予的充分肯定和高度赞扬，不仅是人们发自内心地对杜威所作成就的由衷敬仰，而且也清楚地表明，杜威作为一位哲学家和教育家，在世界学术界的崇高地位。

约翰·杜威于 1859 年 10 月 20 日，出生在佛蒙特州柏灵顿市（Burlington）南威兰德街 186 号。在杜威诞生的这一年，英国进化论者达尔文（C. Darwin）发表了巨著《物种起源》。杜威的父亲是位杂货商人，母亲是地方法官的女儿。母亲对杜威要求严格，影响巨大，对此杜威的女儿简·杜威（Jane M. Dewey）在《杜威传》一书中写道："孩子们之所以摆脱家庭的传统，获得了大学教育，这主要应归功于她的影响"。④

童年时代对杜威具有非常重要的意义，简·杜威指出，"杜威童年时代的环境，在杜威教育理论形成的各种要素中，显然起到了巨大作用"。⑤ 之所以如此，与杜威在童年对读书的喜好密不可分。童年时的杜威并非聪明绝顶者，

---

① 任钟印. 杜威简论 [J]. 华中师范大学学报（哲社版），1986（6）：124.
② [美] A·哈利·巴森. 约翰·杜威对世界教育的影响 [J]. 乔有华译. 外国教育研究，1984（3）：60.
③ [美] 约翰·杜威. 民主主义与教育 [M] 王承绪译. 北京：人民教育出版社，1990：4.
④ [美] 简·杜威. 杜威传 [M]. 单中惠译. 合肥：安徽教育出版社，1991：6.
⑤ Jane M. Dewey. Biography of John Dewey//Paul Arthur Schilpp. The Philosophy of John Dewey. Evanston and Chicago：Northwestern Uniersity，1939：9.

甚至还有点笨，这使他学业成绩平平，但他却对书籍的阅读非常感兴趣。除了读书，乡村活动也给杜威童年带来了有益的养分，杜威后来回忆道，正是课堂之外的广大乡村活动使他获得了一点重要的教育。

1875年，杜威中学毕业后，进入当地的一个不起眼的佛蒙特大学就读。佛蒙特大学是一所规模很小的农工大学，与杜威一起毕业的学生总共才18人。在佛蒙特大学期间，杜威广泛地学习了希腊文、拉丁文、解析几何、微积分、生物学、心理学等学科。大学毕业后，杜威先在宾夕法尼亚州中学和柏灵顿乡村学校担任教师，教书之余，杜威还一直在佛蒙特大学教授托莱（H. A. P. Torrey）的指导下，自学哲学古典著作。

在此期间，杜威遇到了一个令他人生发生重大转折的人物，从此奠定了他日后功成名就的基础。作为中小学教师的杜威，一次偶然间读了《思辨哲学》杂志后，便抑制不住内心的激动，写了一篇哲学论文《唯物主义的形而上学假定》，寄给杂志主编圣路易学校校长哈里斯（W. T. Harris），请哈里斯判断一下，自己是否适合搞哲学。岂料，哈里斯在复信中对杜威大加肯定，说他有极高的哲学天分。同时，哈里斯在1882年4月号《思辨哲学》杂志上，发表了杜威的论文。哈里斯的鼓励，极大地鼓舞了杜威研究哲学的信心，坚定了杜威从事哲学研究的决心。杜威的经历与当年罗素鼓励维特根斯坦走上研究哲学的道路如出一辙。

当杜威决定以哲学研究作为其终生追求的事业的时候，他于1882年来到了著名的约翰·霍普金斯大学深造。1884年，杜威以《康德的心理学》的论文获得了博士学位，并受聘于密执根大学，任哲学讲师，开始了教学研究的学术生涯。1886年，杜威与同班同学爱丽丝（Harrit Alice Chipman）结婚，爱丽丝性格开朗，是位职业教育家，杜威夫妇一共生养了六个孩子，三男三女。1888年，杜威到明尼苏达大学出任哲学教授，一年后又回到密执根大学任哲学系主任。

1894年，杜威应刚刚成立两三年的芝加哥大学之邀，担任哲学、心理学和教育学系主任。在芝加哥大学任教期间，杜威创立了实验学校，当时正值帕克在芝加哥进行教育改革，这鼓舞了杜威。杜威的实验学校把静坐的课堂变成了儿童活动的课堂，使课堂教学气象一新，这使杜威名声大震。杜威总结了实验学校的经验，出版了《我的教育信条》、《学校和社会》等一系列著作。然而，杜威的所作所为被芝加哥大学校长哈波（W. Harper）认为过于激进，他趁杜威去欧洲度假之际，砍掉实验学校的经费，停止了改革实验。杜威气愤之极，立即辞去了职务。

在辞职后的一年里，杜威遭受了一生中最低谷的时期。他带着妻儿去欧洲，在意大利病魔夺走了他八岁的儿子戈登的生命，在英国又失去了心爱的女儿，连续的打击使杜威夫人精神失常，正如她的女儿简·杜威所写到：她再也没有完全恢复她从前的活力。

直到一年后的1904年，杜威受聘为哥伦比亚大学哲学系任教，境况才有所好转。在哥伦比亚大学，杜威待了长达26年之久，直到1930年退休。在哥伦比亚大学，杜威的学术事业达到了顶峰，他也与一批教育学家和心理学家，诸如桑代克（E. Thorndike）、孟禄（P. Monroe）、康德尔（I. Kandel）等，共同开创了哥伦比亚大学师范学院的黄金时代。

1905年，杜威成为美国心理协会会长。1916年，杜威57岁时，完成了在教育史具有里程碑意义的经典教育巨著《民主主义与教育》。杜威的妻子爱丽丝于1927年离世，此后近20年时间，杜威都同孩子住在公寓里。直到1946年，杜威86岁时，才与彼此认识很久的格兰特（R. L. Grant）结婚，时年格兰特41岁。

杜威和他的得意门生悉尼·胡克曾有传为佳话的师生经历。当胡克还是听杜威课的大学生时，是一位公开的杜威思想的坚决反对者，但这并没有使杜威产生任何反感，反而使杜威更加关注这位学生，不过胡克的做法却引起了其他学生的厌恶。但是，当胡克真正开始认真写批驳杜威的论文时，他发现自己只能是一个失败者。无奈之下，胡克不得不到杜威面前求教，出人意料的是，胡克得到的并非是讽刺挖苦，而是杜威的笑容和鼓励。而且此后，杜威就把胡克作为自己实用主义思想的传人进行培养，胡克也没有令杜威失望，成为杜威最得意的门生之一。

1919 年至 1931 年，杜威应邀到墨西哥、日本、中国、土耳其和苏联等国进行访问讲学，对这些国家产生了深远的影响。

1919 年"五四"运动前夕，杜威应邀来到中国。在此后两年多的旅华时间里，杜威足迹遍及上海、北京、天津、太原、奉天、山东、浙江、福建、广东、湖南等 11 个省市，所作演讲百余场，受到了中国知识界的热烈欢迎。杜威的演讲极大影响了当时和后世的中国教育界和思想界，这使得杜威成了中国知识界中最具影响力的西方思想家。对此，杜威的嫡传弟子胡适这样描述当时杜威对中国的影响："自从中国与西洋文化接触以来，没有一个外国学者在中国思想界的影响有杜威先生这样大。……在最近的将来几十年中，也未必有别个西洋学者在中国的影响可以比杜威先生还大的。"[1]

当然，影响总是相互的，两年多的中国经历，对杜威学术思想的发展也产生了深刻的影响。对此，杜威的女儿简·杜威曾这样诚恳地指出："不管杜威对中国的影响如何，杜威在中国的访问对他自己也具有深刻的和持久的影响。杜威不仅对同他密切交往过的那些学者，而且对中国人民表示了深切的同情和由衷的钦佩。中国仍然是杜威所深切关心的国家，仅次于他自己的国家。中国是世界最古老的文明国家，正在使他自己适应新的形势而斗争。杜威从美国到中国，环境的变化如此之大，以至对他的学术上的热情起了复兴的作用。"[2] 可以想象，两年多的异邦生活，对一个敏感而睿智的学者而言，会是怎样的一个心路历程？又怎能不激起他新的学术热情呢？

苏联是杜威另一个非常感兴趣的国家，1928 年，杜威应邀访问苏联。在苏联，杜威受到了苏联的党政高官的接见。而苏联社会主义国家充满"变动、活力和力量"的新气象，也给杜威留下了非常美妙的深刻印象。社会主义苏

---

[1] 郭慰春，李兴芝. 胡适哲学思想资料选（上册）[M]. 上海：华东师大出版社，1981：181.

[2] [美] 简·杜威. 杜威传 [M]. 单中惠译. 合肥：安徽教育出版社，1987：52.

联给人们内在"心理上和道德上"带来的革命性变化，深深打动了杜威。杜威认为，在苏联发生的一切，在当时的美国以及世界其他任何地方都是看不到的，他十分感叹地指出："这是世界上任何其他地方都看不到的景象。……也许俄国最有意义的事情不是它在转变经济方面所做的努力，而是他愿意把经济变化作为手段来促进文化——尤其是审美文化——的普及，这是全世界闻所未闻的"。[①] 回到美国后，杜威抑制不住内心的激动，不仅发表了《苏俄印象》，还不断发表有关访苏见闻的演说，肯定和赞扬了苏联所取得的成就。在杜威70寿辰时，苏联教育界也向杜威发出贺电，称其为"苏联人民的朋友"。

1919年，在到中国之前，杜威先在日本进行了3个月的短暂访问。访日期间，杜威在东京帝国大学作了一个重要演讲，题目为"当代哲学家的地位——哲学的改造问题"，这次讲座的讲稿，次年以《哲学的改造》为题在美国正式出版。不过，由于访日时间过短，且当时日本军国主义日益膨胀，杜威带有"民主"的思想，并未得到认可，可以说杜威对日本的影响极其有限。

1923年，土耳其共和国成立，新的国家领导人认为，杜威的教育观适合土耳其教育民主化的需求。在土耳其政府盛情邀请下，杜威于1924年7月来到土耳其，经过一番详细的考察调研之后，杜威向土耳其政府提交了一份重要的报告，即《关于土耳其教育的报告和建议》，这份报告对土耳其的教育民主化产生了深远的影响。

1952年6月1日，辛勤一生的杜威先生因患肺炎在纽约去世，结束了他漫长而又充满曲折的93年人生。

杜威说自己的一生是从事哲学的一生，"开始、最后和全部时间都从事哲学专业"。[②] 美国学者伯恩斯坦（R. Bemstein）却认为："杜威的一生体现了思

[①] John Dewey. *The Empressions of Soviet Russia and the Revolutionary World Mexico-China-Turkey* [M]. New York：New Repubilc, inc.，1932：30—31.

[②] ［美］约翰杜威. 明日之学校 [M]. 赵祥麟等译. 北京：人民教育出版社，2004：1.

想与行动的一致性；他在关于人的实际事务的经验中，形成了他最深刻的思想与信念。直到他生命的最后一刻，他都力求将智慧与理性用于解决最严峻的社会问题。"① 无论如何，虽然杜威这个人已经不在，但他的思想却随着时光的推移，愈发深刻地影响着后世，或许这对杜威而言才是生命本质的体现。

二、杜威的教师角色观

教师在教育教学中应扮演什么样的角色，杜威有着自己独到的看法。在杜威看来，教师应是培养学生思维能力的向导者、教学行为的反思者和儿童发展的引导者。

（一）教师是学生思维能力的向导者。

杜威十分重视思维在教育教学中的价值，认为教育就其根本来说就是培养学生的思维，就是形成学生清醒的、细心的、透彻的思维习惯。因为在杜威看来，思维就是明智的学习方法，就是有教育意义的经验的方法，杜威指出，"教育还要培养实际有效的态度，加强和发展道德的素质，培养美的鉴赏能力。但是，在所有这些事项中，至少要有一种有意识的目的，亦即要有一个思想的因素。否则实际的活动便是机械的、因循守旧的，道德也要流为轻率和独断的，美的欣赏就会成为感情的冲动"。② 思维是一切其他各方面素养培养的灵魂和支柱，离开了思维，其他各方面素养的培养就会失去其根本的意义和价值。

杜威指出，教师要明白，思维是可以通过教师的引导而发生改变，"一位合乎理想的教师本身要排除关于'思维'是单一的不可改变的官能的想法；他应该认识到，思维这个词表示个别人获得关于事物含义的各种各样的方式；

---

① Richard Bernstein. *John Dewey* [M]. New York: Washington Square Press, Ine., 1966: 23.
② [美]杜威. 我们怎样思维·经验与教育 [M]. 姜文闵译. 北京：人民教育出版社，2005：71.

而且这是因人而异的"。① 这样，教师就可以通过自己的努力，找到适合不同学生思维发展的方法，进而使每个学生都能够形成适合自己的思维方式。

学生的天赋资源或内在固有的倾向是学生思维的基础。杜威认为，要培养学生的思维，教师首先要了解学生原有的天赋，"我们还必须学习怎样得到良好的思维，特别是怎样得到一般的反省思维的习惯。因为这种习惯是从原先固有的倾向中生长发展起来的，所以教师必须了解最初的资源的性质，即了解只有凭靠这种资源，习惯才能得到发展的幼芽的性质。否则，我们训练思维的工作就要在黑暗中瞎碰，浪费时间和精力。如果我们不是引导固有的倾向，使之趋向于最好的结果，反而强制地形成一些不自然的习惯，也许我们将做出更坏的事情来"。②

从学生固有的天赋资源出发，教师对学生思维的培养是一个指导的过程，"学习是由学生自己来做的，并且是为了自己而做的，主动权在学生手里。教师是一名向导和指导者，教师掌舵，而驱动船只前进的力量一定是来自学生的。教师愈是了解学生以往的经验、了解其希望、理想和主要的兴趣，就愈能更好地理解为使学生形成反省思维所需要加以指导和利用的各种工作动力"。③ 教师就是一个向导者，他的任务就是拨开云雾，向学生指明方向，而其他的一切活动则由学生决定，学生是自我思维发展的最终驱动者。

杜威指出，任何学生都具有一些倾向和力量，依靠和利用这些力量，教师就可以帮助学生形成良好思维习惯的方法，这些力量主要包括：好奇心、暗示和秩序。

杜威指出，好奇心是扩展儿童经验的基本要素，是形成反省思维的胚芽

---

① [美] 杜威. 我们怎样思维·经验与教育 [M]. 姜文闵译. 北京：人民教育出版社，1991：38.
② [美] 杜威. 我们怎样思维·经验与教育 [M]. 姜文闵译. 北京：人民教育出版社，1991：29.
③ [美] 杜威. 我们怎样思维·经验与教育 [M]. 姜文闵译. 北京：人民教育出版社，1991：29—30.

中的最初成分。对教师而言，就是要善于引导儿童的好奇心进入理智水平，否则，好奇心便会退化或消散。这要求教师必须懂得儿童的好奇心，进而引导这好奇心，"教师必须搞清楚好奇心是什么，而不是盲目培养学生的好奇心。教师很难期望激发甚至增加学生的好奇心。教师的任务莫如说是提供材料和条件，使生物性的好奇心被引导到有目的、能产生结果的、增长知识的探究"。① 在引导学生好奇心时，教师必须注意避免对学生进行单纯的感官刺激或享受，"教师必须防止儿童的没有积累作用的一连串单纯刺激，以免使儿童或者成为感觉和感觉论的爱好者，或者因享乐过度而感到厌倦和丧失兴趣"。②

杜威认为，暗示也是教师可以依靠的形成学生思维习惯的重要力量。杜威指出，思维是一种能力，它能把特定事物所引起的特定暗示，贯彻到底并联成一体。对于暗示，杜威要求教师要注意，给学生的暗示不能过多或过杂，"暗示太多，人们无法从中挑选。他很难从中找出确定的结论，只是茫然无望地在众多的暗示中徘徊"，③ 过多的暗示还会使学生无法追寻其间的逻辑关系，这将无法保证最好的思维习惯的训练和发展。

杜威认为，缺乏秩序，思维形成的观念只是偶然的，"没有连续秩序的观念，不过是'突然闯进头脑'的东西。人们常说：'我不过是偶然想到某事'，这种说法，用来说明没有连续秩序的观念，是十分贴切的。"④ 因此，秩序对学生思维习惯的形成至关重要，教师要引导学生形成连续的有秩序的思维。

但是，有秩序的连续是与反省思维相联系的概念，"只有控制连续发生的

---

① ［美］杜威. 我们怎样思维·经验与教育［M］. 姜文闵译. 北京：人民教育出版社，1991：33.
② ［美］杜威. 我们怎样思维·经验与教育［M］. 姜文闵译. 北京：人民教育出版社，1991：33.
③ ［美］杜威. 我们怎样思维·经验与教育［M］. 姜文闵译. 北京：人民教育出版社，1991：36.
④ ［美］杜威. 我们怎样思维·经验与教育［M］. 姜文闵译. 北京：人民教育出版社，1991：39.

观念，成为有秩序的连续，用理智的力量，从先前存在的观念中引导出一个结论来，这才是我们所要有的反省思维"。① 杜威接着指出，"反省思维的功能是把经验含糊的、可疑的、矛盾的、某种失调的情境转变为清楚的、有条理的、安定的以及和谐的情境"。② 教师的作用就是，适时地引导儿童从一种情境迈向另一种情境，通过两种情境的转换，使儿童达到一种新的认识和境界，进而使儿童在获得满足和愉快后，继续开始新一轮的反省思维。

（二）教师是教学行为的反思者。

杜威是最早从理论上提出教师是反思者的观点，他认为教师应成为一名反思性实践者。杜威认为，教师只有成为反思者，成为一名反思型的教师，才是真正符合教育教学需要的教师，每一位教师都要把成为反思型教师作为奋斗的目标。

杜威之所以提出反思型教师的观点，是与他对教师教学的看法有着密切的联系。在杜威看来，不同的教学方式需要有不同的教师，杜威把教师教学大体上分为常规性教学和反思性教学两种，相应的就会对教师提出不同的要求。

杜威认为，常规性教学是与反思性教学相对的概念，只有首先明了常规性教学，才能真正理解反思性教学。杜威认为，常规性教学主要是受人的本能、习惯和在专家的指导下所实施的教学。③ 在杜威看来，常规性教学最显著的特征是有一套约定俗成的程序和步骤，要求教师在教学中遵循。这些程序和步骤是学校或教师在长期的教学实践中形成的，能够保证教学正常实施和进行的处理方式，教师只要严格遵循这些程序和步骤，教学就不会出现任何大的问题。因此，这些程序和步骤也就成为教师检验和选择教学行为正确与

---

① ［美］杜威. 我们怎样思维·经验与教育［M］. 姜文闵译. 北京：人民教育出版社，1991：39.
② ［美］杜威. 我们怎样思维·经验与教育［M］. 姜文闵译. 北京：人民教育出版社，1991：83.
③ 王春光. 反思型教师教育研究［D］. 长春：东北师范大学博士学位论文，2007：41.

否的法则。由此，对教师而言，常规性教学就意味着，已有的规则和程序是解决教学中遇到问题的最佳办法，教师在教学中唯一要做的，就是对已有的教学程序和步骤进行严格的遵循。

杜威认为，教师常规教学在教学中存在着一系列弊端，造成了极其不良的后果。杜威指出，教师常规教学受习惯、规则、程序以及制度上的规定支配，教师在教学中，会不加思索地接受这些已有的规则和程序，并把其作为最有效的办法，来解决教学中所发生的问题。由此，教师们不是从工作的目的和结果出发，而只是机械地接受那些现成的办法，成为已有规则忠实的执行者和复制者。这会使教师教学凝固和静止，长期保持一种固守成规之态，缺乏变化和活力，其结果使教师教学很难对变化和革新做出反应。

杜威认为，教师常规性教学以守规则为出发点，教师只能严格按照已有的规则和程序亦步亦趋地进行教学，教学成了一种机械性操作的过程，教师在教学中没有主体地位，彻底蜕变成教学的奴隶。学生长期在这种教学法潜移默化的影响下，学习也演变成为一种程序性的不变的执行步骤，使学生失去学习的积极性和创造性，甚至会造成学生学习的麻木和呆滞，更遑论学生个性的发展。

鉴于教师常规性教学的弊端，杜威指出，只有反思性教学才能破除这些弊端。对于反思，杜威指出，反思首先表现出的就是思考的深刻性和持续性，反思就是"对某个问题进行反复的、严肃的、持续不断的深思"。[1] 杜威进一步指出，反思的对象是某种已有信念、知识以及它们赖以存在的基础，"对任何信念或假设性的知识，按照其所依据的基础和进一步导出的结论，去进行的主动的、持续的和周密的思考，就形成了反省思维"。[2] 杜威指出，反思思

---

[1] [美]杜威. 我们怎样思维·经验与教育[M]. 姜文闵译. 北京：人民教育出版社，1991：1.
[2] [美]杜威. 我们怎样思维·经验与教育[M]. 姜文闵译. 北京：人民教育出版社，1991：6.

维从根本上实现的是一种整体情境的改变,"反省思维的功能是把经验含糊的、可疑的、矛盾的、某种失调的情境转变为清楚的、有条理的、安定的以及和谐的情境"。① 可以看出,反思思维在杜威看来是一种较好的思维方式,通过这种思维方式,可以最大限度地发挥思维主体的主动性,通过反思思维可以使人成为自己的主人。

以对反思的认识为基础,杜威提出了反思性教学。杜威认为,反思性教学彻底颠覆了常规性教学的理念。杜威指出,反思能使我们从冲动和常规的教学行为中解放出来的,能使我们具有远见地实施我们的教学行动,在自主的、有目的的条件下,有计划地实现自己的教学目标,它能使我们知道我们目前在做什么。②

反思性教学意味着,整个教学过程成为教师反思的对象,教师对自己的教学行为、方法、结果、问题进行反复、严肃、持续不断的深思,从而积极主动地改进自己的教学,使教学成为一种充分体现教师自我主体性的过程。当然,反思性教学并非是一般意义上的反思,它是一种充满理智思考与批判性态度方法的思考。反思性教学亦是一种对教育问题的思考方式,这种思考要求教师在教学过程中或过程后,能够做出理性的选择,并能够承担这些选择带来的责任的能力。

杜威认为,反思性教学要求教师不断进行自我教学评价,并能够及时根据教学环境改变而变革,及时根据教学实际需要调整教学行为,教师教学在反思中进步,而不是成为机械运作的工具。从这个意义上讲,反思性教学更具有适应性和逻辑分析的严密性。

反思性教学改变的不仅是教师,由于教师教学是根据学生的心理特点和个性差异,进而设计出行之有效的多样的方法。这种灵活多变而又行之有效

---

① [美]杜威. 我们怎样思维·经验与教育 [M]. 姜文闵译. 北京:人民教育出版社,1991:1.

② Dewey J. *How we think* [M]. Chicago:Henry Regnery. 1933:17.

的教学方法，又大大刺激了学生学习的积极性和主动性，增强了学生的学习兴趣，激发了学生们的求知欲望，展示了学生们的个性和创造性，反思性教学使学生受益匪浅，成为反思性的学习者。

杜威认为，反思性教学的出现对教师提出了改变的要求，教师只有改变自己的思维方式，才能使自己的思维更加有效，他强调指出，"任何人也不能够准确地向别人说明应当怎样去思维，这正如他不能准确地说出自己应当怎样呼吸及自己的血液循环的情景一样。可是，某些思维方式同另一些思维方式相比是比较好的。那些懂得什么是较好的思维方式，并且知道为什么这些思维方式比较好的人，只要他愿意的话，他就可以改变他个人的思维方式，从而使思维变得更有成效"。[①] 在杜威看来，教师要勇于改变自己的思维，形成反思思维，才能使自己的教学更加有效。

反思性教学需要教师具有反思性思维，即教师成为自我教学行为的反思者，杜威将这种教师称为反思型教师。杜威指出，对于反思型教师而言，教师不能把反思当作所应遵循的程序和步骤，反思本身就是教师解决和回答问题的整体方法。教师的反思行为是一个更加符合逻辑的过程，也是一个更加理性地解决问题的过程。教师反思需要直觉、情感和激情，但不是教师在任何时候都可以用来解决问题的一系列技术性工具。[②] 对于反思型教师，杜威在《我们怎样思维》一书中，提出了反思型教师应具备的三个特点，即心态开放，责任心和全心全意。

第一，反思型教师心态开放。杜威认为，心态开放对反思型教师意味着，教师要对教学中的新主题、事实、观念和问题，采取包容的态度。这种包容态度有四层意涵，包容包含着一种愿望，即去倾听多方面的意见，不偏听一

---

① [美]杜威. 我们怎样思维·经验与教育［M］. 姜文闵译. 北京：人民教育出版社，1991：83.
② Green, M Reflection and passion in teaching ［J］. *Journal of Curriculum and supervision*, 2 (1), 1986：68.

面之词;包容留意来自各种渠道的事实;包容充分注意到各种可供选择的可能性;包容使我们承认甚至在我们喜爱的观念中,也存在错误的可能性。

杜威指出,培养灵敏的好奇精神和自动的追求意识,是培养反思型教师心态开放的基本要点。这是因为反思型教师要求教师免除诸如偏见之类的封闭观念,免除教师不去思考新问题和采纳新观念的习惯。但事实上,消除陈旧的封闭观念并非易事,"自负自满使得人们经常认为承认一度崇奉的信念是错误的作法,乃是软弱的象征。我们把一种观念看作是一件'宠物',并且捍卫它,对任何不同的事物都视而不见,听而不闻。不自觉的惧怕心理也驱使我们完全采取防卫的态度,就像身穿盔甲外衣似的,不仅排斥新的概念,甚至阻碍我们作出新的观察。这些势力积累起来的影响是闭塞头脑,取消学习所必需的新的理智的接触"。[①] 因此,需要教师以好奇精神和自动追求意识,来克服这些旧有观念的束缚和困扰。

第二,反思型教师富有责任心。杜威认为,反思型教师的责任心是一种理智的责任心,"所谓理智的责任心,是考虑到按预想的步骤行事招致的后果;它意味着愿意承受这些合乎情理、随之而来的后果。理智的责任心是真诚的保证,那就是说,它保证种种信念的连贯和协调"。[②] 可以看出,责任心的核心要素是"后果",这意味着教师责任心关注的焦点,是仔细思考行为所导致的后果,并对这种后果承担责任。教师通过教学反思,在解决一些教学中出现的问题的同时,也可能会在教学实际中遇到一些无法预测的结果,教师就要勇于承担这种后果。当然,反思型教师要经常从后果来思考教学,即怎样做才能达到最好的教学结果,而不是仅仅为了完成教学目标。

第三,反思型教师全心全意投入。杜威认为,全心全意投入对反思型教

[①] [美]杜威. 我们怎样思维·经验与教育[M]. 姜文闵译. 北京:人民教育出版社,1991:25.

[②] [美]杜威. 我们怎样思维·经验与教育[M]. 姜文闵译. 北京:人民教育出版社,1991:26.

师意味着，教师要全身心投入教学，使自己沉溺于教学过程，专心致力于教学。杜威指出，教师全心全意投入教学最核心点在于激发学生学习的热情，使学生能够专注于课业。杜威认为，教师不全心全意投入教学，对学生最糟糕的影响就是出现兴趣歧异现象。对于学生兴趣歧异，杜威举例指出，"一个学生对于教师、对他的书本和功课，表面上、形式上能给予注意。然而，他的内心深处却关心对他更有吸引力的事情。他用耳朵和眼睛表示他的注意，而他的脑子却被当时吸引他的那些事情占据着"。① 由此杜威认为，教师全心全意投入是一种理智的力量，教师只有通过自己的投入激发学生的热情，才能取得成功。

（三）教师是儿童发展的引导者。

儿童如何发展一直是杜威教育思想关注的核心，杜威认为，儿童发展离不开教师，教师在儿童发展中起着举足轻重的作用，教师在儿童的兴趣、个性和经验发展中扮演着引导者的角色。

1. 教师是儿童兴趣的引导者。

杜威非常重视兴趣对儿童发展的重要性，这主要来自于心理学的考虑，正如胡克所言，"根据心理学上的理由，杜威强调激发儿童的兴趣的重要性"。② 对于什么是兴趣，杜威有着独到的见解。他首先把兴趣的基本意涵，定位于个人的行动与其情感的持续性统一，杜威指出："兴趣这个词的根本意思似乎就是由于认清其价值而集中注意、全神贯注、专心致志于某种活动的意思……兴趣标志着在个人与他的行动的材料和结果之间没有距离。兴趣是它们的有机统一的标志"，③"真正的兴趣是自我通过行动与某一对象或观念融

---

① ［美］杜威. 我们怎样思维·经验与教育［M］. 姜文闵译. 北京：人民教育出版社，1991：25.
② 吕达，刘立德，邹海燕. 杜威教育文集（第1卷）［M］. 北京：人民教育出版社，2008：附录.
③ 吕达，刘立德，邹海燕. 杜威教育文集（第1卷）［M］. 北京：人民教育出版社，2008：168.

为一体的伴随物。"① 在杜威看来,兴趣是与注意力、行动和结果相统一的概念,一个人愿意持续将注意力投入某项行动,并且得到的结果与个人情感统一。

杜威指出,兴趣还意味着一件事与个人密切相关,"它意味着直接的关心,意味着对某种事情得失攸关的承认;意味着某种结果对个人具有重要意义的事情"。② 也就是说,谈兴趣离不开每个具体的人,离不开一个人的关心、承认和意义,兴趣对个体而言是充满了吸引力的。杜威指出:"在对兴趣的讨论中,我们所遵循的线索是兴趣与一个人全神贯注地从事的活动之间的联系。兴趣不是某种单独的事,它所代表的事实是,一个行动过程、一项工作或职业能彻底地吸引一个人的能力"。③ 一个外在于个人,与个人无关的、不能吸引个人的事情,是不能称之为兴趣的。

杜威指出,兴趣是儿童生长中的能力信号和象征,是儿童心理和能量的代表,是儿童发展的基础和起点,更是儿童已发展到什么状态的标志。教育的成功实施离不开儿童的兴趣,杜威为此指出:"除非我们不断地注意到个人的能力、爱好和兴趣——也就是说,除非我们把教育不断地变成心理学的名词,这种适应是不可能达到的",④"方法的问题最后可以归结为儿童的能力和兴趣发展的顺序问题"。⑤ 由此,杜威才不断强调兴趣概念对教育的重要意义,并再三向人们强调指出,兴趣在有教育意义的儿童发展中的能动地位和价值。

---

① 吕达,刘立德,邹海燕. 杜威教育文集(第1卷)[M]. 北京:人民教育出版社,2008:166.
② [美]杜威学校与社会·明日之学校[M]. 赵祥麟等译. 北京:人民教育出版社,2005:172.
③ [美]杜威学校与社会·明日之学校[M]. 赵祥麟等译. 北京:人民教育出版社,2005:199.
④ 吕达,刘立德,邹海燕. 杜威教育文集(第1卷)[M]. 北京:人民教育出版社,2008:7.
⑤ 吕达,刘立德,邹海燕. 杜威教育文集(第1卷)[M]. 北京:人民教育出版社,2008:13.

因此，只有将教育建立在儿童兴趣之上，只有将儿童的兴趣作为教育的起点和素材，教育才能真正促进儿童获得发展。

在强调教育的成功需要兴趣的同时，杜威更强调，兴趣需要通过教育来实现，"民主的社会既然否定外部权威的原则，就必须用自愿的倾向和兴趣来替代它；而自愿的倾向和兴趣只有通过教育才能形成"。① 从这里可以看出，兴趣也离不开教育。教育的过程就是教师进行教育的过程，兴趣对教育中的教师而言，就显得尤为重要，杜威指出："兴趣是生长中的信号和象征。我相信，兴趣显示着最初出现的能力。因此，经常而细心地观察儿童的兴趣，对于教育者是最重要的。这些兴趣必须作为显示儿童已发展到什么状态的标志来加以观察。它们预示着儿童将进入那个阶段"。② 兴趣显示的是儿童的生长，作为教育者的教师，只有了解和理解兴趣，才能更好地促进儿童的生长。

杜威认为，儿童的兴趣需要教师进行引导。因为儿童还不成熟，还不能对某些问题做出非常负责的决定，在兴趣问题上也是如此，儿童的兴趣绝对不可放任，不应任凭儿童随兴趣为所欲为。杜威指出，儿童的"这些兴趣不应予以放任，也不应予以压抑。压抑兴趣等于以成年人代替儿童，这就减弱了心智的好奇性和灵敏性，压抑了创造性，并使兴趣僵化。放任兴趣等于以暂时的东西代替永久的东西。……放任兴趣就不能从表面深入下去，它的必然结果是以任性和好奇代替了真正的兴趣"。③ 教师不可放任儿童的兴趣，亦不可压抑儿童的兴趣，教师要做的是适时引导儿童的兴趣，通过引导使儿童兴趣能够在正确的道路上发展。

杜威指出，教师对儿童兴趣引导过程中，要注意避免把儿童兴趣引向外部的人为刺激上。因为虽然兴趣与儿童的外部积极情绪体验相关，但纯粹外

---

① [美] 杜威. 民主主义与教育 [M]. 王承绪译. 北京：人民教育出版社，2001：97.
② [美] 约翰·杜威. 杜威教育论著选 [M]. 赵祥麟、王承绪译. 上海：华东师范大学出版社，1981：10.
③ [美] 约翰·杜威. 杜威教育论著选 [M]. 赵祥麟、王承绪译. 上海：华东师范大学出版社，1981：10.

部刺激引起的兴趣,是一种以获得感官愉快为条件的兴趣,这只是一种虚假的兴趣,与儿童的真正兴趣大相径庭,"真正的兴趣原理是所要学习的事实或所建议的行动和正在成长的自我之间公认的一致性原理"。[①] 感官愉快式的兴趣与儿童内在自我并不一致,使儿童的行动和自我产生严重的分裂,它会导致儿童在激动与冷漠之间摇摆不定。因此,杜威十分严厉地批评指出,把某种富有魅力的特征,加到儿童本来不感兴趣的教材中,是在用快乐行贿,是在引诱儿童的兴趣,是一种导致儿童自我分裂的力量。

杜威认为,教师在引导儿童兴趣的时候,要注意不可彻底抛开儿童的经验、能力和需要,"实际上,'使事物变得有趣'这条原则的意思是参照儿童现在的经验、能力和需要选择教材"。[②] 杜威对教师采取一些远离儿童个人经验之外的措施,如通过惩罚、哄骗、奖赏等措施,使儿童做其不感兴趣的事情,进行了批评。杜威指出,儿童的兴趣不是被动地等待来自外部的刺激,更不是等待教师裹上糖衣把事物变得有趣,而是基于儿童自我经验和需要的,与活动和对象融为一体的具有冲动性的统一活动。

倘若教师仅靠通过没有趣味的事情披上外加的令人愉快特性的外衣,或者靠其他强制的方法,创造出儿童表面的兴趣,这不是正确地引导儿童兴趣的方法。因为在杜威看来,儿童真正的兴趣意味着,儿童个体已经投身于或发觉自己投身于某一活动,因而在活动成功进行的过程中,儿童的经验是与活动融为一体的,而不是忽视儿童已经从事的活动,或假定它们并无意义。

杜威认为,教师要善于把儿童的兴趣从直接引向间接。杜威从目的与手段关系出发,将兴趣分为直接兴趣和间接兴趣两种。直接兴趣是产生于儿童即时的、自我满足的行动中,儿童行动本身既是目的又是手段,满足于儿童

---

① [美] 杜威. 学校与社会·明日之学校 [M]. 赵祥麟等译. 北京:人民教育出版社,2005:167.
② [美] 杜威. 学校与社会·明日之学校 [M]. 赵祥麟等译. 北京:人民教育出版社,2005:175.

行动本身就获得了兴趣。间接的兴趣是指儿童行动的目的超出了行动本身,是为了更长远、更有价值的目的,间接兴趣意味着儿童的兴趣由简单走向了复杂。

杜威认为,当儿童的兴趣从间接转向直接的时候,"它标志着简单的活动生成或展开成为复杂的、需要更长得多的时间去实行的、因而包含着推迟达成对中介步骤具有决定性意义和充分价值的目的的那种活动"。① 因而,杜威提醒教师注意,要及时地把学生从较为简单狭隘的兴趣,引向更加丰富和满满的兴趣。也就是,通过教师的引导,以前远离儿童的兴趣或儿童不感兴趣的事物,可以变得对儿童有意义和价值。

杜威认为,教师在引导儿童兴趣的时候,要注意避免单纯的形式训练,最重要的是要将儿童的兴趣引导到智力上去,引导到理论上去。杜威曾非常认真地批评指出:"形式地理解符号和反复记忆的兴趣,在许多学生中成为对现实的那种原始的、生动的兴趣的代替品。"② 杜威反对形式地理解和反复记忆的兴趣,这会使教师教学陷入僵化,使学生的思维呆板化,智力遭到扼杀。

为此,杜威深刻地指出了教师引导儿童兴趣的任务:"教育家的职务,就在于注意使表现实际兴趣的条件能够做到鼓励一个活动在这些智力方面的发展,从而使它逐渐转移到理论形式上去。"③ 显然,杜威是在反对机械训练的基础上,主张教师要引导儿童的兴趣进入智力和理论发展层面。

2. 教师是儿童经验发展的引导者。

杜威认为,教师应是儿童经验的引导者,教师的职责就是致力于帮助儿童获得有益于生长的经验。

---

① [美]杜威. 学校与社会·明日之学校[M]. 赵祥麟等译. 北京:人民教育出版社,2005:182.
② [美]约翰·杜威. 杜威教育论著选[M]. 赵祥麟、王承绪译. 上海:华东师范大学出版社,1981:93—94.
③ [美]约翰·杜威. 杜威教育论著选[M]. 赵祥麟、王承绪译. 上海:华东师范大学出版社,1981:127.

经验是杜威教育理论中一个重要的概念，杜威多次对经验进行了解释和论述。杜威认为，"经验首先是一种经历的过程，一种经受某种事情的过程，一种遭遇和激情，一种情感的过程（按这些字的本来意义说）……换句话说，经验不过就是同时的做和遭遇"。① 经验，既是经历、经受和情感的过程，又是人主动去做和被动遭遇外物的过程。

在《经验与自然》一书中，杜威对经验概念又进行了十分详细的阐释："'经验'是一个詹姆士所谓具有两套意义的字眼。好像它的同类语生活和历史一样，它不仅包括人们做些什么和遭遇些什么，他们追求些什么，爱些什么，相信和坚持些什么，而且也包括人们是怎样活动和怎样受到反响的，他们怎样操作和遭遇，他们怎样渴望和享受，以及他们观看、信仰和想象的方式——简言之，能经验的过程。'经验'指开垦过的土地，种下的种子，收获的成果以及日夜、春秋、干湿、冷热等等变化，这些为人们所观察、畏惧、渴望的东西；它也指这个种植和收割、工作和欣快、希望、畏惧、计划、求助于魔术或化学、垂头丧气或欢欣鼓舞的人。它之所以是具有'两套意义'的，这是由于它在其基本的统一之中不承认在动作与材料、主观与客观之间有何区别，但认为在一个不可分析的整体中包括它们两个方面。'事物'和'思想'，正如詹姆斯在同一个有关的地方所说的，乃是'单套头'的，它们仅指反省从原始经验中鉴别出来的产物而言。"② 在杜威这里，经验实现了三大统一：经验主体和对象的统一，经验结果和过程的统一，经验事实和价值的统一。

从杜威对经验的叙述中，可以看出，经验就是人类的本然生活状态，是与人相关的一切事物和行为，是包括从人做什么到怎样做的一切：行动与劳作、信仰与信念、追求与梦想、兴趣和欲望、观察与感受，直至人的生存方

---

① In: Cornell West. *Amencan Evasion of Philosophy* [M]. Wisconsin University Press, 1989: 88.

② [美]杜威. 经验与自然 [M], 傅统先译. 北京: 商务印书馆, 1960: 10.

式和状态。在这里,杜威将经验的理解奠定在人生命活动的基础之上,这已远非是认识论层面的概念,而是具有生存论意义的概念。

不过,杜威更加关注的是经验者,即经验的主体。杜威认为,经验者的人在经验中居于核心地位,"主体是经验的中心"。[1] 只有对人而言,才有真正意义上的经验,没有人,经验也就不存在了。经验只能是人的经历,是人的意义和价值的展示,是人的各种情感、意志、追求和渴望的表现,是人与环境的相互作用。

以对经验的认识为基础,杜威认为,在教育中作为主体儿童的经验具有决定性意义。因为儿童的经验已经包含了教育中的所有东西,杜威明确指出:"在儿童经验的自身里,怎样早已包含着正如组织到系统化的科目中去的那些同类的因素——事实和真理,更重要的是要看到,在儿童经验的自身里,怎样早已包含着在发展和组织教材达到现有的水平中已经起着作用的那些态度、动机和兴趣。"[2] 杜威对儿童经验的发现,不仅实现了教育重心向儿童的转向,而且实现了对教育理解的重大转向,更对教师任务和职责的理解具有开创性意义。

如何从经验来理解教育?杜威十分肯定地指出:"教育就是经验的改造或改组。认为改造或改组,既能增加经验的意义,又能提高指导后来经验进程的能力。"[3] 这里经验不仅是教育对象意义上的概念,而且教育就是靠经验来解释的,离开了经验,教育就将失去存在的意义。既然经验的中心是主体,在这里,经验的核心理解自然就是作为教育主体儿童的经验。故而杜威又进一步指出,教育"是通过传递过程使经验的意义得到更新的过程",[4] 这就更

---

[1] [美] 杜威. 经验与自然 [M], 傅统先译. 北京: 商务印书馆, 1960: 14.
[2] [美] 杜威. 杜威教育论著选 [M]. 赵祥麟、王承绪译. 上海: 华东师范大学出版社, 1981: 80.
[3] [美] 杜威. 杜威教育论著选 [M]. 赵祥麟、王承绪译. 上海: 华东师范大学出版社, 1981: 87.
[4] [美] 杜威. 民主主义与教育 [M]. 王承绪译. 北京: 人民教育出版社, 2001: 340.

明确了教育对儿童经验的意义。由此可以说，教育改造经验是以依赖经验为基础的，经验是内在于教育，是教育自身存在的条件与目的。

教育改造经验是通过教师实现的，教师在实现儿童经验改造与改组过程中具有特殊作用。教师作为教学过程中的成熟与有经验的领导者，他的作用应集中在儿童经验改造过程中方向的把握上。杜威认为，儿童的经验固然可贵，但也有不成熟的地方，并非儿童经验的全部都具有教育意义，也不是儿童所有的东西都可以作为经验在教育中发展。

杜威认为，儿童经验的价值只能由它所推动的方向来进行评判，对于那些抑制儿童生长的经验，以及对儿童具有负面作用的经验。教师就需要肩负起自己应有的责任，准确把握儿童经验的方向，引导儿童经验走向正确的道路，"教育者的任务就在于看到一种经验所引导的方向。如果教育者不用其较为丰富的见识去帮助未成年者组织经验的各种条件，反而抛弃其见识，那么他的比较成熟的经验就毫无作用"。[①] 教师正是有了较为成熟的经验，才有可能引导儿童避开那些不成熟的容易产生错误的经验，使儿童始终沿着正确的经验方向前进。

儿童经验的发展需要教师引导，对教师而言，首先需要注意的是使教材与儿童经验相联系。杜威指出，"在各门科目方面，问题是怎样以儿童生活中起着作用的各种力量的结果来解释它们，并发现介于儿童的现在经验和这些科目的更为丰富而成熟的东西之间的各个步骤"。[②] 在杜威看来，教材的价值体现在与儿童经验的关联上，这种关联愈是全面深刻，教材就越有价值。反之，与儿童经验完全隔绝的教材将毫无意义。

杜威指出，教材的价值就在于，要对儿童经验的发展具有组织和导向的功能，激发儿童得到他自己所固有的领悟和反应的能力，给儿童指出一条明

---

① 褚洪启. 杜威教育思想引论 [M]. 长沙：湖南教育出版社，1998：186.
② [美] 约翰·杜威. 杜威教育论著选 [M]. 赵祥麟、王承绪译. 上海：华东师范大学出版社，1981：81.

确的道路和路线。这就要求教师在处理教材时要时刻注意，不能把教材强加灌输给学生，而是要善于将逻辑系统的教材，与儿童经验之间的内在联系，进行充分挖掘，使教材的逻辑价值与儿童的经验紧密结合起来。

对知识与儿童经验之间的关系，杜威提醒教师注意，课程的目的是儿童经验，知识本身并非是课程的目的。杜威指出，"儿童的世界是一个具有他们个人兴趣的人的世界，而不是一个事实和规律的世界。儿童世界的主要特征，不是什么与外界事物相符合这一意义上的真理，而是感情和同情"，[1] 儿童的经验逻辑是感情和同情，知识逻辑是客观、事实和规律，两者属于不同的东西。

在这种情况下，要实现儿童的经验逻辑与知识逻辑的关联，并非是一件十分容易的事。这就需要教师的引导作用，即是说教师要善于引导儿童经验与知识发生联系，使知识与儿童的兴趣、需要、生活、活动等发生联系。这样，知识就成为儿童经验的知识，知识就不再是外在于儿童的东西，就不再是冰冷的、僵死的、只属于那个客观世界的东西，知识就成为了儿童经验的构成部分。

由此可以看出，杜威并不反对儿童获取知识，杜威所拒斥的是忽视儿童经验，按照成人意愿和学科逻辑进行知识传授。因为那种知识脱离儿童生活，与儿童需要相割裂，超越了儿童的发展阶段和认识水平，使儿童在知识获得中陷入被动和外在强制。

3. 教师是儿童个性发展的引导者。

杜威的教育理论十分关注儿童的个性发展。在杜威的教育思想中，人性问题一直占有特殊的地位，甚至可以说"杜威是围绕着对人性的一种特殊观

---

[1] ［美］杜威. 学校与社会·明日之学校［M］. 赵祥麟等译. 北京：人民教育出版社，2005：116.

点来建立他的工具主义理论的"。① 个性作为人性的重要部分，自然成为杜威关注的重点。

杜威重视儿童个性，还在于个性与民主主义密切相关，杜威认为，人的个性发展能够促进社会改造和进步，民主主义社会就是使人的特殊才能与兴趣各得发展的社会。个性更是民主主义教育要培养的目标，用杜威的话说，民主主义教育培养的是"一种新型的理智、新型的情操和新型的个性"。②

对于儿童个性的理解，杜威作了详细的阐述。杜威指出："个性最初是自发的，而且没有一定的形式；它是一种潜能，一种发展的能力。尽管如此，它却是在物和人的世界中活动并同这种世界交往的一种独特的方式。它本身并不是完全的，它好像房屋中的一个壁橱或书桌的一个秘密抽屉，其中装满着等待送给世界的宝物"，③ 在杜威看来，儿童个性是自发的，以潜在形式存在，而个性的不完全性，又为其发展提供了可能，教师要做的就是要充分发掘这种不完全性。

杜威接着指出："由于个性是感觉世界的影响，和对这些影响作出反应时偏向哪一边的一种特有的方式，因此它只有通过和现实条件的相互作用才能发展成一定的形式"，"一种新的和有效的个性的理想，本身只有在现有条件的可能性中才能形成起来"。④ 可以看出，现实条件是儿童个性形成的重要力量，即是说，儿童个性正是在与现实条件互动的过程中形成的。

总之，既然儿童个性是以不完满的潜能形式存在，它的发展又要靠和环境相互作用。那么，教师就要关注每一个儿童的潜能，并善于创造能够使儿

---

① ［美］撒穆尔·伊诺克·斯通夫等．西方哲学史（第七版）［M］．丁三东等译．北京：中华书局，2005：596．

② Dewey. Individualism, Old and New [A]. *The Later Works of John Dewey* [M]. Vol. 5. 1930：64.

③ ［美］约翰·杜威．杜威教育论著选［M］．赵祥麟、王承绪译．上海：华东师范大学出版社，1981：295．

④ ［美］约翰·杜威．杜威教育论著选［M］．赵祥麟、王承绪译．上海：华东师范大学出版社，1981：295．

童个性发展的现实条件，使儿童个性获得发展。

杜威指出，儿童个性"是对环境的特有的敏感、挑选、抉择、反应和利用的一种方式"。① 这决定了不同儿童对待同一件东西，由于这些儿童的个性不同，他们主体内部心理状态的倾向性和选择性就会不同。其结果，这些儿童对同样外界环境的反映，会出现个别差异，甚至会完全不相同。也就是说，尽管儿童们身处同样的教育环境，享有相同的教育条件，但由于这些儿童的内部状态各不相同，就会对他们的个性形成造成重大影响。因此，对教师而言，要引导儿童个性的发展，就需要认真研究儿童的趋向性、差异性、心理状态、内部特点和兴趣发展等差异，以儿童偏向某一方面的种特有的方式，促进儿童个性发展。

杜威指出，教师"不可能用任何一种无所不包的体系或计划来发展完全的个性"。② 这意味着，对教师而言，不存在一种能够适合所有儿童个性发展的体系。杜威指出，"教育者也应当注意到存在着很大的个性差异；而不应当试图强行把所有的学生纳入一个类型或模式之中"，③ 倘若教师妄图用一种模式一劳永逸地解决儿童个性发展问题，其结果必然会导致儿童精神错乱，故意矫作，创造力逐渐丧失，信心消退，盲从习惯滋长。

杜威指出，教师切忌在发展儿童个性时，虚耗了努力，徒然糟蹋了儿童的真正天才。教师要根据儿童的不同个性，设计有针对性的教育规划，才能促使儿童各自特异的天性真正得到发展。

---

① ［美］杜威. 杜威教育论著选［M］. 赵祥麟、王承绪译. 上海：华东师范大学出版社，1981：294.

② ［美］杜威. 杜威教育论著选［M］. 赵祥麟、王承绪译. 上海：华东师范大学出版社，1981：294.

③ ［美］杜威. 我们怎样思维·经验与教育［M］. 姜文闵译. 北京：人民教育出版社，1991：189.

三、 杜威的教师儿童观

儿童观的不同决定了教师教育教学观和教育实践操作的不同，杜威非常重视教师的儿童观问题，并向教师们提出了具有哥白尼式革命的儿童观——儿童中心论。杜威的"儿童中心论"儿童观是解放儿童的教育，这是教育现代转向的核心体现，也是传统教育向现代教育转向的重要标志。

由此，杜威的儿童观成为他庞大教育思想体系中最具代表性的教育思想，在某种意义上，甚至可以说，正是儿童观的革命，才成就了杜威教育思想世界性的广泛影响，才成就了杜威在教育史上声名显赫的地位。

杜威教师儿童观的提出，是以对传统教师儿童观的批判为出发点的。杜威对传统学校教育中教师忽视儿童存在的做法，提出了尖锐的批评，他强调指出，传统儿童观中，"学校的重心是在儿童之外，在教师，在教科书以及在其他你所高兴的任何地方，唯独不在儿童自己即时的本能和活动之中。在那样的条件下，就说不上关于儿童的生活。也许可以谈一大套关于儿童的学习，但认为学校不是儿童生活的地方"。[①] 杜威认为，教育中儿童观问题主要关涉的是，教师和学生谁为教育重心的问题，具体到课堂教学上，就是儿童活动还是教师讲授何为重心的问题。

杜威认为，传统儿童观下的教育教学是一种"静听"的教育。对于传统儿童观下的"静听"教育，杜威通过对传统教室的详细描述进行了形象说明：

"如果我们留心看看一般的教室，例如按几何图形排列着一行一行的简陋课桌，紧紧地挤在一起，很少有移动的余地；这些课桌的大小几乎都是一样的，仅能够放置书、笔和纸；另外，有一个讲台，一些椅子，光秃秃的墙壁，还可能有几幅画。我们看了这些情况，就能推断在这样的场所可能进行的惟一的教育活动。这一切都是有利于'静听'的，因为单纯地学习书本上的课

---

① [美]杜威. 杜威教育论著选[M]. 赵祥麟、王承绪译. 上海：华东师范大学出版社，1981：31—32.

文,只是'静听'的另一种形式,它标志着一个人的头脑对别人的依赖性。"①

在杜威看来,"静听"是一种依赖教师的、以教师为主的儿童观,这种儿童观下的课堂教学很少考虑儿童的需要和经验,课堂教学的一切方面主要是为教师的需要而设定,儿童是没有地位的。

因此,杜威明确地指出,课堂里的"每一样东西的安排都是为了对付尽可能多的儿童的;是为了把儿童作为一个整体即许多个体的集合体来对付。这又意味着儿童是可以消极地对待的"。② 也就是说,建立在静听基础上的教育教学,几乎没有机会来适应每个儿童的不同能力和需要,它只能消极地对待儿童,机械地使儿童集合在一起,用划一的教材和课程,让儿童接受被动的和吸收的教育,让儿童在尽可能少的时间内获得尽可能多的知识。

正是看到了"静听"教育教学中"无儿童"的儿童观的严重弊端,杜威才提出了振聋发聩的新儿童观,即"儿童中心论"的儿童观。杜威对于自己新的儿童观,是如此充满了激动和信心,他指出,"现在,我们教育中将引起的改变是重心的转移。这是一种变革,这是一种革命,这是和哥白尼把天文学的中心从地球转到太阳一样的那种革命。这里,儿童变成了太阳,而教育的一切措施则围绕着他们转动,儿童是中心,教育的措施便围绕他们而组织起来"。③ 一个以儿童为太阳的儿童观,是让人激动不已的儿童观,它彻底地解放了儿童,让儿童成为学校教育的中心,儿童填满了教育,教师心中充满的是儿童而不是自己。教育也将因此而彻底改变,从一种教育向另一种教育的彻底变革。

儿童中心首先意味着,儿童的生活成为学校教育的决定性因素,教师教

---

① [美]杜威. 杜威教育论著选 [M]. 赵祥麟、王承绪译. 上海:华东师范大学出版社,1981:29—30.
② [美]杜威. 杜威教育论著选 [M]. 赵祥麟、王承绪译. 上海:华东师范大学出版社,1981:30.
③ [美]杜威. 杜威教育论著选 [M]. 赵祥麟、王承绪译. 上海:华东师范大学出版社,1981:32.

育教学要关注儿童的生活。杜威指出,学习自然是儿童所需要的,但生活,儿童的生活则更重要。在学校教育中,教师只能以儿童生活,而不是别的什么东西,成为自己所最要关注的事情,"在学校里,儿童的生活就成为决定一切的目的。凡促进儿童成长的必要措施都集中在这个方面。学习吗?当然要的。但生活是主要的,学习是通过并联系这种生活进行的。当我们按照这样的方式,以儿童的生活为中心并把儿童的生活组织起来的时候,我们就不会发现他首先是一个'静听'的人,事实恰恰相反"。① 在儿童生活和学习之间,杜威把儿童生活置于学习之上,这就意味着不是知识,而是生活才是教育中心。

既然如此,杜威就指出,教师不能以简单的知识学习判断学生愚笨与否,进而给学生定性,"教师却不能由于儿童对学校的学科以及教科书上的知识或教师提供的知识没有作出反应,便简单地认定其愚笨。那些被说成是'无希望'的学生,一旦碰到对他有价值的事情,如某些校外活动或社交事物等,却可以迅速而活跃地作出反应。……除了生理残障或健康损伤的人以外,在各个方面都反映缓慢和愚笨的人是相当稀少的"。② 以知识对儿童的判定,必然是褊狭的,知识所不能带给儿童的,生活却能更加全面地发现儿童,促使儿童全面地成长。

儿童中心还意味着,教师要以儿童的本能为中心。杜威指出,"教育的天然的基础是儿童的本能,而本能又是一切学习和训练的依据。利用儿童的自动能力发展他们原有的天性,才是新教育的宗旨",儿童的本能就意味着儿童的天性,教师教育教学就是顺应儿童本能与天性的自然发展,让儿童与生俱来的天然能力得以生长。而不是把外在的东西强加给儿童。

---

① [美]杜威. 杜威教育论著选[M]. 赵祥麟、王承绪译. 上海:华东师范大学出版社,1981:33.
② [美]杜威. 我们怎样思维·经验与教育[M]. 姜文闵译. 北京:人民教育出版社,1991:35—36.

那么，教师要发展儿童哪些本能呢？杜威将其归纳为四类：[①]

第一，表现在交谈、交际和交流中的儿童的社交本能。杜威指出，儿童能够讲给别人听的，总是他直接深深感受到的。尤其值得注意的是，语言本能是儿童社交表现的一种最简单的形式，语言是一个很大，或许是最大的教育源泉。

第二，表现为制造的本能，建造性冲动。杜威指出，鉴于儿童抽象性探究本能还不多，儿童的动作性冲动，如游戏、活动、手势以及把材料做成具体的实物等，可以被教师利用，进而引导到能够得出有价值结果的道路上。

第三，研究和探索的本能。这是一种探究性冲动，杜威指出，在儿童时期还谈不上真正的科学研究，但儿童却总喜欢观察和探究。儿童可能在成人习以为常的事物后，都要问一个"为什么"。这要求教师要对此进行关注，并及时运用已有的知识做出解释，甚至给予儿童奖励和鼓励，而不是置之不理。

第四，表现为艺术的本能。这种本能是在交际和建造的本能中发展起来的，是交际和建造本能的精华和充分表达，如倘使建造本能完善、自由与灵活，并赋予一种社会动机和有说明某事的感觉，那就是艺术作品了。

杜威指出，儿童的社交本能、制作本能、研究和探索本能以及艺术本能，是儿童的天赋资源，是未来投入的资本，教师要善于运用和依靠儿童这些天赋资源，使儿童能够生动活泼地生长。

儿童中心还意味着，教师要以儿童的活动为中心。杜威认为，儿童活动是与单纯知识灌输学习相对的，旧有教育是以知识学习为中心，儿童中心则是以儿童活动为中心。杜威指出，"今天我们的教育才是非常专门化的、片面的和狭隘的。这是一种几乎完全被中世纪的学术观念所支配的教育。这种教育大体上只能投合人性的理智方面，投合我们研究、积累知识和掌握学术的

[①] ［美］杜威. 杜威教育论著选［M］. 赵祥麟、王承绪译. 上海：华东师范大学出版社，1981：36—38.

愿望；而不是投合我们的制造、做、创造、生产的冲动和倾向"。① 杜威认为，儿童在实际操作活动中进行学习，比知识灌输式的传授，更能使儿童获得收获。

　　杜威明确指出，为灌输知识而组织的实物教学，不管有多少，决不能代替关于农场和田园的动植物的直接知识，儿童"直接地去接触自然、实际的事物和素材，它们的手工操作实际过程，以及关于它们的社会需要和用途的知识，对于教育目的极为重要，我们对此不能忽视。这一切，都在不断地培养观察力、创造力、建设性的想象力、逻辑思维，以及通过直接接触实际而获得的那种现实感。家庭纺织、锯木工场、磨坊、制桶工场和铁工场的教育力量，都不断地在起着作用"。② 在活动中，儿童获得的是各种能力的发展，思维和现实感，以及现实活动的教育力量，这些都是知识灌输所欠缺的。

　　对于儿童通过活动所获得的发展，杜威特别强调了思维与活动的关系，"学校中的大多数活动，时间过于短暂，不容易把活动彻底展开，也不容许把一项活动引导到另一项活动，而做不到这一点，良好的反省思维习惯就不能得到发展"。③ 杜威之所以强调思维和活动的关系，是为了强调活动和知识的关系。即是说，杜威强调儿童的活动，并非是为了取消和否定知识学习，恰恰相反，通过活动能够更加有效地促进儿童的知识学习，而联系活动和知识的桥梁便是思维。

　　杜威认为，知识只有通过思维才能更有效地被儿童所理解和掌握，"只有在思维过程中获得的知识，而不是偶然得到的知识，才能具有逻辑的使用价值。有些人几乎没有什么书本知识，他们的知识是同在特殊情况下的需要联

---

① [美] 杜威. 杜威教育论著选 [M]. 赵祥麟、王承绪译. 上海：华东师范大学出版社，1981：26—27.
② [美] 杜威. 杜威教育论著选 [M]. 赵祥麟、王承绪译. 上海：华东师范大学出版社，1981：16.
③ [美] 杜威. 我们怎样思维·经验与教育 [M]. 姜文闵译. 北京：人民教育出版社，2005：52.

结在一起的,因此他们时常能够有效地运用他们所具有的那些知识,而一些博学多识的人,却时常陷入在大堆知识中而不能自拔,这是因为他们的知识是靠记忆得来的,而不是靠思维的作用得来的"。① 在思维中学习意味着,不是孤立静止地学习知识,不是单纯记忆式的学习。思维中学习是一种活动式的学习,通过在活动中运用知识,解决真实的问题。儿童的活动促进儿童良好地思维,儿童良好地思维则能够促进儿童对知识更有价值地掌握。抛开思维和活动,儿童学到的就会是一些堆积起来的无用的枯枝败叶。

杜威在强调儿童中心的同时,并未忽视教师的作用。因为在杜威看来,儿童中心绝不意味着放任自流,放任自流就是断送儿童,就是放弃教育。对此,杜威明确指出:"认为自由的原则使学生具有特权,而教师被划在圈外,必须放弃他所有的领导权力,这不过是愚蠢的念头"。事实上,杜威认为教师依然要在教育中起到重要的作用,"在传统的教育中,倾向于把教师看成是独裁的统治者。而在现代教育中,虽然教师是必需的人物,但有时人们把教师看成是一个微不足道的因素,几乎是一个有害的人物。实际上,教师是一个社会团体的明智的领导者"。② 可以说,杜威提出以儿童为中心的主张,主要是为了反对传统教师绝对权威对儿童个性的压制,而并非认为教师在学校中是无足轻重的角色。

杜威之所以强调教师的作用,是因为儿童中心论面临着一个非常重要的问题,那就是如果一切顺应儿童,就可能会导致放任自流。对此,杜威有着清醒的认识,他说道:"人们经常提出一个问题:如果你从儿童的思想、冲动和兴趣出发,这些思想、冲动和兴趣都是那么粗陋、那么紊乱和分散,那么毫不精练和净化,儿童怎么可能学到那些必需的训练、文化和知识呢?如果

---

① [美]杜威. 我们怎样思维·经验与教育[M]. 姜文闵译. 北京:人民教育出版社,2005:61.
② [美]杜威. 我们怎样思维·经验与教育[M]. 姜文闵译. 北京:人民教育出版社,1991:227-228.

除了激发和放任儿童的冲动而别无他法，那么这个问题或许是提得很好：我们要么不顾和压制儿童的活动；要么放任自流。"① 把儿童的冲动和欲望绝对化，将必然导致对儿童的放任和纵容，这是儿童中心论不得不严肃面对的一个问题。倘若这个问题处理不好，儿童中心论在教育现实中就必将走向破产。

杜威认为，要排除儿童中心论把儿童需要绝对化的倾向，教师就必须在其中发挥重要的作用。杜威认为，我们不能把自己降低到儿童的水平，不能迁就孩子的兴趣。不过教师要允许孩子把兴趣和冲动表现出来，教师的职责就是要利用儿童的倾向和冲动。当然，教师的这种利用，需要克服很多困难，杜威指出："真要满足一种冲动或兴趣，意味着通过自己的努力才能实现，而努力则会有克服困难，熟悉材料，运用创造力，耐心，坚持和机智的意义，它必然包含着训练——有条不紊地进行工作的能力——以及要有知识。"② 这对教师而言，意味着需要具备相当高的素质。事实上，儿童中心恰恰不是让教师彻底放手，而是对教师提出了更高的要求。

对于教师在儿童中心论中的作用，杜威强调指出，对于儿童的活动，教师特别需要注意的是，不是任何儿童的活动都是有价值的，教师要善于引导和组织儿童的活动，"儿童已经能跑、能摔、能从事各种活动。他不是完全处于潜伏的状态，因而成人为了逐步地引出那些隐藏着活动的幼芽，就必须很小心、很巧妙地对待他，儿童已经具有旺盛的活动力，教育上的问题在于怎样抓住儿童的活动并予以指导。通过指导，通过有组织的使用，它们必将达到有价值的结果，而不是散漫的或听任于单纯的冲动的表现"。③ 可以看出，杜威认为，教师有权而且有责任指导学生的活动，把握学生活动的价值，指

---

① [美] 杜威. 杜威教育论著选 [M]. 赵祥麟、王承绪译. 上海：华东师范大学出版社，1981：33—34.
② [美] 杜威. 杜威教育论著选 [M]. 赵祥麟、王承绪译. 上海：华东师范大学出版社，1981：34.
③ [美] 杜威. 杜威教育论著选 [M]. 赵祥麟、王承绪译. 上海：华东师范大学出版社，1981：33.

明学生活动的方向,甚至提出学生活动的方针。毕竟,教师与学生相比,具有更成熟的、更丰富的经验,更能清楚地看到任何所提示的设计中继续发展的种种可能。这要求教师具有分辨儿童活动价值的能力,只有这样,教师才可能将儿童引导到有价值的结果上去。

杜威认为,儿童中心论并不意味着教师在教育教学中要采取"放手"的策略,"'放手'政策和任何别的方针同样有那么多成人强加的影响,因为采取这种方针,就是年长的人决定让儿童任凭偶然的接触和刺激摆布,放弃他们的指导责任"。[①] 这要求教师在教学中,要设法通过各种手段,使儿童避免偶然和刺激的摆布。倘若教师在教学中,只是根据儿童喜欢什么,就放手让他们去做,教师不动手,也不动脑,也不给儿童以必要的指导,那教师就是在放弃自己应有的责任。其结果,不但不能促进儿童的生长,反而会使儿童为一时的冲动和兴趣所摆布,儿童将得不到任何有价值的结果。

四、杜威的教师教学观

教学是一切教育工作的中心。因此,杜威对教师教学非常关注,并提出了具有重要影响的教师教学观,主要涉及教师的教学方法观,教师的讲课观和教师的教学过程观三个方面。

(一)教师的教学方法观。

杜威指出,传统教学法是一种注入式教学法。注入式教学法要求教师把知识注入学生的头脑里,教师们"好像要钻进坚硬的岩石一般把教材钻进学生的脑子","对于儿童现有的能力来说,都是没有关联的。它们都是年轻的学习者已有的经验所不及的东西。结果,尽管优秀的教师想运用艺术的技巧

---

① [美]杜威. 杜威教育论著选[M]. 赵祥麟、王承绪译. 上海:华东师范大学出版社,1981:324.

来掩饰这种强制性，以及那种显然是粗暴的性质，它们还是必须灌输给儿童"。① 这种注入式教学法，使教师的讲授居于主导地位，教师教学就是不断重复地向学生讲解知识，学生的任务就是不厌其烦地听教师讲授，一遍又一遍地复述教师讲的内容。

对这种注入式教学法，杜威十分严厉地批驳说，这"犹如由工具箱中取出锯子不是制造工具，从别人口中听来知识也非真正获得知识。因为儿童坐在固定的座位上，静聆讲解和记诵课本，全然处于消极被动地位，单凭教师灌输去吸取与生活无干的教条，绝谈不到掌握知识，谈不到积极、自觉和爱好、兴趣，更不能自由探索和启发智慧，其结果是抑制学生的活力和滞塞学生的创造才能"。② 杜威指出，注入式教学法使学生的学习处于被动的、强迫的状态，泯灭了学生学习的主动性和创造性，压抑了学生的天性和个性的发展，训练的是学生的服从和温顺，漠视了学生的兴趣和爱好，造就的是思维僵化的奴隶。学生们总是小心翼翼地完成由于强迫而被迫去做的学习，却不知道这学习将他们引向何方，杜威把这种注入式教学法统治的课堂看作是"儿童心灵的屠宰场"。

由此，杜威指出，教师必须改变这种以书本知识传授为中心的注入式教学法，采取新的教学法，通过这种教学法，让儿童在活动中获得知识。杜威认为，儿童本身的活动，而不是各科目的知识，才是新教学法所强调的核心，"学校科目联系的真正中心，不是科学，不是文学，不是历史，不是地理，而是儿童本身的社会活动"。③ 杜威在《明日之学校》一书中，又明确强调指出："从做中学要比从听中学更是一种较好的方法。"④ 杜威认为，"从做中学"对

---

① [美]杜威. 杜威教育论著选 [M]. 赵祥麟、王承绪译. 上海：华东师范大学出版社，1981：346.
② [美]杜威. 民主主义与教育 [M]. 王承绪译. 北京：人民教育出版社，2005：24.
③ [美]杜威. 杜威教育论著选 [M]. 赵祥麟、王承绪译. 上海：华东师范大学出版社，1981：7.
④ [美]杜威. 学校与社会·明日之学校 [M]. 赵祥麟等译. 北京：人民教育出版社，1994：286.

儿童来说，能够促进他们身体、心理、智力和道德上的发展，有利于儿童的整体发展。因为活动是从儿童本身的需要出发，儿童学习是出于热爱。活动又与积极的品行联系，能够促进儿童品行的形成，"在儿童从做事情中获得他们的知识的学校里，知识是通过他们的所有感官并且落实于行动中来呈现给他们的；它并不需要特殊的记忆能力才能保留住他们发现的东西；肌肉、视觉、听觉、触觉以及他们自己的推理过程，所有这些的联合成为儿童的工作配备的结局部分。成功赋予积极的成就一种光彩；人为的工作动机不再是必要，儿童处于对工作本身的热爱来学习工作，而不是为了一种奖励或因为他害怕一种惩罚。活动需要积极的品行——有活力、主动性、创造性——这些品质比在执行命令中哪怕是最完美的忠诚来说对世界更有价值"。[①] 杜威坚决反对把学习知识从生活中孤立出来作为直接追求的事物，认为教学方法应强调引导儿童在活动中得到经验和知识，而不是知识的直接的输入。

杜威明确指出，活动教学应满足以下四个具体条件：[②] 1. 必须具备兴趣的条件，使儿童对活动有情感和需求；2. 所从事的活动要表现着未来生活的价值；3. 要能够提示问题，唤起儿童新的求知欲望和好奇心；4. 要给儿童以充分的活动时间，以求得作业的圆满完成，使之不断地从一个境界达到新的境界。杜威认为活动教学法应具备这些条件。

杜威认为，活动教学法的根本目的是为了思维。对于思维，杜威曾多次进行过阐述，"思维乃是一个探究的过程，一个观察事物的过程和一个调查研究的过程。在这个过程中，获得结果总是次要的，它是探究行动的手段"，[③] "思维便是在所做的事和它的结果之间正确地审慎地建立联结。……当我们要

---

① [美] 杜威. 学校与社会·明日之学校 [M]. 赵祥麟等译. 北京：人民教育出版社，1994：364.

② [美] 杜威. 思维与教学 [M]. 孟宪承，俞庆棠译. 上海：商务印书馆，1936：194-195.

③ [美] 杜威. 民主主义与教育 [M]. 王承绪译. 北京：人民教育出版社，1990：157.

决定某一已经完成的行动或即将完成的行动的意义时,就产生了思维的刺激",① "思维是用来控制环境的工具,这是通过行动而完成的控制"。② 思维与行动、探究等活动相关,也就是说思维只能在活动中完成,离开了活动,思维就会成为无源之水。

教学方法从根本上说就是思维的方法,杜威指出:"持久地改进教学方法和学习方法的惟一直接途径,在于把注意集中在要求思维、促进思维和检验思维的种种条件上。"③ 即是说,离开了思维的教学方法,激发不起思维的教学方法,就是无效的教学方法。活动教学法就是通过活动激发学生思维的方法,让学生产生真正思维的方法。

杜威的教学方法,在方法论上,强调要从注入式教学法向从做中学教学法转变。在具体的方法层面,杜威也提出了自己独特的观点和看法。

对于教学方法,杜威首先讨论了它的构成要素。杜威并未直接给出教学方法的要素,而是从思维与教学法的关系为切入点进行了说明。杜威明确指出,思维也就是方法,"教学法的要素和思维的要素是相同的",并明确提出了教学法的五个要素:④ 第一,学生要有一个真实的经验的情境——要有一个对活动本身感兴趣的连续的活动;第二,在这个情境内部产生一个真实的问题,作为思维的刺激物;第三,他要占有知识资料,从事必要的观察,对付这个问题;第四,他必须负责有条不紊地展开他所想出的解决问题的方法;第五,他要有机会和需要通过运用检验他的观念,使这些观念意义明确,并且让他自己发现它们是否有效。

杜威认为,教材和方法是统一的,"方法不是什么外在的东西,方法不过是材料的有效处理——有效就是花费很少的时间和精力利用材料达到一个目

---

① [美]杜威. 杜威教育论著选[M]. 赵祥麟、王承绪译. 上海:华东师范大学出版社,1981:331.
② J. Dewey. Essays in Experimental Logic. Chicago. 1916:30.
③ 赵祥麟. 外国现代教育史[M]. 上海:华东师大出版社,1987:164.
④ [美]杜威. 民主主义与教育[M]. 王承绪译. 北京:人民教育出版社,2005:24.

的","方法就是使教材达到各种目的的有指导的运动"。① 杜威认为，把教材和教学法进行分离，就会不可避免地在教育教学中造成一些弊端和危害，主要体现在以下方面：②

第一，就是忽视经验的具体情境。杜威认为，教材和教学法分离，使儿童在教学与训练中，很少有机会获取直接、正常的经验。儿童的经验是在受束缚条件获得的，这些经验无法说明经验成功的正常道路。因此，儿童所用的方法由教师以权威的方式建议，而不是他们自己明智观察的表现。在这种情况下，他们的方法机械一律，认为对所有儿童可用同一个方法。如果设置一个环境，使儿童在工作和游戏中，进行有指导的作业，促进灵活的个人经验，那么所确定的方法将因人而异，因为每个人肯定都有他特有的行为方式。

第二，如果把运用材料的有效途径，看作是脱离材料的现成方法，也即是把教材与方法隔离开的时候，学生与学习材料所建立的关系，将仅受外部动机的支配，如兴奋、快乐或痛苦、威胁。而缺乏出自学生内在对教材学习的动机，教材就变成强加于儿童心理的东西。

第三，使学习活动本身成为一个直接的、有意识的目的。在正常情况下，儿童先是表现他的传达的冲动，以及与别人更充分地交往的冲动，儿童从他的直接活动的结果中学习。如果单纯地教儿童方法，这种方法就不可能使儿童专心想着必须学习的东西，就会给学生造成一种不自然的和紧张的态度。杜威指出，倘若教材不能使冲动取得有意义的结果，这种教材就不过是专供人学习的材料而已，很难唤起学生活跃的、专心致志的反应。

第四，在心理和材料分离的概念的影响下，方法本身就彻底成为枯燥的常规，成为机械地进行沿袭的指定步骤。最终，方法就成为教学中必须遵循的僵化教条。对此，杜威指出，教学法就是把教学上可以遵循的配方和模式

---

① ［美］杜威. 民主主义与教育［M］. 王承绪译. 北京：人民教育出版社，2005：181.
② ［美］杜威. 民主主义与教育［M］. 王承绪译. 北京：人民教育出版社，2005：184－185.

教给老师。没有别的东西比它给教育理论带来更坏的名声了。处理问题的灵活性和主动性，是把方法看成运用材料得到一个结论的途径的思想特征。机械呆板则是任何把心理和有目的的推动地活动割裂开来的理论的必然结果。

杜威认为，"教学方法是一种艺术的方法，是受目的明智地指导的行动的方法"。① 杜威将教学方法分为一般方法与个人方法。杜威认为，一般方法是个人从事工作的一般原理，是通过它对目的和手段所提供的启发，而发挥间接的作用，它是通过智力，而不是通过服从外部强加的命令起作用。杜威指出，所有关于过去的知识，有关现行的方法的知识，有关所用材料的知识，以及关于艺术家保证可以取得最好成绩的各种方法的知识，都为一般的方法提供材料。

杜威认为，教师教学的个人方法永远是个人的事情。任何一个教师，因其个人的原始本能力量，过去的经验，以及他的爱好和别人不同，他们在教学方法上也不同。杜威认为，态度在有效地、理智地处理材料的各种方法中处于中心地位，他提出了四种重要的态度：② 直接性、虚心、专心和责任心。

第一，直接性。杜威认为，直接性主要表现在一个人与处理的事情保持直接的关系，完全沉浸于他所处理的事情中。杜威指出，自我意识、窘迫和拘束是直接性的有威胁性的敌人，这表明一个人并不直接关心材料，有些东西介入他和材料之间的直接关系，使他把注意力转向枝节问题。这就像一个打网球的人，直接关心的是打网球这件事，而不是打网球时想着对观众产生什么印象。

杜威认为，学校教学不应使学生明显地意识到他们是在学习或研究，因为一旦学校里的情况使学生感到他们是在学习，那么，学生们就不真正地研究和学习了。也就是说，教师无论采取什么方法使学生的注意力离开他应该

---

① ［美］杜威. 民主主义与教育［M］. 王承绪译. 北京：人民教育出版社，2005：186.
② ［美］杜威. 民主主义与教育［M］. 王承绪译. 北京：人民教育出版社，2005：189—195.

做的事情，而把注意转移到他对正在做的事情的态度上去，都会损害注意和动作的直接性。如果采取损害直接性的教学方法，学生就会无目的地东张西望，在教材以外寻找某种行动的线索。

第二，虚心。虚心就是对有助于了解需要解决的情境和决定行动结果的任何考虑都能够接受。虚心的最大敌人乃是顽固不化和抱有成见，因为这会抑制发展，使心灵没有接受刺激的机会。在学校，过高的期望程序的一致，和过度要求迅速取得表面的结果，是虚心所要对付的主要敌人。

虚心要求教师教学中，要使学生不断扩充视野，形成积极的意向，保持生长的能力。因此，杜威指出，教师不允许、不鼓励学生用多种方法应付所发生的问题，把他们的眼光限制在教师所同意的道路上；教师热衷于呆板的方法，让学生能够得到迅速的、可以确切计量和正确的结果；教师喜欢采用强迫和高压的方法，急于要求学生给他"答案"。所有这些，都是违反虚心态度要求的有害的教学。

第三，专心。专心是兴趣和目的完全一致，不存在被压制而实际起作用的外部目的。杜威指出："专心就是心智完整。如果能全神贯注、全心全意地学习教材，就能养成专心的习惯。如果学习时分心，不集中注意，就要破坏专心的习惯。"[1] 这要求教师要按照学生的欲望、冲动、愿望，激发他们的学习愿望。

如果按照教师的目的、愿望去训练学生，如果教师以权威的形式命令学生学习。一方面会使学生形成一种强烈希望讨好他人，并得到他们赞许的社会本能，造成不诚实与虚假；另一方面，会造成学生内在欲望与教师的要求产生对立，学生表面上看似努力服从教师的意志，但内心却专注于自己所喜欢的东西，表现出注意力分散和欲望的表里不一。

第四，责任心。杜威认为，责任心是指事先考虑任何计划中的步骤的可能后果，并且有意承受这些后果的倾向。杜威指出，如果学校设置少量的情

---

[1] [美]杜威. 民主主义与教育[M]. 王承绪译. 北京：人民教育出版社，2005：192.

境，使学生能运用智力解决问题，获得一些真实的信念，就是使自己与事实和所预见的结果所要求的行为一致起来，如此，在教学中少给学生一些事实和真理就要好得多。反之，学校科目过分复杂，课程和功课过分拥塞，所产生的最永久的恶果，并不是随之而来的忧心忡忡、神经紧张和肤浅的理解，而在于不能使学生理解真正认识一件事和真正相信一件事的含义。

（二）教师的讲课观。

杜威认为，讲课是刺激、指导儿童思维的场所和时间，讲课的方法是对教师能力和教育技巧的一个严峻考验。

杜威指出，教师讲课中存在着两种错误的讲课观。第一种错误的讲课观是复述，杜威认为，复述的讲课观"把儿童的心智看作是一个水塘，用一套导管把知识机械地注入进去，而复述是水泵，通过另外一套管子又把知识抽出来。教师的技巧便以他们操纵这输入和输出的两套水管的能力来评定"。[①]第二种错误的讲课观是被动性的讲课，杜威指出，被动性的讲课缺少判断和理解，意味着好奇心的减弱，进而导致思想混乱，使学习成为一桩苦差事，变得索然无味。

杜威认为，教师讲课有三个目的：一是教师讲课应刺激学生理智的热情。激起学生的心灵，使学生产生某种程度的理智兴趣，"给学生留下最持久的印象的教师，能够唤起学生新的理智兴趣，把自己对知识或艺术的热情传导给学生，使学生有探究的渴望，找到本身的动力"。[②]杜威认为，教师只有激发了学生的理智热情，才有求知的渴望，心灵才会有所作为；否则，学生失去了求知的渴望，即使给他塞满了知识，也毫无所得。

二是教师讲课要指导学生形成良好的学习习惯。激发学生的主动性，并

---

① ［美］杜威. 我们怎样思维·经验与教育［M］. 姜文闵译. 北京：人民教育出版社，1991：218.
② ［美］杜威. 我们怎样思维·经验与教育［M］. 姜文闵译. 北京：人民教育出版社，1991：219.

不意味着教师指导的放弃,"学生在学习中需要指导。因此,所谓'讲课'时间,应该是一个管理和监督学习的时间,在这一时间里,教师应了解学生在学习上遇到的困难,确定他们运用的学习方法;提供一些线索和暗示,帮助他们认识对其有害的不良的习惯,在一切情况下,讲课都应当是学习的继续"。① 讲课不是灌输的过程,是教师指导学生学习的过程。在讲课的过程中,教师要适时指导学生进行有效的学习。

三是教师讲课应当检查学生已经获得的知识。杜威认为,检查在教师讲课中有着重要的作用,检查可以理解教材上的进步;可以运用所学的东西,从事进一步研究和学习的能力;增进作为思维基础的一般习惯和态度。

杜威认为,提问是教师讲课的一种重要艺术。杜威认为,传统上课堂讲课的特点是由教师提出问题,学生进行回答,这种提问是以学生获得答案为满足,而没有引起进行讨论的疑难,这是一种效率低下的提问方式。

为此,杜威提出了教师正确课堂提问要遵循的几个要点:② 第一,提问应当依据学生已经学习过的有关材料,要求学生运用这些材料去解决新的问题,而不是逐字逐句地、直接地复述已经学过的材料。

第二,提问要使学生注意教材内容,如果重点放在得到正确答案上,就违背了这个原则,上课也就变成了追求教师真正答案的猜谜游艺会了。

第三,提问要使问题能持续地发展下去,要成为继续讨论的原动力。

第四,提问要周期性地检查和回顾以前获得的知识,以便吸取其基本的意义,总括和掌握住先前讨论中的重点,并使之从枝节性问题和常识性的、探究性的评论中突出出来。

第五,在每一堂课终了的时候,教师要对学生思想中某些未来的课题,

---

① [美]杜威. 我们怎样思维·经验与教育 [M]. 姜文闵译. 北京:人民教育出版社,1991:221.

② [美]杜威. 我们怎样思维·经验与教育 [M]. 姜文闵译. 北京:人民教育出版社,1991:222—223.

应有更多地询问，到底是什么。

杜威对教师如何讲好一个单元的课，或一单元的课应该如何进行，提出了四点要求：

第一，从学生来讲，讲课的第一需要是准备。杜威认为，当真正困惑的感觉控制了学生思想的时候，学生的思想就会处于机警和探究状态。教师要有意识地引起学生经验中比较熟悉的成分，并使之发挥作用。杜威提出了准备时教师要防止的危险：① 一方面，准备阶段不要持续过长，不可过分详尽，否则学生会失去兴趣，感到厌烦。另一方面，教师要注意学生的经验不可不断地挖掘或揠苗助长，这会造成不可挽回的错误。

第二，教师参与的程度。这涉及的是教师如何平衡自己积极参与课堂活动，又不妨碍学生的主动性，抑制学生的思维。对此，杜威指出，"只要儿童对于讨论的问题有真诚的兴趣；只要教师给予学生吸收和保存材料的极大灵活性，那么，热心的教师，即使对于讨论的问题供给了过多的材料，相比之下，也几乎没有什么危险"。②

第三，让学生说明自己意见的合理性。杜威指出，这是避免讲课陷入无目的的东拉西扯所必需的，"如果学生对其所提出的推测的合理性没有负责的态度，那么，讲课对于推理能力的训练，实际上就不会起到什么作用"。③ 杜威还要求，教师必须给学生更多从容不迫的思想上的消化机会，这有助于学生形成反省思维的习惯。

第四，集中注意于中心论题或典型事例，防止分心。杜威指出，学生的注意有选择性，"教师必须避免向学生罗列大量不分轻重的事实，以至造成学

---

① ［美］杜威. 我们怎样思维·经验与教育［M］. 姜文闵译. 北京：人民教育出版社，1991：224.

② ［美］杜威. 我们怎样思维·经验与教育［M］. 姜文闵译. 北京：人民教育出版社，1991：224—225.

③ ［美］杜威. 我们怎样思维·经验与教育［M］. 姜文闵译. 北京：人民教育出版社，1991：225.

生的精神涣散"，[1] 这就要求教师要下工夫选取典型的事例作为思维的中心。

（三）教师的教学过程观。

杜威的教学过程理论建基于思维方式之上。杜威认为，教学的核心是思维，教学过程与思维过程具有相同的要素。

对于思维的阶段或形态，杜威认为有五个步骤。杜威在不同的著作中，对思维阶段的五个步骤多次论及，只是所用词语和表达略有不同。胡适曾对杜威的五步思维作了简单而精确概括：感觉到的困难；困难的所在和定义；设想可能的解决办法；通过推理，看哪一个假定能解决这一个疑难；通过观察或试验，证实结论是否可信。[2] 我国学者滕大春先生也对杜威的五步思维作了通俗的诠释：[3]（1）疑难的情境，处于困惑、迷乱、怀疑的状态。（2）确定疑难的所在，并从疑难中提出问题。（3）通过观察和其他心智活动以及搜集事实材料，提出解决问题的种种假设。（4）推断哪一种假设能够解决问题。（5）通过实验，验证或修改假设。

以思维的五个步骤为基础，杜威提出了教学过程的五个阶段：

第一阶段，学生要有一个真实的经验的情境，要有一个对活动本身感到兴趣的连续的活动。杜威指出，真实的经验情境是教学过程所不可或缺的重要因素，对于这个真实的经验情境本身，杜威认为，情境与思维和生活存在着密切的联系。一方面这个经验情境是与生活经验相关的情境；另一方面，这个经验情境能引起学生的思维，激发学生的思维。杜威要求，教师在教学中要适时给予恰当的暗示，使学生能够对问题产生了解的兴趣，并激发学生产生连续性的活动。

第二阶段，在这个情境内部产生一个真实的问题，作为思维的刺激物。杜威反对不让学生参与到问题解决中去的教学，教师不能简单地给学生提供

---

[1] ［美］杜威. 我们怎样思维·经验与教育［M］. 姜文闵译. 北京：人民教育出版社，1991：226.

[2] 全增嘏. 西方哲学史（下卷）［M］. 上海：上海人民出版社，1985：570.

[3] 滕大春. 外国教育通史（第五卷）［M］. 济南：山东教育出版社，1989：311.

现成的答案。杜威主张，学生应具有足够的资料，凭借这些资料，学生能够参与到教学中对付情境产生的问题。对于学生的资料，杜威认为最重要的就是学生本人的生活经验，学生的各种活动和事实。杜威指出，教师要防止静止的和冷藏库式的知识理想，因为这会放逐甚至破坏学生的思维。

第三阶段，学生要占有知识资料，从事必要的观察，对付这个问题。杜威认为，学生要对疑难问题进行有效的思考，必须具备两个条件，一是拥有知识资料，这是学生对付问题的基础，二是进行观察，这是学生对付问题的活动，二者缺一不可。在这个阶段，学生运用知识资料和通过观察活动对问题进行分析，这个过程是学生思考、设计、谋划、创新的过程，通过这个过程学生能够最终找到问题的答案。杜威认为，在这个阶段，学生的思维已经体现出发明的性质和创造的特质。

第四阶段，学生必须负责有条不紊地展开他所想出的解决问题的办法。办法的展开过程就是学生思维展开的过程，学生通过自己亲自去整理、排列问题解决的办法，使解决问题的办法逻辑化和系统化。这样才能体验到理智活动的创造性所带来的快乐，才能激发学生自己解决问题的渴望。

第五阶段，学生要有机会和需要通过应用检验他的观念，使这个观念意义明确，并且让他自己发现它们是否有效。学生关于解决问题的想法是否有意义，是否有效，只有通过运用才能展现出来，"思想在实际的情境中运用以前，缺乏充分的意义和现实性。只有应用能检验思想，只有通过检验能使思想具有充分的意义和现实性"。[1] 杜威指出，所有比较成功的教学法，都承认必须把学得的观念应用于实际，运用是观念意义和效用的体现。当然，观念的意义和效用，要靠学生对观念的亲自运用来发现和检验，否则对学生将无任何意义。

杜威提醒教师注意，对于教学过程的五个步骤，没有固定的顺序，它们

---

[1] [美]杜威. 杜威教育论著选[M]. 赵祥麟，王承绪译. 上海：华东师范大学出版社，1981：188.

并非是一个接一个地次第出现,"实际上,它们中间有的可以两段合并起来,有的阶段也可以急匆匆地通过,而谋求结论的重担也可能主要地放在单一的阶段上,使得这一阶段看来似乎是发展不匀称的。在这里,不可能建立一些固定的规则。怎样处理,完全凭靠个人的理智的机巧和敏感性"。① 杜威之所以提出这样的要求,意在强调教学过程五步法不是机械的程式,而是充满了灵活性。在杜威看来,能引起学生真正的思维,才是教学过程的根本出发点和归宿。

当然,杜威也注意到,作为新的教学过程五步法,与传统教育相比,虽然具有极大的创新性,但实施起来亦是一件十分困难的事,"所有教育改革家都爱抨击传统教育的被动的性质。他们反对好像海绵一样吸收知识的注入式的教学;他们抨击好像要钻进坚硬的岩石一般把教材钻进学生的脑子。但是,要创造一种条件,使获得一个观念,就等于得到一个经验,扩大我们和环境的接触,并使这种接触更加精确,实在是一件不容易的事"。② 这就要求教师在教学过程中发挥更加重要的独特作用。对此,杜威指出,在教学过程中,教师要注意发挥以下方面作用:

第一,教师在教学中要善于提供恰当的情境。教师到底应该提供什么样的学习情境,杜威认为,情境的性质是由情境所能暗示问题的性质所决定,"有关提出来引起学习的任何情境或经验的最重要的问题,就是这个情境或经验所包含的问题属于什么性质"。③ 杜威指出,教师给学生布置任务,提出问题,本是十分正常的事情,但教师必须区分两种问题,一种是真正的问题,一种是模拟的或虚幻的问题。

杜威指出,上述两种问题的区别涉及以下诸问题的区分:这个问题是从

---

① [美]杜威. 我们怎样思维·经验与教育[M]. 姜文闵译. 北京:人民教育出版社,1991:95.
② [美]杜威. 杜威教育论著选[M]. 赵祥麟,王承绪译. 上海:华东师范大学出版社,1981:188.
③ [美]杜威. 民主主义与教育[M]. 王承绪译. 北京:人民教育出版社,1990:164.

学生个人的经验的某种情境内部自然产生的呢？还是只是为了讲授某一学校课题而提出的一个孤零零的问题呢？它是不是能引起在校外进行观察和从事实验的一种尝试呢？它是学生自己的问题，还是教师的或教科书上的问题，只是因为如果学生不做这个问题，就不能得到所要求的分数、或者不能升级、或者不能赢得教师的赞许而给学生提出的呢？杜威认为，只有属于学生自己的问题才是真问题，反之，从外部强加给学生的问题是虚假的问题，"一个学生有一个问题，但是，这是满足教师所布置的特殊要求的问题。他的问题就变成了发现教师喜欢什么、在课堂问答和考试以及外表行为方面什么东西可以使教师感到满意的问题"。[1] 因此，教师要善于提出蕴含真正问题的学习情境。

第二，教师在教学中要适时引起学生的求知欲。杜威认为，能否激发和唤醒学生的求知欲望，能否使学生对知识的探求充满热忱，这是教师在教学过程中必须要考虑的事情。因为对儿童而言，"有了知识的饥渴，则知识的探求随之；没有这种饥渴，即使把儿童的心智装满了知识也无用"。[2] 因此，杜威指出，一个好的教师要做到两件事，一个是培养学生的求知欲，培养学生发展的热望，这方面必须是有效的；另一个是给学生实现这些热望、潜能的工具。这就要求教师在教学过程中，要适时激发学生的好奇心和内在的反应，并为他们的求索指引道路。

第三，教师在教学中要以学生的学习状况为基础进行教学。学生的学习状态是教学中具有决定性意义的因素，是课堂教学效果和效率的源泉和根本，课堂教学效果的好坏，从根本上说取决于每个学生的努力和进取。这就要求教师在教学过程中适时观察学生的学习情况，并根据学生学习状态，决定教学的进展。教师要很好地做到这一点，杜威认为，教师就要完全避免教学中的独断主义，"因为这种趋向必定会逐渐地形成一种印象，似乎任何重要的事

---

[1] ［美］杜威. 民主主义与教育［M］. 王承绪译. 北京：人民教育出版社，1990：166.
[2] ［美］杜威. 思维与教学［M］. 孟宪承，俞庆棠译. 上海：商务印书馆，1936：238.

情早已安排妥当,在没有什么事情有待探求。当儿童的好奇心已形成了求知的欲望时,教师必须知道如何传授知识;当儿童由于缺乏询问的态度,把学习看作是负担,探索精神大为减弱时,教师必须知道如何停止传授预定的知识"。①

五、杜威的教师教育观

杜威十分重视教师教育,这与他对教师的重要性认识是分不开的。在杜威看来,儿童在教育中居于核心地位,但教师在教育中的作用却并非是无足轻重的。恰恰相反,在杜威心目中,教师在教育中依然具有崇高的不可替代的作用。因此,杜威认为,并非是任何人都能成为教师,成为教师必须具备一定的素养,而要成为一名优秀的教师,就必须接受系统的教育。

(一)教师的素质。

杜威认为,作为一名优秀的教师,必须具备一定的基本素质。

首先,教师要有丰富的知识。杜威指出,教师"应当有超量的丰富的知识。他的知识必须比教科书上的原理,或任何固定的教学计划更为广博"。②杜威之所以要求教师有广博的知识,是因为:一是教师要有能力应付意想不到的问题或偶发事件,需要有丰富的知识,在关键时刻能够做到触类旁通,游刃有余。二是广博的知识有利于教师培养对所教学科的热诚,教师具有了对所教学科的真正热诚,才能富有感染力地把这种热诚传导给学生。三是丰富的知识有利于教师更有效地教学,"教师本身必须有真正的理智活动兴趣,必须热爱知识,这样,于无意中就会使其教学充满生机。一个令人生厌的、

---

① [美]杜威. 杜威教育论著选[M]. 赵祥麟,王承绪译. 上海:华东师范大学出版社,2005:33.
② [美]杜威. 我们怎样思维·经验与教育[M]. 姜文闵译. 北京:人民教育出版社,1991:228.

敷衍了事的教师将使任何学科变成死物"。① 四是具有丰富知识的教师才能更好地观察学生心智的反应和活动，才能更好地解释学生的心理活动，才能更好地了解学生思想状态所表现出来的意义。

其次，教师要有专业的知识。杜威认为，教师要具有的专业性知识主要是指心理学、教育史和各科教学法知识。教师之所以要掌握这些知识，"一种理由是，他能凭借这类知识观察学生的反应，迅速而准确地解释学生的言行，否则，学生的反应，可能察觉不出来；另一个理由是，这些知识是别人用过而又有成效的方法，在需要的时候，他就能够凭借这些知识给儿童以适当的指导"。② 此外重要的是，教师要成为领导者，就必须对所教学科进行特殊的准备，这样就可以避免教师教学中无目的的随波逐流，或呆板地受教科书的束缚。

再次，教师要有长远的眼光。杜威明确指出，"教育者比任何从事其他职业的人都要更多地关心使自己有一种往前看得长远目光"，③ 教师要为未来培养人才，教师要为人的未来发展负责，这决定了教师的工作性质必须是着眼长远的事业。由此，教师必须把未来的目的与当前的工作联系起来。杜威认为，传统学校的教师也向前看，但这种向前看仅考虑到下一个考期或升入第二年级的事情，这本质上是一种短视行为。杜威要求真正具有长远眼光的教师"必须通晓引导学生进入经验已经涉及的那些新的领域的种种可能性，并把这种知识作为选择和安排影响他们的现时经验的种种情境"。④

最后，教师要有人格魅力。教师的人格魅力对学生有巨大的吸引力和感

---

① ［美］杜威. 我们怎样思维·经验与教育［M］. 姜文闵译. 北京：人民教育出版社，1991：220.
② ［美］杜威. 我们怎样思维·经验与教育［M］. 姜文闵译. 北京：人民教育出版社，1991：229.
③ ［美］杜威. 我们怎样思维·经验与教育［M］. 姜文闵译. 北京：人民教育出版社，1991：292.
④ ［美］杜威. 我们怎样思维·经验与教育［M］. 姜文闵译. 北京：人民教育出版社，1991：293.

染力,对学生的影响极其深刻和深远,甚至会影响学生的一生。杜威在《教育者的责任》一文中指出,当教员的,应当具有一种可以传染人的人格。事实上,没有教师给学生以个人的直接影响,深入到学生品格中,真正教育是不可能的。为此杜威指出,"给学生留下最持久印象的老师,能够把自己对知识和艺术的热情传导给学生"。[①] 因此,教师只有不断地修炼自己的人格,才能用自身良好的品格和睿智,点亮学生智慧的火花,才能在每个学生心中撒下爱,并播下诚实、正直、善良的种子。

(二)教师教育。

美国早期的教育家们对教师教育工作做出了巨大的贡献。被誉为美国"师范学校之父"的詹姆斯·卡特(J. Carter)是马萨诸塞州的教育改革家,卡特把师范教育看作是振兴美国教育的关键,他坚决主张通过兴办师范学校对教师进行专门训练,并要求州政府建立公立师范学校制度。美国最著名的教育改革家贺拉斯·曼(H. Mann)认为,没有好的教师,就没有好的学校,他坚决要求必须对教师进行专门的训练。

杜威同这些有识之士一样,也十分关注美国的教师教育,他坚决主张把教师教育工作从中等学校或师范学校,转移到大学里的教育学院。即是说,杜威要求教师都应接受学士学位水平的教育,这样才能够保证未来教师的基本水平。杜威认为,大学教育学院应该成为教师教育的主导机构,这不仅是因为大学教育学院拥有系统的训练教师的方法,以及对即将成为教师者的性格养成具有重要作用。更为重要的是,大学教育学院能够改变作为教师的观念,"教育学院的一个基本又显著的意义促成因素是,对教育事业发展的渴求和决心的促进。在任何地方如同在教育学院里一样,教师们更大的活力被激发,他们工作的性质得到更充分的理解,他们能够获得必要的智力支持,这

---

① [美]杜威. 我们怎样思维·经验与教育[M]. 姜文闵译. 北京:人民教育出版社,1991:219.

有利于教师们更有效、更灵活地贯彻这些广阔深入的理想"。①

为了能够培养出高素质的教师,杜威提出了独特的教师教育所应具备的主要培养内容:教育理论学习是教师培养内容的核心;教师教育的灵魂是教师专业精神的养成。

一方面,杜威强调教育理论应成为教师培养内容的核心。教师到底应当以何种知识作为核心知识来掌握,一直是教师培养有争议的论题。杜威认为,传统教师培养重视实践,重视教学技巧的传授,这毫无疑问是正确的,但这远非是教师培养的重点。

对于教学技巧的传授,杜威认为,对于一个教师来说,他们想要的与其说是技术性技巧,不如说是一种对教育发展的清醒认识。教师只关心怎么做的技巧,对教师有害无益,对此杜威指出,"不幸,教师们有时喜欢听别人讲怎样去做,具体怎么做。但是懂得运动中的力量,懂得它们所指向的方向和目标不正是理智的抉择和行动的先决条件吗?如果一个人不清楚为什么他要做这些事情,不清楚这些事情对于现实环境的影响是什么,不清楚它们所将达到的结局是什么,而只是做这一件事。做那一件事、做另一件特殊的事,这有什么益处呢?"②

对于实践,著名的教师教育学者舒尔曼(L. Shulman)就认为,杜威过多强调理论的作用,而忽视了"学徒制"中重实践的做法对培养优秀教师的作用。③ 对此杜威认为,教师不可能只停留在师徒制的实践水平上,而且理论学习应当优于实践,因为理论学习不仅已经包含了实践的因素和意义,而且理论学习可以过渡到实际技巧的掌握,用杜威的话来说,"理论是世界上最实

---

① Dewey John. *Significance of the School Education* [M]. Reprinted in The middle works 1899—1924. Carhondale Southern Illinois University Press vol 1. 274—275.

② [美] 约翰·杜威. 人的问题 [M]. 傅统先,邱椿译. 上海:上海人民出版社,1986:55.

③ Shulman, L., Theory, Practice and the Education of Professionals [J]. *The Elementary School Journal*, 1998, 98 (5): 511—526.

际的东西。这句话对社会学说来讲,尤其是真的,而教育学说是社会学说的一部分"。①

杜威强调教师要重视教育理论学习,使一些人有理由怀疑:如果教育理论真的有效,那为什么有些没有学过教育理论的人,却比某些学过的人教得还好?对此杜威的回答是,如果那些人学过教育理论,他们会教得更好。其实,杜威强调教育理论在教师培养中的核心作用,根本目的在于,培养教师在未来的教学实践中,进行独立探究的精神和能力。也就是说,杜威认为教师教育的根本目的,就是使教师成为一个"教学的学习者"和"知识的探究者",而不是成为机械的"知识传递者"。

在杜威这里,教师学习教育理论,不是因为教师资格的获得要求教师要具备一定的知识储备,教师也不能因为有较高的学历或较长的教龄,而成为优秀教师。对教师而言,最为重要的是,通过教育理论学习,能够使他们时刻保持对教学问题的敏锐和主动探究精神,能够使他们在自我对新知识的探究发现过程中,把这种能力教给学生,能够使他们在不断的尝试问题的解决过程中,成为优秀的教师。

另一方面,杜威认为教师教育的灵魂是教师专业精神的养成。教师专业精神是杜威十分强调的教师素养,也是教师教育内容的重要构成部分,更是杜威教师教育思想的一个重要特色。教师专业精神体现的是一种深刻而稳定的教师发展动力特征,它能给教师提供不竭的发展动力。教师专业精神体的核心是表现教师个人主体能动性的独立人格,体现出教师的个性品质和人格精神,使教师的举手投足、言谈举止烙上鲜明的个人色彩。教师专业精神是教师在超越的意义上的精神追求,也是教师教育行为的价值标准与理想追求。教师专业精神,是教师教书育人的精神内核,是教师从事教育活动所体现出的专业热忱与敬业操守,它辐射到教师教育生活的各个方面,有成就的教师

---

① [美] 约翰·杜威. 人的问题 [M]. 傅统先,邱椿译. 上海:上海人民出版社,1986:56.

在工作中总会激励自己保持一股令人振奋的精神力量。

在杜威看来,教育改革要取得进步,教育要真正发挥它在对儿童个体的作用,就必须有高素质的教师,而教师专业精神的养成是教师素质的重要表现。事实上,教师如果缺乏内在的精神力量,教师教育教学就会显现出强烈的无力感和虚无感,教师教育教学的价值和意义就会被抽空。杜威认为,教师专业精神在教师的日常教育教学工作中主要体现在对待教学和学生的态度上。也就是说,教师专业精神要求教师要教好学生,但更多的是表现在对教师职业方法和材料的兴趣上,表现在教师的持续成长上。

(三)教师管理。

对教师的管理,杜威反对屈从奴性、不民主的管理,主张对教师采取民主的管理方式。

杜威认为,传统教师管理注重权威、专断和独裁,教育管理者包办了学校的一切事务,学校的一切都是管理者说了算,把本该属于教师的权利和责任剥夺了,他们往往"十分详细地设计整个的课程计划和颁布各种应该遵守的方法等等"。[①] 管理者的大包大揽,使教师没有或很少有机会参与学校的教育决策,尽管教师和学生接触了解最多。杜威指出,作为管理者的校董会很可能是外行,但他们却常常是决定教育中大多数细节问题的人。杜威认为,剥夺教师权利的恰恰正是"那些置身于教育系统之外,可能没有什么教育专业知识,甚或不是出于教育动机的人"。[②] 其结果,必然会损害以发展学生思想和性格的民主生活方式的教育目的。

杜威认为,除了独裁,传统教育管理还经常采用一些商业标准对教师进行管理,"向着这个方向发展的趋势日益增加,因为社会上的商业标准和方法

---

① [美]约翰·杜威. 人的问题 [M]. 傅统先,邱椿译. 上海:上海人民出版社,1986:51—52.

② 杜祖贻. 杜威论教育与民主主义 [M]. 陈汉生,洪光磊译. 北京:人民教育出版社,2003:63.

强有力地影响着教育系统的成员,从而教师也就被当作是工厂里的雇工模样看待"。① 学校变成了工厂,教师变成了雇工,教育的功能荡然无存,教师的尊严和人格被放逐。

针对上述教师管理中存在的弊端,杜威认为,只有实行民主管理才是解决问题的根本出路。这首先要求教育管理者从根本上改变以往独裁和权威的领导模式,从而为与教师处在一种民主的新型关系中创造条件,杜威指出:"他的领导将是刺激和指导理智方面的领导,和其他的人处在一种'取和予'的关系之中,而不是一个高高在上做老爷的领导,权威主义地下达教育目的和教育方法。他将是站在瞭望台上,以各种方式给予别人以学术上和道德上的责任,而不是为他们确定要完成什么工作任务"。② 抛弃权威主义,代之以民主,才是新型教育管理的应有之意。

对教师的民主管理意味着,教师拥有选举和参与学校管理的权力,"民主的原则要求每一教师能够通过某种有规则的和有机的方式,直接地或通过民主选举出来的代表们,参与在形成他所在学校的管理目的、方法和内容的过程中去"。③ 杜威认为,教师没有参与学校管理的权力,就不会对学校有责任感和责任心,因为在很少有权力的地方,相应地必然很少有责任感,"不亲自参与就会使得那些被排除在外的人员缺乏兴趣和关心。结果是相应地使人缺乏实际的责任心。自动地,如果不是有意识地,那么就是无意识地发展着这样一种情绪:'这不是我们的事情;这是上面人的事情;让那一帮特殊的人物去办那些所应该办的事去吧。'"④ 杜威指出,倘若不让教师参与制定学校教

---

① [美]约翰·杜威. 人的问题 [M]. 傅统先,邱椿译. 上海:上海人民出版社,1986:52.
② [美]约翰·杜威. 人的问题 [M]. 傅统先,邱椿译. 上海:上海人民出版社,1986:53.
③ [美]约翰·杜威. 人的问题 [M]. 傅统先,邱椿译. 上海:上海人民出版社,1986:48.
④ [美]约翰·杜威. 人的问题 [M]. 傅统先,邱椿译. 上海:上海人民出版社,1986:49.

育计划和学校决策,一方面,将对教师处理学校事务的个人态度和责任产生不良影响,教师们将产生冷漠和漠不关心的消极态度,并想尽一切办法掩藏错误和逃避责任,甚至产生一种吹毛求疵的反抗精神;另一方面,尤其糟糕的是,教师们可能会有意无意地把他们所得到的专横待遇转移到学生身上。在杜威看来,这样显然十分不利于培养以民主作为生活方式的新型教师管理方式。

对于杜威所提倡的民主的教师管理,有人提出疑问说,教师们还没有准备好担负参与学校管理的责任;或者说,自然选择已经把那些准备好了的,善于肩负重任的人放在管理权威的地位上去了。

对这两种否定教师民主参与学校管理的论调,杜威认为,这是对教师能力的极大不信任,是根本站不住脚的,他反驳说,"如果是十分的无能,而成为一个永久的障碍,那么我们就不能期待教师具有执行指示所必需的理智和技能",而且,"当教师由于共同参与在形成指导思想的过程中,而懂得了他们自己行动的意义的时候,他们反而不能够更好地完成他们的工作,这是不可能的"。[①] 民主恰恰是提升教师民主能力的惟一途径,只有给教师民主,教师才能充分发挥其民主的潜能,也才能在民主的过程中懂得民主的意义。

---

① [美] 约翰·杜威. 人的问题 [M]. 傅统先,邱椿译. 上海:上海人民出版社,1986:50.

参考文献

中文部分

叶秀山. 苏格拉底及其哲学思想 [M]. 北京：人民出版社，1986.

林玉体. 西方教育思想史 [M]. 北京：九州出版社，2006.

包利民. 古典政治哲学史论 [M]. 北京：人民出版社，2010.

周辅成. 西方伦理学名著选辑 [M]. 北京：商务印书馆，1987.

周辅成. 西方伦理学名著选辑 [M]. 北京：商务印书馆，1964.

王齐. 走向绝望的深渊——克尔凯廓尔的美学生活境界 [M]. 北京：中国社会科学出版社，2000.

王树人，余丽嫦，侯鸿勋. 西方著名哲学家传略 [M]. 济南：山东人民出版社，1987.

王天一等. 外国教育史（上）[M]. 北京：北京师范大学出版社，1997.

苗力田. 古希腊哲学 [M]. 北京：中国人民大学出版社，1989.

赵敦华. 西方哲学简史 [M]. 北京：北京大学出版社，2001.

赵林. 浪漫之魂——让-雅克·卢梭 [M]. 武汉：武汉大学出版社，2005.

赵祥麟. 外国教育家评传（第2卷）[M]. 上海：上海教育出版社，1992.

赵祥麟. 外国现代教育史 [M]. 上海：华东师大出版社，1987.

郑昕. 康德学述 [M]. 北京：商务印书馆，1984.

娄林. 基尔克果的苏格拉底 [M]. 北京：华夏出版社，2012.

刘小枫，陈少明. 康德与启蒙 [M]. 北京：华夏出版社，2004.

汪子嵩等. 希腊哲学史（第一卷）[M]. 北京：人民出版社，1993.

范明生. 柏拉图哲学述评 [M]. 上海：上海人民出版社，1984.

张法琨. 古希腊教育论著选 [M]. 北京：人民教育出版社，1994.

张斌贤，褚宏启. 西方教育思想史 [M]. 成都：四川教育出版社，1994.

张焕庭. 西方资产阶级教育论著选 [M]. 北京：人民教育出版社，1979.

靳希平. 亚里士多德传 [M]. 石家庄：河北人民出版社，1997.

易杰雄. 世界十大思想家 [M]. 合肥：安徽人民出版社，1990.

黄顺基，刘炯忠. 论辩证思维的形成和它的范畴体系——亚里士多德《形而上学》一书初探 [M]. 北京：中国社会科学出版社，1983.

滕大春. 外国教育通史（第一卷）[M]. 济南：山东教育出版社，1989.

滕大春. 外国教育通史（第三卷）[M]. 济南：山东教育出版社，1989.

滕大春. 外国教育通史（第四卷）[M]. 济南：山东教育出版社，1989.

滕大春. 外国教育通史（第五卷）[M]. 济南：山东教育出版社，1989.

蒋径三. 西洋教育思想史 [M]. 上海：商务印书馆，1934.

单中惠，杨汉麟. 西方教育学名著提要 [M]. 南昌：江西人民出版社，2000.

单中惠. 西方教育思想史 [M]. 北京：教育科学出版社，2007.

侯书雄. 伟人百传（第十三卷）[M]. 呼和浩特：远方出版社，2002.

肖永亮. 那些喜欢思辨的家伙 [M]. 北京：企业管理出版社，2009.

余丽嫦. 培根及其哲学 [M]. 北京：人民出版社，1987.

吴式颖，任钟印. 外国教育思想通史（第五卷）[M]. 长沙：湖南教育出版社，2000.

吴式颖，任钟印. 外国教育思想通史（第六卷）[M]. 长沙：湖南教育出版社，2002.

吴式颖，任钟印. 外国教育思想通史（第七卷）[M]. 长沙：湖南教育出版社，2002.

吴志尧. 裴斯塔洛齐 [M]. 上海：商务印书馆，1948.

任钟印. 夸美纽斯教育论著选 [M]. 北京：人民教育出版社，1990.

陶行知. 陶行知全集（第一卷）[M]. 长沙：湖南教育出版社，1984.

金生鈜. 规训与教化 [M]. 北京：教育科学出版社，2004.

全增嘏. 西方哲学史 [M]. 上海：上海人民出版社，1985.

程志民. 康德 [M]. 长沙：湖南教育出版社，1999.

梁实秋. 名人伟人传记全集之24卷·裴斯泰洛齐 [M]. 台北：台北名人出版社，1980.

中国教育史研究会. 杜威赫尔巴特教育思想研究 [M]. 济南：山东教育出版社，1985.

中共中央文献研究室，中共湖南省委《毛泽东早期文稿》编辑组. 毛泽东早期文稿 [M]. 长沙：湖南人民出版社，2008.

李其龙. 德国教育 [M]. 长春：吉林教育出版社，2000.

杜祖贻. 杜威论教育与民主主义 [M]. 陈汉生，洪光磊译. 北京：人民教育出版社，2003.

褚洪启. 杜威教育思想引论 [M]. 长沙：湖南教育出版社，1998.

吕达，刘立德，邹海燕. 杜威教育文集（第1卷）[M]. 北京：人民教育出版社，2008.

郭慰春，李兴芝. 胡适哲学思想资料选（上册）[M]. 上海：华东师大出版社，1981.

江怡. 西方哲学史（第八卷）[M]. 南京：凤凰出版社，江苏人民出版社，2005.

联合国教科文组织国际教育发展委员会编著. 学会生存——教育世界的今天和明天 [M]. 北京：教育科学出版社，1996.

土春光. 反思型教师教育研究 [D]. 长春：东北师范大学博士学位论文，2007.

辞海 [Z]. 上海：上海辞书出版社，1999.

罗念生，水建馥．古希腊语汉语词典［Z］．北京：商务印书馆，2004．

朱经农，等．教育大辞书［Z］．上海：商务印书馆，1933．

张良才，李润洲．论教师权威的现代转型［J］．教育研究，2003（11）．

梁卫霞．反讽与生存——简析克尔凯郭尔对苏格拉底的诠释［J］．天津社会科学，2004（5）．

田海平．事件背后的哲学话语——论苏格拉底之死［J］．开放时代，2000（11）．

包利民，李春树．苏格拉底"自知无知"的哲学意义［J］．浙江学刊，2005（5）．

刘铁芳．为哲学教育而辩——《苏格拉底的申辩》释义［J］．北京大学教育评论，2011．

刘万伦，郭兴举．苏格拉底法及其对教师教育的哲学意义［J］．课程·教材·教法，2005（8）．

刘要悟，朱丹．教育相关群体的教师角色期望之社会调适和教师自我调适［J］．教师教育研究，2010（3）．

刘同舫．康德道德观及其对现实道德教育困境的开解［J］．教育研究，2014（4）．

刘良华．什么知识最有力量［J］．全球教育展望，2004（10）．

夏宏．苏格拉底哲学教育观的启示［J］．现代大学教育，2009（3）．

李文阁．叙拉古的诱惑——在哲学与政治之间［J］．哲学动态，2008（10）．

魏良亚．数学教育的先驱——柏拉图［J］．数学通报，1999（9）．

许铮．不服老的柏拉图［J］．社会科学战线，1979（3）．

姜勇．论关乎心灵的教育［J］．教育理论与实践，2013（16）．

金生鈜．德性教化乃心灵转向：解读柏拉图的德性教化理念［J］．湖南师范大学教育科学学报，2002（2）．

金建伟．论亚里士多德"潜能"的最严格意义［J］．北京科技大学学报（社会科学版），2006．

吴康宁. 自主创新：幼儿的天性、天能与天权［J］. 学前教育研究，2002（4）.

鲁洁. 一个值得反思的教育信条：塑造知识人［J］. 教育研究，2004（6）.

江峰. 论教育中的说服原理［J］. 北京大学教育评论，2007（2）.

龚文库. 说服学的源起和发展趋向［J］. 北京大学学报（哲学社会科学版），1994（3）.

冉玉霞. 教师印象管理：内涵、结构与策略［J］. 教育科学，2009（1）.

陈四海，郝如意. 亚里士多德修辞学中的雄辩与事实［J］. 中国石油大学学报（社会科学版），2012（6）.

高建军. 论假象［J］. 河北大学学报，1985（3）.

程斯辉，李中伟. 一个类似神话的教育口号："一切为了孩子，为了一切孩子，为了孩子一切"［J］. 教育科学研究，2011（12）.

周林东. 培根名言"知识就是力量"三解［J］. 复旦学报（社会科学版），2007（5）.

辛涛，申继亮，林崇德. 从教师的知识结构看师范教育的改革［J］. 高等师范教育研究，1999（6）.

陈恢钦. 评洛克批判天赋观念的意义［J］. 辽宁大学学报，1988（6）.

崔永杰. 洛克的白板说探析［J］. 山东师大学报（社会科学版），1992（3）.

朱学勤. 让·雅克·卢梭和他的恋母情结——兼论某种文化现象［J］. 探索与争鸣，1987.

卫樱宁. 启蒙的星座：伊曼努尔·康德［J］. 社会科学论坛，2004（10）.

林晖. 启蒙的技艺：康德教育哲学的难题［J］. 复旦教育论坛，2009（4）.

滕大春. 裴斯泰洛齐为教育而奉献的爱心——纪念教圣250周年诞辰［J］. 北京师范大学学报（社会科学版），1995（3）.

谢觉. 赫尔巴特教育思想刍议［J］. 山东师大学报（哲学社会科学版），1983（2）.

任钟印. 杜威简论［J］. 华中师范大学学报（哲社版），1986（6）.

A·哈利·巴森. 约翰·杜威对世界教育的影响 [J]. 乔有华译. 外国教育研究, 1984 (3).

马八飞. "下狗"游走苏黎世——爱因斯坦的求学生活 [N]. 经济观察报, 2014—06—30. 42版.

叶秀山. 启蒙重点更应放在"勇气"上 [N]. 社会科学报, 2012.11.1. 第005版.

宋鸽. 今天,你的孩子受伤了吗 [N]. 中国教师报, 2013—3—27(第469期), 14版.

[古希腊] 色诺芬. 回忆苏格拉底 [M]. 吴永泉译. 北京:商务印书馆, 1984.

[古希腊] 柏拉图. 柏拉图全集(第一卷) [M]. 王晓朝译. 北京:人民出版社, 2002.

[古希腊] 柏拉图. 柏拉图全集(第二卷) [M]. 王晓朝译. 北京:人民出版社, 2003.

[古希腊] 柏拉图. 苏格拉底最后的日子——柏拉图对话集 [M]. 余灵灵译. 上海:三联书店, 1988.

[古希腊] 柏拉图. 游叙弗伦 苏格拉底的申辩 克力同 [M] 严群译. 北京:商务印书馆, 2005.

[古希腊] 柏拉图. 苏格拉底的申辩 [M]. 吴飞译. 北京:华夏出版社, 2007:81.

[古希腊] 柏拉图. 理想国 [M]. 郭斌和,张竹明译. 北京:商务印书馆, 1996.

[古希腊] 柏拉图. 柏拉图论教育 [M]. 郑晓沧译. 北京:人民教育出版社, 1958.

[古希腊] 第欧根尼·拉尔修. 名哲言行录 [M]. 徐开来,溥林译. 桂林:广西师范大学出版社, 2010.

[古希腊] 亚里士多德. 亚里士多德全集(第7卷) [M]. 苗力田主编,北

京：中国人民大学出版社，1994.

［古希腊］亚里士多德. 亚里士多德全集（第8卷）［M］. 苗力田主编. 北京：中国人民大学出版社，1994.

［古希腊］亚里士多德. 亚里士多德全集（第9卷）［M］. 苗力田主编. 北京：中国人民大学出版社，1994.

［古希腊］亚里士多德. 形而上学［M］. 吴寿彭译. 北京：商务印书馆，2012.

［古希腊］亚里士多德. 形而上学［M］. 苗力田译. 北京：中国人民大学出版社，2003.

［古罗马］昆体良. 昆体良教育论著选［M］. 任钟印选译. 北京：人民教育出版社，1989.

［前苏联］米业敦尼克. 古代辩证法史［M］. 齐云山等译. 北京：人民出版社，1986.

［前苏联］阿尔森·古留加. 康德传［M］. 贾泽林等译. 北京：商务印书馆，1992.

［前苏联］Е·Я·哥兰塔，Ш·И·加业林. 世界教育学史［M］. 柏嘉译. 上海：作家书屋，1953：202.

［俄］米定斯基. 世界教育史［M］. 叶文雄译. 北京：生活·读书·新知三联书店，1950.

［俄］阿·阿克·腊斯诺夫斯基. 夸美纽斯的生平和教育学说［M］. 杨岂深等译. 北京：人民教育出版社，1957.

［德］费尔巴哈. 费尔巴哈哲学著作选集（上卷）［M］. 荣震华，李金山译. 北京：商务印书馆，1984.

［德］文德尔班. 哲学史教程［M］. 罗达仁译. 北京：商务印书馆，1996.

［德］策勒尔. 古希腊哲学史纲［M］. 翁绍军译. 济南：山东人民出版社，1998.

［德］爱德华·策勒尔. 古希腊哲学史纲要［M］. 翁绍军译. 上海：上海人

民出版社，2007.

［德］黑格尔. 哲学史讲演录（第二卷）［M］. 贺麟，王太庆译. 北京：商务印书馆，1997.

［德］黑格尔. 哲学史讲演录（第二卷）［M］. 贺麟，王太庆译. 北京：商务印书馆，1960.

［德］黑格尔. 哲学史讲演录（第四卷）［M］. 贺麟，王太庆译. 北京：商务印书馆，1983.

［德］雅斯贝尔斯. 什么是教育［M］. 邹进译. 北京：生活·读书·新知三联书店，1991.

［德］马克思. 马克思恩格斯全集：第40卷［M］. 北京：人民出版社，1972.

［德］马克思. 资本论（第一卷）［M］. 北京：人民出版社，1972.

［德］马克思. 马克思恩格斯全集（第二卷）［M］. 北京：人民出版社，1957.

［德］马克思. 马克思恩格斯选集（第2卷）［M］. 北京：人民出版社，1995.

［德］马克思. 马克思恩格斯全集（第16卷）［M］. 北京：人民出版社，1965.

［德］马克思. 政治经济学批判［M］. 徐坚译. 北京：人民出版社，1955.

［德］海德格尔. 什么召唤思？［A］. 海德格尔选集（下卷）［M］. 孙周兴译. 上海：三联书店，1996.

［德］恩格斯. 马克思恩格斯全集（第三卷）［M］. 北京：人民出版社，1972.

［德］恩格斯. 马克思恩格斯选集（第2卷）［M］. 北京：人民出版社，1995.

［德］康德. 论教育学［M］. 赵鹏，何兆武等译. 上海：上海人民出版社，2005.

［德］伽达默尔. 哲学解释学［M］. 夏镇平, 宋建平译. 上海：上海译文出版社, 1994.

［德］伽达默尔. 真理与方法［M］. 洪汉鼎译. 上海：上海译文出版社, 1992.

［德］卡西尔. 卢梭·康德·歌德［M］. 刘东译. 北京：生活·读书·新知三联书店, 2002.

［德］海涅. 海涅全集（第八卷）［M］. 章国锋, 胡其鼎主编. 孙坤荣译. 石家庄：河北教育出版社, 2003.

［德］康德. 未来形而上学导论［M］. 庞景仁译. 北京：商务印书馆, 1978.

［德］伊曼努尔·康德. 论教育学［M］. 赵鹏, 何兆武译. 上海：上海人民出版社, 2005.

［德］康德. 康德论教育［M］. 瞿菊农译. 上海：商务印书馆, 1926.

［德］伊曼努尔·康德. 道德形而上学原理［M］. 苗力田译. 上海：上海世纪出版集团, 2005.

［德］伊曼努尔·康德. 道德形而上学原理［M］. 苗力田译. 上海：上海人民出版社, 2002.

［德］康德. 实践理性批判［M］. 韩水法译. 北京：商务印书馆, 1999.

［德］费希特. 告德意志民族的演讲［M］. 梁学志等译. 沈阳：辽宁教育出版社, 2003.

［德］赫尔巴特. 赫尔巴特文集（教育学卷一）［C］. 李其龙、郭官义等译. 杭州：浙江教育出版社, 2002.

［德］赫尔巴特. 普通教育学·教育学讲授纲要［M］. 李其龙译. 北京：人民教育出版社, 1989.

［德］第斯多惠. 德国教师培养指南［M］. 袁一安译. 北京：人民教育出版社, 1990.

［法］亨利·古耶. 卢梭与伏尔泰：两面镜子里的肖像［M］. 裴程译. 上海：华东师范大学出版社, 2010.

335

［法］卢梭. 漫步遐思录［M］. 廖灯明译. 北京：人民文学出版社，1986.

［法］卢梭. 忏悔录（第二部）［M］. 范希衡译. 北京：人民文学出版社，1982.

［法］卢梭. 爱弥儿［M］. 李平沤译. 北京：商务印书馆，1996.

［法］法兰西斯·韦渥. 卢梭［M］. 裘奇译. 北京：新华出版社，1988.

［法］利奥塔. 后现代主义哲学话语［M］. 赵一凡译. 杭州：浙江人民出版社，2000.

［英］索利. 英国哲学史［M］. 段德智译，济南：山东人民出版社，1996.

［英］乔纳斯·伯纳斯. 亚里士多德［M］. 余继元译. 北京：中国社会科学出版社，1992.

［英］怀特海. 过程与实在［M］. 杨富斌译. 北京：中国城市出版社，2003.

［英］怀特海. 教育的目的［M］. 徐汝舟译，北京：生活·读书·新知三联书店，2002.

［英］罗素. 西方哲学史（上卷）［M］. 何兆武，李约瑟译. 北京：商务印书馆，1986.

［英］罗素. 西方哲学史（下卷）［M］. 范扬，张企泰译. 北京：商务印书馆，1982.

［英］罗素. 西方哲学史（下卷）［M］. 马元德译. 北京：商务印书馆，1986.

［英］罗素. 哲学问题［M］. 何兆武译. 北京：商务印书馆，2012.

［英］伯兰特·罗素. 西方的智慧［M］. 马家驹，贺霖译. 北京：世界知识出版社，1992.

［英］伯兰特·罗素. 西方的智慧［M］. 亚北译. 北京：中国妇女出版社.

［英］阿龙. 约翰·洛克［M］. 陈恢钦译. 沈阳：辽宁教育出版社，2003.

［英］柯拉柯夫斯基. 形而上学的恐怖［M］. 唐少杰等译. 北京：生活·读书·新知三联书店，1999.

［英］卡尔·波普尔. 猜想与反驳——科学知识的增长［M］. 傅季重，纪树

立等译. 上海：上海译文出版社，2005.

［英］泰勒，［奥］龚珀茨. 苏格拉底传［M］. 赵继铨，李真译. 北京：商务印书馆，2004.

［英］戴维·梅林. 理解柏拉图［M］. 喻阳译. 沈阳：辽宁教育出版社，2000.

［英］马丁·科恩. 哲学野史：30位思想大师的趣闻和传说［M］. 邱炳译. 北京：新华出版社，2010.

［英］约翰·怀特. 再论教育目的［M］. 李永宏等译. 北京：教育科学出版社，1992.

［英］约翰·埃德温·桑兹. 西方古典学术史（第一卷，上册）［M］. 张治译. 上海：上海人民出版社，2010.

［英］芬利. 希腊的遗产［M］. 张强等译. 上海：上海人民出版社，2004.

［英］威廉·博伊德，埃德蒙·金. 西方教育史［M］. 任宝祥，吴元训译. 北京：人民教育出版社，1986.

［英］班加明·法灵顿. 培根传［M］. 梁春生译. 北京：中共中央党校出版社，2000.

［英］弗·培根. 培根论说文集［M］. 水同天译. 北京：商务印书馆，1983.

［英］培根. 新工具［M］. 许宝骙译. 北京：商务印书馆，1986.

［英］培根. 崇学论［M］. 关琪桐译. 北京：商务印书馆，1938.

［英］约翰·洛克. 教育漫话［M］. 傅任敢译. 北京：教育科学出版社，1999.

［英］约翰·洛克. 教育漫话［M］. 傅任敢译. 北京：教育科学出版社，2000.

［英］洛克. 人类理解论［M］. 关文运译. 北京：商务印书馆，1983.

［英］丹宁. 法律的界碑［M］. 刘庸安，张弘译. 北京：群众出版社，1992.

［英］安东尼·昆顿. 培根［M］. 徐忠实，刘青译. 北京：中国社会科学出版社，1992.

[英]赫·斯宾塞. 斯宾塞教育论著选[M]. 胡毅，王承绪译. 北京：人民教育出版社，2007.

[英]赫·斯宾塞. 教育论[M]. 胡毅译. 北京：人民教育出版社，1962.

[英]斯宾塞. 斯宾塞快乐教育书[M]. 张建威译. 北京：中国妇女出版社，2009.

[英]赫伯特·斯宾塞. 斯宾塞的快乐教育[M]. 颜真译. 福州：海峡文艺出版社，2005.

[英]帕尔默. 教育究竟是什么？100位思想家论教育[M]. 任钟印，诸惠芳译. 北京：北京大学出版社，2008.

[美]朗佩特. 尼采与现时代：解读培根、笛卡尔与尼采[M]. 李致远等译. 北京：华夏出版社，2009.

[美]吉拉尔德·古特克. 教育学的历史与哲学基础——传记式介绍[M]. 缪莹译. 长沙：湖南教育出版社，2008.

[美]伊丽莎白·劳伦斯. 现代教育的起源和发展[M]. 纪晓林译. 北京：北京语言学院出版社，1992.

[美]格罗斯. 苏格拉底之道[M]. 徐弢，李思凡译. 北京：北京大学出版社，2005.

[美]罗伯特·诺齐克. 苏格拉底的困惑[M]. 郭建玲，程郁华译. 北京：新星出版社，2006.

[美]霍伊. 自由主义政治哲学[M]. 刘锋译. 北京：生活·读书·新知三联书店，1992.

[美]保罗·埃尔默·摩尔. 柏拉图十讲[M]. 苏隆译. 北京：中国言实出版社，2003.

[美]马克·里拉. 当知识分子遇到政治[M]. 邓晓苦，王笑红译. 北京：新星出版社，2010.

[美]梯利. 西方哲学史[M]. 葛力译. 北京：商务印书馆，2005.

[美]S.E.佛罗斯特. 西方教育的历史和哲学基础[M]. 吴元训等译. 北

京：华夏出版社，1987.

［美］谢弗勒. 人类的潜能——一项教育哲学的研究［M］. 石中英等译. 上海：华东师范大学出版社，2006.

［美］格瑞特·汤姆森. 洛克［M］. 袁银传，蔡红艳译. 北京：中华书局，2002.

［美］布罗姆. 巨人与侏儒［M］. 秦露，林国荣，严蓓雯译. 北京：华夏出版社，2003.

［美］撒穆尔·伊诺克·斯通普夫，詹姆斯·菲泽. 西方哲学史（第七版）［M］. 丁三东等译. 北京：中华书局，2004.

［美］曼弗雷德·库恩. 康德传［M］. 黄添盛译. 上海：上海人民出版社，2008.

［美］W. D. 珀朴. 西方社会学——人物学派思想［M］. 贾春增，李姬等译. 石家庄：河北人民出版社，1993.

［美］爱因斯坦. 爱因斯坦文集（第三卷）［M］. 北京：商务印书馆，1979.

［美］亨利·康马杰. 美国精神［M］. 杨静予等译. 北京：光明日报出版社，1988.

［美］塔利斯. 杜威［M］. 彭国华译. 北京：中华书局，2002.

［美］巴格莱. 教育与新人（附录二）［M］. 袁桂林译. 北京：人民教育出版社，1996.

［美］约翰·杜威. 人的问题［M］. 傅统先，邱椿译. 上海：上海人民出版社，1986.

［美］杜威. 我们怎样思维·经验与教育［M］. 姜文闵译. 北京：人民教育出版社，1991.

［美］杜威. 杜威教育论著选［M］. 赵祥麟，王承绪译. 上海：华东师范大学出版社，2005.

［美］杜威. 杜威教育论著选［M］. 赵祥麟，王承绪译. 上海：华东师范大学出版社，1981.

[美] 杜威. 民主主义与教育 [M]. 王承绪译. 北京: 人民教育出版社, 1990.

[美] 杜威. 思维与教学 [M]. 孟宪承, 俞庆棠译. 上海: 商务印书馆, 1936.

[美] 杜威. 学校与社会·明日之学校 [M]. 赵祥麟等译. 北京: 人民教育出版社, 1994.

[美] 杜威. 经验与自然 [M]. 傅统先译. 北京: 商务印书馆, 1960: 10.

[美] 撒穆尔·伊诺克·斯通夫等. 西方哲学史 (第七版) [M]. 丁三东等译. 北京: 中华书局, 2005.

[美] 简·杜威. 杜威传 [M]. 单中惠译. 合肥: 安徽教育出版社, 1987.

[美] 巴格莱. 教育与新人 (附录二) [M]. 袁桂林译. 北京: 人民教育出版社, 1996.

[美] 亨利·康马杰. 美国精神 [M]. 杨静予等译. 北京: 光明日报出版社, 1988.

[美] 塔利斯. 杜威 [M]. 彭国华译. 北京: 中华书局, 2002.

[捷克] 夸美纽斯. 大教学论 [M]. 傅任敢译. 北京: 教育科学出版社, 1985.

[捷克] 夸美纽斯. 大教学论 [M]. 傅任敢译. 北京: 教育科学出版社, 1999.

[爱尔兰] 弗拉纳根. 最伟大的教育家: 从苏格拉底到杜威 [M]. 卢立涛, 安传达译. 上海: 华东师范大学出版社, 2009.

[日] 上寺久雄. 教师的心灵与风貌 [M]. 赵一奇等译. 北京: 春秋出版社, 1989.

[日] 藤原喜代. 明治·大正·昭和教育思想学说人物史 (一卷 明治前期) [M]. 东京: 湘南堂书店, 1980.

[瑞士] 裴斯泰洛齐. 裴斯泰洛齐教育论著选 [M]. 夏之莲译. 北京: 人民教育出版社, 2001.

〔瑞士〕裴斯泰洛齐. 裴斯泰洛齐教育论著选［M］. 夏之莲译. 北京：人民教育出版社，1992.

〔瑞士〕裴斯泰洛齐. 林哈德与葛笃德（上卷）［M］. 北京编译社译. 北京：人民教育出版社，2005.

〔瑞士〕阿·布律迈尔. 裴斯泰洛齐选集（第一卷）［M］. 尹德新等译. 北京：教育科学出版社，1994.

〔丹麦〕克尔凯郭尔. 论反讽概念：以苏格拉底为主线［M］. 汤晨溪译. 北京：社会科学出版社，2005.

〔摩洛哥〕扎古尔·摩西. 世界著名教育思想家（第三卷）［M］. 梅祖培译. 北京：中国对外翻译出版公司出版，1995.

〔加〕马克斯·范梅南. 教学机智［M］. 李树英译. 北京：教育科学出版社，2001.

外文部分

Aristophanes. Aristophanes II. Harvard University Press，1998.

Harry Oasson, A.. Dewey's Influence on the World Education. Teachers College Record，Spring，1982.

Arthur G. Wirth. John Dewey as Educator, His Design for Work in Education. New York：John Wiley & Sons, Inc., Preface, 1966.

Adolphe E. Meyer. An Educational History of the American People. McGraw-Hill Book Company, Inc., 1957.

Barker, E. Political Thought in England, New York：Henry Holt & Co., 1915.

Burrow, J. W.. Evolution and Society. Cambridge University Press，1970.

Charles McKenny. The McMurrys in American Education. Peabody Journal of Education, Vol. 5, No. 5. Mar., 1928.

Cf. Timasheff, N. & Theodorson, G., Sociological Theory：Its Nature and

Growth, Fourth Edition, New York: Random House, 1976.

Cornell West. Amencan Evasion of Philosophy. Wisconsin University Press, 1989.

Charles Frankel. John Dewey, Social Philosopher. in Steven M. Calln, ed., New Studies in the Philosophy of John Dewey. New Hampshire: The University Press of New England, 1977.

Diogenes Laertius. Lives of Eminent Philosophers I. translated by Hicks. R. D., Harvard University Press, 1995.

David Michael Levin. The Listening Self. Routledge, 1989.

Dewey John. Significance of the School Education. Reprinted in the middle works 1899-1924. Southern Illinois University Press. Vol 1.

Shulman, L., Theory, Practice and the Education of Professionals. The Elementary School Journal, 1998, 98 (5).

Dewey. Individualism, Old and New. The Later Works of John Dewey. Vol. 5., 1930.

Dewey J. How we think. Chicago: Henry Regnery. 1933.

English Edition by E. P. Dutton & Co. 1934, China Social Sciences Publishing House, Chengcheng Books, LTD, 1999.

Elbaz, F. Teacher Thinking: A Study of Practical Knowledge. London: Croom Helm, 1983.

Editors-in-Chief Tosten Husen and T. Neville Postlethwaite. The International Encyclopedia of Education Second Edition. Pergamon Volume & Pestalozzi and Education, 1994.

Forrest H. Peterson. John Dewey's Reconstruction in Philosophy. New York: Philosophical Library, Preface, 1987.

Frederick Mayer. A History of Education Thought. Charles E. Merrill Books, INC. Ohio: Columbus, 1960.

Gary Banham: Kant's Practical Philosophy—From Critique to Doctrine, Palgrave Macmillan, 2003.

Green, M. Reflection and passion in teaching. Journal of Curriculum and supervision, 2 (1), 1986.

H. R. Fox Bourne. The Life of John Locke, Volume 1. Henry's. King & Co., London, 1876.

J. G. Compayre. Pestalozzi and Elementary Education. New York: Thomas Y. Crowell & Company, 1908.

J. S. Frost. Historical and Philosophical Foundations of Western Education. The Charles E. Merrill Publishing Company, 1966.

J. J. Findlay. Principles of class teaching. New York: Macmillan and Co., Limited, 1902.

J. H. Turner. Herbert Spencer, a renewed appreciation. Beverly Hills, Calif., Sage Publications, 1985, p12.

John Dewey. The Empressions of Soviet Russia and the Revolutionary World Mexico-China-Turkey. New York: New Republic, inc., 1932.

Jane M. Dewey. Biography of John Dewey//Paul Arthur Schilpp. The Philosophy of John Dewey. Evanston and Chicago: Northwestern University, 1939.

John J. McDermott. Introduction. The Later Works, Vol. 11. Southern Illinois University Press, 1988.

J. Dewey. Essays in Experimental Logic. Chicago. 1916.

ls Shulman. Knowledge and teaching: Foundations of the new reform. Harvard Educational Review, 1987, 57 (1).

Macpherson Hector Carsewell. Herbert Spencer, the man and his work. London: Chapman and Hall Ltd., 1900.

Martin S. Dworkin. John Dewey on Education. New York: Teachers

College, Columbia University, Preface, 1959.

Paul Arthur Schilpp. The Philosophy of John Dewey. Evanston and Chicago: Northwestern University Press, 1939.

Roger de Guimps. Pestalozzi. His Life and Works. New York: Pleton & Company, 1890.

Richard Bernstein. John Dewey. New York: Washington Square Press, Inc., 1966.

Robert J. Roth. John Dewey and Self-Realization. New Jersey: Prentice Hall, Inc., Preface, 1962.

S. Kierkegaard, Soren Kierkegaard's Journals and Papers, volume II, Indian University Press, 1967.

Timothy O'Hagan. Rousseau. New York: Routledge, 1999.

William H. Kilpatrick. Reminiscences of Dewey and His Influence. John Dewey: Master Educator, 1961.

W. M. Spellman. John Locke. St. Martins Press, Inc., 1997.

后 记

本书是我主持的教育部人文社会科学研究青年项目"西北回族地区城乡教育一体化进程中教师流动问题研究"（12YJC880123）的部分成果。

教师教育一直是这些年我重点关注的领域，因为从根本上说，是教师的好坏决定了教育的好坏。在我看来，教育质量取决于教师质量，教师质量取决于教师头脑的质量，教师头脑的质量取决于教师对教师本身的认识和理解。我一直坚信，一个头脑里对教师本身有深刻的理解，并在教育实践中不断践行自己理解的教师，才能真正成为好教师。

然而在现实中，我们的许多教师对教师的理解，仅停留在"传道、授业、解惑"、"学高为师，身正为范"、"人类灵魂的工程师"、"太阳下最灿烂的职业"等之类的口号上。我想，教师这一称谓，有远比这些人所共知的口号更加丰富的内涵，我们教师的头脑中，也应对教师有更加丰富而深刻的理解。

马克思和恩格斯在《德意志意识形态》中曾指出："历史不外是各个世代的交替。每一代都利用以前各代遗留下来的材料、资金和生产力，由于这个缘故，每一代一方面在完全改变了的条件下继续从事先辈的活动，另一方面又通过完全改变了的活动来改变旧的条件。"因此，让我们教师的头脑更加丰盈起来，让教师对教师的认识和理解深刻起来，从历史上的教师教育思想中汲取营养，并在历史上教师教育思想的基础上进行自我改变，就成为让教师更加优异，让教育更加有质量的重要选择。

书稿的写作历经一年有余，又费去两个多月进行修改润色，才算最终告馨。如今掩卷，不禁万千感慨。这一年多来，我几乎放弃了所有其他的学术研究，专心致力于书稿的写作，其中付出的努力和辛苦，只有我自己心知。

可以说，《西方教师教育思想》是一部用我的真诚、汗水和心血凝成的著作。曾经为书稿框架的确定，而绞尽脑汁、搜肠刮肚，一个又一个构思出炉，却一次又一次地最终否定，不知经历了多少个从头再来；曾经为资料的搜集，不知多少次不辞劳苦地北上南下，泡图书馆，恳请好友代为查找；曾经多少个不眠的夜晚，四周都已经睡去，我还在挑灯夜战，撰写书稿；曾经多少个灰蒙蒙的黎明，人们还在甜蜜的梦乡，我已经坐在电脑前开始了书写；曾经多少个假日佳节，在人们尽享聚会出游的快乐时光时，我却在整理资料，撰写书稿；曾经多少次经过一天的工作，拖着疲惫的身躯回到家里，又继续克服困倦的侵袭，义无反顾投身到书稿写作中去。

而且，与疾病的折磨相比，辛苦的付出已不算什么。在书稿的写作过程中，曾经多次饱受过敏性鼻炎的严重折磨，一遍又一遍地打喷嚏，一遍又一遍地擤鼻涕，擦鼻涕，一遍又一遍地看书稿，改书稿，往往看不了几页，一卷卫生纸已经擦完。颈椎病更是折磨我多年的老毛病，已经记不清有多少次被针扎般疼痛的背疼和颈椎疼，驱离开了电脑前的书稿，甚至有几次几欲中断书稿的写作，最终又一次次地忍痛回到了书稿前，继续撰写和修改。可以说，没有我的毅力、坚持、信心和希望，就没有本书的问世。

这里，要衷心感谢福建教育出版社的丁毅编辑，这位未曾谋面、却极其热忱、真诚的朋友，在本书的出版过程中，不辞辛苦地一遍又一遍就书稿问题和我联系、沟通、交流，并把书稿纳入出版计划，使书稿能够得以顺利面世。

这里，还要由衷地感谢我的父母。二位老人年事已高，本是颐养天年的时候，但在我的女儿降生之后，毅然决然从河南老家千里迢迢赶赴宁夏，一面克服异乡水土不服、人生地不熟的不便，一面又不顾浑身的疾病折磨，一边成堆地吃药，一边帮我照看女儿，为孩子付出了极大的劳苦和心血。这使我得以有较为充裕的时间，能够心无旁骛地从事书稿的撰写工作。感谢我父母的辛勤付出，没有他们的帮助，此书的完成，又不知是何年何月。

　　最后，要真诚地感谢我的夫人刘静芝女士和我的宝贝女儿谢雨橙小朋友。本书从计划到最后修改完毕，正是夫人主动承担起了家里的诸多杂务，并在我颈椎疼痛之时，经常给我按摩，帮我缓解病痛之扰，使我能够专心致力于书稿的完成。我的女儿是书稿写作的润滑剂和写作灵感产生的源泉。每当弥久不散的写作疲乏困倦来临之时，和女儿的嬉戏玩耍，恰如一缕轻风，瞬间吹散了我心头的困倦，让我备感温馨与清爽。而且，非常奇怪的是，每每没有思路之时，只要看到女儿那双灵动的黑溜溜的眸子，我的灵感就会喷涌如泉。

谢延龙

2015 年 8 月 14 日晚于银川景墨家园住所